U0800617

铁路科技图书出版基金资助出版

高速列车气动影响

李人宪　编著

中国铁道出版社

2016年·北京

内容简介

随着高速铁路运行速度的不断提升，气动作用对列车运行、隧道维护、线路寿命和路边人员安全构成的不利影响日益凸显。本书从明线会车压力波变化规律、隧道会车压力波、会车过程的气动作用力、列车通过隧道的气动作用、列车风对路边人员的气动作用、列车的横风效应、高速列车对挡风墙或声屏障的气动作用、高速空调客车内部流场、高速列车外部气动噪声等九个高速列车空气动力学方面的问题逐一进行了较为全面地阐述，并得出了一些非常有意义的结论。

本书可供从事高速列车空气动力学领域研究的专家、学者以及相关专业院校的师生学习参考。

图书在版编目(CIP)数据

高速列车气动影响/李人宪编著．—北京：中国铁道出版社，2016.2

ISBN 978-7-113-21241-4

Ⅰ.①高… Ⅱ.①李… Ⅲ.①高速列车—空气动力学—研究 Ⅳ.①U292.91

中国版本图书馆 CIP 数据核字(2015)第 314189 号

书　　名：高速列车气动影响
作　　者：李人宪　编著

责任编辑：黄　璐　赵　静　王明容　　**编辑部电话：**010-51873138　　**电子信箱：**tdpress@126.com
封面设计：崔丽芳
责任校对：孙　玫
责任印制：陆　宁　高春晓

出版发行：中国铁道出版社(100054，北京市西城区右安门西街 8 号)
网　　址：http://www.tdpress.com
印　　刷：中煤(北京)印务有限公司
版　　次：2016 年 2 月第 1 版　2016 年 2 月第 1 次印刷
开　　本：787 mm×1 092 mm　1/16　**印张：**14.25　**字数：**345 千
书　　号：ISBN 978-7-113-21241-4
定　　价：68.00 元

序

高速铁路和高速列车的发展是近年来世界运输行业发展中最突出的亮点，有可能改变国际货物运输和人员流动的格局，形成与空运相似快捷、与海运一样经济的陆路交通运输体系。中国的高速铁路建设和高速列车的发展已经走在了世界的前列，高速铁路运营里程和在建里程都达到世界第一，高速列车的生产也形成非常大的规模。

高速列车的空气动力学问题是以前在铁路建设和列车设计中很少关注的问题。列车运行速度超过 200 km/h 时许多在低速运行时不明显的气动作用问题凸现出来，给线路、隧道、列车、路边建筑等设施的设计带来新的制约因素；给列车运行、隧道维护、线路寿命和路边人员安全构成更加不利的环境条件；给相关铁路设备的设计与运行标准的制定提出更高的要求。本书总结作者近年来的研究成果，讨论了九个高速列车空气动力学相关的问题，对每一个问题都进行了比较全面地阐述，得到许多非常有意义的结论。例如对列车交会压力波问题，不但获得了压力波随车速的变化规律，而且给出了线间距对压力波的影响，并讨论了列车头部形状对压力波大小的影响。列车通过隧道和在隧道内会车会在隧道内产生极复杂的气体压力变化，过大的压力波动会造成隧道支护面使用寿命降低，因此了解隧道内可能产生的极值气体压力是隧道设计人员所希望的。书中不但给出了隧道内可能产生的最大负压极值计算结果，给出了可能产生极值压力的位置区段，而且推导出了隧道临界交会长度和单车通过隧道的最不利隧道长度的一般计算关系式，可为隧道长度设计和列车运行调度优化提供依据。在隧道口加装缓冲结构是减轻隧道入口气动效应的措施之一，但什么形式的缓冲结构更有效一直以来还不是十分清楚。在本书中比较仔细地讨论了两种结构形式的缓冲结构参数对隧道入口气动效应的影响，可以为缓冲结构设计提供参考。书中还讨论了列车运行时产生的气动作用力，如两列车交会时产生的气动作用力，横向风对列车的气动作用力，列车通过时对路边人员的气动作用力，以及列车对声屏障或挡风墙的气动作用力，给出了作用力随列车运行速度与作用距离的变化规律。这些规律的获得对列车动力学设计、声屏障或挡风墙结构强度设计和人员避让距离标准的制定应该是有很大帮助的。为定量了解高速列车车内热环境和车外声学环境，书中还分别对高速列车内部流场问题和高速列车外部气动噪声问题作了较详细的讨论，论述了外部环境参数对车内环境及其热舒适性的影响，计算分析了列车运行时可能产生的气动噪声的声压级强度、分布状况、传播和衰减规律。可为深入了解高速列车气动噪声的影响和探索降低气动噪声的措施提供帮助。在所获研究结论的基础上，作者还针对当前高速列车设计中遇到的问题提出一些合理建议，如线路附近人员避让距离建议，环境气候条件分区建议，空调客车车内热舒适性评价建议，列车侧窗气动强度设计建议等。应该说本书的内容对我国高速铁路和高速列车相关气动设计标准的制定和推动我国高速列车空气动力学的发展会有很大的帮助。

当然，书中内容并未涵盖所有高速列车空气动力学问题，有些问题的论述也不尽完美，但确是具有非常实用和参考意义的一本好书。相信本书将会为我国高速铁路的发展起到十分重要作用。

工程院院士 梁文灏

前　言

自从20世纪60年代日本开通世界上第一条速度为210 km/h的高速铁路运营线以来，半个世纪的时间，高速铁路和高速列车已经在许多国家成功建成和开通。正是由于高速列车具有运量大、能耗低、舒适性好、安全度高等特点，世界上越来越多的国家具有修建高速铁路的愿望。目前开通高速列车运营的国家或地区已超过10个，已建和在建高速铁路的国家已经超过20个。

如今，中国高速铁路的建设和高速列车的制造已经在世界上具有举足轻重的地位。高速铁路的通车里程和在建线路长度都是世界第一，高速列车的生产量也已经有了非常大的规模，在我国高速铁路上运营的将近2 000列高速列车，几乎都是国内制造。当然，毋庸讳言，我国在高速铁路建设和高速列车制造上走的是引进、消化、吸收、再创新的路线，建设起点高，发展速度快，形成规模迅速。正因如此，也可能导致一些基础理论的研究和对原始设计的理解不够深入，与高铁技术发达国家，如日本、法国、德国等国家相比，在高速列车的制造和使用标准上还是存在一定的差距，使得中国的高速铁路和高速列车在进入世界市场时遇到一定的阻碍。仅仅在高速列车空气动力学范畴内很多标准还处于缺失或不完善状态，例如列车通过时路边人员安全避让距离标准、隧道内气体压力变化限值标准、车内气体压力变化限值标准、高速空调客车车内空气质量标准、不同地区和不同季节车内温度变化限值标准、车内热舒适性评价标准、车内噪声限值标准、车外气动噪声限值标准、列车受横向风时的运行稳定性标准、声屏障的气动载荷标准等。标准的制定涉及对列车运行规律的认识、对运行环境的限定，也取决于生产技术条件的水平、人体工程学的判据，甚至种族、宗教、文化差异的影响等诸多方面的内容。但是厘清高速列车空气动力学的相关问题及高速列车气动作用对人、车、环境的影响规律，是制定高速列车空气动力学相关标准的前提。本书的工作就是力求通过大量的计算分析获得高速列车气动载荷在某些方面的作用规律。

高速列车空气动力学问题的研究方法可分为简单模型理论分析、实车线路测量数据归纳分析、风洞模型试验或水槽模型试验分析和流体力学控制微分方程数值计算分析。其中简单模型理论分析方法在早期的高速列车空气动力学研究中较多采用，但由于分析模型过于简单，与高速列车实际外形、运行工况和环境条件有较大差距，分析结果多只能用于定性研究，目前已经较少采用。其余三种研究方法是目前常用的研究手段。本书的工作是通过流体力学控制微分方程数值计算的方法，讨论了九个采用实车测量和风洞模型试验比较难于研究或几乎无法实现的列车空气动力学问题。包括:明线会车压力波变化规律问题、隧道会车压力波问题、会车过程的气动作用力问题、列车通过隧道的气动作用问题、列车风对路边人员的气动作用问题、列车的横风效应问题、高速列车对挡风墙或声屏障的气动作用问题、高速空调客车内部流场问题和高速列车外部气动噪声问题。如果本书的内容能够对相关标准的制定或为青年学子进入这一研究领域提供些许帮助,从而有利于我国高速列车空气动力学的发展,将是作者的希望所在。

当然,这并不意味着高速列车空气动力学问题只有本书提到的内容,例如高速列车与各类桥梁间的气动作用问题、高速列车风与线路积雪相互作用对列车运行的影响问题、高速列车风与雨水相互作用对列车运行的影响问题、列车通过隧道的微气压波问题、受电弓的气动作用力和气动噪声问题等,本书均没有涉及。作者的工作也远非尽善尽美。限于计算机资源条件,只分析了较短隧道的压力波动问题和会车作用力问题,长大隧道列车气动作用或许与短隧道中的气动现象和影响规律不尽相同;只分析了极端情况下横向风(横风方向与列车运行方向垂直)对列车运行状况的影响,具有不同偏航角方向的环境风对列车运行的影响问题没有讨论;风沙环境下粉尘与微粒对车内空气质量的影响问题也是应该关注的问题。此外本书中所得结论也仅是一家之言,有些计算结果与实测值做了对比,有些部分的计算结果还没有对标条件。同样限于计算机计算能力,一些问题的计算模型网格划分可能不够精细,尽管在可能的情况下都尽量实施网格无关性检验,但有些计算只能利用到我们现有计算机的最大计算能力(例如外部气动噪声问题计算)。因此,计算结果也可能不够准确,甚至可能得到错误的结论而作者还不自知。真诚希望同行专家不吝赐教,批评指正。

能够完成本书的工作离不开师长、同事和学生的支持和帮助。首先要感谢我的博士生导师刘应清教授,是他把我引到高速列车空气动力学的研究领域。另外,还要感谢西南交通大学牵引动力国家重点实验室主任张卫华教授,他在笔者研究条件十分困难时给予了设备和资金上的支持,使得研究工作能够持续。当然,还应该感谢我的研究生们,因为相当大一部分计算工作是他们完成的,如张曙、赵晶、刘杰、关永久、王明明、赵继维、郑拯宇、叶坤、陈琳、肖睿、袁磊、丁皓、姚澍、康健、崔鹏翔、刘济洲、陆晓柳等,都对本书的工作有所贡献,许多时候是在与他们的交流与争论中才使得研究内容更加清晰,研究目标得以明确。诚然,应该感谢的还包括我的家人,是他们容忍我将大部分时间贡献在计算机前,而没有陪伴在他们身边。

由于铁路科技图书出版基金的资助使本书得以出版,承蒙中国工程院梁文灏院士为本书作序,中国铁道出版社编辑黄璐、赵静、王明容为本书出版做了大量的工作,在此一并表示感谢。

作　者

2015 年于成都

目　　录

1 引　　言

世界上第一条铁路于1825年8月27日在英国建成，起点为Stockton，终点为Darlingdon，全长约27 km，起始开行速度4.5 km/h，后增加到24 km/h。19世纪30年代，美国(1830年)、法国(1832年)、比利时(1835年)、德国(1835年)、加拿大(1836年)、俄国(1837年)、奥地利(1838年)、荷兰(1839年)、意大利(1839年)等国相继建成本国的第一条铁路，开启了铁路运输的时代。中国的第一条铁路是1876年英国在中国的代理商怡和洋行出资修建的吴淞到上海的所谓"寻常马路"，后被清政府赎回并拆除。真正中国自己出资修建的第一条铁路是1881年建成的唐山至胥各庄的唐胥铁路，全长9.7 km，用来运输从唐山开平煤矿开采出的煤炭。经过100多年的建设，世界上铁路的总里程已经超过130万km，其中美国约27万km(高峰时曾有约40万km)，俄罗斯12.8万km，中国约12万km，印度6.3万km，加拿大5.7万km。超过140个国家或地区建有铁路，没有铁路的国家已经非常少了。

机车的出现更早于铁路的建设。1804年英国工程师特里维塞克就制造了以蒸汽机为动力的轨道运行机车，不过当时的轨道并不是现代意义的钢轨。1825年英国人乔治·斯蒂芬森制造的"旅行"号蒸汽机车在世界第一条铁路上运行，可认为是第一辆正式商业运用的铁路机车。经过将近200年的发展，铁路机车已经从早期的蒸汽机车发展为燃料热效率更高的内燃机车和操纵更便捷的电力机车。铁路机车的运输能力从开始的一列车几吨货物到当前一列车最高十万吨以上的载重量，已经有了质的变化。铁路机车的运行速度也有极大的提高，蒸汽机车的运行速度一般只有每小时几十公里，而内燃机车和传统电力机车的速度可以达到100 km/h以上。随着经济的发展和社会需求的增加，更快的铁路运输速度成为人们追求的目标，高速铁路的发展正成为许多国家新的铁路运输能力提升的标志。当然，更快的速度也对铁路的建造精度和机车的制造质量提出更高的要求。

按照国际铁路联盟的定义，以200 km/h作为高速铁路的最低列车运行速度，德国在20世纪30年代已经达到试验速度205 km/h，但是真正意义的运营高速铁路是日本在20世纪60年代建造的东海道新干线高速铁路，列车运营速度为210 km/h，开启了高速铁路和高速列车的新时代。由于高速铁路运量大、速度快、安全度高、经济性好，世界上许多国家都相继修建了高速铁路。目前世界上具有高速铁路运营的国家或地区超过10个，已建和在建高速铁路的国家超过20个。世界高速铁路建设概况见表1-1。

表1-1　世界高速铁路建设概况

序　号	国　　家 (地区)	高速铁路运营里程 (km)	最高运营速度 (km/h)	在建高铁里程 (km)
1	中国大陆	19 000(2015年底)	350	3 000
2	西班牙	2 665	300	17 81
3	日本	2 388	300	775
4	法国	1 872	320	730

续上表

序 号	国 家 (地区)	高速铁路运营里程 (km)	最高运营速度 (km/h)	在建高铁里程 (km)
5	英国	1 574	300	0
6	意大利	1 342	300	92
7	德国	1 032	300	378
8	瑞典	782	200	82
9	俄罗斯	780	250	400
10	土耳其	447	250	758
11	韩国	412	300	302
12	中国台湾	345	300	0
13	比利时	209	300	0
14	荷兰	120	300	0

另外美国在其东北走廊线上有一条从华盛顿特区经巴尔的摩、费城和纽约的高速铁路线，称为阿西乐特快，长 734 km，最高运营速度为每小时 150 英里(240 km/h)。但是平时行驶速度一般在 110 km/h。瑞士也有一段长约 35 km 的高速铁路，可运行时速为 250 km 的高速列车。

从表 1-1 可以看出，中国已经成为世界上高速铁路运营里程最长的国家(欧盟高速铁路总长 10 023 km)，在建高速铁路里程也是世界第一。按照中国《铁路“十二五”发展规划》[1]，要建设“四纵四横”的高速铁路网，如图 1-1 所示。截至 2015 年底，“四纵四横”高铁主骨架网络已经基本建成，全国高铁营业里程达 1.9 万 km，居世界第一位。

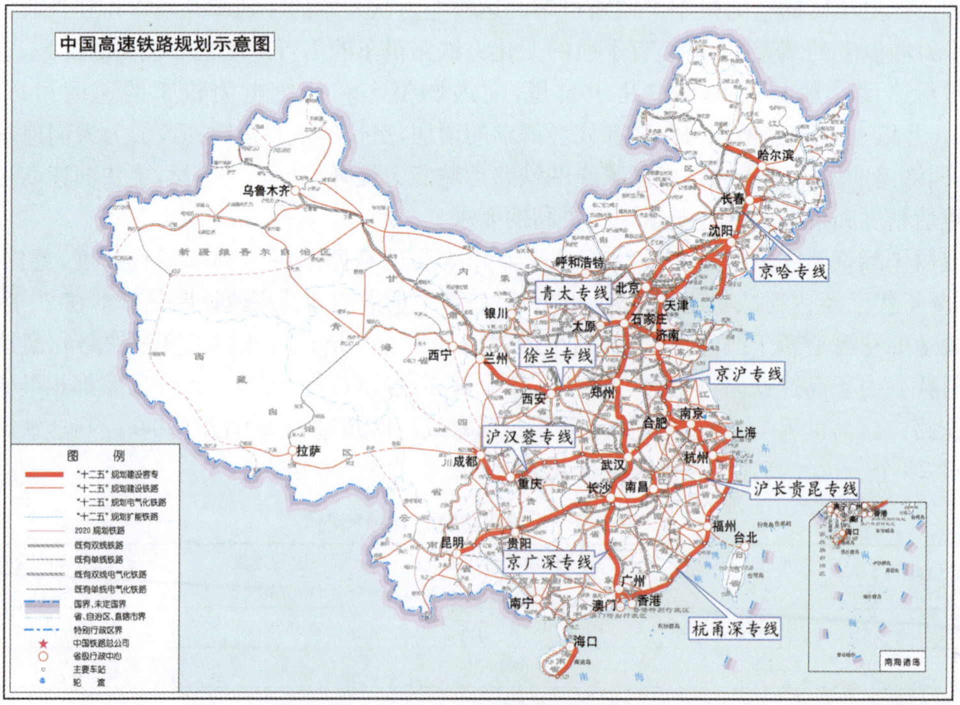

图 1-1 中国高速铁路规划示意图

运行速度的不断提高促使高速列车在技术上的发展不断取得进步，试验速度不断刷新。德国在 1988 年实现最高 408.9 km/h 的试验速度，日本在 1995 年实现 443 km/h 的最高试验速度，法国更是在 2007 年创造了 574.8 km/h 的世界纪录试验速度。中国的高速铁路和高速列车的发展起步较晚，但发展速度很快，自从 1999 年开行(秦沈客专)高速列车以来，2008 年实现了 396.4 km/h 的试验速度，2009 年实现了 416.4 km/h 的试验速度，2010 年实现了 486.1 km/h 实验记录速度。轮轨列车试验速度发展如图 1-2 所示。应该说中国目前已经具备了制造 500 km/h 以上速度等级高速列车的能力[2]，2013 年我国制造的更高速度试验列车在试验台上运行速度达到 605 km/h，线路试验速度可能超过 500 km/h 的国产高速列车如图 1-3 所示。假以时日，中国创造新的高速列车速度实验纪录是完全可能的。

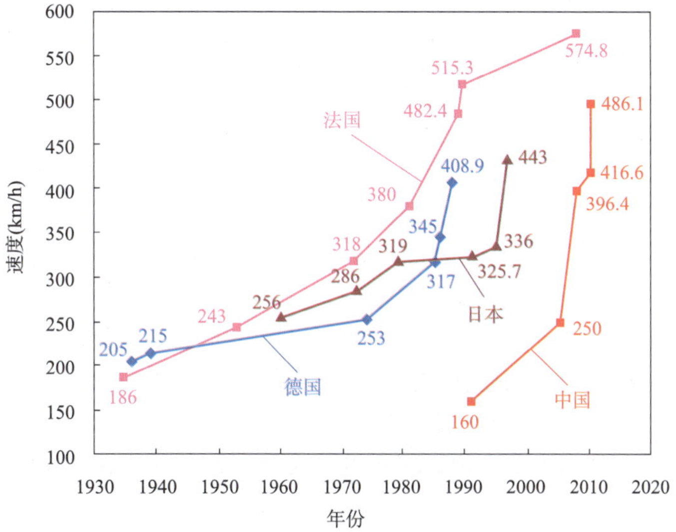

图 1-2　轮轨列车试验速度发展

图 1-3　线路试验速度可能超过 500 km/h 的国产高速列车[2]

随着列车运行速度的提高,许多在低速运行时并不突出的空气动力学问题越来越明显。列车在空气中高速运行,使列车周围空气产生强烈的扰动。扰动的空气一方面对列车周围环境产生一定的负面影响,如高速列车对线路附近人员和设施的气动作用问题、气动噪声扰民问题等;另一方面对列车本身也会产生较大的消极作用,如气动阻力问题、列车运行的气动稳定性问题、列车的气动强度问题、高速条件下列车空调系统稳定运行问题等。此外环境空气状态的变化也可能引起高速列车气动性能变差,如横向风速过大时列车的横风稳定性问题,风速大、气压低或温度过高、过低时,列车空调系统是否能正常工作的问题等。这些列车空气动力学问题中,有些问题已经基本上了解清楚了,如列车在明线运行时的气动阻力问题。一般认为列车气动阻力可分解为压差阻力(与车头、尾形状关系最大)、摩擦阻力(与列车长度和表面光洁程度相关)和局部阻力(主要与车身表面凸起物相关);总的气动阻力的大小基本上与车速的平方成正比,因此可以按照所希望的车速设计列车动力系统的功率。但有些问题还不是十分清楚,例如同样是气动阻力问题,列车进入隧道时的气动阻力是变化值,什么时刻气动阻力最大?最大气动阻力比明线运行时的气动阻力大多少?在隧道中气动阻力如何变化?与阻塞比和隧道长度是什么关系等。隧道内的气动阻力问题还只涉及列车动力系统功率储备问题,有些列车空气动力学问题不弄清楚可能会影响列车的正常运行甚至会造成行车事故。例如我国广深线开行准高速列车时,车下负压曾将线路上装备坑盖板吸出打在运行列车上,两车交会时的气体压力波曾将对面客车侧窗玻璃全部击碎,美国和中国都曾发生集装箱列车运行时由于风力作用将车上集装箱吹下列车的情况,环境风使运行列车侧翻或停止运行的情况更是时有发生。也有些列车空气动力学问题在一国没有突出的负面表现,但换一个环境却会出现问题。例如日本川崎重工制造的 300 km/h 速度的高速列车在日本运行没有出现空调系统问题,但是在中国线路上运行时却出现了车内环境重度污染的问题。因此高速列车空气动力学问题仍然还是需要认真研究的问题。

早期的列车空气动力学研究者采用极简单的理论模型研究列车空气动力学问题。例如采用单个移动点源或旋转体形成的半无限长物体模拟高速列车,将列车看成一个线声源来研究列车的气动噪声等。由于列车形状的复杂性和周围空气与地面存在相互作用,简单模型的理论研究结果与实际情况存在较大差别,因此现代列车空气动力学的研究主要采用实车测量、风洞或水槽模拟测量和数值仿真计算三种方法。

(1)实车测量

实车测量可以实现的气动参数检测有:测作用力、测压力、测温度、测风速和测噪声。实车测量作用力通常可实现的是测量列车的气动阻力和测量列车通过时路边人员(或设备)所受到的气动作用力。列车在平直线路上运行过程中突然关闭动力,采用惯性溜车的方法,通过初始速度和溜车距离可以估算出溜车至停止时的负加速度。有了加速度,再根据列车质量就可以计算出溜车总阻力,去掉滚动摩擦阻力和机械传动阻力剩下的就是列车气动阻力。列车在线路上运行时所受到的气动作用力可以分解为三个方向的气动力和三个方向的气动力矩(阻力、侧向力、升力、俯仰力矩、侧翻力矩和偏转力矩),实车测量一般只能测量列车的气动阻力,另外五个力或力矩则无法测量。测量列车通过时路边人员可能受到的气动作用力,通常采用在线路附近安装人体模特或与人体相当的柱体模型的方法,模特或模型内部装有测力的六分量天平,用天平测出列车通过时作用在模型上的气动力和力矩。测量气体压力、温度、风速和噪声则是在列车运行过程中用相应的传感器,测量车外或车内某些位置的流场参数。一般来讲,列车外表面和客车内部壁面或建筑结构表面、设备表面的气体压力的测量比较容易实现，只要压力传感器体积足够小，响应时间足够快，同时二次仪表的采样频率足够高即可（当然，高速列车风作用下传感器的安装强度也是必须考虑的问题）。但列车外部空间和内部空间的气体压力（变化）测量则不容易测得准确，原因是空间位置点处压力传感器必须采用支架安装，而支架的存在会破坏原始状况的流场，使当地气体压力发生变化。温度的测量一般会测量空调客车内部温度（分布），但也有列车上与外界环境相通的设备舱内的温度需要掌握。温度传感器同样需体积小、响应快，因此其安装带来的问题与压力传感器类似。风速的测量一般采用热线风速仪直接测量或采用匹托管间接测量，传感器安装时如何尽量少破坏当地流场状况仍然是必须考虑的问题。事实上风速的测量较之压力和温度的测量有更大难度，主要表现在不但要测量出风速的大小，还应测出风速的方向。而风速方向的测量在复杂流场中是极难实现的工作。气动噪声的测量可采用拾音器记录下列车运行过程中的噪声信号，再经过声学处理获得所希望的声强分布。但是拾音器获得的声音信号是所有噪声信号的叠加（如轮轨噪声、电磁噪声、机械传动噪声和气动噪声），将其中气动噪声信号分离出来或去除其他噪声信号而留下气动噪声信号，目前还是不太可能完成的任务。

为了解列车空气动力学问题，各国研究者做了大量的线路实车测量工作。如日本、韩国的研究者测量了高速列车的气动阻力，测量了列车通过隧道时的隧道内压力变化以及研究了隧道出口处微气压波的变化情况[3~7]，欧洲的研究者测量了单车通过时隧道内压力变化，两列车交会通过隧道时列车表面和隧道内部的压力变化，列车通过隧道时的横向加速度，线路周围外声场的列车通过噪声，站台上列车风对人体的气动作用力等[8~19]；我国的研究人员也在高速铁路线路上进行过大量的实车测量工作，在京津高速铁路上做过气动阻力溜车试验、明线列车交会压力波测量试验、交会列车内部压力波动测量试验、外部声场噪声测量试验；在遂渝线上做过隧道内气体压力测量实验、在京沪高铁做过明线会车和隧道内会车时车外和车内压力变化试验；在京广高速武广段线路和列车上也做了类似的测量[20~25]。为研究列车空气动力学问题掌握了大量的第一手资料。

应该说线路实车测量是获得列车空气动力学参数最直接、最可靠的方法，但是线路实车测量也存在许多局限性。第一，线路或车辆没有制造完成时无法进行测量；第二，有些空气动力学参数无法测量，如除气动阻力外的另外五个列车气动作用力（矩）；第三，受环境条件影响比较大，例如环境风速、风向对气动阻力测量结果有直接影响，环境背景噪声对列车气动噪声测量结果有直接影响，线路运行条件对所需试验要求有一定限制；第四，测量数据有限，不容易总结出规律性的列车空气动力学特征；第五，线路实车测量所需试验开支巨大，通常完成试验需国家行为。因此，在可能的情况下应尽量少做线路实车试验。

(2)风洞和水槽模型试验

风洞模型试验是基于相似原理而设计的气体动力学试验，与线路实车测量试验不同，风洞试验中列车模型不动，而周围气流在风洞风机的作用下高速运动。风洞模型试验可以测量的列车空气动力学参数有：气动作用力、压力、风速、噪声、流迹。高速列车的风洞试验必须采用缩尺模型，因为不可能建造大得足以将列车开进去并满足足够小阻塞比的风洞。用风洞试验来测量列车模型的气动作用力，是将列车模型用天平支撑起来，而模型在一定的风速下受到的气动作用力可通过六分量天平测得，因此比起线路实车测量，风洞测量列车气动作用力要方便得多，而且可以测量任一方向的气动力和力矩。在风洞试验中测压力和测风速与线路实车测量方法基本一致，用相应的压力传感器或速度传感器测量一定部位的流体压力或速度。为降低或消除传感器安装支架对流场的影响，风洞模型试验可以采用更精密的（无流场内支架的）速度测量仪器（如激光多普勒测速仪），更精确的测量某点或某一断面的气流速度（分布）。但风洞试验通常无法测量车内流场参数，因为一方面列车模型不可能做得很大，内部空间无法做成与实车结构形式一样，另一方面由于要安装测力天平，车厢内部空间被天平结构占据，车内流场不复存在。风洞试验测量列车的气动噪声可以完全屏蔽掉轮轨噪声、电磁噪声和机械传动噪声的影响。但是风洞运行本身就会产生很强的气动噪声，要区分风洞自身的气动噪声和列车模型的气动噪声基本上是不可能的。因此只有在风洞的降噪设计上想办法，设计出低噪声风洞或静音风洞。这在技术上是比较困难的事情，而且会使风洞的建造成本大幅度上升。更重要的是目前还没能得出可靠的（或普适的）声学缩尺比参数，无法确定缩尺列车模型噪声测量结果与实车噪声测量结果的严格对应关系。测流迹的目的是直观观察车体附近气流的运动方向。采用的方法是在列车模型前方风洞中生成均匀且稳定流动的烟雾或液体气泡，或者在车体模型上粘贴或绑扎细丝带，气流绕过车体模型时，烟雾、气泡或丝带的运动方向是可以观察到的，不同位置气流运动方向就可以被观察和记录下来，用以研究列车外部速度场。

风洞模型试验可以消除环境气流状况的不利影响，可以人为设置所希望的试验气流速度，可以自由改变风速相对于列车模型的方向，可以不受线路运行状况的制约，可以基本不受限制地重复所希望的试验工况，而且可以将列车某一部分结构（如受电弓结构）的气动特性单独进行风洞试验研究。因此各国的研究者大量采用风洞模型试验的方法研究列车空气动力学问题。日本的学者采用风洞模型试验的方法研究了列车的气动阻力问题、列车外部压力分布问题、高速铁路隧道洞口微气压波等问题[26-31]，欧洲的学者采用风洞模型试验研究了高速列车的气动噪声问题[32,33]，美国联邦铁路运输署也利用模型风洞试验做了大量的列车气动性能研究。除此之外欧洲和美国的学者还采用水槽实验方法研究了列车通过隧道时的压力波动问题[34~36]。中国的研究人员也采用模型试验研究了各种高速列车空气动力学问题[37~41]。模型风洞试验或水槽试验为列车空气动力学性能研究积累了大量的数据，也获得了不少列车气动性能规律性方面的研究成果。

毋庸讳言，风洞模型试验研究方法也存在一定的局限性。第一，风洞模型试验由于是利用相似原理模拟列车与空气间的相对运动，列车模型在试验过程中是静止不动的，则列车与地面间的相对移动引起的气流运动就很难真实模拟。比较理想的办法是采用履带式地面平台，但这样做又会给模型的支撑带来困难。第二，由于车体模型较小，风洞地面的气流边界层有可能"淹没"部分列车模型。因此风洞试验中车体模型都需要安装在风洞地面上部一定高度的平台上，平台的迎风边沿还需要削薄，并设置一排小孔，采用平台下部抽风的方法降低平板边界层的厚度。经过这些措施"处理"后，模型车下方流场已经与实际情况有较大差别了。第三，由于风洞工作段空间尺寸不可能做得很大，为保证足够小的模型与风洞阻塞比，列车模型有时不得不做得比较小，为保证相似准则数（如雷诺数）相等，风洞中的风速就要求很高。如采用 1∶10 的缩尺模型，为保证雷诺数相等，模拟 300 km/h 列车运行速度，若阻塞比为 1∶10，则在约 12 m^2 面积的风洞试验段中风速要远超过声速。这在目前的技术条件下虽不能说无法实现，但会使风洞建设和运行费用极为昂贵。尽管可以利用"自模化"现象大幅度降低所需风速，但"自模化"一般只针对气动力或压力的测量结果有效，对于其他气动参数的测量恐没有"自模化"现象。第四，在气体流动状态是紊流的条件下，缩尺模型引起的气动噪声测量结果无法与全尺寸列车在相同流动条件下的噪声测量结果相对应。因缩尺模型的气动声学量测量应满足斯德鲁哈尔数(Strouhal Number)$S_r=fL/U_\infty$,式中 f 为频率、L 为模型特征长度、U_∞ 为气体流速。如果模型缩尺比为 1∶N,则气动噪声测量所得声强频率为全尺寸列车对应声强频率的 N 倍。但这一准则只对流体是层流流动时正确,对于紊态流动产生的气动噪声不能完全满足 S_r数的对应关系,而高速列车模型风洞试验的风速在满足雷诺数相等的条件下会使风洞内流场为紊态流场。更重要的是,满足斯特鲁哈尔数的缩尺率测量,一般只有在模型形状是圆柱体且气流横向流过,同时产生卡门涡街的条件下才比较准确,对于高速列车复杂外形,即使风洞噪声测量参数满足 S_r数,测量结果的缩尺换算也可能会有较大偏差。第五,风洞模型试验很难模拟具有相对运动表面的流场,如列车进入隧道、列车在明线或在隧道内会车的过程。当然,在弹射风洞中这种动态过程有可能模拟,但是大缩尺比对动态流场参数的影响会使得测量结果出现较大的分散性。

(3)数值仿真计算

事实上,列车周围空气的流动状态与其他流体流动过程没有本质的差别,因此也是满足质量守恒定律、动量守恒定律和能量守恒定律的,也能够用流体流动控制微分方程来描述其运动和变化状态。笛卡尔坐标系下的车体附近空气流动所满足的控制微分方程为[43]:

质量守恒方程
$$\frac{\partial\rho}{\partial t}+\mathrm{div}(\rho\boldsymbol{u})=0 \tag{1-1}$$

x 向动量守恒方程
$$\frac{\partial(\rho u)}{\partial t}+\mathrm{div}(\rho u\boldsymbol{u})=\mathrm{div}(\mu\cdot\mathrm{grad}\,u)-\frac{\partial p}{\partial x}+S_{Mx} \tag{1-2}$$

y 向动量守恒方程
$$\frac{\partial(\rho v)}{\partial t}+\mathrm{div}(\rho v\boldsymbol{u})=\mathrm{div}(\mu\cdot\mathrm{grad}\,v)-\frac{\partial p}{\partial y}+S_{My} \tag{1-3}$$

z 向动量守恒方程
$$\frac{\partial(\rho w)}{\partial t}+\mathrm{div}(\rho w\boldsymbol{u})=\mathrm{div}(\mu\cdot\mathrm{grad}\,w)-\frac{\partial p}{\partial z}+S_{Mz} \tag{1-4}$$

能量(内能)守恒方程
$$\frac{\partial(\rho i)}{\partial t}+\mathrm{div}(\rho i\boldsymbol{u})=\mathrm{div}(k_t\cdot\mathrm{grad}\,T)-p\cdot\mathrm{div}\boldsymbol{u}+\Phi+S_i \tag{1-5}$$

状态方程
$$p=p(\rho,T)\text{和 } i=i(\rho,T) \tag{1-6}$$

对理想气体 $p=\rho RT$ 和 $i=c_V T$

式中 $\boldsymbol{u}$——空气流动的速度矢量;

ρ——空气密度;

u,v,w——速度$\boldsymbol{u}$在 x,y,z 三个坐标方向分量;

μ——空气动力黏度;

p——空气压力;

t——时间;

T——空气温度;

i——空气内能;

c_V——空气定容比热;

k_t——空气导热系数;

R——理想气体常数;

S_{Mx},S_{My},S_{Mz}——动量守恒方程源项(忽略体积力)

其中：$S_{Mx}=\frac{\partial}{\partial x}\left(\mu\frac{\partial u}{\partial x}\right)+\frac{\partial}{\partial y}\left(\mu\frac{\partial v}{\partial x}\right)+\frac{\partial}{\partial z}\left(\mu\frac{\partial w}{\partial x}\right)+\frac{\partial}{\partial x}(\lambda\cdot\mathrm{div}\,\boldsymbol{u})$，

$S_{My}=\frac{\partial}{\partial x}\left(\mu\frac{\partial u}{\partial y}\right)+\frac{\partial}{\partial y}\left(\mu\frac{\partial v}{\partial y}\right)+\frac{\partial}{\partial z}\left(\mu\frac{\partial w}{\partial y}\right)+\frac{\partial}{\partial y}(\lambda\cdot\mathrm{div}\,\boldsymbol{u})$，

$S_{Mz}=\frac{\partial}{\partial x}\left(\mu\frac{\partial u}{\partial z}\right)+\frac{\partial}{\partial y}\left(\mu\frac{\partial v}{\partial z}\right)+\frac{\partial}{\partial z}\left(\mu\frac{\partial w}{\partial z}\right)+\frac{\partial}{\partial z}(\lambda\cdot\mathrm{div}\,\boldsymbol{u})$；

S_i——能量方程源项；

λ——空气容积黏性系数；

Φ——耗散函数：

$$\Phi=\mu\left\{2\left[\left(\frac{\partial u}{\partial x}\right)^2+\left(\frac{\partial v}{\partial y}\right)^2+\left(\frac{\partial w}{\partial z}\right)^2\right]+\left(\frac{\partial u}{\partial y}+\frac{\partial v}{\partial x}\right)^2+\left(\frac{\partial u}{\partial z}+\frac{\partial w}{\partial x}\right)^2+\left(\frac{\partial v}{\partial z}+\frac{\partial w}{\partial y}\right)^2\right\}+\lambda\ (\mathrm{div}\boldsymbol{u})^2。$$

在一定的初始条件和边界条件下联立求解方程(1-1)～(1-6)，即可得到列车附近各处流场参数(压力 p，温度 T，速度 u、v、w，密度 ρ)，共计六个参数。理论上 6 个方程组成的方程组，6 个未知数，方程组是封闭的，因此数学上是可解的。

但是目前还没有办法求出这一组方程的解析解。工程上求解这一组方程的方法是采用数值计算的方法求出其近似解。数学上可用于求解上述微分方程组的数值计算法有很多种，如有限元法、有限差分法、有限体积法、边界元法、格子波尔兹曼法等。每一种数值计算方法都有各自的优缺点。但是对于流体流动控制微分方程组，我们即使找到或采用了合适的数值计算方法，仍然有一个问题需要解决，即紊流流动的数学描述问题。

高速列车在环境空气中以 300 km/h 或以上速度运行时，其周围流动气体的雷诺数一般会超过 10^6，这时的气流流动状态是紊流流动状态。而方程组(1-1)～(1-5)中方程(1-2)～(1-4)是法国物理学家 Claude-Louis Navier(1822 年)和英国数学家 George Gabriel Stokes(1845 年)各自独立推导出来的描述黏性牛顿流体流动的动量守恒方程，通常被称为 Navier-Stokes 方程。在其后的 1879 年法国科学家雷诺才首先发现了流体的紊流流动现象。这样就产生一个疑问：Navier-Stokes 方程是仅仅描述了层流流动现象，还是也同时描述了紊流流动现象？到目前为止似乎还无法证明 Navier-Stokes 方程的普适性。但就目前的认识，还是认为 Navier-Stokes 方程不但描述了层流流动也描述了紊流流动，因此这里仍可采用方程组(1-1)～(1-5)来描述列车周围流场的运动。尽管如此，要采用数值计算方法求解方程组(1-1)～(1-5)在工程上也还是有极大困难的。原因是：一般认为紊流是由大小不等、分布不均的漩涡构成的流动状态，在高雷诺数流体流动中，小漩涡的尺度可能小至 10～100 μm，为完整描述紊流流场各部分的特征，直接用 Navier-Stokes 方程做数值计算，其离散网格的尺度必须非常小，在 0.1 m×0.1 m 的区域，高雷诺数流体流动的计算可能要布置10^9～10^{12}个节点才能描述出各种尺度漩涡的特征。此外，紊流流动中流体状态的变化频率也对数值计算中的时间步长有相当高的要求。对高雷诺数流体的数值计算，时间间隔可能需要小至 100 μs。所以，紊流流动的(采用 Navier-Stokes 方程)直接模拟数值计算对计算机空间和时间的要求极高[44]，非拥有超级计算机的专门的研究机构，恐无法采用该方法计算分析高速列车空气动力学问题。

另外一种数值计算近似求解方程组(1-1)～(1-5)的方法称为大涡模拟。流场中较大尺度的，各向异性的漩涡运动采用 Navier-Stokes 方程来模拟，而基本上各向同性的小涡及其对大涡的影响则通过近似模型来模拟。例如用 $\overline{u}(x,y,z,t)$表示求解域各点上大涡模拟计算的运

动参变量，而紊流场的实际参变量为 $u(x,y,z,t)$。两者之间在大涡模拟数值计算中的关系为：

$$\overline{u}(x,y,z,t)=\frac{1}{\Delta V}\int_{\Delta V}G(x,y,z)\cdot u(x,y,z,t)\mathrm{d}V$$

式中，ΔV 为数值计算网格单元体积；$G(x,y,z)$ 为滤波函数，通过它可以忽略掉 $u(x,y,z,t)$ 中的小尺度涡的运动，而通过另外的模型对 $\overline{u}(x,y,z,t)$ 进行修正。

大涡模拟由于忽略了微小涡漩所描述的流场细节，数值计算过程只模拟大涡的运动，对计算机计算时间和计算空间的要求大大降低。然而，采用不同的滤波函数所忽略掉的小涡尺度是不同的。要得到足够多的流场细节，就必须保留足够小尺度的漩涡。因此大涡模拟仍需要相当大的计算机容量和足够高的计算速度。一般情况下，利用常规计算机采用大涡模拟方法求解高速列车周围流场的工作对工程技术部门来说也很难实施。

工程上常用的求解紊态流场的数值计算方法是所谓 Reynolds 时均方程法。将紊流流场中的瞬态参数 φ 看作时均值 Φ 与脉动值 φ' 之和，即 $\varphi=\Phi+\varphi'$。例如，$u=U+u'$，$v=V+v'$，$w=W+w'$，$p=P+p'$ 等。根据时均值的定义和一定的数学变换，将方程组(1-1)～(1-5)转换成由时均值作为参数的微分方程组，而脉动值的影响用紊流模型代替[45]。

描述牛顿流体流动的时均形式的连续性方程，动量守恒方程和能量守恒方程为：

时均质量守恒方程
$$\frac{\partial\rho}{\partial t}+\mathrm{div}(\rho\boldsymbol{U})=0 \tag{1-7}$$

x 向时均动量守恒方程
$$\frac{\partial(\rho U)}{\partial t}+\mathrm{div}(\rho U\boldsymbol{U})=\mathrm{div}[(\mu+\mu_t)\cdot\mathrm{grad}U]-\frac{\partial P_{\mathrm{eff}}}{\partial x}+S_x \tag{1-8}$$

y 向时均动量守恒方程
$$\frac{\partial(\rho V)}{\partial t}+\mathrm{div}(\rho V\boldsymbol{U})=\mathrm{div}[(\mu+\mu_t)\cdot\mathrm{grad}V]-\frac{\partial P_{\mathrm{eff}}}{\partial y}+S_y \tag{1-9}$$

z 向时均动量守恒方程
$$\frac{\partial(\rho W)}{\partial t}+\mathrm{div}(\rho W\boldsymbol{U})=\mathrm{div}[(\mu+\mu_t)\cdot\mathrm{grad}W]-\frac{\partial P_{\mathrm{eff}}}{\partial z}+S_z \tag{1-10}$$

时均能量守恒方
$$\frac{\partial(\rho i)}{\partial t}+\mathrm{div}(\rho i\boldsymbol{U})=\mathrm{div}\left[\left(\frac{k_t}{c_p}+\frac{\mu_t}{\sigma_T}\right)\cdot\mathrm{grad}\,T\right]+P_{\mathrm{eff}}\mathrm{div}(\boldsymbol{U})+\Phi+S_i \tag{1-11}$$

式中 $\boldsymbol{U}$——空气时均流动速度矢量；

P_{eff}——等效压力，$P_{\mathrm{eff}}=P+p_t$，其中 $p_t=\frac{1}{3}(\overline{u'^2}+\overline{v'^2}+\overline{w'^2})$ 为紊流脉动速度引起的压力；

σ_T——紊流 Prantdl 数(≈0.9)；

S_x,S_y,S_z——动量守恒方程源项

其中：

$$S_x=S_{Mx}+\frac{\partial}{\partial x}\left(\mu_t\frac{\partial U}{\partial x}\right)+\frac{\partial}{\partial y}\left(\mu_t\frac{\partial V}{\partial x}\right)+\frac{\partial}{\partial z}\left(\mu_t\frac{\partial W}{\partial x}\right),$$

$$S_y=S_{My}+\frac{\partial}{\partial x}\left(\mu_t\frac{\partial U}{\partial y}\right)+\frac{\partial}{\partial y}\left(\mu_t\frac{\partial V}{\partial y}\right)+\frac{\partial}{\partial z}\left(\mu_t\frac{\partial W}{\partial y}\right),$$

$$S_z=S_{Mz}+\frac{\partial}{\partial x}\left(\mu_t\frac{\partial U}{\partial z}\right)+\frac{\partial}{\partial y}\left(\mu_t\frac{\partial V}{\partial z}\right)+\frac{\partial}{\partial z}\left(\mu_t\frac{\partial W}{\partial z}\right);$$

μ_t——紊流黏性系数。

μ_t 与层流黏性系数 μ 不同，μ_t 不是物性参数，而是流场空间与时间的函数。μ_t 的表达形式与紊流模型相关，对于不同的紊流模型，μ_t 有不同的表达方式。所谓紊流模型就是求出紊流黏性系数的方程式。例如常用的 $k\sim\varepsilon$ 两方程紊流模型，μ_t 的表达式为：

$$\mu_t=\rho C_\mu \frac{k^2}{\varepsilon}$$

式中 C_μ——经验常数；

k——紊流动能，$k=\frac{1}{2}(\overline{u'^2}+\overline{v'^2}+\overline{w'^2})$；

ε——紊动能耗散率，$\varepsilon=\frac{\mu}{\rho}\overline{\left(\frac{\partial u_i'}{\partial x_j}\right)^2}$。

根据紊流动能 k 和紊动能耗散率 ε 的定义可以推导出他们所满足的微分方程[45]：

$$\frac{\partial(\rho k)}{\partial t}+\mathrm{div}(\rho k\boldsymbol{U})=\mathrm{div}\left[\left(\mu+\frac{\mu_t}{\sigma_k}\right)\mathrm{grad}k\right]+\mu_t P_G-\rho\varepsilon \tag{1-12}$$

$$\frac{\partial(\rho\varepsilon)}{\partial t}+\mathrm{div}(\rho\varepsilon\boldsymbol{U})=\mathrm{div}\left[\left(\mu+\frac{\mu_t}{\sigma_\varepsilon}\right)\mathrm{grad}\varepsilon\right]+\mu_t C_1\frac{\varepsilon}{k}P_G-\rho C_2\frac{\varepsilon^2}{k} \tag{1-13}$$

式中，C_1、C_2、σ_μ、σ_k、σ_ε 均为经验系数，

$$P_G=2\left[\left(\frac{\partial u}{\partial x}\right)^2+\left(\frac{\partial v}{\partial y}\right)^2+\left(\frac{\partial w}{\partial z}\right)^2\right]+\left(\frac{\partial u}{\partial y}+\frac{\partial v}{\partial x}\right)^2+\left(\frac{\partial u}{\partial z}+\frac{\partial w}{\partial x}\right)^2+\left(\frac{\partial v}{\partial z}+\frac{\partial w}{\partial y}\right)^2。$$

方程式(1-7)～(1-13)和流体状态方程式(1-6)一起也构成一组封闭方程组。这样一来，采用时均形式的流体流动控制微分方程求解三维流场问题就需要求解方程式(1-7)～(1-13)7 个微分方程，即时均形式的质量守恒方程，三个坐标方向的动量守恒方程，能量守恒方程，紊动能方程和紊动能耗散率方程，再加上流体状态方程，共计 8 个方程组成的方程组。

事实上方程(1-1)～(1-5)或者方程(1-7)～(1-13)可以写成统一的形式：

$$\frac{\partial(\rho\varphi)}{\partial t}+\mathrm{div}(\rho\varphi\boldsymbol{u})=\mathrm{div}(\Gamma\cdot\mathrm{grad}\varphi)+S_\varphi \tag{1-14}$$

将 φ 取为不同的变量，并取扩散系数 Γ 和源项 S_φ 为适当的表达式，可表示原始形式的或时均形式的连续性方程、动量方程、能量方程以及紊动能方程和紊动能耗散率方程。因此方程(1-14)称为通用变量方程。方程中各变量取值见表 1-2。

表 1-2 通用变量方程参数取值

	φ		Γ		S_φ	
方程	原始形式	时均形式	原始形式	时均形式	原始形式	时均形式
连续性方程	1	1	0	0	0	0
x-动量方程	u	U	μ	$\mu+\mu_t$	$-(\partial p/\partial x)+S_{Mx}$	$-(\partial P_{\mathrm{eff}}/\partial x)+S_x$
y-动量方程	v	V	μ	$\mu+\mu_t$	$-(\partial p/\partial y)+S_{My}$	$-(\partial P_{\mathrm{eff}}/\partial y)+S_y$
z-动量方程	w	W	μ	$\mu+\mu_t$	$-(\partial p/\partial z)+S_{Mz}$	$-(\partial P_{\mathrm{eff}}/\partial z)+S_z$
能量方程	i	I	k_t	$\frac{k_t}{C_p}+\frac{\mu_t}{\sigma_T}$	$-p\cdot\mathrm{div}(\boldsymbol{u})+\Phi+S_i$	$-p_{\mathrm{eff}}\cdot\mathrm{div}(\boldsymbol{U})+\Phi+S_i$

续上表

	φ		Γ		S_φ	
方程	原始形式	时均形式	原始形式	时均形式	原始形式	时均形式
k 方程		k		$\mu+\frac{\mu_t}{\sigma_k}$		$\mu_t P_G-\rho\varepsilon$
ε 方程		ε		$\mu+\frac{\mu_t}{\sigma_\varepsilon}$		$\mu_t C_1\frac{\varepsilon}{k}P_G-\rho C_2\frac{\varepsilon^2}{k}$

若采用某种数值计算方法能够求解方程(1-14)，就可得到方程组(1-1)～(1-6)或者方程组(1-7)～(1-13)的近似解。常用的流体流动控制微分方程数值计算方法是有限体积法。与其他数值计算方法类似，有限体积法将要求解的流场计算区域划分成大小不等的立方体控制容积，在每一个控制容积中对方程(1-14)做体积分，并且在一个小的时间间隔 Δt 中也对方程(1-14)积分。因方程式(1-14)是在流场中任意点满足守恒定律的守恒方程，在控制容积中积分和在小的时间间隔中积分的物理意义是方程在控制容积中和小的时间间隔内也保持守恒。如果每个控制容积足够小，同时积分时间间隔也足够小，其守恒性是可以得到满足的。

取出一个控制容积如图 1-4 所示，控制容积中心有节点 P。西侧有相邻节点 W，东侧有相邻节点 E，南侧有相邻节点 S，北侧有相邻节点 N，上侧有相邻节点 T，下侧有相邻节点 B。控制容积的体积设为 ΔV。

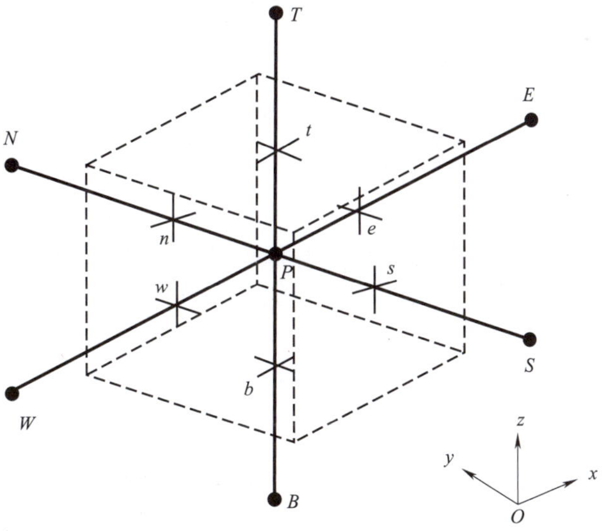

图 1-4　控制容积及相邻节点示意图

则方程式(1-14)的空间与时间的积分表达式为

$$\int_t^{t+\Delta t}\int_{\Delta V}\frac{\partial(\rho\varphi)}{\partial t}\mathrm{d}V\mathrm{d}t+\int_t^{t+\Delta t}\int_{\Delta V}\mathrm{div}(\rho\varphi\boldsymbol{u})\mathrm{d}V\mathrm{d}t=\int_t^{t+\Delta t}\int_{\Delta V}\mathrm{div}(\Gamma\cdot\mathrm{grad}\varphi)\mathrm{d}V\mathrm{d}t+\int_t^{t+\Delta t}\int_{\Delta V}S_\varphi\mathrm{d}V\mathrm{d}t\ , \tag{1-15}$$

将时间积分，有

$$\rho_P(\varphi_P-\overset{0}{\varphi_P})\Delta V=\int_{\Delta V}[-\mathrm{div}(\rho\varphi\boldsymbol{u})+\mathrm{div}(\Gamma\cdot\mathrm{grad}\varphi)+S_\varphi]\Delta t\mathrm{d}V\ , \tag{1-16a}$$

即
$$\rho_P(\varphi_P-\varphi_P^0)\frac{\Delta V}{\Delta t}=\int_{\Delta V}[-\mathrm{div}(\rho\varphi\boldsymbol{u})+\mathrm{div}(\Gamma\cdot\mathrm{grad}\varphi)+S_\varphi]\mathrm{d}V\text{。}\tag{1-16b}$$
等式左端为
$$\rho_P(\varphi_P-\varphi_P^0)\frac{\Delta V}{\Delta t}=\rho_P\frac{\Delta V}{\Delta t}\varphi_P-\rho_P\frac{\Delta V}{\Delta t}\varphi_P^0=a_P^0\varphi_P-a_P^0\varphi_P^0,\tag{1-17}$$
式(1-16b)的右端为一个纯粹的体积分,展开有
$$\int_{\Delta V}[-\mathrm{div}(\rho\varphi\boldsymbol{u})+\mathrm{div}(\Gamma\cdot\mathrm{grad}\varphi)+S_\varphi]\mathrm{d}V=-\int_{\Delta V}\frac{\partial}{\partial x}(\rho u\varphi)\mathrm{d}V-\int_{\Delta V}\frac{\partial}{\partial y}(\rho v\varphi)\mathrm{d}V-$$
$$\int_{\Delta V}\frac{\partial}{\partial z}(\rho w\varphi)\mathrm{d}V+\int_{\Delta V}\frac{\partial}{\partial x}\left(\Gamma\frac{\partial\varphi}{\partial x}\right)\mathrm{d}V+\int_{\Delta V}\frac{\partial}{\partial y}\left(\Gamma\frac{\partial\varphi}{\partial y}\right)\mathrm{d}V+\int_{\Delta V}\frac{\partial}{\partial z}\left(\Gamma\frac{\partial\varphi}{\partial z}\right)\mathrm{d}V+\int_{\Delta V}S\Delta V$$
$$=-[(\rho u\varphi A)_e-(\rho u\varphi A)_w]-[(\rho v\varphi A)_n-(\rho v\varphi A)_s]-[(\rho w\varphi A)_b-(\rho w\varphi A)_t]+$$
$$\left(\Gamma A\frac{\partial\varphi}{\partial x}\right)_e+\left(\Gamma A\frac{\partial\varphi}{\partial x}\right)_w+\left(\Gamma A\frac{\partial\varphi}{\partial y}\right)_n+\left(\Gamma A\frac{\partial\varphi}{\partial y}\right)_s+\left(\Gamma A\frac{\partial\varphi}{\partial z}\right)_b+\left(\Gamma A\frac{\partial\varphi}{\partial z}\right)_t+\overline{S}\Delta V,$$
其中 $\overline{S}$ 为源项 S_φ 在控制容积中的平均值。

令 $F_e=(\rho u)_eA_e$,$F_w=(\rho u)_wA_w$,$F_n=(\rho v)_nA_n$,$F_s=(\rho v)_sA_s$,$F_b=(\rho w)_bA_b$,$F_t=(\rho w)_tA_t$,

$$\varphi_e\approx\frac{\varphi_E+\varphi_P}{2},\varphi_w\approx\frac{\varphi_W+\varphi_P}{2},\varphi_n\approx\frac{\varphi_N+\varphi_P}{2},\varphi_s\approx\frac{\varphi_S+\varphi_P}{2},\varphi_b\approx\frac{\varphi_B+\varphi_P}{2},\varphi_t\approx\frac{\varphi_T+\varphi_P}{2},$$
$$\left(\Gamma A\frac{\partial\varphi}{\partial x}\right)_e\approx\frac{\Gamma_eA_e}{\delta x_{PE}}(\varphi_E-\varphi_P)=D_e(\varphi_E-\varphi_P),\left(\Gamma A\frac{\partial\varphi}{\partial x}\right)_w\approx\frac{\Gamma_wA_w}{\delta x_{WP}}(\varphi_P-\varphi_W)=D_w(\varphi_P-\varphi_W),$$
$$\left(\Gamma A\frac{\partial\varphi}{\partial y}\right)_n\approx\frac{\Gamma_nA_n}{\delta y_{PN}}(\varphi_N-\varphi_P)=D_N(\varphi_N-\varphi_P),\left(\Gamma A\frac{\partial\varphi}{\partial y}\right)_s\approx\frac{\Gamma_sA_s}{\delta y_{SP}}(\varphi_P-\varphi_S)=D_s(\varphi_P-\varphi_S),$$
$$\left(\Gamma A\frac{\partial\varphi}{\partial z}\right)_b\approx\frac{\Gamma_bA_b}{\delta z_{PB}}(\varphi_B-\varphi_P)=D_b(\varphi_B-\varphi_P),\left(\Gamma A\frac{\partial\varphi}{\partial z}\right)_t\approx\frac{\Gamma_tA_t}{\delta z_{TP}}(\varphi_P-\varphi_T)=D_t(\varphi_P-\varphi_T),$$
则 $\overline{S}\Delta V=S_u+S_p\varphi_p$。

式中,A_w、A_e、A_s、A_n、A_b、A_t 分别为控制容积西、东、南、北、下和上侧表面积;δx_{WP}、δx_{PE}、δy_{SP}、δy_{PN}、δz_{BP}、δz_{PT} 分别为控制容积在 x、y、z 方向的尺度。

从而方程式(1-16b)右端可写成
$$\int_{\Delta V}[-\mathrm{div}(\rho\varphi\boldsymbol{u})+\mathrm{div}(\Gamma\cdot\mathrm{grad}\varphi)+S_\varphi]\mathrm{d}V$$
$$=-\frac{F_e}{2}(\varphi_E+\varphi_P)+\frac{F_w}{2}(\varphi_P+\varphi_W)-\frac{F_n}{2}(\varphi_N+\varphi_P)+\frac{F_s}{2}(\varphi_P+\varphi_S)-\frac{F_b}{2}(\varphi_B+\varphi_P)+$$
$$\frac{F_t}{2}(\varphi_P+\varphi_T)+D_e(\varphi_E-\varphi_P)-D_w(\varphi_P-\varphi_W)+D_n(\varphi_N-\varphi_P)-D_s(\varphi_P-\varphi_S)+$$
$$D_b(\varphi_B-\varphi_P)-D_t(\varphi_P-\varphi_T)+S_u+S_P\varphi_P$$
$$=-\left[\left(D_w+\frac{F_w}{2}\right)+\left(D_e-\frac{F_e}{2}\right)+\left(D_s+\frac{F_s}{2}\right)+\left(D_n-\frac{F_n}{2}\right)+\left(D_b+\frac{F_b}{2}\right)+\left(D_t-\frac{F_t}{2}\right)+\right.$$
$$\left.(F_e-F_w)+(F_n-F_s)+(F_t-F_b)-S_P\right]\varphi_P+$$
$$\left(D_w+\frac{F_w}{2}\right)\varphi_W+\left(D_e-\frac{F_e}{2}\right)\varphi_E+\left(D_s+\frac{F_s}{2}\right)\varphi_S+\left(D_n-\frac{F_n}{2}\right)\varphi_N+$$
$$\left(D_b+\frac{F_b}{2}\right)\varphi_B+\left(D_t-\frac{F_t}{2}\right)\varphi_T+S_u\text{。}$$

令

$a_W=D_w+\frac{F_w}{2}, a_E=D_e-\frac{F_e}{2}, a_S=D_s+\frac{F_s}{2}, a_N=D_n-\frac{F_n}{2}, a_B=D_b+\frac{F_b}{2}, a_T=D_t-\frac{F_t}{2}$；

$a'_P=a_W+a_E+a_S+a_N+a_B+a_T+a_P^0+\Delta F-S_p$；

$\Delta F=F_e-F_w+F_n-F_s+F_t-F_b$。

则

$$\int_{\Delta V}[-\mathrm{div}(\rho\varphi\boldsymbol{u})+\mathrm{div}(\Gamma\cdot\mathrm{grad}\varphi)+S_\varphi]dV=-a'_P\varphi_P+a_W\varphi_W+a_E\varphi_E+a_S\varphi_S+a_N\varphi_N+a_B\varphi_B+a_T\varphi_T+S_u 。\quad(1\text{-}18)$$

将方程式(1-16)的左端表达式(1-17)和右端表达式(1-18)合并，有

$$(a_P^0+a'_P)\varphi_P=a_W\varphi_W+a_E\varphi_E+a_S\varphi_S+a_N\varphi_N+a_B\varphi_B+a_T\varphi_T+a_P^0\varphi_P^0+S_u，$$

即

$$a_P\varphi_P=a_W\varphi_W+a_E\varphi_E+a_S\varphi_S+a_N\varphi_N+a_B\varphi_B+a_T\varphi_T+a_P^0\varphi_P^0+S_u。\quad(1\text{-}19)$$

式中，

$a_P=a_P^0+a'_P$，

$a_P^0=\rho_P\frac{\Delta V}{\Delta t}$。

方程式(1-19)是关于节点 P 的控制容积的一个代数方程，流场计算区域中每个控制容积都可以推导出一个代数方程。由此，原来的偏微分方程(组)求解问题就转换为代数方程组的求解问题。采用代数方程组求解方法求出方程组的解，就得到流场计算区域内每个节点(控制容积)处场变量的近似值。这一组近似值就可以近似代表原微分方程(组)的解。

用流体力学控制微分方程数值计算的方法求解列车周围流场参数，可完全避免环境因素、线路运营状况和测试设备安装等方面的影响；可以任意设置想要研究的列车运行状况和环境条件，不受线路建设和车辆生产周期的制约；可以利用移动网格技术较为真实地模拟地面效应和相对运动固体壁面间的运动流场；可以得到足够密集的流场分布参数，而且比起线路实车测量和风洞模型试验的花费，采用数值计算分析的成本几乎可以忽略不计。随着计算机计算能力的提高和数值计算方法的改进，越来越多的研究者采用数值仿真的方法研究列车空气动力学问题。欧洲的学者早在 20 世纪 70 年代末期就采用数值计算方法研究列车空气动力学问题，国际铁路联盟(UIC)组织进行了大量的计算工作[46~52]，为列车空气动力学现象的认识做了许多突出工作。日本的学者在线路实测试验的基础上，利用流体力学方程数值计算的方法研究隧道压力波动问题和隧道口微气压波问题、流致车体振动问题和高速会车压力波问题[53~58]。中国的高速列车空气动力学计算分析研究发展比较晚，但也做了大量的计算仿真工作，研究了会车压力波问题、列车进入隧道的压力波问题、高速空调客车内部流场问题、高速列车对声屏障的气动作用问题、列车的横风稳定性问题、高速列车气动噪声等问题，最近几年国内高速列车空气动力学计算分析的文章更是大量出现[59-101]。

当然，采用流体力学方程数值计算的方法研究列车空气动力学问题也远非尽善尽美。第一，高速列车的运行速度很快，列车周围空气处于紊流状态。而目前对紊流的发生、发展和传播的认识还很肤浅，许多情况下不得不采用“人造”的模型来近似模拟我们并不十分了解的物理现象。理论的不完备，造成计算过程存在某些不确定性。在可能的情况下，计算结果还需要

与实验测试结果对照。第二，要比较真实的仿真紊流状态的空气流动，就需要直接求解方程(1-1)～(1-6)这一组方程，即采用所谓直接解法。以目前的认识要采用数值计算方法中的直接解法求解紊流场，如前所述，计算区域的网格划分必须非常密集，时间推进步长必须足够微小。现有计算机还不足以采用直接求解方法计算高速列车这类工程问题流场。常用的流场方程数值计算求解方法是所谓雷诺时均方程法，但雷诺时均方程法是将一段时间内流场参数变化的平均值代替其时时变化的脉动值，将紊流现象用数学模型来仿真。如此，计算结果的时均参数可能“抹平”了实际参数的脉动变化，而紊流模型与实际流动状态的差距也可能是导致计算结果出现偏差的原因。大涡模拟是比较有发展前途的数值计算方法，大涡模拟方法将紊态流动的流体中极小的涡(几乎各向同性的涡)的影响用数学模型仿真，较大的涡采用前述微分方程组直接计算。如此，可部分的消除雷诺时均方程法由于采用紊流模型近似仿真实际紊流状态引起的偏差。但大涡模拟方法求解工程流场问题仍然对计算机计算能力要求较高，某些列车空气动力学问题的求解还是现有计算机的计算能力所不能实现的。第三，微分方程的数值求解不可能人工完成，计算前需预先编制计算机程序，而流体控制微分方程数值求解的计算机程序编写是一项庞大的工程。商用计算软件的出现部分缓解了编程工作的困难。

尽管数值计算方法研究列车空气动力学问题还存在一些难尽如人意的地方，但仍然不失为一种方便、快捷、花费较少、实用性较强的研究方法。本书中主要采用流场控制微分方程数值计算的方法，研究了 9 个采用实车测量和风洞模型试验比较难于实现或几乎无法实现的列车空气动力学问题，包括：

(1)明线会车压力波变化规律问题；

(2)隧道内会车压力波问题；

(3)会车过程列车气动作用力问题；

(4)列车通过隧道的气动作用问题；

(5)列车风对路边人员的气动作用问题；

(6)列车的横风效应问题；

(7)高速列车对声屏障或挡风墙的气动作用问题；

(8)高速空调列车内部流场问题；

(9)高速列车外部气动噪声问题。

希望能够对这一领域的研究工作有所促进。

参考文献

[1] 中华人民共和国铁道部.《铁路“十二五”发展规划》[R]. 北京：中华人民共和国铁道部，2012.

[2] 中国网. 更高速度试验列车在青岛南车四方落成[OL]，[2014-1-16]. http://www.china.com.cn/city/zhuanti/qd10 /2014-01/16/content_31214822.htm.

[3] 山本彬也. 列车とトンネルの空气动力学[R]. 东京：铁道技术研究报告，1983.

[4] OZAWA S. Studies on the micro-pressure wave radiated from a tunnel exit[R]. Tokyo，Railway Technical Research Institute Report No. 1121. March 1979 .

[5] OZAWA S，MAEDA T，MATSUMURA T，et al. Micro- pressure waves radiating from exits of Shinkansen tunnels[R]. Tokyo，Railway Technical Research Institute Report，1993 .

[6] RAGHU S R，KIM H-D，SETOGUCHI T. Aerodynamics of high-speed railway train[J]. Progress in

Aerospace Sciences 2002,38:469-514.
[7] KIM H-D,LEE Y-D. Aerodynamic analysis of a single train running in a tunnel[J]. Journal of The Korean Society of Civil Engineers. 1997,17(1):1-6.
[8] GREGOIR R, Rety J M, MASBERMAT F, et al. Experimental study (scale 1/70th) and numerical simulations of the generation of pressure wave and micro-pressure waves due to high speed train-tunnel entry[C]//Proceedings of 9th International Symposium on The aerodynamics and ventilation of vehicle tunnels,Acosta Valle,October 6-8,1997,BHR Group,The Fluid Engineering Centre,c1998:191-220.
[9] MATSCHKE G,HEINE C. Full Scale Tests on Pressure Wave Effects in Tunnels[M]//TRANSAERO-A European initiative on transient aerodynamics for railway system optimization, Berlin, Springer-Verlag Press,c2002:187-195.
[10] GAILLARD M A. Aerodynamic measurements with high-speed trains(250 km/h) in the Heitersburg tunnel[C]//Proceedings of 3th International Symposium on The aerodynamics and ventilation of vehicle tunnels,March,19-21,1979,Sheffield,UK,c1979:281-302.
[11] POPE C W,GAWTHROPE R G,RICHARD S P. An experimental investigation into the effect of train shape on the unsteady flows generated in tunnels[C]//Proceedings of 4th International Symposium on The aerodynamics and ventilation of vehicle tunnels,BHRA Engineering,c1982:107-126.
[12] GLOCKLE H,PFRETZSCHNER P. High speed tests with ICE/V passing through tunnels and the effect of sealed coaches on passenger comfort [C]//Proceedings of 6th International Symposium on The aerodynamics and ventilation of vehicle tunnels,Durham,UK,September 27-29,c1989:23-44.
[13] GAWTHORPE R G,POPE C W. The measurement and interpretation of transient pressures generated by trains in tunnels [C]//Proceedings of Second International Symposium on The aerodynamics and ventilation of vehicle tunnels,Canfield,UK,March 23-25,c1976:35-53.
[14] WOODS W A, POPE C W. Secondary effect in rail tunnels during vehicle entry[C]//Proceedings of Second International Symposium on The aerodynamics and ventilation of vehicle tunnels,Canfield,UK, March 23-25,c1976:59-68.
[15] WOODS W A,POPE C W. On the range of validity of simplified one dimensional theories for calculating unsteady flow in railway tunnels[C]//Proceedings of 3th International Symposium on The aerodynamics and ventilation of vehicle tunnels,Sheffield,UK,March 19-21,c1979:115-133.
[16] TRIEBSTEIN H. Transient pressure measurements at the top of the engine 103 during the passage through the Heitersberg tunnel [C]//Proceedings of the 3th international symposium on the aerodynamics & ventilation of vehicle tunnels,Sheffield,UK,March 19-21,c1979:303-324.
[17] ROBERT A M, SAMUE H, HARVEY SL. Measurement of the aerodynamic pressures produced by passing trains[C]//Proceedings of the 2002 ASME/IEEE joint rail conference,Washington,DC,April,23～25,2002. ASME,c2002:57-64.
[18] MANCINI G,MALFATTI A. Full scale measurements on high speed train ETR 500 passing in open air and in tunnels of Italian high speed line [M]. TRANSAERO-A European initiative on transient aerodynamics for railway system optimization,Berlin,Springer-Verlag Press,c2002:101-122.
[19] HOWE MS,IIDA M,FUKUDA T,et al. Theoretical and experimental investigation of the compression wave generated by train entering a tunnel with flared portal[J]. Journal of fluid mechanics,2000,425(1):111-132.
[20] 铁道科学研究院铁道建筑研究所. 国家"八五相关项目专题研究报告——列车通过隧道时的气动压力波全尺寸试验"[R]. 北京:铁道科学研究院,1995.
[21] 铁道科学研究院,成都铁路局. 遂渝线 200 km/h 提速综合试验总报告[R]. 北京:铁道科学研究院,2005.

[22] 铁道科学研究院. 武广客运专线隧道气动效应测试报告[R]. 北京:铁道科学研究院,2009.
[23] 田红旗,梁习锋. 准高速列车交会空气压力波实验研究 [J]. 铁道学报,1998,2(4):37-42.
[24] 刘堂红,田红旗,金学松. 隧道空气动力学实车试验研究[J]. 空气动力学学报,2008,26(1):42-46.
[25] 西南交通大学. CRH380A 空气动力学性能测试报告[R]. 成都:西南交通大学牵引动力实验室,2011.
[26] 小沢智. トンネル出口微气压波の研究[R]. 日本国有铁路铁道技术研究所,1979.
[27] HARA T,OKUSHI J. Model test on aerodynamic phenomena of a high speed train entering a tunnel[R]. Tolyo,Railway Technical Research Institute Report,1962.
[28] OZAWA S,TSUKAMOTO K,MEADA T. Model experiments on devices to reduce pressure wave radiated from a tunnel[R]. Tokyo,Railway Technical Research Institute,1976.
[29] OZAWA S,MEADA T. Model experiment on reduction of micro-pressure wave radiate from tunnel exit [C]//International Symposium on Scale Modeling,Tokyo,Japan,July,18-22,c1988:33-37.
[30] 木川田一弥,森井宜治. 对超高速列车在隧道内运行时压力变化的实验研究[J]. 隧道译从,1994,(5):1-9.
[31] FUKUDA T,SAITO H,MIYACHI T,et al. Model Experiments on the Tunnel Compression Wave Using an Ax symmetric and Three-Dimensional Train Model [C]//Proceedings of the 10th international workshop on railway noise,Nagahama,Japan,18-22,October,2010,Springer Japan,c2012:397-404.
[32] LAUTERBACH A,EHRENFRIED K,LOOSE S and WAGNER C. Scaling Laws for the aero acoustics of High Speed Trains[J]. New results in numerical and experiment fluid mechanics,2013,121:731-738.
[33] JOHNSON T,DALLEY S. 1/25 Scale Moving Model Tests for the TRANSAERO Project [M]. TRANSAERO-A European initiative on transient aerodynamics for railway system optimization,Berlin, Springer-Verlag Press,c2002:123-135.
[34] WHITE WR,POPE CW. The use of hydraulic analogy for modeling the unsteady flows in railway tunnels [C]//Proceedings of the third international symposium on the aerodynamics & ventilation of vehicle tunnels,Sheffield,UK,March 19-21,c1979:325-342.
[35] SUO M,JACOBS P. Hydraulic analogy study of waves in tunnels[R]. USA,Massachusetts,MIT DSR-76111-1,1966.
[36] MILLS JM,WILSON DG. Study by hydraulic analogy of the passage of high-speed trains through tunnels [R]. USA,Massachusetts,MIT DSR-76111-2,1967.
[37] 王英学,高波,李伦贵. 高速列车模型实验系统及其测试结果分析[J]. 铁道工程学报,2003,(1):96-100.
[38] 王英学,高波,赵文成,等. 高速列车进出隧道空气动力学特性的实验研究[J]. 流体力学实验与测量,2004,18(3):74-78.
[39] 王英学,高波,骆建军,等. 高速列车进入隧道空气动力学模型实验分析[J]. 空气动力学学报,2004,22(3):346-351.
[40] 高品贤,余南阳,雷波. 隧道空气压力波浅水槽拖动模型实验的实时检测[J]. 铁道学报,2000,22(3):43-46.
[41] 余南阳. 高速列车隧道压力波浅水槽模拟实验研究[J]. 铁道学报,2004,26(2):52-55.
[42] STEINBEUER J. Calculation of unsteady pressures during passing and tunnel entrance of trains [J]. ASME Aerodynamics of transportation,1979(6):18-20.
[43] 朱克勤,许春晓. 粘性流体力学[M]. 北京:高等教育出版社,2009.
[44] VERSYEEG H K,MALALASEKERA W. An introduction to computational fluid dynamics [M]. England:Longman Group Ltd,1995.
[45] 陶文铨. 数值传热学[M]. 西安:西安交通大学出版社,2005.
[46] International Union of Railways. Problems arising from the running of high speed trains in tunnels-final

report[R]. Paris,ORE-UIC-Report C149/RP13,1985.

[47] RETY J-M, GREGOIRE R. Numerical Investigation of Tunnel Extensions Attenuating the Pressure Gradient Generated by a Train Entering a Tunnel[M]. TRANSAERO-A European initiative on transient aerodynamics for railway system optimization,Berlin,Springer-Verlag Press,c2002:239-248.

[48] PAHLKE K. Application of the standard aeronautical CFD method Flower to ETR 500 tunnel entry[M]. TRANSAERO-A European initiative on transient aerodynamics for railway system optimization,Berlin, Springer-Verlag Press,c2002:160-169.

[49] SHIN C H,PARK W G. Numerical study of flow characteristics of the high speed train entering into a tunnel [J]. Mechanics Research Communications,2003,30:287-296.

[50] RETY J M,GREGOIRE R. Numerical Simulation of the Pressure Wave Generated when a Train Enters a Tunnel[M]. TRANSAERO-A European initiative on transient aerodynamics for railway system optimization,Berlin,Springer-Verlag Press,c2002:225-234.

[51] KAGE K,MIYAKE H,LAWAGOE S. Numerical Study of Compression Waves Produced by High-Speed Trains Entering a Tunnel. Effects of Shape of Hood[J]. JSME international Journal,1995,38(2):191-198.

[52] BERENGER T, KESSLER A, GREGOIRE R. Panel Method Applied to the Prediction of Unsteady Effects Caused by High-speed Trains Passing in the Open Air[M]. TRANSAERO-A European initiative on transient aerodynamics for railway system optimization,Berlin,Springer-Verlag Press,c2002:136-147.

[53] 饭田雅宣. 列车のとトンネル突入时に形成される压缩波に关する数值解析の研究[D]. 东京大学博士论文,1993.

[54] OGAWA T,FUJII K. Numerical investigation of three-dimensional compressible flows induced by a train moving into a tunnel[J]. Computers and Fluids,1997,26(6):565-585.

[55] MORITA K, ABE Y, TAKANO Y. Micro-pressure Wave Calculation Using Three Dimensional Compressive Fluid Analysis[C]//Railway Technical Research Institute. Noise and Vibration Mitigation for Rail Transportation Systems. The 10th International Workshop on Railway Noise,Nagahama,Japan, 18-22 October 2010. Berlin,Springer-Verlag Press,c2012:405-410.

[56] FUJII K, OGAWA T. Aerodynamics of high-speed trains passing by each other[J]. Computers and Fluids,1995,24(8):897-908.

[57] SUZUKI M,IDO A,SAKUMA Y,et al. Full-Scale Measurment and Numerical Simulation of Flow Aroud High-Speed Train in the Tunnel[J]. Mechanical systems for transportation and Logistics,2008,1(3):281-287.

[58] SUZUKI M. Unsteady aerodynamic force acting on high speed trains in tunnel[R]. Tokyo,Railway Technical Research Institute,2001,42(2):89-93.

[59] 朱克勤,杨宇光. 高速列车穿越隧道时一维非定常流的数值研究[J]. 空气动力学学报,1998,16(4):480-484.

[60] 梅元贵,赵海恒,刘应清,高速铁路隧道压力波数值分析[J]. 西南交通大学学报,1995,30(6):667-672.

[61] 梅元贵,余南阳. 高速列车隧道会车压力波的数值模拟[J]. 兰州铁道学院学报,1998,17(4):49-53.

[62] 梅元贵,余南阳. 隧道内会车压力波的边界条件[J]. 兰州铁道学院学报,1999,18(1):61-65.

[63] 梅元贵,余南阳,赵海恒,等. 高速列车隧道会车压力波的数值分析方法[J]. 铁道学报,2002,24(2):21-25.

[64] 武青海. 列车空气动力学数值仿真研究[J]. 中国铁道科学,2002,23(4):132-135.

[65] 骆建军,高波,王英学,等. 高速列车穿越隧道的二维非定常流数值模拟[J]. 铁道学报,2003,25(2):68-73.

[66] 骆建军，高波，王英学，等. 高速列车通过隧道时压力变化的数值模拟[J]. 中国铁道科学，2003，(4)：82-86.
[67] 骆建军，高波，王英学. 高速列车突入隧道与缓冲结构时的数值模拟[J]. 空气动力学学报，2003，(3)：377-381.
[68] 骆建军，高波，王英学，等. 高速列车穿越有竖井隧道流场的数值模拟[J]. 西南交通大学学报，2004，(4)：442-446.
[69] 王英学，高波. 高速列车进出隧道空气动力学研究的新进展[J]. 中国铁道科学，2003，24(2)：83-88.
[70] 赵文成，高波，骆建军. 高速列车通过隧道的三维数值模拟[J]. 中国铁道科学，2003，24(5)：96-100.
[71] 田红旗，贺德馨. 列车交会压力波三维数值的计算 [J]. 铁道学报，2001，23(3)：18-22.
[72] 田红旗，许平，梁习锋，等. 列车交会压力波与运行速度的关系 [J]. 中国铁道科学，2006，27(6)：64-67.
[73] 田红旗. 列车交会空气压力波研究及应用[J]. 铁道科学与工程学报，2004，1(1)：83-89.
[74] 毕海权，雷波，张卫华. 高速磁浮列车会车压力波数值计算研究[J]. 空气动力学学报，2006，24(2)：213-217.
[75] 毛军，郗艳红，高亮，等. 横风作用下高速列车气动阻力[J]. 中南大学学报(自然科学版)，2014，45(11)：4059-4067.
[76] 梅元贵. 高速铁路隧道空气动力学[M]. 北京：中国铁道出版社，2007.
[77] 王一伟，杨国伟，黄晨光，等. 隧道长度对高速列车交会压力波的影响研究[J]. 中国科学：技术科学，2012，42(1)：82-90.
[78] 何德华，陈厚嫦，张岩，等. 空气动力学临界隧道交会理论与仿真研究[J]. 铁道机车车辆，2013，33(1)：58-62.
[79] 肖京平，黄志祥，陈立. 高速列车空气动力学研究技术综述[J]. 力学与实践，2013，35(2)：1-12.
[80] 田红旗. 中国列车空气动力学研究进展[J]. 交通运输工程学报，2006，6(1)：1-9.
[81] 左建勇，吴萌岭，罗卓军. 考虑车下环境的高速动车组空气流场数值仿真[J]. 同济大学学报(自然科学版)，2013，41(11)：1717-1720.
[82] 张雷，杨明智，张辉，等. 高速铁路隧道洞门对隧道空气动力效应的影响[J]. 铁道学报，2013，35(11)：92-97.
[83] 马伟斌，程爱君，郭小雄，等. 高速铁路隧道气动效应研究存在的问题及展望[J]，铁道设计标准，2013(11)：84-87.
[84] 于梦阁，张继业，张卫华. 平地上高速列车的风致安全特性[J]. 西南交通大学学报，2011，46(6)：989-995.
[85] 毛军，郗艳红，杨国伟. 横风风场特征对高速列车气动性能作用的研究[J]. 铁道学报，2011，33(2)：22-33.
[86] 刘加利，张继业，张卫华. 基于大涡模拟的横风下高速列车非定常气动载荷特性[J]. 铁道学报，2013，35(6)：13-21.
[87] 杨吉忠，毕海权，翟婉明. 基于 ALE 方法的列车绕流动力学分析，铁道学报[J]. 2009，31(2)：120-124.
[88] 王宏朝，谢金法. 高速铁路声屏障在列车风致脉动力与自然风荷载下的数值模拟[J]. 路基工程，2013，4：34-38.
[89] 张亮，张继业，张卫华. 高速列车通过声屏障的流固耦合振动响应分析[J]. 动力学与控制学报，2014，12(2)：153-159.
[90] 陈向东，李树德，王召祜. 基于 ALE 的高速列车声屏障脉动力数值模拟研究[J]. 铁道学报，2011，33(12)：21-26.
[91] 韩珈琪，肖新标，何宾，等. 不同形式声屏障动态特性研究[J]. 机械工程学报，2013，49(10)：20-27.
[92] 邓跞，施洲，勾红叶. 380 km/h 高速列车脉动风荷载仿真分析[J]. 铁道建筑，2011(9)：133-136.
[93] 颜坚，王乾锁，韦勇. 高速铁路插板式声屏障抗弯能力有限元分析[J]. 环境工程，2014，30(增刊)：75-78.
[94] 张继文，吕坚品，等. 考虑防撞墙影响的高速铁路桥梁声屏障及翼缘板上脉动力数值分析[J]. 中国铁道

科学,2009,30(3):27-32.
[95] 王海涌,王晓明,党建武.基于模糊约简的高速列车舒适性综合评价[J].铁道学报,2010,32(5):98-102.
[96] 王海涌,张玮玥,王晓明,等.基于ANP和VPRS的高速列车舒适性综合评价指标权重分析[J].铁道学报,2014,36(6):15-20.
[97] 王海涌,王晓明,党建武,等.基于多维粗糙集的高速列车舒适度评价方法研究[J].兰州交通大学学报,2013,32(3):40-43.
[98] 孙召进,郭建强,葛剑敏.高速列车"通过噪声"的测试分析[J].声学技术,2014,33(2):159-162.
[99] 高阳,王毅刚,王金田,等.声学风洞中的高速列车模型气动噪声试验研究[J].声学技术,2013,32(6):506-510.
[100] 孙振旭,王一伟,安亦然.高速列车气动噪声的计算研究[J].水动力学研究与进展,2010,25(5):661-668.
[101] 刘加利,张继业,张卫华.高速列车车头的气动噪声数值分析[J].铁道学报,2011,33(9):19-26.

2 明线会车压力波变化规律

2.1 问题的提出

列车在复线上运行时不可避免地要发生交会运行情况，两列车相向交会运行时产生的会车压力波作用在车体上会对列车侧壁和侧窗强度、列车的运行稳定性和旅客乘坐舒适性产生不利影响，甚至可能产生运行安全问题，如车体侧窗破碎、车辆蛇行运动、轮缘与轨头因侧向冲击造成磨损等。我国铁路客运提速至 160 km/h 速度时，就曾多次发生会车引起的列车侧窗玻璃破碎事故。据广铁集团统计，在广州到深圳准高速铁路开通的前四年，共有 678 块客车侧窗玻璃由于会车压力波而破碎；据天津铁路客运段统计，1999 年 11 月到 2000 年 5 月的半年时间内，22 型绿皮客车就有 190 块侧窗玻璃因会车而破碎；2001 年 3 月太原铁路局的客运列车也曾发生因会车一天破碎 36 块侧窗玻璃的事故。列车速度提高到 200 km/h 甚至是 300 km/h 以上时，会车压力波的变化幅值和最大正、负压力极值都会急剧增大，有可能带来更大的负面效应。当然，如果复线铁路线路间距增大，会车压力波的影响会逐渐减弱。但是线路间距的增大会占用更多的土地并使线路造价增高，因此在满足列车运行安全的前提下希望线路间距越小越好。然而，多"小"的线路间距是合适的，这涉及许多方面的问题：如车辆的结构强度和刚度问题——会车压力波是否会引起列车侧壁变形过大或侧窗的强度破坏；车辆运行动力学问题——会车压力波是否会引起列车运行偏转或侧倾过度；轮轨关系问题——会车压力波引起的列车横移是否会使轮轨冲击过大造成爬轨；乘坐舒适性问题——在列车气密性一定的条件下会车压力波是否会导致车内气体压力变化过大等。了解会车压力波幅与会车速度、线路间距、车体形状等参数之间的变化规律是确定"合适"线路间距的前提。然而到目前为止，似乎对这一变化规律还没有一个统一的认识，给线路和车辆设计工作带来一定的盲目性。高速列车的运营使这一问题变得更加突出，近几十年来世界上的铁路工程师和研究人员一直在进行这方面的探索[1~15]。例如：

Steinheur 在总结势流 Panel 法计算结果和部分实测值后提出了一个会车压力波波幅系数的经验计算公式[5]：

$$\Delta C_p=\frac{0.77(1+0.25\lambda)}{\left(1+\dfrac{\Delta y}{R_d}\right)^2}\left[1+0.65\times\frac{3.46-\gamma}{\left(1+\dfrac{\Delta y}{R_d}\right)^2}\right]$$

式中 γ——车头部分长细比；

Δy——两列车侧壁间等效距离；

R_d——列车横断面水力半径；

λ——通过列车与观测列车速度比，$\lambda=v_1/v_2$。

Gawthorpe 在总结英国 APT-E 会车试验数据基础上认为会车压力波波幅系数 ΔC_p 与速度比 λ 有下述线性关系[6]：

$$\Delta C_p=(1-\lambda)\Delta C_{p,\lambda=0}+\lambda\Delta C_{p,\lambda=1}$$

Steinheur 则认为他们之间是二次函数关系[5]：

$$\Delta C_p=(1-\lambda^2)\Delta C_{p,\lambda=0}+\lambda^2\Delta C_{p,\lambda=1}$$

文献[7]基于三维势流 Panel 法计算结果，也提出了会车压力波波幅系数的计算公式：

$$\Delta C_p=-2(E_p-\lambda E_o+G)-v'^2$$

式中：

E_p——通过列车表面源强，$E_p=\sum_{j=1}^{N_p}\sigma'_{pj}u_{pj}$

其中 N_p——通过列车上的 Panel 数，

σ_{pj}——通过列车第 j 个 Panel 上的源强，$\sigma'_{pj}=\sigma_{pj}/v_1$，

u_{pj}——通过列车第 j 个 Panel 上分布单位源强时在计算点引起的 x 方向分速度；

E_o——观测列车表面源强，$E_o=\sum_{j=1}^{N_o}\sigma'_{oj}u_{oj}$

其中 N_o——观测列车上的 Panel 数，

σ_{oj}——观测列车第 j 个 Panel 上的源强，$\sigma'_{oj}=\sigma_{oj}/v_2$，

u_{oj}——观测列车第 j 个 Panel 上分布单位源强时在计算点引起的 x 方向分速度；

G——两车速度扰动引起的源强，$G=\sum_{j=1}^{N}\varphi_j\dfrac{\sigma'_j(+\Delta t)-\sigma'_j}{\Delta D_p}$

其中 N——通过列车与观测列车上总 Panel 数，

φ_j——第 j 个 Panel 上单位源强的扰动速度势，

ΔD_p——Δt 时间内通过列车运行的距离，

σ'_j——分别为$(t+\Delta t)$时刻和 t 时刻第 j 个 Panel 的源强度，$\sigma'_j(+\Delta t)$；

v'——两列车速度和与通过一车速度比，$v'=\dfrac{(v_1+v_2)}{v_1}$；

λ——两列车速度比，$\lambda=\dfrac{v_1}{v_2}$。

文献[8]则分别给出了观测列车静止时会车、两列车等速会车和不等速会车时会车压力波幅值的计算式。其中：

静止会车压力波幅值计算式为

$$\Delta P=Av_1^2;$$

等速会车压力波幅值计算公式为

$$\Delta P=B(v_1+v_2)^2;$$

不等速会车压力波幅值计算公式为

$$\Delta P=Cv_1^2+2CDv_1v_2+Dv_2^2。$$

A、B、C、D 为与压力波和车速相关的系数[8]，但文中并未给出具体值。

然而，分析表明上述计算公式在应用中都有一定的局限性。会车压力波与两交会列车的速度、侧壁间距(或线间距)、列车头尾部形状、列车横截面形状、车体表面粗糙度以及环境气体的压力、温度等许多因素有关。正是由于会车过程列车附近空气流动状况复杂，影响因素众多，至今对会车压力波的变化规律还没有一个统一的认识。

2.2 研究方法

研究会车压力波可采用线路实测的方法。采用风压板测量列车通过时产生的压力变化，即在线路一侧一定距离处竖一块立板，其上安装动态压力传感器。例如美国联邦铁路总署[4]就利用集装箱侧面不同高度处安装传感器的方法测量列车通过时产生的压力波变化(图 2-1)。在既有线上也可以直接在列车侧壁上安装压力传感器，调度两列车在平直路段上以希望的速度交会。压力传感器要求体积小、厚度薄、响应速度快，以使得安装在列车侧壁上时不对附近流场产生过大的影响，并能实时响应气体压力的瞬态变化。英国、法国、德国、日本等国的研究者都采用实车交会测量方法研究过会车压力波。例如日本学者 Komatsu 和 Yamada[16] 1999 年利用一列 300 系高速列车驶过其他列车，测得了通过列车产生的压力瞬态值和车体的横向加速度；意大利学者 Mancini G. 和 Malfatti A.[17] 在 2002 年通过对两列 ETR 500 高速列车、ETR500 与普通货车的会车测试，比较了不同速度下的会车压力波。英国的工程师测量了列车以一定速度经过一静止列车时的压力变化情况[11]。中国的研究人员也在京津城际铁路和京沪高速铁路线上做过实车交会实验，测量了京津线 300 km/h、330 km/h、360 km/h 等速会车和京沪线 340～360 km/h 不等速会车的车外压力波[18]。图 2-2 为京津城际铁路上实验列车侧壁传感器安装情况，图 2-3 为测量所用传感器及其性能参数。

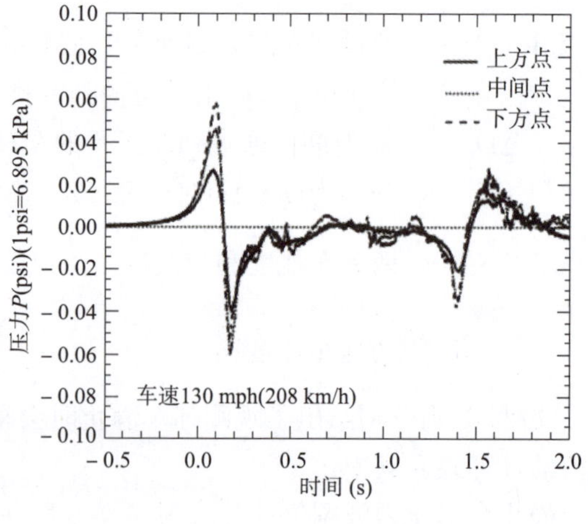

图 2-1　风压板法测量列车通过压力波[4]

线路实测方法应该是最真实可靠的方法，只要压力传感器足够小且响应频率满足要求，数据采集和处理方式合理，线路实测是比较可靠的研究会车压力波的方法。但是线路实测成本很高，受线路运营状况限制，通常只能在专门的实验线路上或未开始运营的新建线路上进行，因此大规模的实测常无法实施。

会车压力波也可以采用模型测量的方法进行研究。利用某种机械机构或气动机构使列车模型以一定速度弹射运动，在模型轨道一侧安装风压板和压力传感器，可以测量模型列车通过时产生的压力变化情况。图 2-4 显示了一种模型列车弹射装置。实验开始前，卷扬机转动，通过牵引钢丝绳和同步钢丝绳拉动列车模型和牵引车、发射车后退到初始发射位置，此时橡筋绳受拉伸被张紧。发射时控制机构通过电磁铁触发牵引车上的挂钩脱钩，发射车在橡筋绳张力的作用下向前运动，并通过发射钢丝使列车模型以两倍发射车速度发射出去。

图 2-2 传感器在列车侧壁上安装

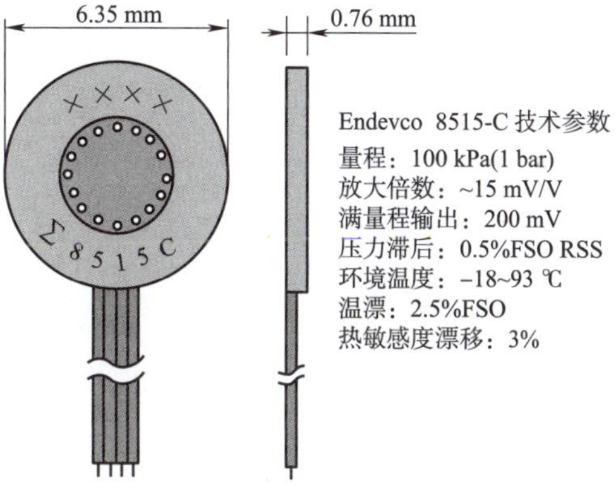

图 2-3 动态压力传感器

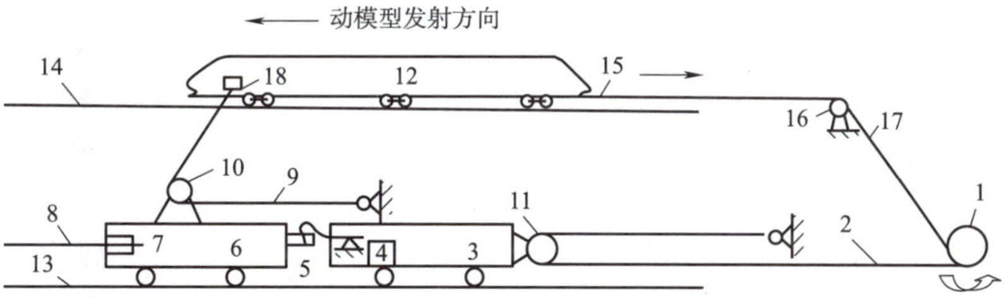

图 2-4 列车模型弹射装置原理图

1—卷扬机；2—牵引钢丝绳；3—牵引车；4—电磁铁；5—挂钩；6—发射车；7—橡筋绳滑轮；8—橡筋绳；9—发射钢丝；10—增速滑轮；11—牵引钢丝滑轮；12—列车模型；13 下部牵引钢轨；14—上部试验钢轨；15—同步弹性挂钩；16—同步钢丝滑轮；17—同步钢丝绳；18—发射弹性挂钩

如果采用两套能相向发射的列车模型弹射装置，并保证模拟规定的线间距，可通过在列车模型上装压力传感器来模拟测量会车压力波变化情况。模型测量由于可以较方便地改变模型列车的发射速度，改变模型列车的外形尺寸和表面粗糙度，因此可以进行较大量工况的测量实验。2002 年英国学者 Johnson T 和 Dalley S[21]就采用 1/25 比例的 ETR 500 高速列车动模型进行了弹射试验。然而，模型试验是缩小尺度的模拟实验，列车模型尺寸通常为 1/20～1/37 实车尺寸。因此测量压力数据与实车测量得到的压力变化在许多情况下并不一致，还需按一定的比拟关系进行修正。同时模型尺度太小也使测量精度难于保证。

随着计算流体力学的发展，采用流体流动微分方程数值求解的方法来研究会车压力波问题已经不成为问题。特别是移动网格技术可以比较真实地仿真模拟两交会列车的实际运行情况，而且不受气候环境、线路状况和实车测量成本的约束。因此，较多的研究者采用仿真计算的方法研究会车压力波问题。日本[22]、韩国[23]、法国[24]、德国[25]和中国[8-10,13-14,26-28]的学者都曾采用计算流体力学方程数值计算的方法研究过会车压力波问题。

尽管影响会车压力波变化的因素很多，但最重要的影响因素是车速、侧壁间距和头尾形状。列车头尾形状可能的变化方式非常多，涉及相当多的参数。若不考虑列车头尾形状的影响，只讨论会车压力波与列车交会速度和侧壁间距之间的变化关系，则有可能获得任意会车速度条件下会车压力波随车速与侧壁间距的变化规律。下面以 CRH3 型高速动车组为例研究会车压力波的变化规律，并以此为基础，后面对三种头形列车的会车压力波变化规律进行比较。

2.3 分析模型

2.3.1 基本假设

(1)高速列车运行时周围流场雷诺数 $Re>10^6$，流场为紊流状态。由于所研究的是宏观流场参数(压力)，计算分析采用雷诺时均方程求解，由 k-ε 两方程紊流模型来模拟其紊态流场。

(2)两高速列车相对运行时，相对速度大于 400 km/h，其诱导气流的速度也有可能超过 0.3 倍当地音速。因此，流场计算按可压缩流体处理。

(3)忽略受电弓、转向架、雨刮器等不太光滑的局部突起，简化列车为基本光滑的流线型车体。轨道也以一定表面粗糙度的平面代替。这样的简化对列车下方局部流场会有一定的影响，但对我们关心的侧壁上气体压力(波动)值的影响极其微小。

(4)列车外部空气流场为黏性、可压缩、紊流流动状态的瞬态流动过程，描述这一流场的控制微分方程采用连续性方程、动量方程和能量方程。方程组的数值求解采用有限体积算法。考虑移动网格计算时关于速度分量 u_j 的控制容积积分方程为：

$$\frac{\mathrm{d}}{\mathrm{d}t}\int_{\Delta V}\rho u_j \mathrm{d}V+\int_A \rho(u_j-u_g)u_{i,j}\mathrm{d}A=-\int_{\Delta V}p_{,i}\mathrm{d}V+\int_A(\mu+\mu_t)(u_{i,jj}+u_{j,ij})\mathrm{d}A$$

式中，u_g 为 j 坐标方向网格移动速度；ΔV 为控制容积体积；A 为控制容积表面积；p 为气体压力。

网格移动时应使其满足网格守恒律，控制容积的时间变化率的计算公式为：

$$\frac{\mathrm{d}V}{\mathrm{d}t}=\int_A u_g\cdot\mathrm{d}A=\sum_j^f u_g\cdot\boldsymbol{A}_j$$

式中，f 为控制容积表面数；$\boldsymbol{A}_j$ 为控制容积 j 方向表面的法向矢量。

2.3.2 几何模型

计算模型几何形状以 CRH3 型高速列车尺寸建立，车宽 3.257 m，头尾部外形尺寸与 CRH3 型车(图 2-5)外形尺寸基本一致。为不失一般性并保证计算精度，建立了两列各 75 m 长的相同列车模型。数值计算中利用移动网格技术实现两列车的相向运动，两列车的运动速度可分别任意设定。由于计算过程为动态仿真，流场计算区域被分成三块划分计算网格，列车及其周围流场设定为移动网格区域，可分别以规定的速度移动；地面附近为固定网格区域，计算中网格不动。各区域间用平面交界面分割。车体表面与路面网格示意如图 2-6 所示(为表示清楚，图 2-6 中为比较粗糙的网格，实际计算比图中网格略密)。

图 2-5 CRH3 型高速列车头部外形

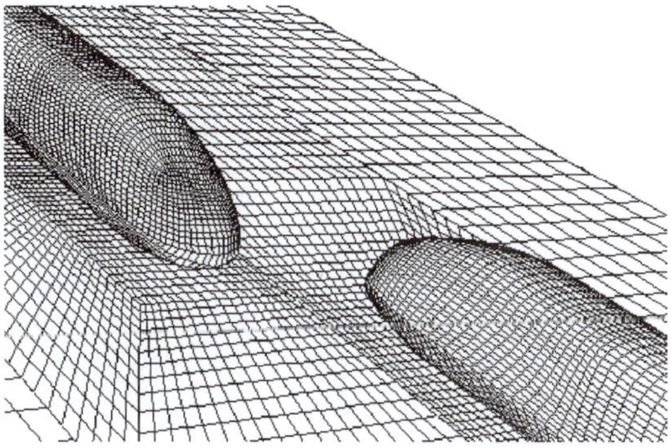

图 2-6 会车流场计算模型局部网格示意图

2.3.3 计算工况

两列车交会,通常称其中一列车为通过列车,另一列车(通常在其上测量流场参数)为观测列车。仿真计算时可分别设定两列车以相同或不同的车速运行。计算分三步进行:

(1)设定两种线间距,4.457 m(侧壁间距 1.2 m)和 5.0 m(侧壁间距 1.743 m),通过列车和观测列车的车速分别设定为 0 km/h、200 km/h、250 km/h、300 km/h、350 km/h、400 km/h,组合起来每种线间距 36 个会车工况。为研究极端速度下的会车,另外计算了通过列车和观测列车速度分别为 100 km/h 和 500 km/h 的会车情况。

(2)设定另外 4 种线间距,4.257 m,4.657 m,4.857 m 和 5.257 m,每种线间距计算 7 种交会速度组合:通过列车速度/观测列车速度分别为 0 km/h /300 km/h、70 km/h /350 km/h、200 km/h /400 km/h、300 km/h /300 km/h、400 km/h /200 km/h、350 km/h /70 km/h 和 300 km/h /0 km/h。

(3)线间距 5.0 m 情况下 4 种极端速度会车:600 km/h /100 km/h、100 km/h /600 km/h、500 km/h /600 km/h、600 km/h /500 km/h。

2.4 模型验证

利用前述计算模型,计算分析了线路间距为 5 m,两列车以 330 km/h 速度等速会车的动态过程,车头附近压力分布如图 2-7 所示。在距观测列车车头鼻尖约 20 m 的头车侧窗位置的气动压力变化如图 2-8 所示,对应两头车会车的压力波幅值为 Δp_1=1 672 Pa,头尾交会的压力波幅值为 Δp_2=1 449 Pa。京津高速铁路的 CRH3 型车会车压力波试验,在相同车速下的测量数据为:头—头交会时 Δp_1=1 548 Pa,头—尾交会时 Δp_2=1 464 Pa。计算可得头—头交会时两者的相对误差约为 8%,头—尾交会时两者的相对误差约为 1%。除计算模型与实际车体之间差别和数值计算引起两者的误差外,实测点位置与数值计算模型上压力测点位置可能也有偏差。但总体上看计算结果可以近似反映实际会车时侧壁上压力变化情况。

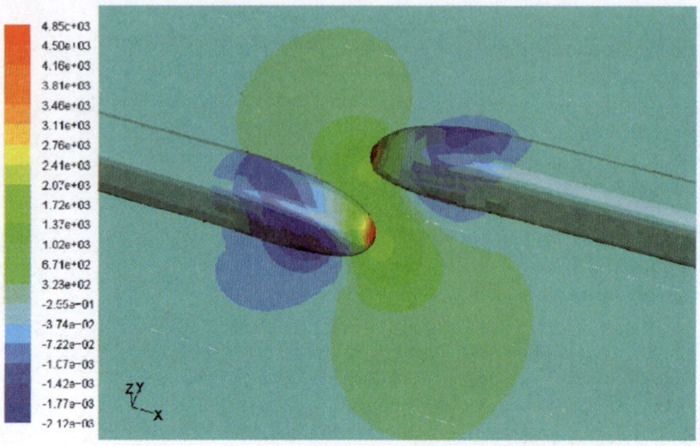

图 2-7　车头附近压力分布计算结果

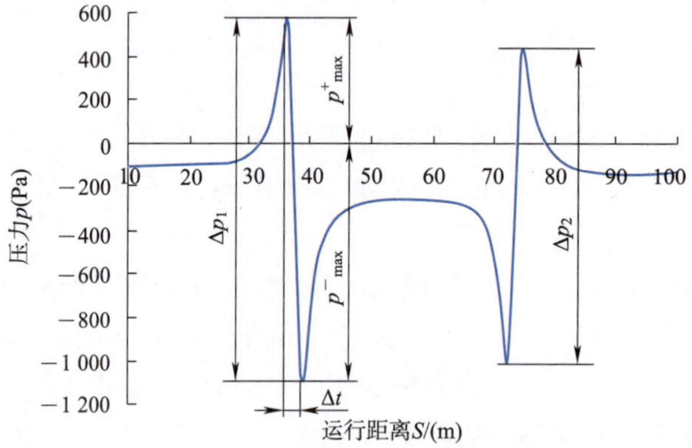

图 2-8　会车过程侧窗位置压力变化历程

2.5　计算分析

按计算工况第(1)步设定，利用上述模型计算两种线间距，4.457 m(侧壁间距 1.2 m)和 5.0 m(侧壁间距 1.743 m)条件下的不同车速会车过程。38×2 个会车工况条件下，距观测列车车头鼻尖约 20 m 的头车侧窗位置的头头交会气动压力波幅计算结果见表 2-1 和表 2-2。

表 2-1　线间距 4.457 m 不同车速会车压力波幅值 Δp(Pa)

		通过列车速度 v_1							
		0 km/h	100 km/h	200 km/h	250 km/h	300 km/h	350 km/h	400 km/h	500 km/h
观测列车速度 v_2	0 km/h	0		727.80	1 144.59	1 669.21	2 312.51	3 081.33	
	100 km/h								5 202.87
	200 km/h	10.17		781.45	1 231.49	1 767.32	2 428.04	3 204.00	
	250 km/h	19.10		792.60	1 247.01	1 804.45	2 456.54	3 255.64	
	300 km/h	31.24		801.85	1 249.63	1 806.78	2 485.80	3 289.10	
	350 km/h	59.21		809.17	1 253.27	1 816.01	2 484.02	3 318.19	
	400 km/h	101.45		816.62	1 273.04	1 839.12	2 508.55	3 309.53	
	500 km/h		226.19						

表 2-2 线间距 5.0 m 不同车速会车压力波幅值 Δp(Pa)

		通过列车速度 v_1							
		0 km/h	100 km/h	200 km/h	250 km/h	300 km/h	350 km/h	400 km/h	500 km/h
观测列车速度 v_2	0 km/h	0		502.36	787.49	1 260.26	1 595.23	2 136.87	
	100 km/h								3 612.03
	200 km/h	10.17		541.25	885.03	1 279.49	1 764.41	2 330.95	
	250 km/h	19.80		569.60	900.37	1 301.02	1 789.86	2 369.22	
	300 km/h	36.31		579.42	904.16	1 321.35	1 806.11	2 389.36	
	350 km/h	59.20		582.30	910.59	1 316.38	1 831.03	2 403.78	
	400 km/h	101.45		589.08	920.05	1 327.40	1 886.29	2 448.41	
	500 km/h		148.65						

这里定义相对速度比为 $v_R=\dfrac{v_1}{v_1+v_2}$，压力波幅系数为 $\Delta C_p=\dfrac{2\Delta p}{\rho\,(v_1+v_2)^2}$（$\rho$ 为空气密度）。

将表 2-1 和表 2-2 中数据按照 ΔC_p 和 v_R 整理后画到 v_R-ΔC_p 坐标系中(图 2-9)，可见同一线间距下不同速度会车时的压力波幅系数值聚集到一条曲线附近，显然这一曲线不是简单的二次曲线。如果采用 6 次多项式拟合可得：

线间距为 4.457 m(侧壁间距 $d=1.2$ m)时的拟合曲线为：

$$\Delta C_p=-7.222\,8v_R^6+19.434v_R^5-19.622v_R^4+9.165\,6v_R^3-1.480\,6v_R^2+0.114\,3v_R+0.006$$

线间距为 5.0 m(侧壁间距 $d=1.743$ m)时的拟合曲线为：

$$\Delta C_p=-3.915v_R^6+10.17v_R^5-9.656\,6v_R^4+4.013\,2v_R^3-0.300\,7v_R^2+0.021\,9v_R+0.008\,6$$

不同会车速度下的数值计算点和拟合曲线如图 2-9 所示。图 2-9 中 v_R 越小，表示通过列车的相对速度越低。通过列车速度为 0 时理论上观测列车上压力波幅应该为 0，但实际上由于路边静止物(通过列车)的存在，对观测列车壁面压力有一定的扰动。v_R 越接近于 1，表示通过列车的相对速度越大。$v_R=1$ 时观测列车静止，所有压力变化均由通过列车的扰动引起。相对速度之所以没有定义为 v_1/v_2，如文献[5]～[8]，是为了易于将归纳式应用于观测列车或通过列车车速为 0 的情况。

从图 2-9 中可以看出线间距不同，会车压力波幅值是有很大不同的。会车压力波幅值与线间距的关系，文献[5]认为是－2 次方函数关系，文献[9]认为是负指数关系，似乎还没有一个统一的认识。为进一步研究会车压力波幅值与线间距之间的关系，分别计算了线间距为 4.257 m、4.657 m、4.857 m 和 5.257 m 四种线间距，每种线间距按照 v_R 的大小设置 7 种会车速度组合的情况。观测列车头车上据鼻尖约 20 m 侧窗位置压力波幅值的计算结果列于表 2-3中。

总结表 2-1～表 2-3 六种线间距的计算结果，若以线间距为 4.457 m 计算结果为基准，则压力波幅系数与列车侧壁间距 d 之间的关系近似为 2 次方函数关系，其函数为：

$$f(d)=0.242\,6d^2-1.224\,2d+2.120\,5\qquad 1\leqslant d\leqslant 2$$

或负幂函数关系，其函数为：

$$f(d)=1.154\,2d^{-0.834\,4}\qquad 1\leqslant d\leqslant 2$$

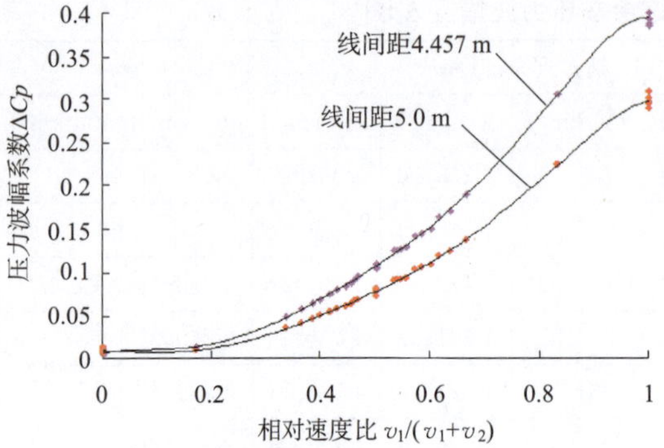

图 2-9 两种线间距压力波幅系数计算结果与拟合曲线

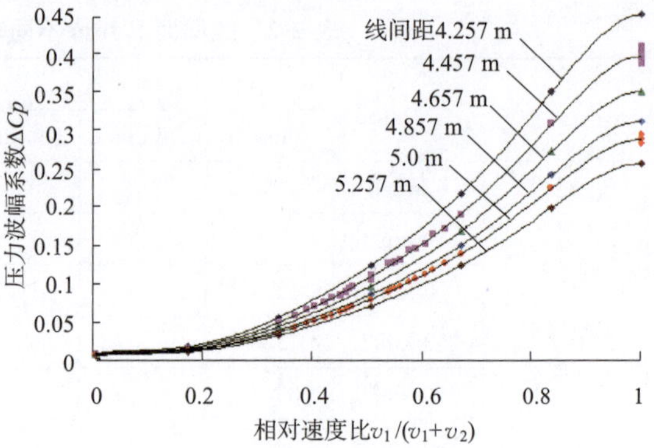

图 2-10 六种线间距压力波幅系数计算结果与拟合曲线

表 2-3 CRH3 型车几种线间距条件下会车压力波幅值数值计算结果 Δp(Pa)

$v_1/(v_1+v_2)$	0.000	0.167	0.333	0.500	0.667	0.833	1.000
线间距 \ v_1/v_2	0/300	70/350	200/400	300/300	400/200	350/70	300/0
4.257 m	28.05	122.46	959.12	2 045.24	3 767.96	2 810.50	1 976.44
4.657 m	29.74	99.26	696.70	1 573.36	2 756.58	2 244.24	1 579.16
4.857 m	28.40	88.87	619.35	1 398.34	2 471.66	2 013.69	1 413.76
5.257 m	28.16	73.13	501.99	1 140.55	2 026.20	1 654.59	1 166.32

前者比后者拟合精度略高。这样，会车压力波幅系数 ΔC_p 与相对速度比 v_R 和侧壁间距离 d 的关系似乎可以写成统一的关系式：

$$\Delta C_p=(-7.222\,8v_R^6+19.434v_R^5-19.622v_R^4+9.165\,6v_R^3-1.480\,6v_R^2+0.114\,3v_R+0.006)\times F(d)$$

不同线间距、不同会车速度条件下的数值计算结果和拟合曲线示于图 2-10 中，图 2-10 中离散点为数值计算结果，曲线为采用 2 次方函数侧壁间距的上式计算所得。误差分析表明，公式计算结果与数值计算结果间误差在 $v_R>0.2$ 时均小于 10%。v_R 很小时的计算误差稍大(约 20%)，但 v_R 很小意味着通过列车的速度很小，观测列车上的压力波幅值也很小，不在我们所关心的危险区段。因此应该不影响工程应用。

采用上述计算关系式计算线间距为 5 m，$v_1=v_2=330$ km/h 会车时，观测列车侧壁上的压力波幅值系数，有：

$$\Delta C_p=(-7.222\,8\times0.5^6+19.434\times0.5^5-19.622\times0.5^4+9.165\,6\times0.5^3-1.480\,6\times0.5^2+0.114\,3\times0.5+0.006)\times(0.242\,6\times1.743^2-1.224\,2\times1.743-2.120\,5)=0.077\,28$$

则

$$\Delta p=\frac{\Delta C_p}{2}\rho(v_1+v_2)^2=\frac{0.077\,28}{2}\times1.225\times(91.667+91.667)^2=1\,591(\text{Pa})$$

与前述数值计算值相对误差为：

$$\varepsilon_1=\left|\frac{1\,591-1\,672}{1\,672}\right|=4.8\%$$

与实测压力波幅的相对误差为：

$$\varepsilon_2=\left|\frac{1\ 591-1\ 548}{1\ 548}\right|=2.78\%$$

按照计算工况第(3)步设定的极端速度会车情况，头头交会压力波幅计算结果列于表 2-4。

表 2-4 几种极端运行速度下会车压力波幅分析结果比较

线间距(m)	5			
$v_1/(v_1+v_2)$	0.857 1	0.142 8	0.454 5	0.545 5
v_1/v_2	600/100	100/600	500/600	600/500
数值仿真结果(Pa)	5 602	167.3	3 926.8	5 631.8
公式计算结果(Pa)	5 426	197	3 666.5	5 234.2
相对误差(%)	3.14	17.7	6.6	7.6

从 330 km/h 等速会车计算结果和表 2-4 中数据可以看出，如果以仿真计算结果为准，则拟合公式的计算结果除 $v_R<0.2$ 情况外，计算相对误差均小于 10%。而 $v_R<0.2$ 时观测列车上的会车压力波幅值相当小，通常不会引起气动破坏问题。因此，应可以利用拟合公式估算不同会车速度和不同线间距条件下的会车压力波幅值。

压力波幅值表示的是列车通过时最大压力变化情况，但有些情况下更关心列车通过时最大正压力值达到多大，或最大负压力值达到多大，以及压力峰峰值之间的变化时间，即图 2-8 中 p_{max}^{+}、p_{max}^{-} 和 Δt。线间距为 5.0 m 时不同会车速度情况下等速会车的压力波变化如图 2-11 所示。从图 2-11 中可以看出，峰值压力 p_{max}^{+} 和 p_{max}^{-} 的绝对值随着车速的提高而增大。Δt 则与交会列车头形变截面段长度有关，计算结果表明：

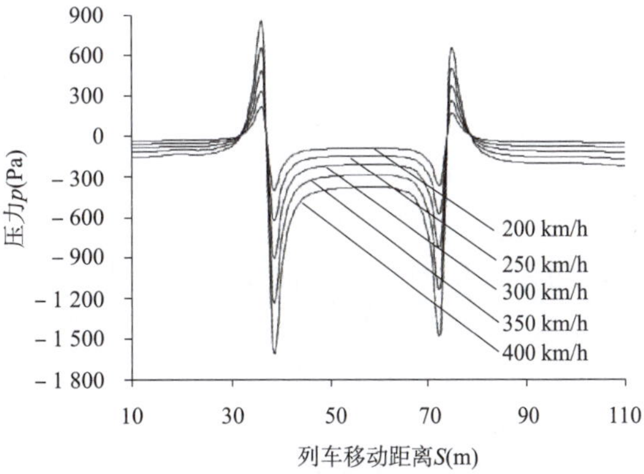

图 2-11 不同车速等速会车压力变化

$$\Delta t=S_1/(v_1+v_2)$$

式中，S_1 为通过列车车头变截面段长度。

如果定义峰值压力系数：

$$C_{pmax}^{+}=2p_{max}^{+}/\rho\,(v_1+v_2)^2$$

$$C_{pmax}^{-}=2p_{max}^{-}/\rho\,(v_1+v_2)^2$$

则以相对速度比为横坐标，前述计算结果可画出图 2-12 和图 2-14 所示峰值压力变化曲线。

利用图 2-12 和图 2-14，不难归纳出会车压力波的正压峰值系数 C_{pmax}^{+} 和负压峰值系数 C_{pmax}^{-} 的估算关系式：

$$C_{pmax}^{+}=2p_{max}^{+}/\rho\,(v_1+v_2)^2=g\,(v_R)^{+}\times f\,(d)^{+},$$

$$C_{pmax}^{-}=2p_{max}^{-}/\rho\,(v_1+v_2)^2=g\,(v_R)^{-}\times f\,(d)^{-}。$$

其中：

$$g\,(v_R)^{+}=-4.182\ 3v_R^6+11.235v_R^5-11.183v_R^4+5.029\ 5v_R^3-0.813\ 3v_R^2+0.104\ 1v_R-0.024\ 2$$

$$f\,(d)^{+}=0.270\ 7d^2-1.320\ 8d+2.193\ 2$$

$$g\,(v_R)^{-}=2.641\ 3v_R^6-7.188\ 1v_R^5+7.464\ 5v_R^4-3.692\ 7v_R^3+0.573\ 8v_R^2-0.003\ 1v_R-0.030\ 2$$

$$f\,(d)^{-}=0.197\ 5d^2-1.035\ 2d+1.963\ 4$$

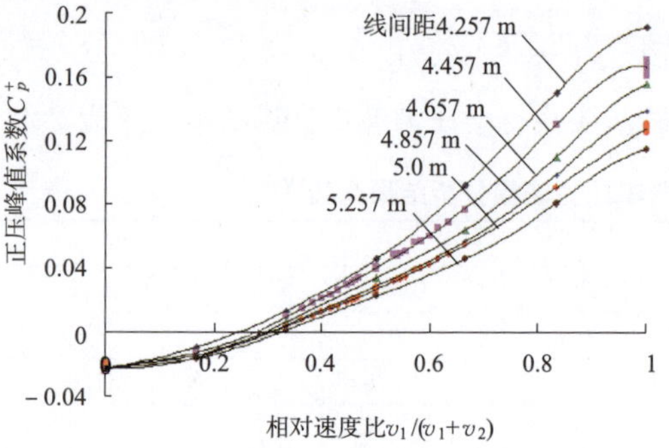

图 2-12 正压峰值系数数值计算结果

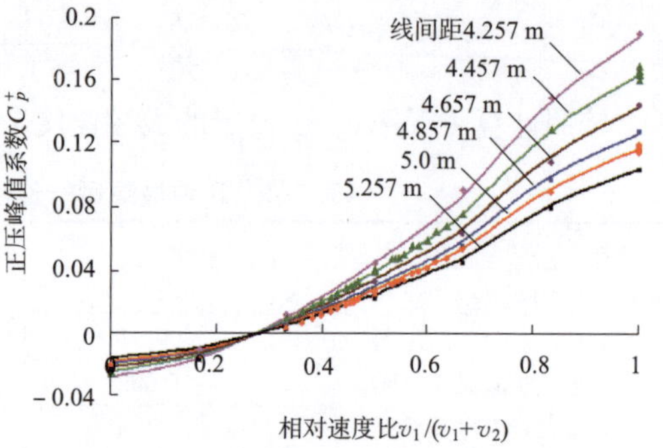

图 2-13 正压峰值系数公式拟合曲线

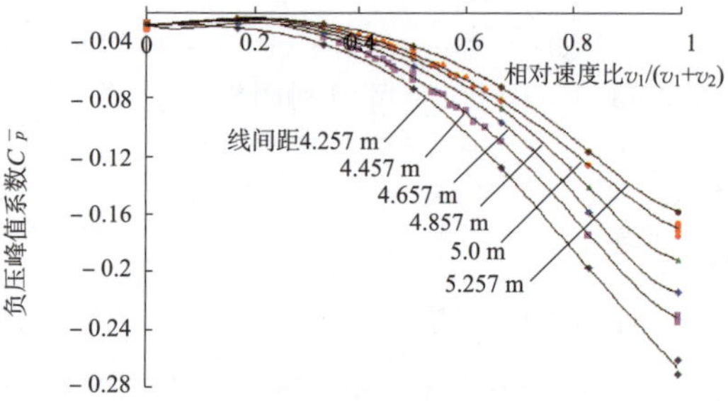

图 2-14 负压峰值系数数值计算结果

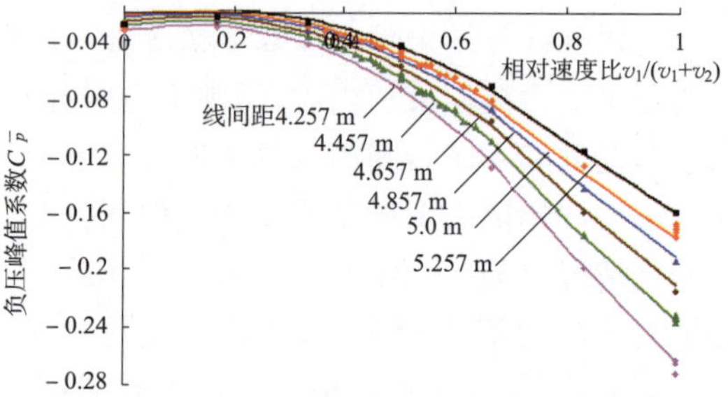

图 2-15 负压峰值系数公式拟合曲线

图 2-13 和图 2-15 中曲线即为利用上述公式绘出，而图 2-13 和图 2-15 中散点则是数值计算结果。与图 2-12 和图 2-14 比较可以看出，当 $v_R<0.3$ 时数值计算结果与公式拟合曲线有一定的差距，但如前所述，当 v_R 值很小时，通过列车的速度很低，通常不会引起较大的气动问题。

2.6 不同头型车会车压力波比较

列车头部形状的不同会影响会车压力波的幅值和最大正、负压力波极值。利用完全相同的数值计算方法，计算了另外两种车头形状的高速列车在不同速度和不同线间距条件下的等速会车过程。一种车型是德国 ICE 型城际列车(图 2-16)，另一种车型是国产 CRH2 型高速列车(图 2-17)。

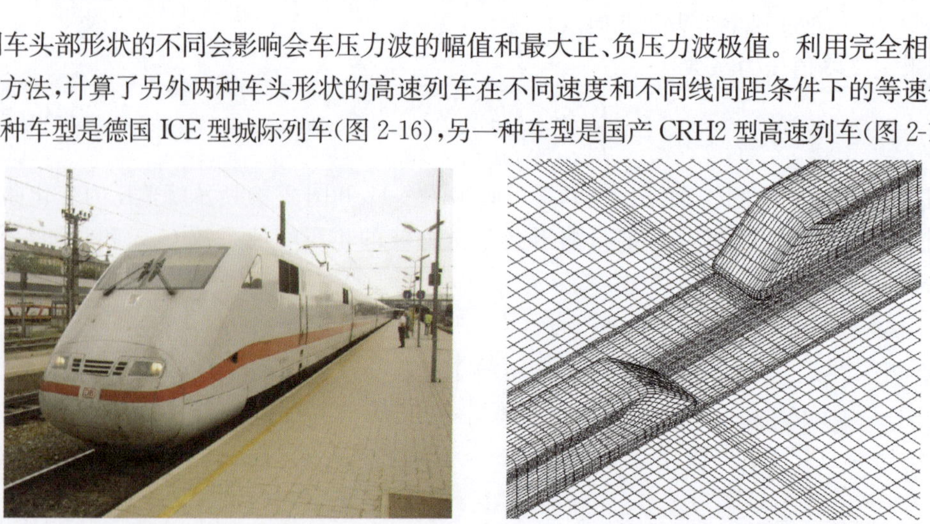

(a)德国 ICE 型城际列车外形　　(b)ICE 型列车会车模型局部网格图

图 2-16 德国 ICE 型城际列车外形及列车会车模型局部网格图

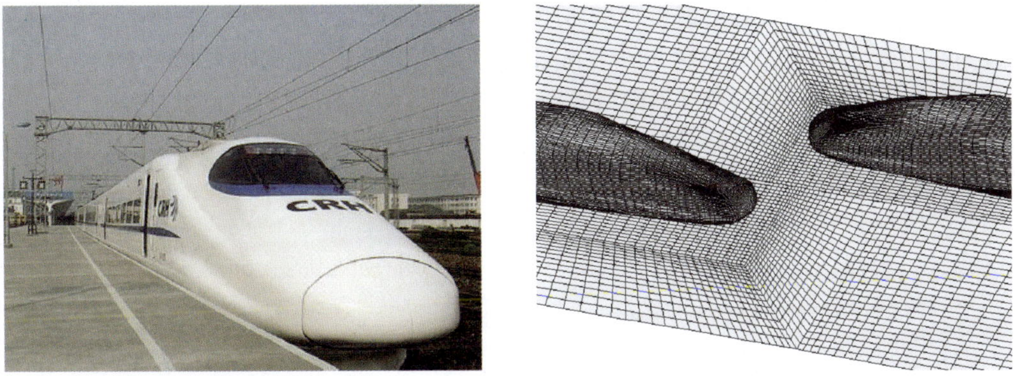

(a)国产 CRH2 型高速列车外形　　(b)CRH2 型高速列车会车模型局部网格图

图 2-17　国产 CRH2 型高速列车外形及列车会车模型局部网格图

两种头型列车在 7 种线间距和 7 种会车速度条件下的头—头交会压力波幅计算结果列于表 2-5、表 2-6。

表 2-5　ICE 型车几种线间距条件下会车压力波幅值数值计算结果 Δ*p*(Pa)

$v_1/(v_1+v_2)$	0.000	0.167	0.333	0.500	0.667	0.833	1.000
线间距 \ v_1/v_2	0/300	70/350	200/400	300/300	400/200	350/70	300/0
4.18 m	54.44	284.54	1 542.9	3 140.9	5 515.7	4 373.7	3 092.3
4.38 m	46.25	247.36	1 368.9	2 854.9	5 087.2	3 750.3	2 653.8
4.58 m	50.86	218.83	1 188.2	2 500.0	4 446.3	3 296.8	2 188.0
4.78 m	39.86	199.34	1 048.5	2 226.8	3 928.0	2 951.0	2 064.0
5.00 m	47.47	174.81	907.79	1 970.6	3 575.6	2 624.4	1 699.7
5.18 m	49.97	172.3	864.94	1 798.5	3 232.5	2 405.3	1 660.9
5.38m	55.1	104.01	1 164.1	1 616.3	3 018.6	2 118.3	1 533.7

表 2-6　CRH2 型车几种线间距条件下会车压力波幅值数值计算结果 Δ*p*(Pa)

$v_1/(v_1+v_2)$	0.000	0.167	0.333	0.500	0.667	0.833	1.000
线间距 \ v_1/v_2	0/300	70/350	200/400	300/300	400/200	350/70	300/0
4.19 m	11.31	149.44	699.35	1 428.0	2 596.5	1 881.3	1 323.7
4.39 m	8.84	139.90	662.67	1 314.2	2 390.6	1 724.0	1 209.8
4.59 m	7.12	131.85	615.00	1 213.5	2 212.7	1 589.2	1 111.0
4.79 m	5.39	124.88	572.88	1 126.3	2 053.9	1 469.5	1 022.7
5.00 m	3.62	121.06	536.91	1 056.7	1 912.7	1 345.4	951.76
5.19 m	1.95	113.59	501.89	975.70	1 783.5	1 267.2	876.59
5.39m	1.48	108.88	472.39	915.01	1 667.57	1 184.45	810.43

由于每一种头型的列车车体宽度不一样，ICE 型城际列车车宽 3.38 m，CRH2 型动车组车宽 3.39 m，CRH3 型动车组车宽 3.257 m，而会车计算模型按照列车侧壁间距设置，因此每

种列车计算线间距不尽一致。但每种车都计算了 5 m 线间距情况下的会车压力变化，如果以 5 m线间距计算结果为准，则每种车在 5 m 线间距条件下会车压力波幅系数 $\Delta C_{p(5.0\ \mathrm{m})}$ 与相对速度比 v_R 之间近似关系式，及其不同线间距会车压力波幅系数与 5 m 线间距会车压力波幅系数的近似计算函数关系式(以侧壁间距 d 为准)如下列公式所示，压力波幅系数随相对速度比 v_R 变化关系曲线如图 2-18 所示。

ICE 型车：

$$\Delta C_{p(5.0\ \mathrm{m})}=g(v_R)=1.909v_R^6-5.896v_R^5+2.090v_R^4-2.531v_R^3+058\ 3v_R^2-0.037v_R+0.011$$

$$f(d)=0.287d^2-1.392d+2.503 \qquad 0.8\leqslant d\leqslant 2$$

CRH2 型车：

$$\Delta C_{p(5.0\ \mathrm{m})}=g(v_R)=-0.782v_R^6+1.500v_R^5-1.290v_R^4+0.934v_R^3-0.240v_R^2+0.101v_R+0.000$$

$$f(d)=0.112d^2-0.766d+1.929 \qquad 0.8\leqslant d\leqslant 2$$

CRH3 型车：

$$\Delta C_{p(0.5\ \mathrm{m})}=g(v_R)=-3.915v_R^6+10.17v_R^5-9.657v_R^4+4.013v_R^3-0.301v_R^2+0.022v_R+0.009$$

$$f(d)=-0.086d^2-0.397d+1.978 \qquad 1\leqslant d\leqslant 2$$

三种车型头部形状的不同导致会车压力变化产生很大差别。不但会车压力波变化幅值差别很大(图 2-18)，会车过程压力变化历程也有很大不同，图 2-19 显示了三种车在 5 m 线间距条件下的等速会车压力系数变化历程。压力系数定义为 $C_p=2p/\rho v^2$，p 为(观测列车侧壁上)气体压力，ρ 为空气密度，v 为车速。从图 2-19 中可以看出，会车过程产生的两个压力波(波峰与波谷)，前一个由通过列车的车头经过时产生(可称为头波)，后一个为通过列车的车尾经过时产生(可称为尾波)。ICE 型车的车头外型比较钝(车头变截面长度约 3.86 m)，产生的头波幅值最大；CRH3 型车的车头流线型居中(车头变截面长度约 6.3 m)，产生的头波幅值也居中；CRH2 型车车头变截面长度最大(约 9.35 m)，会车产生的头波幅值最小。但尾波幅值似乎 CRH3 型车的最大，ICE 型车的居中，仍是 CRH2 型车尾波幅值最小。

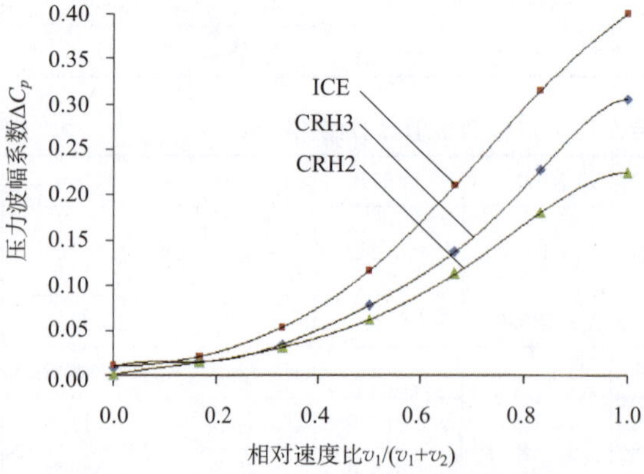

图 2-18 三种车会车压力波幅系数变化曲线

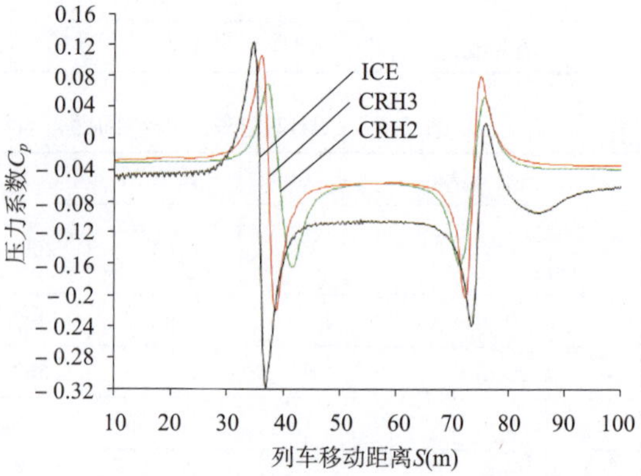

图 2-19 三种车会车压力波系数(d=5 m)

回到会车压力波引起侧窗玻璃破碎的问题。正的气动压力使窗玻璃压向车内，负的气动压力使窗玻璃向外吸出。分析表明列车侧窗玻璃破碎几乎都是由于负压过大造成，因此会车引起的最大负压是确定侧窗强度的关键。从图 2-19 可以看出，三种头形列车会车时都是在通过列车车头经过时产生最大负压。ICE 型车会车产生的最大负压系数约为−0.32，CRH3 型车的约为−0.21,CRH2 型车的约为−0.16。利用侧窗上气动压力系数,可以计算侧窗玻璃在不同速度会车时承受的最大气动作用力 F。

$$F=\frac{1}{2}|C_p|_{\max}\rho v^2 A \quad (\mathrm{N})$$

式中 A——侧窗面积(m^2)。

可见,列车速度一定,ICE 型列车通过时作用在观测列车一定面积窗玻璃上的气动作用力要比 CRH2 型车通过时在相同面积窗玻璃上产生的气动作用力大一倍左右。事实上侧窗的强度应分为两种情况考虑:一方面为窗玻璃本身的强度,即玻璃本身能承受多大的气体压强;另一方面为窗玻璃的安装强度。低速列车侧窗玻璃采用胶条安装,高速列车侧窗玻璃多采用从外部粘接安装。无论哪种安装方式都是玻璃周边承受气动作用力。如果窗玻璃本身强度足够,气动作用力最终都要由玻璃周边的安装结构承受。如果玻璃粘接不够牢固或胶条强度或其他结构安装条强度不够,会车时负的气动作用力必然会将窗玻璃整体吸出。广深线就曾发生过更换进口高强度玻璃仍发生破窗的事故,连同车窗都更换后才解决问题。因此,设计时采用美国联邦铁路总署推荐的计算窗周边单位长度所承受作用力可能更为合理。例如会车时车窗承受气动作用力为 F,侧窗玻璃周长为 l,则单位长度受力为:

$$F_l=\frac{F}{l}=\frac{1}{2l}|C_p|\rho v^2 A \quad (\mathrm{N/m})$$

对于一定头部形状的通过列车,车速和车窗面积一定时,车窗上作用的气动力 F 基本为一定值,周长越短,单位长度受力越大。因此车窗面积一定,安装结构一定时,方形车窗的安装强度最差。车窗的宽高比越大,安装强度越高。所以宽高比较大的长方形车窗更安全。

2.7 结　　论

(1)会车压力波的变化规律至少对于某一种车型的高速列车应该还是有规律可循的。通过对 CRH3 型车在 6 种线间距,38 种列车交会速度条件下的会车压力波幅值的计算分析,以及 CRH2 型车和 ICE 型车在 7 种线间距和 7 种会车速度条件下的会车压力波时间历程计算分析,近似归纳出会车时观测列车侧窗处会车压力波幅系数与车速和侧壁间距的关系为

$$\Delta C_p=g(v_{\mathrm{R}})\times f(d)$$

式中 v_{R}——相对速度比 $v_{\mathrm{R}}=v_1/(v_1+v_2)$;

d——侧壁间距;

$g(v_{\mathrm{R}})$——6 次多项式;

$f(d)$——2 次多项式或负幂函数。

列车头型的不同,$g(v_{\mathrm{R}})$和 $f(d)$是不相同的。显然列车头部形状对会车压力波变化有较大的影响。

(2)上述关系式可适用于两交会列车侧壁间距 1～2 m(对应线间距约 4.3～5.3 m),速度在 500 km/h 以下任意车速的会车压力波幅值的估算,或可为高速铁路设计和高速列车安全运行提供参考。6 次方的函数关系在工程应用上也许还是复杂了一些,如果将相对速度比限定在大于 0.3 和小于 0.8 范围内,采用更简单的二次函数或幂指数函数也可以保证一定的估算精度。

(3)列车头部流线形状或头部变截面段长度对会车压力波波幅的大小和最大负压极值的大小有相当大的影响。ICE 型车会车产生的压力波负压极值比 CRH_2 型车会车产生的负压极值可能要大一倍。因此,除增大线间距以减小会车压力波极值外,优化列车头部外形也可取得不错的效果。

参考文献

[1] JOSEPH A S. Aerodynamics of high-speed trains[J]. Annual review of fluid mechanics,2001,33(3):371-414.

[2] Federal Railroad Administration of USA. Assessment potential aerodynamics effects on personnel and equipment in proximity to high-speed train operations[R]. DOT/FRA/ORD-99/11,1999,12:19-32.

[3] Federal Railroad Administration of USA. Aerodynamic effects of high-speed trains on people and property at stations in the Northeast Corridor[R]. ORD-99/12,1999,12:65-68.

[4] ROBERT A M,SAMUEL H,HARVEY S L. Measurement of the aerodynamic pressures produced by passing trains[C]//American Society Mechanical Engineers. The 2002 ASME/IEEE joint rail conference, Washington,DC,April,23-25,2002. ASME,c2002:57-64.

[5] STEINBUER J. Calculation of unsteady pressures during passing and tunnel entrance of trains[J]. ASME Aerodynamics of transportation,1979,20(6):177-191.

[6] GAWTHORPE R G. Aerodynamics of trains in the open air[J]. Railway engineering International,1978, 3:7-12.

[7] 雷波. 明线上高速列车列车风和会车压力波研究[D]. 成都:西南交通大学,1995.

[8] 田红旗,许平,梁习锋,等. 列车交会压力波与运行速度的关系[J]. 中国铁道科学,2006,27(6):64-67.

[9] 田红旗. 列车交会空气压力波研究及应用[J]. 铁道科学与工程学报,2004,1(1):83-89.

[10] 毕海权,雷波,张卫华. 高速磁浮列车会车压力波数值计算研究[J]. 空气动力学学报,2006,24(2):213-217.

[11] 陆冠东. 高速列车的空气动力学问题[J]. 铁道车辆,2006,44(10):1-3.

[12] 铃木浩明,车内压力波动引起耳鸣的研究[J]. 国外铁道车辆,1999,5:15-18.

[13] 黄玉坤,田晓丽. 列车错车时的空气流场分析[J]. 华北工学院测试技术学报,2002,16(1):73-74.

[14] 田红旗,贺德馨. 列车交会压力波三维数值的计算[J]. 铁道学报,2001,23(3):18-22.

[15] 田红旗,梁习锋. 准高速列车交会空气压力波实验研究[J]. 铁道学报,1998,20(4):37-42.

[16] KOMATSU N,YAMADA F. The reduction of the train draft pressure in passing by each other[C]// Proceedings of World Congress on Railway Research,Tokyo,Railway Technical Research Institute,1999.

[17] MANCINI G,MALFATTI A. Full scale measurements on high speed train ETR500 passing in open air and in tunnels of Italian high speed line[M]. TRANSAERO-A European Initiative on Transient Aerodynamics for Railway System Optimization. Springer-Verlag Berlin Heidelberg,2002:101-122.

[18] 西南交通大学牵引动力实验室. CRH380A 空气动力学性能测试报告[R]. 西南交通大学,2011,6.

[19] 熊小慧,梁习峰. CRH2 型动车组列车交会空气压力波试验分析[J]. 铁道学报,2009,31(6):15-20.

[20] HOWE M S,IIDA M,FUKUDA T,et al. Theoretical and experimental investigation of the compression wave generated by train entering a tunnel with flared portal[J]. Journal of fluid mechanics,2000,425(1):111-132.

[21] JOHNSON T,DALLEY S. 1/25 Scale Moving Model Tests for the TRANSAERO Project[M]. TRANSAERO-A European initiative on transient aerodynamics for railway system optimization,Berlin,

Springer-Verlag Press,c2002:123-135.

[22] FUJII K,OGAWA T. Aerodynamics of high speed trains passing by each other[J]. Computer & Fluids, 1995,24(8):897-908.

[23] HWANG J,LEE D. Numerical simulation of flow field around high speed trains passing by each other [J]. JSME International ser. b Fluids & Thermal Engineering,1999,43(3):422-432.

[24] BERENGER T, GRGEOIRE R. Panel method applied to problems of European high speed train interoperability[M]. TRANSAERO-A European initiative on transient aerodynamics for railway system optimization,Berlin,Springer-Verlag Press,c2002:148-159.

[25] PAHLKE K. Application of the standard aeronautical CFD method flower to trains passing on open track [M]. TRANSAERO-A European initiative on transient aerodynamics for railway system optimization, Berlin,Springer-Verlag Press,c2002:160-159.

[26] 王勋村. 高速列车会车压力波研究[J]. 铁道机车车辆,2000,4:1-3.

[27] 石得春. 高速列车侧窗在交会压力波作用下的瞬态响应分析[J]. 铁道车辆,2002,40(4):17-19.

[28] 田红旗,许平,梁习锋,等. 列车交会压力波与运行速度的关系[J]. 中国铁道科学,2006,27(6):65-67.

[29] 赖 姜,曾晓辉,孙振旭,等. 高速列车过隧道、明线会车及隧道会车工况下的动力响应研究[C]//第 21 届全国结构工程学术会议论文集第Ⅱ册,2012:222-225.

[30] 缪晓郎,陈春俊,李森. 高速列车明线交会对列车的横向振动影响研究[J]. 铁道学报,2014,36(12): 14-19.

[31] 冯志鹏,张继业,张卫华. 高速列车在隧道内和明线上交会时气动性能对比分析[J]. 铁道车辆,2010,48(12):1-5.

[32] 李现今,刘晨辉,杨国伟. 高速列车明线交会压力波特性研究[J]. 科学技术与工程,2012,12(15): 3689-3694.

3 隧道会车压力波

3.1 问题的提出

单孔双线隧道内会车会引起比明线会车更为严重的气体压力波动问题。原因主要有两个，其一是两列车在隧道内高速相向运行，列车前方的空气受到挤压来不及从隧道口排出，压力急剧升高；列车后方由于隧道内空气来不及补充，压力急剧降低。当两列车在隧道内交会时引起的空气扰动叠加并产生极不均衡的空气压力场，引起比明线会车更剧烈的压力波动。另一个更为重要的原因是列车车头高速进入隧道入口时会产生一个压缩波，以当地声速向隧道出口传播。到达隧道出口时大部分压力波能量传播到出口空间，但由于空间突然变大，压缩波在隧道出口转换成膨胀波反方向以声速向隧道入口传播。当列车车尾进入隧道时，在隧道入口形成一个膨胀波，也以当地声速向隧道出口传播。到达隧道出口时部分能量转换成压缩波反方向以声速向隧道入口传播。这种现象称为隧道的入口效应。此时，另一列从隧道另一端进入的列车也会产生相反方向的压缩波和膨胀波，两列车进入隧道时产生的压缩波和膨胀波来回传递的叠加，导致隧道内气体压力剧烈变化。因此，隧道内会车时，两列车进入隧道产生的入口效应与交会压力波叠加，在隧道内形成非常复杂的压力变化，会引起比明线会车更为严重的气体扰动问题。

正是由于隧道内会车引起的空气扰动问题的复杂性，隧道内会车可能导致的列车空气动力学问题还有许多不清楚的地方。例如在隧道内什么位置会车会导致会车压力波峰值最大？最大压力峰值可能达到多大？隧道内会车压力波与隧道长度有什么关系？与列车长度有什么关系？入口效应如何影响会车压力波？两者的叠加是使隧道内压力峰值增大还是使其减小？只有这些问题弄清楚了，才有可能进一步探讨隧道会车压力波与车速的关系；与阻塞比的关系；与线间距的关系等问题。然而，铁路隧道长短不一，列车长度各异，两列车进入隧道的时刻不一定相同，导致会车位置千变万化。因此，隧道会车压力波问题至今没有一个清晰的图像，世界各国的研究者几十年来做了大量的研究工作[1~15]，但仍然对其变化规律缺乏全面的认识。

3.2 研究方法

最直接的研究隧道会车压力波的方法是线路实测。与明线会车压力波测量方法相同，在列车侧壁一定位置安装瞬态压力传感器，当两列车在隧道内会车时测量列车侧壁上的气体压力变化历程。德国和瑞士的研究者[1] 1979 年在 Heitersburg 隧道测量了一列车在隧道内静止、另一列车高速通过和两列车相向行驶时列车侧壁上的压力变化；日本学者 Komatsu[2] 1999 年测量了 300 系列车在隧道内会车时的压力变化和会车时列车横向加速度；Gred[3,4] 2002 年在罗马至佛罗伦萨的线路上测量了隧道内会车压力波。我国的研究者 2009 年在京广高速武广段的九子仙隧道和大瑶山隧道分别对 CRH2 型和 CRH3 型高速列车进行了隧道会车试验[5]，2011 年在京沪高铁多个隧道测量了列车侧壁上的气体压力变化历程[6]。线路实测可以得到隧道内会车时比较准确的压力变化历程，一直以来是研究隧道会车压力波问题首选的方法。但是线路实测一方面试验费用昂贵，另一方面受所进行试验的隧道尺寸、隧道截面形状、列车长度、线路状况和车速的限制，很难得出规律性的结论。

图 3-1 隧道内会车模型试验

研究隧道会车压力波也可以采用模型模拟的测量方法。采用双向弹射列车装置，使列车模型在缩小尺度的隧道中以一定速度相向弹射。在列车模型和模拟隧道的不同位置布设瞬态压力传感器，可以测量出列车模型运动引起的模拟隧道中的空气压力变化历程。日本学者 Hara T. 早在 1962 年就采用橡胶弹射式的发射模型试验，对列车过隧道时压力波的形成与传播、列车车头形状及隧道口形状对压力变化的影响以及相反方向两列车过隧道的压力变化情况进行了研究[7]。1979 年小沢智采用圆头铝管模拟列车，以橡胶弹射方式发射，实验时模型车速为 25 m/s[8]。随着所希望的模拟速度的提高，弹射实验装置也不断改进。Ozawa S 将发射模型改为以压缩空气为动力，发射速度达到了 100 m/s[9]。1997 年法国学者研制的新发射实验装置速度高达 500 km/h[10]。我国中南大学"轨道交通安全"教育部重点实验室建造的列车动模型实验系统[11]，模型缩尺比可达 1∶20，模型列车速度也达到 280 km/h。然而模拟试验中，缩尺列车和隧道模型的相对运动状况、列车模型引起的空气扰动和气体压力变化很难与实际隧道会车时引起的空气扰动与气体压力变化相似，因此模型试验的结果还不能尽如人意。

数值计算动态仿真方法，更适合于模拟两列车和隧道壁面三者具有相对运动的情况[12~14]。同时，改变车速、车长、隧道长度比在模型试验中改动模型尺寸更加方便。因此，计算流体力学方程数值求解的方法研究隧道会车压力波问题可能是最经济实用的方法[15~18]。计算流体力学方程数值分析方法研究隧道会车压力波问题可以分为一维模型分析，二维模型分析和三维模型分析。一维模型通常基于非定常可压缩不等熵流体流动数学模型，采用广义黎曼变量特征线法计算分析隧道内列车通过时或会车时的压力波动。二维和三维模型计算是基于连续性方程、Navier-Stokes 方程和能量守恒方程描述的非定常可压缩流体流动数学模型，通常采用有限体积数值求解方法计算动态流场。一般来讲，一维模型比较适合于计算分析长大隧道内的空气动力学问题，因为，一方面相对于隧道横截面维度尺寸，长大隧道的长度方向尺寸是极大量，隧道内的气体流动状况有可能简化成一维流动；另一方面一维计算占用计算机资源少、计算过程耗时少，长大隧道的模型计算规模大，现有的计算机通常无法满足三维计算所需要的计算资源。因此一维模型分析可能更适合。一维模型分析方法已经在欧盟和日本的高速铁路隧道空气动力学研究中得到比较广泛的采用[19~25]，我国学者梅元贵 2009 年还出版了论述隧道空气动力学一维模型分析方法的专著[26]。但是列车在进入或驶出隧道、在隧道内会车时，都将引起强烈的三个方向的空气扰动，此时采用一维计算分析，其结果恐不能真实反映隧道口和会车位置的实际流场。因此，在计算条件允许的情况下，还是应采用三维模型作计算分析。

3.3 三维仿真分析

3.3.1 基本假设

隧道会车过程的三维动态仿真计算会占用较多的计算机资源，因此必须对计算模型作一定的简化，并且，一般情况下(没有超级计算机)只能计算分析长度比较短的隧道。

(1)当列车高速运行时，外部流场雷诺数 $Re>10^6$，流场处于紊流状态。用雷诺时均方程模拟计算这种紊态流场可采用 k-ε 两方程紊流模型模拟其紊流流动。

(2)两列车以速度 200～400 km/h 在隧道内会车时，列车会车时相对速度超过 0.3 倍马赫数，隧道内空气的可压缩性不容忽视，而且可压缩的流体介质才会产生压力波，因此数值仿真按照可压缩流体计算。

(3)列车为头尾形状完全相同的流线型车体(CRH2 型车，图 3-2、图 3-3)，两列车的几何模型相同。为减小计算工作量，计算模型的车体长度缩短，每一列车模型取三节车约 76 m 车长计算，由流线型头车、中间车和流线型尾车构成。同时，忽略受电弓、车体连接部位、转向架等细部结构，模型为一定表面粗糙度的光滑车体。

(4)隧道为横截面 100 m^2 满足京沪高速铁路建设标准的截面形状隧道，线路为直线，不存在坡度，线间距为 5 m。忽略隧道安全避洞、排水沟和轨道细部结构，隧道壁面和轨道面简化成具有一定表面粗糙度的表面。

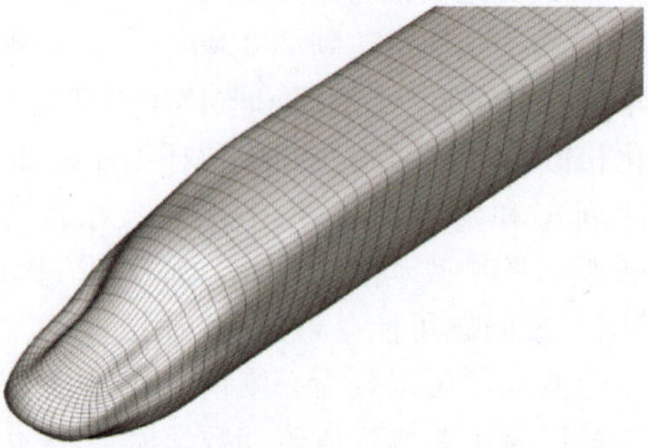

图 3-2 列车头部外形及表面网格(CRH2 型)

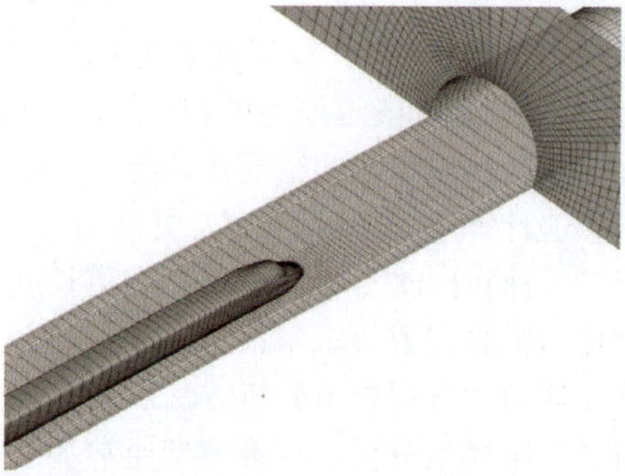

图 3-3 列车及隧道计算模型局部网格

3.3.2 不考虑隧道入口效应的会车过程计算

由 3.1 节的分析可知，列车在隧道内会车的压力波动是由列车进入隧道引起的入口效应和隧道内会车引起的压力波扰动两者叠加的结果。我们不妨先看看在没有列车入口效应的前提下，两列车在隧道内会车产生的会车压力波会是什么情况，与明线会车压力波是否相同。这当然是理想情况，试验测量是不容易实现的。但是仿真计算则有可能模拟。首先建立一个足够长的隧道模型，将两列车都放入隧道中，也就是计算起始时两列车模型的头尾都已经处于隧道内部(图 3-4)。计算过程中两列车模型以规定的速度相向运动，一定时间后两列车在隧道内交会，测量列车模型侧壁上气体压力变化，可得到屏蔽掉列车入口效应的隧道内会车压力波变化历程。

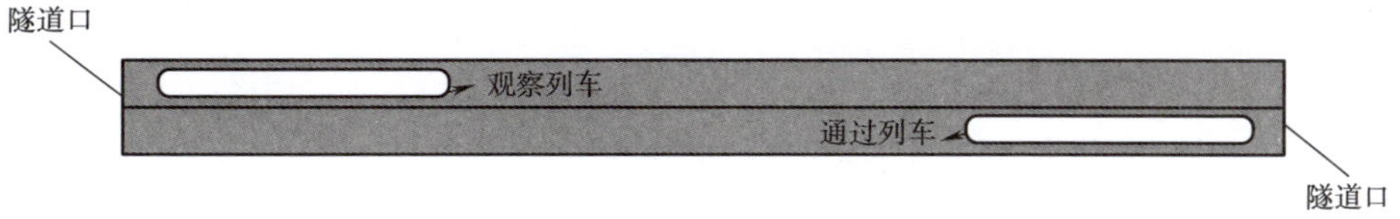

图 3-4　列车起始位置在隧道内计算模型示意图

200 km/h、250 km/h、300 km/h、350 km/h、400 km/h 五种车速情况下隧道内等速会车时列车侧壁上(据列车鼻尖 20 m，距轨面高 1.8 m)压力变化历程如图 3-5 所示，对应的相同车速明线会车压力波如图 3-6 所示。从两图对比可以看出，隧道内会车时的压力变化与明线会车时的压力变化有许多明显不同。首先，明线会车的车头车尾压力波波峰为正值，隧道会车时车头车尾压力波峰均为负值；其次，明线会车时车头车尾压力波峰值均随车速的提高而升高，隧道会车时该波峰值则随车速的提高而降低；第三，隧道会车时车头车尾压力波波谷的负压绝对值比明线会车时的相应值大得多。可见，列车在隧道内会车时即使不考虑入口效应，会车压力波变化历程与明线会车压力波变化历程也有很大不同。产生这种现象的原因应该是两种情况会车时，测点(会车点)附近环境气体压力和密度不同引起。隧道内会车时，周围空气的流动受到洞壁限制无法向四周排开，导致气体密度增大；列车高速运动产生的诱导滑流速度高，压力很低，通过列车产生的压力冲击也不能使测点处压力升高到正值。观测列车测点附近在会车前的气压值比明线运行时低很多，被通过列车带走的空气也不容易被补充，导致测点处的负压更大。

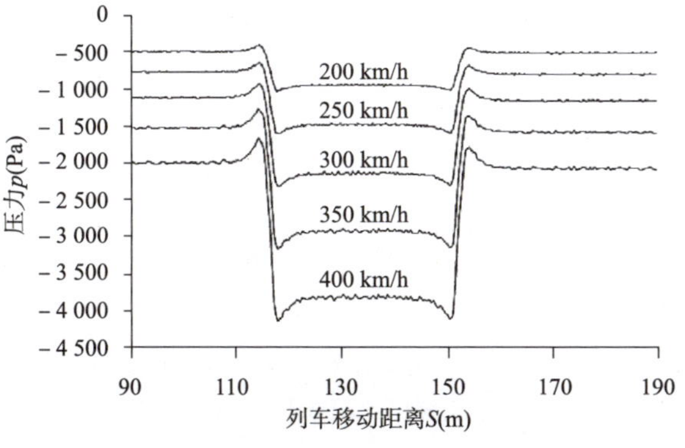

图 3-5　隧道内会车压力波变化

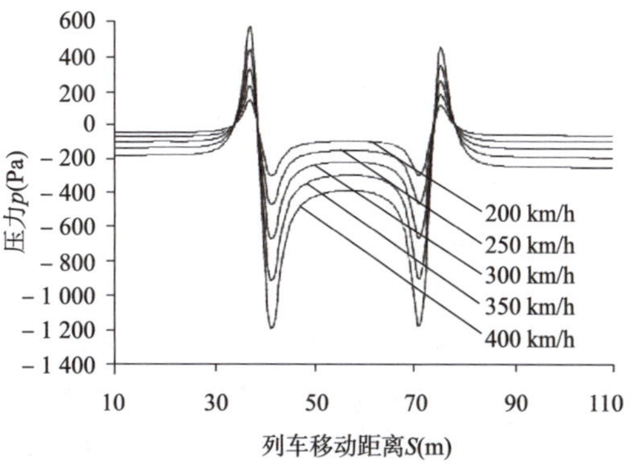

图 3-6　明线会车压力波变化

为分析方便，可以采用压力系数表示图 3-5 和图 3-6 会车压力变化曲线(图 3-7、图 3-8)。压力系数定义为

$$C_p=\frac{2p}{\rho v^2} \tag{3-1}$$

式中 p——气动压力(Pa)；

ρ——空气密度(kg/m³)；

v——列车运行速度(m/s)。

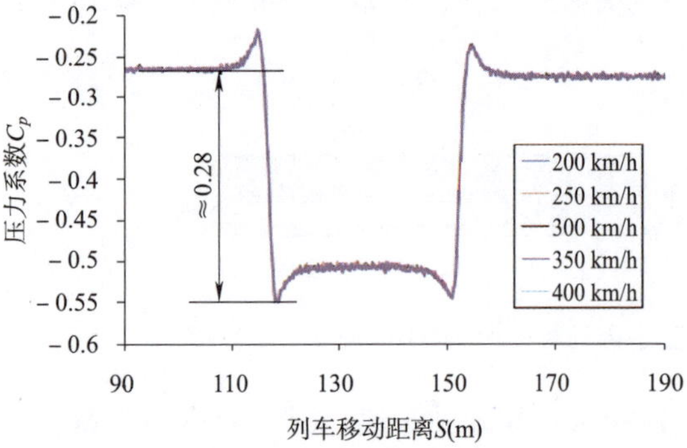

图 3-7 隧道内会车侧壁压力系数变化(CRH2 型)

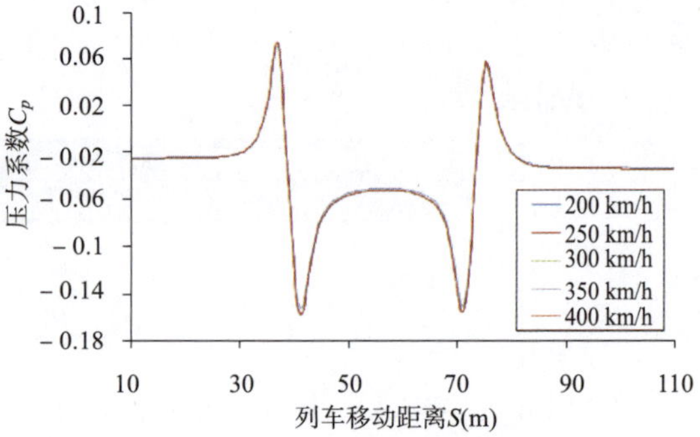

图 3-8 明线会车侧壁压力系数变化(CRH2 型)

从图 3-7 和图 3-8 也可以看出隧道内会车压力波与明线会车压力波的相同之处，两者都是通过列车的车头经过观测列车侧壁上测点时，先产生一个压力波峰值，紧接着压力急剧下降到压力波波谷；当通过列车车尾经过该测点时，先产生一个压力波波谷，然后压力急剧上升至一个波峰值。但两者的压力波幅值(波峰至波谷的压力数值)有很大不同，如图 3-9 所示。无论是车头压力波幅值还是车尾压力波幅值，隧道内会车情况均远大于明线会车情况。而且由于隧道内会车时气流受列车压迫和洞壁限制密度增大，会车产生的正压力扰动难于使气体压力升高。从而导致隧道内会车时的最大气体压力仍保持负值。

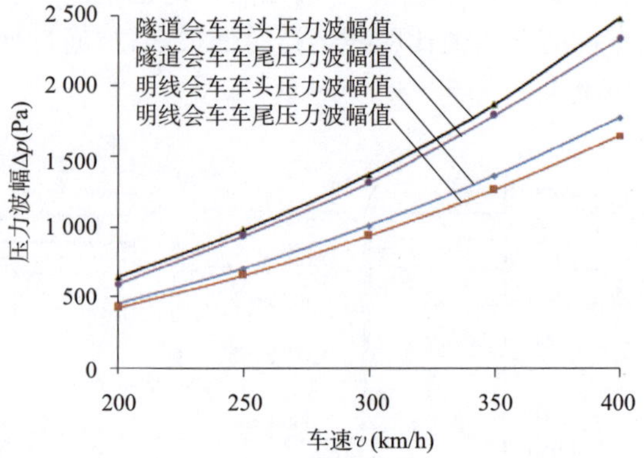

图 3-9 明线会车与隧道会车压力波幅值比较(CRH2 型)

从图 3-5 和图 3-7 可以看出，不考虑隧道入口效应时，会车使观测列车侧壁压力大幅降低，而且整个会车过程压力均处于负压状态。如果考虑入口效应，根据 3.1 节的分析，车头进洞产生的压缩波和车尾进洞产生的膨胀波，以及它们反射回来的膨胀波与压缩波在隧道内的传递会使洞内产生复杂的压力波动。显然，如果会车过程发生在入口效应产生的压力波动的波峰处，会车将会使该处压力降低，应该不会引起太大的问题；如果会车过程发生在波谷处，则会车将会使该处压力进一步大幅降低，产生更大的负压，可能会引起比较大的负面影响(如对侧窗强度的影响、对空调系统新风流量的影响，对列车侧向力的影响等)。因此我们希望了解入口效应引起的隧道内压力波的波峰和波谷可能出现在哪里，出现最大波谷的会车位置将在哪里。

3.3.3 考虑隧道入口效应的会车过程计算

建立流场计算模型如图 3-10 所示。中间隧道为平直隧道模型，沿线路方向隧道口两边建立长 150 m、宽 40 m、高 20 m 的流场空间计算区域，在这两块流场空间区域内，各有一列由流线型(CRH2 型)头车、中间车和流线型尾车三车编组的列车，列车总长 76.3 m，最大横截面积 11.2 m^2。隧道横截面形状采用京沪高速铁路隧道形式，复线间距 5 m，隧道截面积 $A=100\ m^2$，阻塞比 $R=0.112$。利用移动网格技术，列车及其附近流场区域设置为移动网格区域，其余流场区域为固定网格区域。由图 3-8，截面 A 和截面 D 为压力边界条件，流场底面(地面)、截面 B、截面 C 和隧道壁面为无滑移壁面边界条件，采用标准壁面函数近似模拟固体壁面附近流场，其他 6 个截面为对称边界条件。两列车及其附近移动网格区域以给定的车速相向移动，模拟列车在隧道内的会车过程。

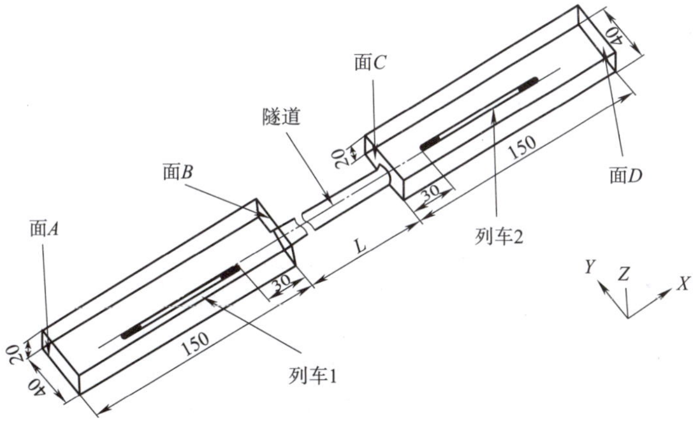

图 3-10 列车隧道内会车计算区域

为检验计算模型的正确性，将我国在京广线武广段九子仙隧道进行的隧道会车试验的实测数据与上述计算模型的计算结果进行了对比。试验车型为 CRH2 型，车长 201.4 m。会车的九子仙隧道长 2 728 m。试验车速为 300 km/h。压力测点布置在尾车交会侧中部窗的中心高度处，两辆列车在隧道中点交会。由于计算机容量的限制，不太可能模拟实际长度的隧道。我们根据计算模型的车长(约 3/8 实车长度)，相应的计算模型隧道长度也按比例缩减为约 3/8 原隧道长度。实测的压力变化历程与计算结果对比如图 3-11 所示。由图 3-11 中可以看出，压力变化计算结果与实测得到的压力变化曲线的形态基本一致。存在的偏差是由于实测时列车在接近隧道中点交会处，速度未能保持匀速，在一小段时间范围内速度为 320 km/h。此外实验规定的交会位置在隧道中点，但受实验条件的影响，交会位置有 200 m 左右的误差。从图 3-11 中可看出实测曲线会车位置比计算曲线会车位置稍有提前。尽管存在计算结果与实测数据的偏差，列车交会附近时段两者的压力变化曲线相差仍不超过 15%，说明计算模型基本可以反映实际压力变化情况。

利用所建立的计算模型，计算了几组不同隧道长度，不同车速条件下会车时列车侧壁上的压力变化历程。并将其与明线会车、无隧道入口效应条件下会车和单车进入隧道时相同测点压力变化曲线放在一张图上比较，如图 3-12 所示。

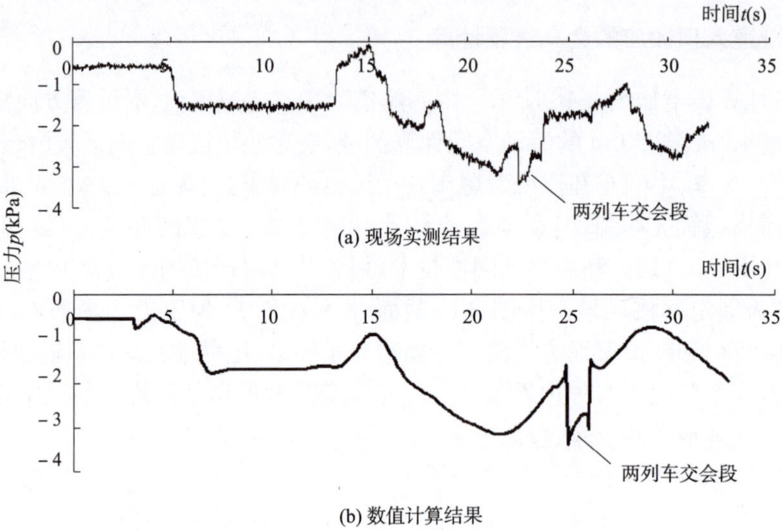

图 3-11　隧道内会车时列车侧壁压力实测值与计算值比较

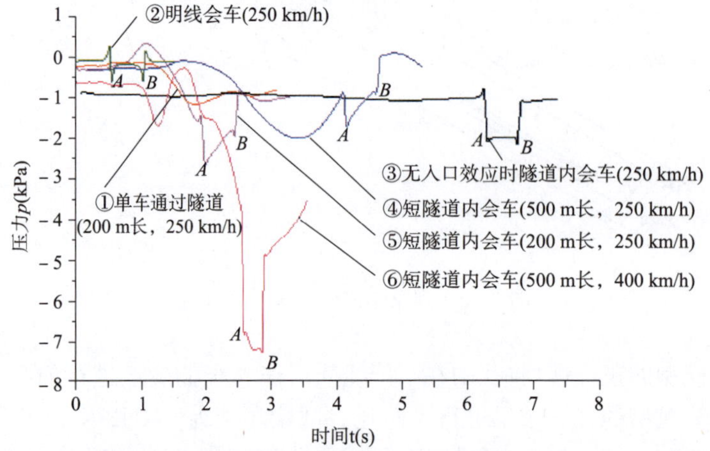

图 3-12　不同情况隧道内会车时列车侧窗处压力变化

图 3-12 中各曲线上 A 点表示通过列车的车头经过观测列车上测点时的压力波谷值，B 点表示通过列车的车尾经过观测列车上测点时的压力波谷值。从图 3-12 中可以发现，明线会车或无入口效应会车情况下，A 点压力值与 B 点压力值尽管不相同，但相差不大。但具有隧道入口效应的会车压力变化曲线，A 点压力值与 B 点压力值相差甚大，且有些情况下 A 点压力(绝对值)大于 B 点压力(图 3-12 中曲线④和⑤)，有些情况下 B 点压力(绝对值)大于 A 点压力(图 3-12 中曲线⑥)。而且，有些情况最大负压出现在会车时段(图 3-12 中曲线⑤、⑥)，有些情况最大负压不出现在会车时段(图 3-12 中曲线④)，实测压力变化曲线也出现这样的现象。为什么会出现这样的现象？与隧道入口效应有什么关系？是我们希望弄清楚的问题。

图 3-13 为列车在隧道内会车示意图，上半幅图表示计算初始时刻列车与隧道相对位置，下半幅图表示列车运行过程中某一时刻列车与隧道相对位置，我们利用它来近似分析隧道内压缩波和膨胀波的传播规律。

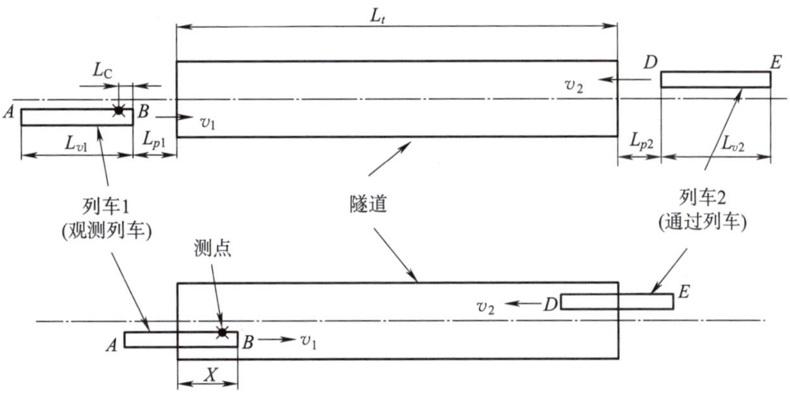

图 3-13　列车在隧道内会车示意图

L_t—隧道长度；L_{v1}—观测列车长度；L_{v2}—通过列车长度；L_{p1}—初始时刻观测列车 1 头部与隧道入口的距离；
L_{p2}—初始时刻通过列车 2 头部与隧道入口的距离；v_1，v_2—列车 1 与列车 2 的速度；
L_C—列车 1 测点与列车 1 头部的距离；B、A—列车 1 头部和尾部；D、E—列车 2 头部和尾部；
X—列车运行中某一时刻列车 1 头部与隧道入口间的距离

根据前面的分析，当通过列车的头部 D 进入隧道口时，会产生一个压缩波，以声速向观测列车测点处传播。当通过列车的车尾 E 进入隧道口时，会产生一个膨胀波，以声速向观测列车测点处传播。下面来分析这一压缩波和膨胀波传播到观测列车测点的时间。

(1)D 点压缩波到达测点的时间

列车 2 车头进入隧道口的时间为

$$t_{21}=\frac{L_{p2}}{v_2};\tag{3-2a}$$

此时产生的压缩波到达列车 1 测点时，$\frac{L_t-X+L_C}{C}=\frac{X+(L_{p2}-L_{p1})}{v_1}$成立（C 为当地音速)，可得

$$X=\frac{(L_t+L_C)v_1-(L_{p2}-L_{p1})C}{C+v_1}。\tag{3-2b}$$

从而得出，通过列车头部 D 产生的第一压缩波到达观测列车测点的时间为

$$t_{D1}=t_{21}+\frac{X+(L_{p2}-L_{p1})}{v_1}。\tag{3-2c}$$

(2)E 点膨胀波到达测点的时间

列车 2 车尾进入隧道口的时间为

$$t_{22}=\frac{L_{p2}+L_{v2}}{v_2},\tag{3-3a}$$

此时产生的膨胀波到达列车 1 测点时$\frac{L_t-X+L_C}{C}=\frac{X+(L_{p2}-L_{p1})-L_{v1}}{v_1}$成立，

可得

$$X=\frac{(L_t+L_C)V_1-(L_{p2}-L_{p1}-L_{v1})C}{C+v_1},\tag{3-3b}$$

从而得出，通过列车尾部 E 产生的第一膨胀波到达观测列车测点的时间为

$$t_{E1}=t_{22}+\frac{X+(L_{p2}-L_{p1})-L_{v1}}{v_1}。\tag{3-3c}$$

同样道理，观测列车车头 B 进入隧道时也产生一个压缩波，以声速向隧道另一端口传播，当传播到隧道口处转变为膨胀波，反方向向观测列车传播。当观测列车车尾 A 进入隧道口时，会产生一个膨胀波，以声速向测点处传播。下面来分析这两个膨胀波传播到观测列车测点的时间。

(1)A 点膨胀波到达测点的时间

列车 1 车尾进入隧道口的时间为

$$t_{12}=\frac{L_{p1}+L_{v1}}{v_1},\tag{3-4a}$$

此时产生的膨胀波到达列车 1 测点时

$$\frac{X-L_C}{C}=\frac{X-L_{v1}}{v_1}成立，$$

可得

$$X=\frac{L_{v1}C-L_Cv_1}{C-v_1},\tag{3-4b}$$

从而得出，观测列车尾部 A 产生的第一膨胀波到达观测列车测点的时间为

$$t_{A1}=t_{12}+\frac{X-L_{v1}}{v_1}。\tag{3-4c}$$

(2)B 点压缩波转换为膨胀波到达测点的时间

列车 1 车头进入隧道口的时间为

$$t_{11}=\frac{L_{p1}}{v_1},\tag{3-5a}$$

压力波传播到出口返回到列车 1 测点时

$$\frac{L_t+(L_t-X+L_C)}{C}=\frac{X}{v_1}成立，$$

可得

$$X=\frac{(2L_t+L_C)v_1}{C+v_1},\tag{3-5b}$$

从而得出，观测列车头部 B 产生的压力波到达观测列车测点(膨胀波)时的时间为

$$t_{B1}=t_{11}+\frac{X}{v_1}。\tag{3-5c}$$

同理，不难求出列车 2 车头进入洞口时的压缩波转换成膨胀波后到达测点的时间，和车尾进入洞口时的膨胀波转换成压缩波后到达测点的时间。以此类推，入口效应各压力波到达测点的时间都可计算得到。将各压力波到达测点的时间由小到大排列，即可得到通过测点的压力波先后顺序。

利用图 3-13 还可以根据车速和运行距离，计算出会车时刻通过列车车头经过观测列车测点的时间，和通过列车车尾经过该测点的时间。

列车 2 车头经过列车 1 测点时满足关系式$\frac{L_{p2}+L_t-X+L_C}{v_2}=\frac{L_{p1}+X-L_C}{v_1}$，

可解得

$$X=\frac{(L_{p2}+L_t+L_C)v_1-(L_{p1}-L_C)v_2}{v_1+v_2}; \tag{3-6a}$$

从而得出车头通过时间为

$$t_t=t_{11}+\frac{X}{v_1}=\frac{L_{p1}+X}{v_1}。 \tag{3-6b}$$

列车 2 车尾经过列车 1 测点时满足关系式

$$\frac{L_{p2}+L_{v2}+L_t-X+L_C}{v_2}=\frac{L_{p1}+X-L_C}{v_1},$$

可解得

$$X=\frac{(L_{p2}+L_{v2}+L_t+L_C)v_1-(L_{p1}-L_C)v_2}{v_1+v_2}; \tag{3-7a}$$

从而得出车尾通过时间为：

$$t_t=t_{11}+\frac{X}{v_1}=\frac{L_{p1}+X}{v_1}。 \tag{3-7b}$$

为简单计，我们计算一个在隧道内等速会车的算例，令隧道长度 $L_t=500$ m，两列车长度相等 $L_{v1}=L_{v2}=76.3$ m，起始位置距隧道口距离相同 $L_{p1}=L_{p2}=30$ m，测点距车头鼻尖距离 $L_C=15$ m。车速 v_1、v_2 分别为 200 km/h、250 km/h、300 km/h、350 km/h、400 km/h 时，两列车在隧道内等速会车时列车侧壁上测点处压力变化历程如图 3-14 所示。

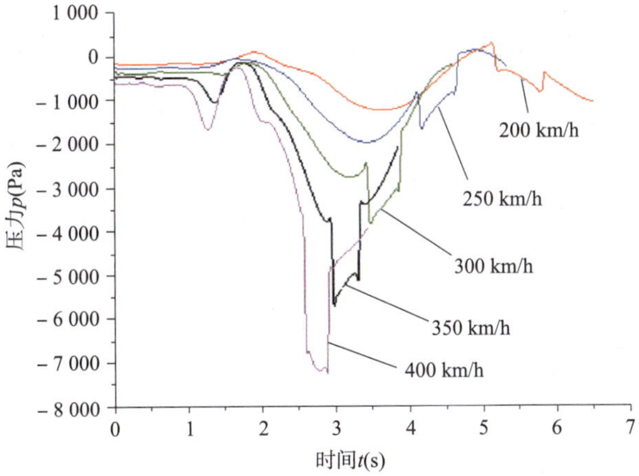

图 3-14 不同车速下隧道内会车压力变化情况

根据前面分析得到的入口压力波经过测点的时间，可计算得到各车速下压缩波和膨胀波经过测点的顺序时刻，见表 3-1（由于会车过程温度变化不大，近似取声速 $C=340$ m/s）。

表 3-1 500 m 长隧道内等速会车时各车速下压缩波和膨胀波到达列车 1 测点的时间(s)

车速(km/h)	入口气压波到达列车 1 测点时间(s)及波类型[(压)代表压缩波，(膨)代表膨胀波]					
200	1.8420(压)	2.2451(膨)	3.0225(膨)	3.1060(膨)	3.5023(膨)	4.0029(压)
	4.2107(压)	4.2865(压)	4.3701(压)	5.5506(膨)	5.6445(膨)	5.6772(膨)
250	1.6898(压)	2.2246(膨)	2.6022(膨)	2.8560(膨)	2.9110(膨)	3.7501(压)
	3.8233(压)	4.0727(压)	4.1321(压)	5.0445(膨)	5.4534(膨)	5.4838(膨)

续上表

车速(km/h)	入口气压波到达列车 1 测点时间(s)及波类型[(压)代表压缩波,(膨)代表膨胀波]					
300	1.5144(膨)	1.5765(压)	2.2496(膨)	2.3119(膨)	2.7576(膨)	3.4221(压)
	3.4930(压)	3.9387(压)	4.1977(压)	4.6741(膨)	5.4105(膨)	
350	1.3459(膨)	1.4865(压)	2.0968(膨)	2.3063(膨)	2.6300(膨)	3.1717(压)
	3.2403(压)	3.7736(压)	4.3658(压)	4.3839(膨)		
400	1.2245(膨)	1.4116(压)	1.9292(膨)	2.3889(膨)	2.5200(膨)	2.9710(压)
	3.0376(压)	3.6284(压)	4.1459(膨)			

按照公式(3-6)和(公式 3-7)计算得到的列车 2 车头、尾经过列车 1 测点的时间列于表 3-2。

表 3-2　500 m 长隧道内等速会车时各车速下列车 2 车头与车尾通过列车 1 测点的时间

车速(km/h)	车头经过列车 1 测点的时间(s)	车尾经过列车 1 测点的时间(s)
200	5.31	6.00
250	4.25	4.80
300	3.54	4.00
350	3.03	3.43
400	2.66	3.00

定性地我们可以认为压缩波的到来使当地气体压力上升,膨胀波的到来使当地气体压力下降。因此表 3-1 中连续的压缩波会使测点处压力持续升高,连续的膨胀波会使测点处压力持续下降。而从压缩波过渡到膨胀波必然会出现一压力波峰,从膨胀波过渡到压缩波则会出现一压力波谷。尽管我们不知道波峰或波谷出现的确切时间,但是可以近似的取相邻压缩波和膨胀波出现时间的中值代替。例如根据表 3-1,车速为 200 km/h 时,由于入口效应,列车 1 测点处按时间顺序依次出现(保留 2 位小数):

第一波峰,出现的时间近似为(1.842 0+2.245 1)/2=2.04 s;

第一波谷,出现的时间近似为(3.502 3+4.002 9)/2=3.75 s;

第二波峰,出现的时间近似为(4.370 1+5.550 6)/2=4.96 s;

第二波谷,出现的时间近似为(5.791 3+6.818 7)/2=6.31 s。

参看图 3-14,2.04 s 对应第一波峰,3.75 s 对应第一波谷,4.96 s 对应第二波峰,6.31 s 对应第二波谷。由表 3-2 可知,在列车交会时,列车 2 车头经过测点时刻为 5.147 6 s,约在第二个波峰过后,列车 2 车尾经过测点时刻为 5.835 1 s,在第二个波谷之前。即会车时段隧道内气体压力由于入口效应正处于下降阶段,故会车期间车头经过测点时负压绝对值小于车尾经过测点时的负压绝对值。同时会车过程的起始点接近波峰处,会车引起的压力降又小于波峰与波谷间压力差。因此最大负压未出现在列车交会时刻,而是出现于第一个波谷处。

根据表 3-1,当车速为 250 km/h 时,由于入口效应,列车 1 测点处按时间顺序依次出现(保留 2 位小数):

第一波峰,出现的时间近似为 1.96 s;

第一波谷,出现的时间近似为 3.33 s;

第二波峰，出现的时间近似为 4.59 s；

第二波谷，出现的时间近似为 6.01 s。

参看图 3-14 和表 3-2，列车交会过程的时段为 4.25～4.80 s，发生在第一波谷与第二波峰之间，即会车过程中隧道内气体压力正处于上升阶段。因此，列车 2 车头经过测点时压力低于车尾通过时测点压力。同时会车时段发生在接近隧道内压力波波峰处，会车引起的压力降又小于入口效应形成的波谷与波峰间的压力差，因此最大负压仍未出现在列车交会时刻，而是出现在第一波谷处。

车速为 300 km/h 与 350 km/h 会车情况与 250 km/h 等速会车情况类似。但有两点不同：第一，300 km/h 和 350 km/h 等速会车时车尾膨胀波首先到达测点，因此最先出现波谷；第二，250 km/h 速度会车时，会车过程更为接近第二波峰，车头通过引起的最大负压绝对值小于前一个波谷的负压绝对值，因此最大负压并未出现在会车过程中，而 300 km/h 和 350 km/h 速度会车时，会车过程更为接近第二波谷，会车过程引起的负压值远低于波谷负压，因此最大负压值出现在会车过程中。

车速为 400 km/h 等速会车时，依次出现波谷、波峰、波谷、波峰、波谷的时间近似为 1.32 s、1.67 s、2.75 s、3.89 s、4.36 s。参看图 3-14，1.32 s 和 1.67 s 对应第一个波谷和第一个波峰；2.75 s 和 3.89 s 对应第二个波谷和第二个波峰。由表 3-2 可知，第二个波谷出现时刻（约 2.75 s）恰好在列车交会时间段 2.66～3.00 s 内。因此从图 3-14 可以看出，从列车 2 车头经过测点到车尾经过测点的会车过程中，气体压力也出现一个小波谷。又由于会车过程发生在入口效应引起的压力波谷（压力最低处），会车引起的压力骤降进一步使当地压力降低，所以，发生在最大波谷处的会车将引起隧道内最大的负压值，因此，相对于列车侧壁所受气体压力来说是最恶劣的工况。

3.4 最大负压值估算

3.4.1 最大可能负压计算式

根据 3.3 节的计算分析，可得出如下结论：

(1)列车在隧道内会车引起的压力波动是由入口效应引起的压力波动和会车过程引起的压力波动的叠加。

(2)隧道内会车过程的压力波动与明线会车过程的压力波动有明显不同。隧道内会车过程使得通过列车测点处压力显著降低，而且压力始终处于负压状态。

(3)入口效应引起的压力波动是由车头进入洞口引起的压缩波和车尾进入洞口引起的膨胀波在隧道内来回传播形成的。由此使隧道内气体压力形成不对称压力波动，通常负压波谷绝对值大于压力波峰绝对值。

由此可以得知，隧道内发生最大气体压力绝对值时一定是负压状态。如前所述，当会车过程发生在入口效应压力波形成的最大波谷位置时，会车过程使当地压力进一步降低，从而在当地形成最大负压。这一最大负压值究竟会达到多大是我们所关心的，因为过大的负压会对列车侧壁、侧窗、空调系统新风口甚至列车运行平稳性产生不利影响。下面来分析这一最大负压值。

由图 3-5 和图 3-7 可知，不考虑入口效应时，隧道内会车过程中，通过列车车头经过测点时的压力变化幅值大于车尾经过时的压力变化幅值，因此我们以车头经过测点时的压力变化幅值为基准。由图 3-7 可知会车压力变化幅值近似与车速的二次方成正比（压力系数为压力与车速的二次方关系）；另外，车头经过测点时的压力系数变化幅值约为 $\Delta C_p \approx 0.28$。

再来看入口效应引起的压力波动。在前述算例中，各车速等速会车时入口效应形成的最大负压波谷值均出现在第一波谷或第二波谷。最大负压波谷值列于表 3-3 中，其中 400 km/h 速度会车时最大压力波谷恰好发生于会车过程中，因此无法读出。将最大波谷处压力值转换成压力系数也列于表 3-3 第三行。

表 3-3 入口效应引起的最大压力波谷值及其压力系数

会车车速(km/h)	200	250	300	350	400
波谷处压力值(Pa)	−1 254	−2 015	−2 963	−4 089	—
压力系数 C_p	−0.674 2	−0.693 6	−0.708 2	−0.718 0	—

从压力系数值可以看出，随着会车速度的提高，压力系数的绝对值增大。其随车速的变化规律基本上是会车速度的二次方函数，如图 3-15 所示。压力系数随会车速度的变化关系为：

$$C_p = 10^{-5} v^2 - 0.003v - 0.548 \tag{3-8}$$

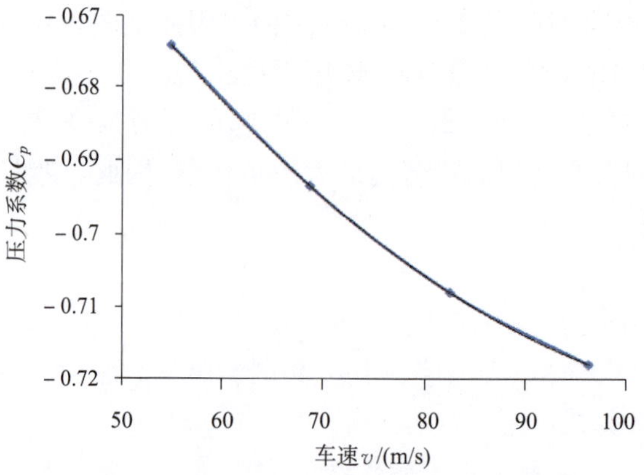

图 3-15 入口效应最大负压系数与车速关系

将入口效应引起的最大负压系数 C_p 与会车过程引起的最大压力降幅系数 ΔC_p 相加，即得到在最恶劣工况会车时隧道内的最大负压系数值：

$$C_p^- \approx C_p + \Delta C_p \approx 10^{-5} v^2 - 0.003v - 0.828 \tag{3-9a}$$

利用最大负压系数值，就可以估算隧道内会车时可能达到的列车侧壁处最大负压力值：

$$p_{\max}^- = \frac{1}{2} C_p^- \rho v^2 \tag{3-9b}$$

例如，车速为 200～400 km/h 的列车在隧道内等速会车时，隧道内列车侧壁处可能的最大负压估算值列于表 3-4。

表 3-4 隧道会车可能引起的最大负压值

会车车速(km/h)	200	250	300	350	400
可能的最大负压值(Pa)	−1 822.0	−2 918.7	−4 289.9	−5 935.0	−7 848.1

3.4.2 计算式的适用性

第一个问题是：ΔC_p 是从等速会车数值计算中得出，是否能用于不等速会车的情况？我们知道，两列车会车时，车速高的列车对车速低的列车的影响要大于车速低的列车对车速高的列车的影响。因此，取车速高的列车作为通过列车，车速低的列车为观测列车，所得 ΔC_p 即为最大会车压力降幅系数，也就是不等速会车时可能的最大会车压力降幅系数。因此不影响 p^-_{max}的计算。

第二个问题是：入口效应引起的最大负压系数 C_p 是在短隧道情况下会车压力波与洞口膨胀波叠加得到的结果，在长隧道情况下是否可能会有更多的连续膨胀波叠加导致更大的负压系数？这显然是有可能的。但是所计算的算例中，由表 3-1 可知，五种车速条件下的最大负压波谷都是由三个或四个连续的膨胀波形成的，而这三个或四个膨胀波中都包含了两列车车尾进洞生成的第一个膨胀波。第一个车尾膨胀波应该是能量最大的膨胀波，两者叠加所引起的压力降应该是最大的。后面由车头压缩波在出口转换的膨胀波能量应该小得多，所以，算例得到的入口压力波引起的最大压力降幅可能与长隧道情况下的最大压力降幅相等。这当然只是猜测，是否真是如此还需更多计算分析。

剩下的问题就是什么时刻会出现最大压力波谷。这涉及两列车起始入口的距离 L_{P1}、L_{P2}、两列车长度 L_{v1}、L_{v2}，测点距车头鼻尖距离 L_C，隧道长度 L_t 和两列车速度 v_1、v_2 8 个参数，现有的计算数据还不足以找到计算关系。一个较笨的方法是在上述 8 个参数已知的条件下，将式(3-2)～(3-5)及其第一波反射后形成的压力波到达测点的时间计算出，并按大小顺序排列，即可得出压力波谷发生的大概时间。若按照式(3-6)计算得到的会车时间恰好在某一波谷发生时刻，则隧道中有可能出现最大负压极值。例如，800 m 长隧道，两列等长 $L_{v1}=L_{v2}=76.3$ m列车，起始位置在 $L_{P1}=L_{P2}=30$ m，以 $v_1=v_2$ 等速会车时，按照前述入口压力波传递计算方法求得的各车速下测点处波峰与波谷发生的大约时间见表 3-5。通过图 3-16，我们可以看出表 3-5 的压力波峰(谷)发生时间估算值与计算结果图有比较好的对应关系。两列车以 400 km/h 速度等速会车时，第二波谷发生时间约为 4.1 s，两列车头头交会时刻(按式 3-6 计算)为 4.00 s，数值计算得到的最大负压值为 8 170 Pa，几乎与表 3-4 中可能的最大负压的估计值相同(相差约 4%)。

表 3-5 800 m 隧道内等速会车时入口压力波峰与波谷发生时间估算值(s)

车速(km/h)	第一波谷	第一波峰	第二波谷	第二波峰
200	2.36	2.95	5.18	7.20
250	2.09	2.88	4.80	6.79
300	1.90	2.65	4.51	6.67
350	1.76	2.48	4.27	6.14
400	1.65	2.34	4.08	5.88

由公式(3-9)可计算出，隧道内会车在列车侧壁处可能的最大负压系数近似为-1.00(200 km/h会车，$C_p^-=-0.964$；250 km/h 会车，$C_p^-=-0.988$；300 km/h 会车，$C_p^-=-1.009$；350 km/h 会车，$C_p^-=-1.025$；400 km/h 会车，$C_p^-=-1.038$)。由图 3-8 可以看出

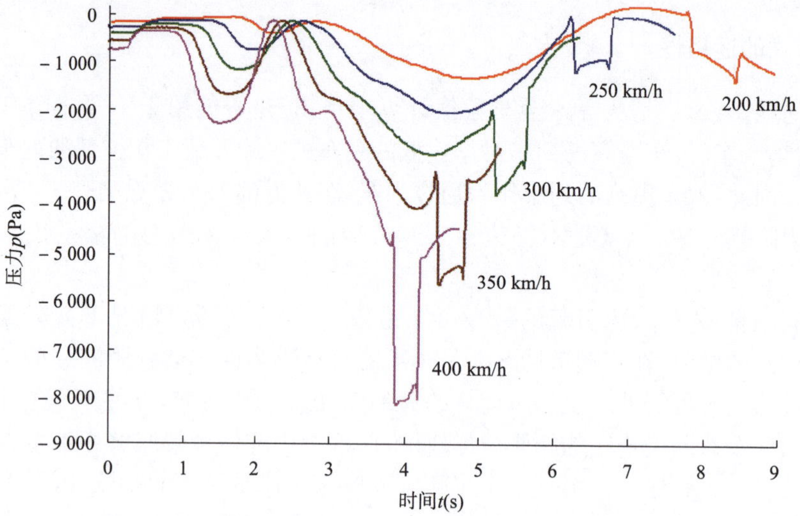

图 3-16 800 m 隧道不同车速等速会车时测点压力变化

CRH2 型车明线会车时列车侧壁处的最大负压系数约为－0.16。由此我们可以计算出截面积为 100 m²隧道内 CRH2 型车会车时可能出现的最大负压值将可能达到明线会车最大负压值的 6.25 倍。因此隧道内会车的恶劣气压条件对列车侧壁和侧窗强度、对列车空调系统以及列车运行的横向稳定性提出更高的要求。

列车头部形状的不同也可能会导致隧道内会车压力波产生较大变化。我们计算了另外两种车头外形列车(国产 CRH3 型车和德国 ICE 城际列车),CRH3 型车不考虑入口效应的隧道内会车与明线会车压力系数变化计算结果如图 3-17 和图 3-18 所示,ICE 型车不考虑入口效应的隧道内会车与明线会车压力系数变化计算结果如图 3-19 和图 3-20 所示。明线会车时压力波的不同变化计算结果在第 2 章中作过比较,不考虑入口效应的隧道内会车引起的压力降低对 CRH3 型列车来说大约为 $\Delta C_p \approx 0.30$;对 ICE 型列车来说大约为 $\Delta C_p \approx 0.40$,即 CRH3 型车的 ΔC_p 比 CRH2 型车的 ΔC_p 略大,ICE 型车的 ΔC_p 比 CRH3 型车的 ΔC_p 略大。

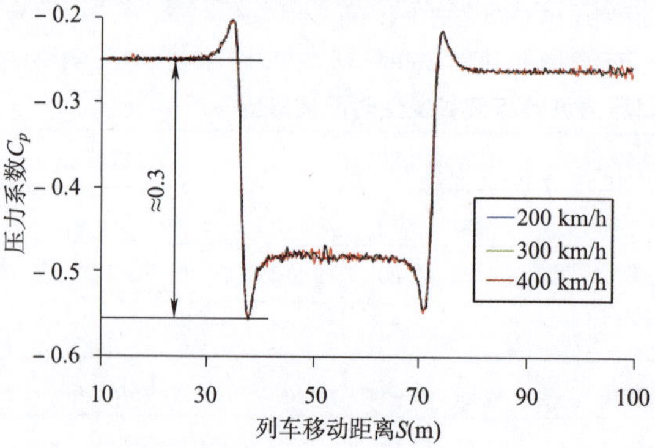

图 3-17 隧道内会车侧壁压力系数变化(CRH3 型)

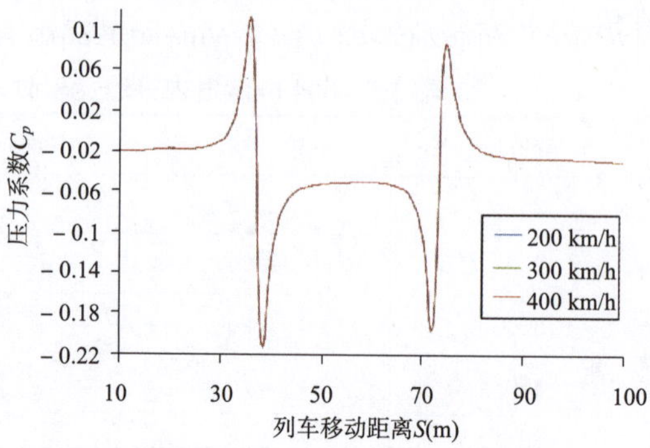

图 3-18 明线会车侧壁压力系数变化(CRH3 型)

由于入口压力波叠加引起的最大负压位置只与列车进入时间相关,最大负压值应该与阻塞比相关。我们可以推论,车头形状不同但列车与隧道截面积阻塞比相等时,由入口效应引起的最大负压谷值基本不变，其压力系数仍可由式(3-8)计算得出。则隧道内会车引起的最大负压仍然可以近似采用式(3-9)表示。从而，对于CRH3型车在隧道内会车可能产生的最大负压极值应该略大于CRH2型车会车时的最大可能负压极值；对于ICE型车，将$\Delta C_p \approx 0.40$代入式3-9，可以求出的ICE型车在隧道内会车可能产生的最大负压系数约为-1.1，由于ICE列车明线会车的最大负压系数约为-0.32，从而ICE型车在隧道内会车时可能出现的最大负压值将会是明线会车最大负压值的3.4倍。前述CRH2型车隧道内会车可能的最大负压值达到其明线会车最大负压值的6.25倍。CRH3型车隧道内会车可能的最大负压值约为其明线会车最大负压值的4.5倍。从外形看，CRH2型车的车头(尾)变截面段长度比CRH3型车的车头(尾)变截面段长度略长，而明显长于ICE型车的车头(尾)变截面段长度，即CRH2型列车的头型流线化程度最好，CRH3型车次之，ICE型车最差。上述结果或许说明，车头流线形状越好的列车在隧道内会车和在明线会车产生的会车压力波负压极值的差别越大(当然条件是阻塞比基本相同)。

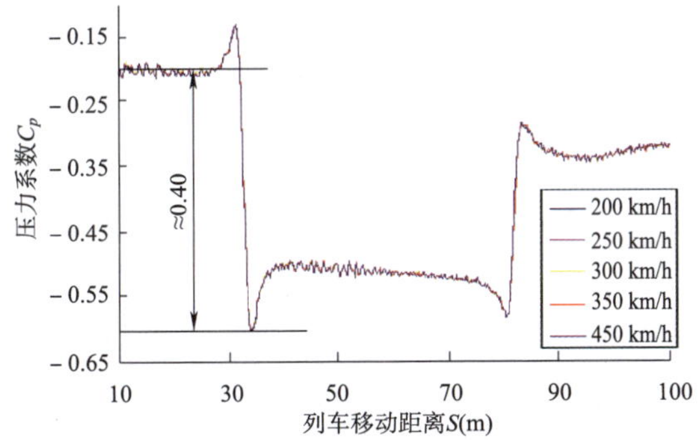

图3-19 隧道内会车侧壁压力系数变化(ICE型)

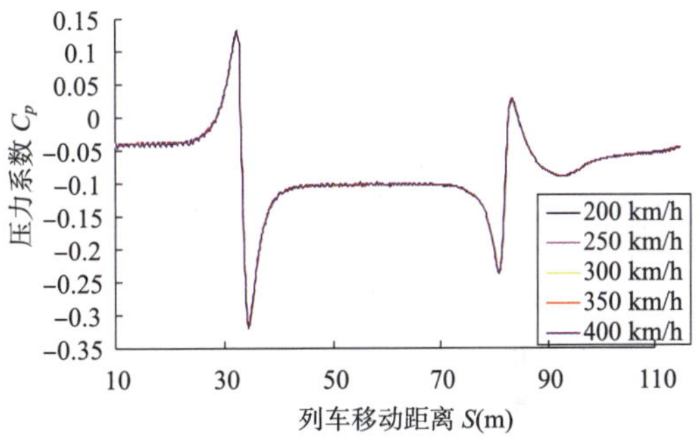

图3-20 明线会车侧壁压力系数变化(ICE型)

3.5 隧道临界交会长度与最不利隧道长度

表3-4的计算结果是极端情况下的压力数据，隧道内的会车位置受隧道长度，列车长度，列车速度，和两列车进入隧道的时间差的限制。而隧道长度一定时，入口效应引起的压力波谷位置是一定的，两列车不一定恰好在入口压力波最低谷处发生会车，因此不一定会产生极端负压情况。但这个问题如果反过来看，即如果限制列车长度，列车运行速度和两列车进入隧道的时间差，那么一定存在一个隧道长度使两列车在入口压力波最低谷处发生会车，从而在隧道内和列车外壁面出现极端负压情况。这个隧道长度就是所谓“隧道临界交会长度”。研究隧道临界交会长度的意义在于，如果不能干涉隧道修建的长度使之避开临界交会长度，但可以调度两列车进洞时间或调整列车运行速度以使列车交会时刻不在入口压力波最低谷处。较早研究隧道临界交会长度问题的是中铁西南科学研究院的王建宇先生[27]，之后中国科学院王一伟等人[28]，中国铁道科学研究院何德华等人[29]分别给出了两长度相同列车以相同速度且同时进入隧道条件下的隧道临界交会长度计算公式和结果。

事实上两列车同时进入隧道所产生的入口压力波传播轨迹和两列车运行轨迹如图3-21所示。图3-21中细线为压力波传播轨迹，如a-a'、b-b'、c-c'、d-d'等。其中实线为压缩波传播轨迹，虚线为膨胀波传播轨迹。图 3-21 中粗实线为列车头、尾运行轨迹，如 a-e、b-f、c-g、d-h。两列车交会的位置为图中阴影部分。隧道长度不同，压力波传播轨迹发生变化；列车运行速度改变，则图 3-21 中车头、尾运动轨迹发生变化，相应的会车位置也发生变化。

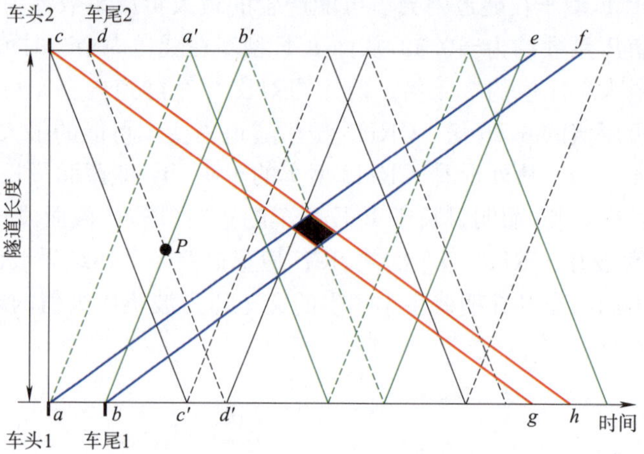

图 3-21 隧道内会车压力波传播与列车运行轨迹示意图

文献[28]将两相同长度列车以相同速度同时进入隧道的临界交会长度分成三种典型长度讨论。

(1)本车车尾膨胀波到达车头时，车头恰好驶出隧道[图 3-22(a)[28]]。此时隧道临界交会长度为：

$$L_t = \frac{L_v}{1-M} \tag{3-10}$$

式中 L_t——隧道临界交会长度；

L_v——列车长度；

M——车速的马赫数。

此时的入口压力波传播轨迹和两列车头、尾运动轨迹如图 3-22(b)所示。

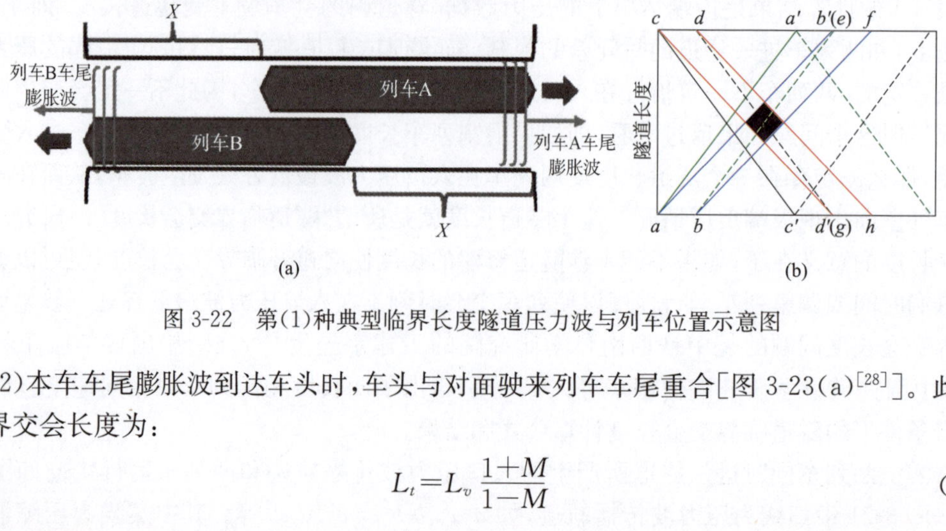

图 3-22 第(1)种典型临界长度隧道压力波与列车位置示意图

(2)本车车尾膨胀波到达车头时，车头与对面驶来列车车尾重合[图 3-23(a)[28]]。此时隧道临界交会长度为：

$$L_t = L_v \frac{1+M}{1-M} \tag{3-11}$$

此时入口压力波传播轨迹和两列车头、尾运动轨迹如图 3-23(b)所示。

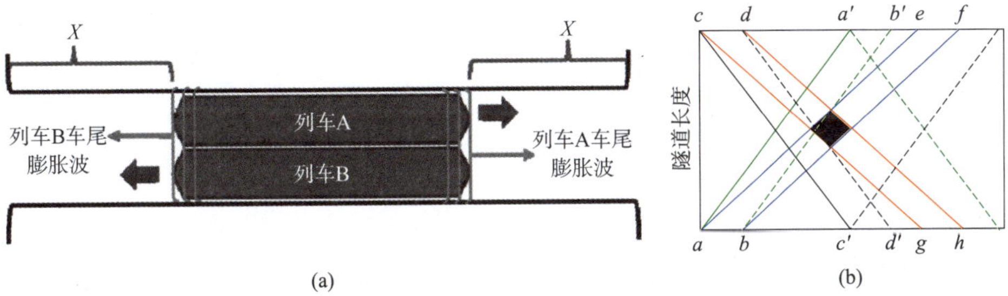

图 3-23 第(2)种典型临界长度隧道压力波与列车位置示意图

(3)本车车尾膨胀波到达车头时，两车车头刚好相遇[图 3-24(a)[28]]。此时隧道临界交会长度为：

$$L_t=\frac{2L_v}{1-M} \tag{3-12}$$

此时入口压力波传播轨迹和两列车头、尾运动轨迹如图 3-24(b)所示。

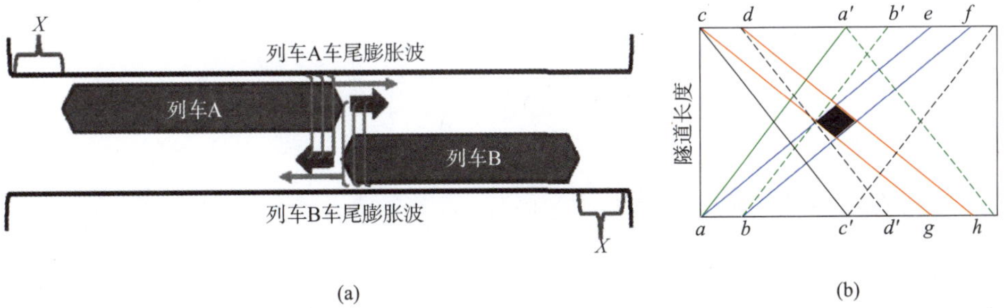

图 3-24 第(3)种典型临界长度隧道压力波与列车位置示意图

从图 3-22～图 3-24 中的(b)图中可以看出，三种情况会车位置(三图中的阴影部分)都通过两列车的车尾入口膨胀波轨迹的交点 P(如图 3-25 所示，事实上两列车的车尾膨胀波在此点叠加，产生入口压力波最低谷)。第一种情况是两列车各自长度的中点会车时通过 P 点；第三种情况是两列车车头同时通过 P 点；第二种情况是车头与列车长度中点之间的某一位置同时通过 P 点，因此第二种情况是介于前两者之间的一种会车工况。取不同车长和不同车速计算隧道临界交会长度可知，式(3-10)计算得到的临界长度最短，式(3-12)计算得到的临界长度最长，式(3-11)计算得到的临界长度介于前两者之间。所以，长度介于式(3-10)和式(3-12)计算结果之间的隧道，在会车时可能在隧道内和列车外侧出现极端负压。

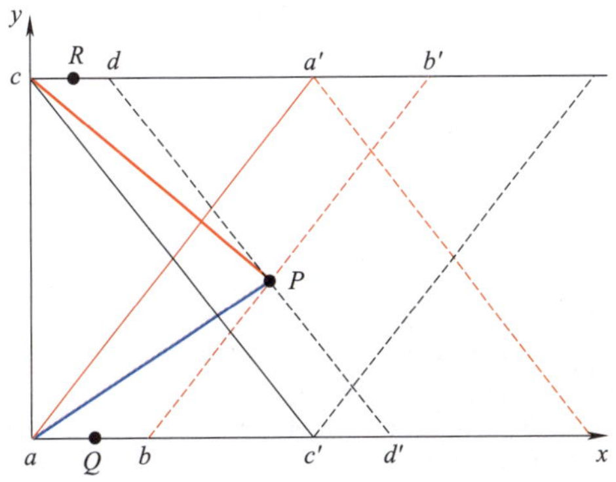

图 3-25 隧道入口压力波与车头轨迹示意图

如果两列车长度不同或车速不同，也可以导出隧道临界交会长度计算式。如图 3-25 所示建立坐标系，横坐标 x 为时间，纵坐标 y 为隧道长度。设列车 A 长度为 L_{v1}，车速为 v_1，列车 B 长度 L_{v2}，车速为 v_2。若两列车同时进入隧道，与前面定义类似，a-a' 表示列车 A 车头压缩波轨迹，b-b' 表示列车 A 车尾膨胀波轨迹；c-c' 表示列车 B 车头压缩波轨迹，d-d' 表示列车 B 车尾膨胀波轨迹。两列车车尾膨胀波交点为 P，点 Q，R 表示两列车的长度中点进洞时刻。

由于 $\overline{ac}=L_t$，

$\overline{ab}=L_{v1}/v_1$，$\overline{cd}=L_{v2}/v_2$，

$\overline{aQ}=\overline{ab}/2$，$\overline{cR}=\overline{cd}/2$。

不难利用坐标系列出直线 b-b' 和 d-d' 的方程，并求出两直线的交点 P 的坐标。进而写出直线 a-P 或 c-P 的方程(直线 a-P 为列车 A 车头的运动轨迹；直线 c-P 为列车 B 车头的运动轨迹)，以及直线 Q-P 或 R-P 的方程(直线 Q-P 为列车 A 长度方向中点运动轨迹；直线 R-P 为列车 B 长度方向中点运动轨迹)，得到两列不同车长，不同车速列车同时进入隧道条件下的隧道临界交会长度。

如隧道临界交会长度下限为：

$$L_{t1}=\frac{\dfrac{L_{v1}}{M_1}-\dfrac{L_{v2}}{M_2}(1-M_1)}{1-M_1} \tag{3-13}$$

隧道临界交会长度上限为：

$$L_{t2}=\frac{\dfrac{L_{v1}}{M_1}(1+M_1)-\dfrac{L_{v2}}{M_2}(1-M_1)}{1-M_1} \tag{3-14}$$

式中 M_1——列车 A 车速的马赫数；

M_2——列车 B 车速的马赫数。

式(3-13)、式(3-14)的适用条件为：

$$\frac{L_{v1}}{L_{v2}}>\frac{M_1}{M_2}(1-M_1)$$

当两列车长度相等(速度不等)时，应满足 $v_2>v_1(1-M_1)$；当两列车速度相等(长度不等)时，应满足 $L_{v1}>L_{v2}(1-M)$。

我国的高速列车一般采用 8 节编组约 200 m 长，或 16 节编组约 400 m 长。两列相同长度列车以不同速度同时进入隧道情况下，隧道的临界交会长度见表 3-6 和表 3-7。

表 3-6 200 m 长列车同时进入隧道条件下隧道临界交会长度(m)

v_2 \ v_1	200 km/h		250 km/h		300 km/h		350 km/h		400 km/h	
	下限长度	上限长度	下限长度	上限长度	下限长度	上限长度	下限长度	上限长度	下限长度	上限长度
200 km/h	239	478	484	723	647	886	764	1 003	851	1 090
250 km/h			251	503	415	666	531	782	619	870
300 km/h					265	530	382	646	469	734
350 km/h							280	560	368	648
400 km/h									297	594

表 3-7 400 m 长列车同时进入隧道条件下隧道临界交会长度(m)

v_2 \ v_1	200 km/h		250 km/h		300 km/h		350 km/h		400 km/h	
	下限长度	上限长度	下限长度	上限长度	下限长度	上限长度	下限长度	上限长度	下限长度	上限长度
200 km/h	478	956	968	1 446	1 294	1 772	1 527	2 005	1 702	2 180
250 km/h			503	1 005	829	1 332	1 062	1 565	1 237	1 740
300 km/h					530	1 060	763	1 293	938	1 468
350 km/h							560	1 120	735	1 295
400 km/h									594	1 188

车长 200 m 的列车与车长为 400 m 的列车以不同速度同时进入隧道时，不能满足式(3-13)和式(3-14)的适用条件。因为在现行高速列车行驶车速条件下，不可能满足 $L_{v1}>L_{v2}(1-M)$ 的条件，因此不能求出隧道临界交会长度。物理原因是一列车的车尾入口膨胀波并不首先与另一列车的车尾入口膨胀波叠加，而是首先与本车车头压缩波在隧道出口转换成的膨胀波叠加，而且会车位置也不在两膨胀波叠加处。

若两列车不同时进入隧道，例如列车 B 比列车 A 晚进入隧道 Δt 时间段，则入口压力波传播轨迹可如图 3-26 所示。此时列车 A 车尾膨胀波传播轨迹为 b-b'，列车 B 车尾膨胀波传播轨迹为 d-d'，两列车初始车尾膨胀波在交点 P 处叠加。利用图示坐标系，采用前述方法仍可写出直线 $b-b'$ 方程和直线 d-d' 方程，并求出交点 P 的坐标。由于

$\overline{ab}=L_{v1}/v_1$，$\overline{cd}=L_{v2}/v_2$，

$\overline{aQ}=\overline{ab}/2$，$\overline{cR}=\overline{cd}/2$，

仍然成立。所以不难写出写出直线 a-P 或 c-P 的方程，以及直线 Q-P 或 R-P 的方程，得到两列不同车长，不同车速列车，以不同时间进入隧道条件下的隧道临界交会长度。

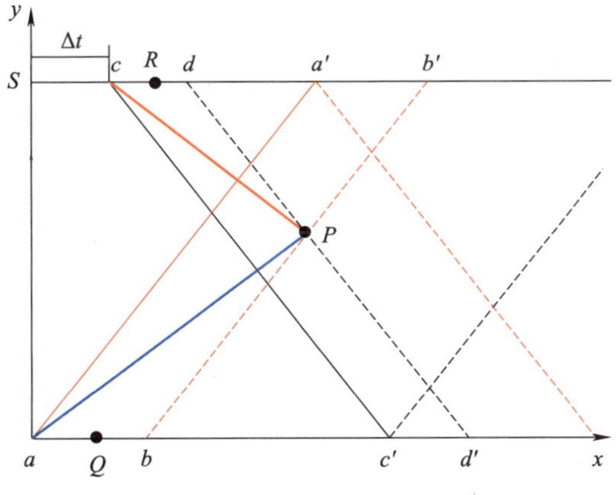

图 3-26 隧道入口压力波与车头轨迹示意图(不同时进洞)

如隧道临界交会长度下限为：

$$L_{t1}=\frac{\dfrac{L_{v1}}{M_1}-\dfrac{L_{v2}}{M_2}(1-M_1)}{1-M_1}-\frac{\Delta t(c-v_1)}{1-M_1} \tag{3-15}$$

隧道临界交会长度上限为：

$$L_{t2}=\frac{\frac{L_{v1}}{M_1}(1+M_1)-\frac{L_{v2}}{M_2}(1-M_1)}{1-M_1}-\frac{\Delta t(c-v_1)}{1-M_1} \tag{3-16}$$

式中，c 为声音在空气中传播速度。

但是从图 3-26 中可以看出，要使两列车的车尾膨胀波在两车交会位置叠加，其条件大致应满足 $\Delta t+\overline{cd}<\overline{sa'}$，即 $\Delta t+L_{v2}/v_2<L_t/c$，$L_t$ 为隧道长度。

如果将 Δt 延长，即列车 B 进入隧道的时间更晚一些，直至图 3-21 中 d 点与 a' 点重合。此时意味着列车 A 的车头压缩波在隧道另一端转换成的膨胀波与列车 B 的车尾膨胀波完全重合，这将在列车 B 附近产生由于入口效应引起的最大负压值。满足这一条件的隧道长度就是所谓“隧道交会最不利长度”。文献[28]给出了两相同长度列车以相同速度同时进入隧道时的最不利长度表达式：

$$L_t=L_v\frac{1}{M}$$

实际上这种情况是不可能发生的。因为两列车同时进入隧道意味着 $\Delta t=0$，这时要满足列车 B 的车尾入口膨胀波与列车 A 车头压缩波在隧道出口转换成的膨胀波完全重合，则列车 B 的长度必须足够长，达到 $L_{v2}=\overline{sa'}\times v_2$（图 3-26）。而这又与“两相同长度列车”条件相矛盾。

文献[29]给出了两相同长度列车以不同速度进入隧道时的最不利长度表达式：

$$L_t=\frac{L_v}{2}\left(\frac{1}{M_1}+\frac{1}{M_2}\right)$$

但是这样求出的“隧道交会最不利长度”与会车过程无关。由前面的分析可知，会车形成的最大负压是隧道入口效应与会车过程压力波的叠加。如果在隧道交会最不利长度条件下实现在入口压力波最低波谷处会车，即在图 3-27 中 P 点处会车，那就要看看两列车在 P 点交会时需满足什么条件。

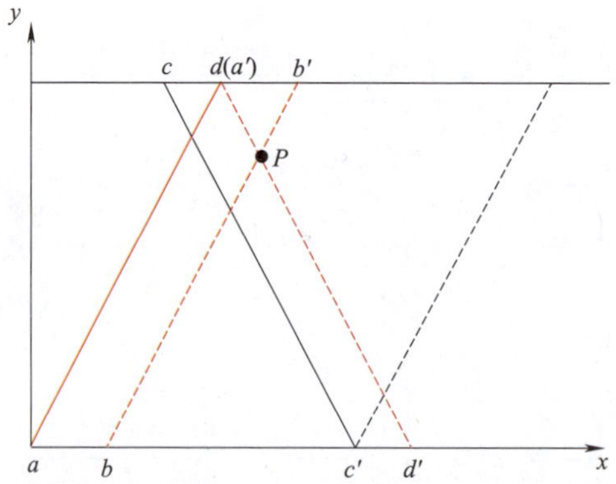

图 3-27 隧道交会最不利长度时两车入口压力波传播轨迹

事实上，在构成所谓“隧道交会最不利长度”条件时，两列车进入隧道的时间差 Δt 要满足：

$$\Delta t+L_{v2}/v_2=L_t/c$$

即：

$$\Delta t=\frac{L_t}{c}-\frac{L_{v2}}{v_2} \tag{3-17}$$

也就是说两列车进入隧道的时间差满足式(3-17)时，会出现列车 A 车头进洞压缩波在隧道出口转换成的膨胀波与列车 B 车尾进洞产生的膨胀波完全重合的情况。这时两列车交会对应的隧道临界长度可以将式(3-17)表示的 Δt 代入式(3-15)和式(3-16)求出。

如将 Δt 表达式(3-17)代入式(3-15)，有：

$$L_{t1}=\frac{\frac{L_{v1}}{M_1}-\frac{L_{v2}}{M_2}(1-M_1)}{1-M_1}-\frac{\Delta t(c-v_1)}{1-M_1}=\frac{\frac{L_{v1}}{M_1}-\frac{L_{v2}}{M_2}(1-M_1)}{1-M_1}-\frac{\left(\frac{L_{t1}}{c}-\frac{L_{v2}}{v_2}\right)(c-v_1)}{1-M_1}$$

$$=\frac{\frac{L_{v1}}{M_1}-\frac{L_{v2}}{M_2}(1-M_1)}{1-M_1}-L_{t1}+\frac{L_{v2}}{M_2}$$

可解得隧道临界交会长度下限：

$$L_{t1}=\frac{\frac{L_{v1}}{M_1}-\frac{L_{v2}}{M_2}(1-M_1)}{2(1-M_1)}+\frac{L_{v2}}{2M_2} \tag{3-18}$$

将 Δt 表达式代入式(3-16)，有：

$$L_{t2}=\frac{\frac{L_{v1}}{M_1}(1+M_1)-\frac{L_{v2}}{M_2}(1-M_1)}{1-M_1}-\frac{\left(\frac{L_t}{c}-\frac{L_{v2}}{v_2}\right)(c-v_1)}{1-M_1}$$

$$=\frac{\frac{L_{v1}}{M_1}(1+M_1)-\frac{L_{v2}}{M_2}(1-M_1)}{1-M_1}-L_{t2}+\frac{L_{v2}}{M_2}$$

可解得隧道临界交会长度上限：

$$L_{t2}=\frac{\frac{L_{v1}}{M_1}(1+M_1)-\frac{L_{v2}}{M_2}(1-M_1)}{2(1-M_1)}+\frac{L_{v2}}{2M_2} \tag{3-19}$$

当两列车长度相等、速度相同时，满足“隧道交会最不利长度”条件的隧道临界长度下限为：

$$L_{t1}=\frac{L_v}{2M(1-M)} \tag{3-20}$$

两列车长度相等，速度相同时，满足“隧道交会最不利长度”条件的隧道临界长度上限为：

$$L_{t2}=\frac{L_v(1+M)}{2M(1-M)} \tag{3-21}$$

但是式(3-20)和式(3-21)的成立是有条件的，即必须满足 $\Delta t>0$。我们知道，满足列车 A 入口压缩波在出口转换成的膨胀波与列车 B 的车尾膨胀波完全重合条件(即所谓“隧道交会最不利长度”条件)的 Δt 满足式(3-17)。将式(3-20)表示的 L_{t1} 带入，有：

$$\Delta t=\frac{L_t}{c}-\frac{L_v}{v}=\frac{L_v}{2M(1-M)c}-\frac{L_v}{v}>0$$

经推导可得：

$$v>c/2$$

将式(3-21)表示的 L_{t2} 带入，有：

$$\Delta t=\frac{L_t}{c}-\frac{L_v}{v}=\frac{L_v(1+M)}{2M(1-M)c}-\frac{L_v}{v}>0$$

经推导可得：

$$v>c/3$$

也就是说，要使得两列车的进洞时间差满足所谓“隧道交会最不利长度”条件时，实现两列车在车尾膨胀波叠加点（图 3-27 中 P 点）交会，车速要足够高才行。$v>c/2$ 相当于车速大于 612 km/h；$v>c/3$ 相当于车速大于 408 km/h。因此，在现行高速列车的运行速度下，不可能出现既满足“隧道交会最不利长度”条件，又使两列车在入口压力波叠加的最低波谷处会车的现象。尽管在图 3-27 中 d-d'线上隧道压力也处于较低值，两列车在任意可能的速度下如果在 d-d'线上（除 P 点外）的任意点实现交会时也会在隧道内产生较大负压，但并不是最大可能负压。因为车头压缩波在洞口转换成的膨胀波能量一定会小于初始车尾膨胀波能量。因此，由这一转换膨胀波与另一列车的车尾膨胀波叠加产生的负压应该小于两列车初始车尾膨胀波叠加产生的负压。

3.6 结　　论

（1）高速列车隧道内会车时产生的入口压力波会以声速在隧道出、入口之间来回传播，使隧道内气体压力形成不对称压力波动，通常负压波谷绝对值大于压力波峰绝对值。尽管入口效应压力波传播过程复杂，但还是有规律可循的。

（2）屏蔽掉入口效应的隧道内会车过程，使列车侧壁处压力在头头交会时突然降低，在头尾交会时压力突然升高，但会车过程压力始终处于负压，这点与明线会车不同。

（3）高速列车在隧道内会车引起的压力波动是列车入口效应压力波动与会车过程压力波动的叠加。当会车过程发生于隧道内压力升高时刻，头头交会产生的负压极值远小于头尾交会产生的负压极值；若会车过程发生于隧道内压力下降时刻，头头交会产生的负压极值要大于头尾交会产生的负压极值。

（4）由于入口效应压力波谷绝对值大于其压力波峰绝对值，会车过程又导致压力突然降低，因此发生于入口效应压力波波谷处的会车将引起隧道内最大的负压绝对值。

（5）与明线会车不同，隧道内会车时沿列车纵向侧壁上不同位置的压力波动是不一样的，明线会车时通过列车的压力波基本上以不变的幅值扫过观测列车，而隧道内会车压力波由于是入口效应与会车扰动效应的叠加，观测列车侧壁纵向不同位置被扫过的压力波幅是不相同的，列车较长时有可能在沿长度上某点出现最大负压值[式（3-6）、式（3-7）表示的会车位置计算与测点位置 L_C 有关]。

（6）入口效应引起的压力波谷最大负压值近似与车速的二次方成正比，屏蔽掉入口效应的会车压力波降幅也近似与车速的二次方成正比。依据入口效应压力波谷极值压力系数和屏蔽掉入口效应的会车压力降幅系数，可近似求出隧道内会车可能的最大负压极值。

（7）如果列车与隧道间的阻塞比一致，不同头尾形状列车对隧道内入口效应引起的压力波谷值的影响可能并不大，而不同头尾形状列车在不考虑入口效应的会车时的压力波降幅则有一定差别。因此结合第 2 章的结论，可能车头流线形状越好的列车在隧道内会车和在明线会车产生的会车压力波负压极值的差别越大。

（8）满足隧道临界交会长度的短隧道内发生两列车交会时，若列车车长和车速满足隧道临界交会长度计算条件，有可能在隧道内出现最大负压极值。但所谓隧道交会最不利长度与隧道临界交会长度是两个不同的长度概念。

参考文献

[1] TRIEBSTEIN H. Transient pressure measurements at the top of the engine 103 during the passage through the Hettersberg tunnel [C]//Proceedings of the third international symposium on the aerodynamics & ventilation of vehicle tunnels, Sheffield, UK, March 19-21, 1979: 303-324.

[2] KOMATSU N, YAMADA F. The reduction of the train draft pressure in passing by each other[C]// Proceedings of World Congress Railway. Research, Tokyo, RTRI, 1999.

[3] MANCINI G, MALFATTI A. Full scale measurements on high speed train ETR 500 passing in open air and in tunnels of Italian high speed line [M]. TRANSAERO-A Europen inititive on transient aerodynamicas for railway system optimisation, Berlin, Springer-Verlag Press, c2002: 101-122.

[4] MATSCHKE G, HEINE C. Full scale tests on pressure wave effects in tunnel[M]. TRANSAERO-A Europen inititive on transient aerodynamicas for railway system optimisation, Berlin, Springer-Verlag Press, c2002: 187-195.

[5] 铁道科学研究院. 武广客运专线隧道气动效应测试报告[R]. 铁道科学研究院, 2009, 11.

[6] 西南交通大学牵引动力实验室. CRH380A 空气动力学性能测试报告[R]. 西南交通大学, 2011, 6.

[7] HARA T. Model test on aero dynamical phenomena of a high speed train entering a tunnel[R]. Tokyo, Railway Technical Research Institute Report, 1962.

[8] 小沢智, 卜二衣儿. 出口微气压波的研究[R]. 日本国有铁路铁道技术研究所, 1979, 9 .

[9] OZAWA S, TSUKAMOTO K, MEADA T. Model experiments on devices to reduce pressure wave radiated from a tunnel[R]. Tokyo, Railway Technical Research Institute Report, No. 990, 1976.

[10] WOODS W A, POPE C W. On the range of validity of simplified one dimensional theories for calculating unsteady flow in railway tunnels[C]//Proceedings of 3th International Symposium on The aerodynamics and ventilation of vehicle tunnels, 19-21 March, 1979.

[11] 田红旗. 列车交会空气压力波研究及应用[J]. 铁道科学与工程学报, 2004, 1(1): 83-89.

[12] 梅元贵, 赵海恒, 刘应清. 隧道内高速列车会车压力波的数值模拟方法[J]. 兰州铁道学院学报, 1996, 15 (1): 1-6.

[13] 李志伟, 梁习锋, 周丹. 快速集装箱平车在明线和隧道内会车时的气动性能[J]. 中南大学学报, 2008, 39 (5): 1029-1034.

[14] 梅元贵, 余南阳. 高速列车隧道会车压力波的数值模拟[J]. 兰州铁道学院学报, 1998, 17(4): 49-53.

[15] 梅元贵, 余南阳, 赵海恒, 等. 高速列车会车压力波的数值分析方法[J]. 铁道学报, 2002, 24(2): 21-25.

[16] 金学易, 陈文英. 隧道通风及隧道空气动力学[M]. 北京: 中国铁道出版社, 1983.

[17] RAGHU S, RAGHUNATHAN RS, KIM H-D, SETOGUCHIC T. Aerodynamics of high-speed railway train[J]. Progress in Aerospace Sciences, 2002, 38: 469-514.

[18] BAKER CJ, STERLING M. Engineering Research Programmer: Current and recent international work on railway aerodynamics[R]. London: Rail Safety and Standards Board(RSSB), 2003.

[19] 赵勇. 高速铁路隧道[M]. 北京: 中国铁道出版社, 2006.

[20] 王建宇. 关于高速铁路隧道设计参数问题[J]. 世界隧道, 1998, 5: 1-7.

[21] WOLF D, DEMMENIE W B, EAFA. A new test facility for the study of interacting pressure waves and their reduction in tunnels for high-speed trains [M]. Mechanical Engineering Publication Limited, BHR Group Series Publication 1997, Vol. 27: 301-318.

[22] OZAWA S. Studies on the micro-pressure wave radiated from a tunnel exit[R]. Tokyo, Railway Technical

Research Institute Report, No. 1121, 1979.

[23] WOODS W A, POPE C W. Secondary effect in rail tunnels during vehicle entry[C]//In Symposium on Aerodynamics and Ventilation of Vehicle Tunnels, Paper C5, Cambridge, UK 23-25 March 1976.

[24] HOWE M S. The compression wave produced by a high-speed train entering a tunnel[J]. Proceeding: Mathematical, Physical and Engineering Sciences, 1998, 454: 1523-1534.

[25] HOWE M S, IIDA M, FUKUDA T, et al. Theoretical and experimental in resignation of the compression wave generated by a train entering a tunnel with a flared portal[J]. Journal of Fluid Mechanics, 2000, 425: 111-132 .

[26] 梅元贵. 高速铁路隧道空气动力学[M]. 北京：中国科学出版社，2007.

[27] 王建宇，万晓燕，吴剑. 隧道长度对瞬变压力的影响[J]. 现代隧道技术，2008，46(6)：1-4.

[28] 王一伟，杨国伟，黄晨光，等. 隧道长度对高速列车交会压力波的影响研究[J]. 中国科学：技术科学，2012，42(1)：82-90.

[29] 何德华，陈厚嫦，张岩，等. 空气动力学临界隧道交会理论与仿真研究[J]. 铁道机车车辆，2013，33(1)：58-62.

4 会车过程的气动作用力

4.1 问题的提出

列车在轨道上运行时除受到牵引力、轮轨摩擦力、重力和轨道支撑力之外，还受到周围气体的作用力。运行方向受到气动阻力，垂直于地面方向上受到气动升力，列车转弯或有环境横向风时还受到水平方向的气动作用力(侧向力)。人们已经认识到列车运行时所受气动作用力的大小与车速的平方成正比，随着车速的提高，低速运行时不成为问题的气动作用力在高速时必须引起足够的重视。列车高速会车时会在原有气动作用力基础上产生一个扰动，这个过程作用于列车上时气动作用力如何变化是需要认真研究的问题。

明线会车或隧道内会车都会引起列车附近空气压力的剧烈波动，作用在列车表面气体压力的剧烈波动将引起列车所受气动作用力的剧烈波动。在列车运动方向作用着气动阻力，会车过程使气动阻力增加还是使气动阻力减小？列车进入隧道时会引起入口气动效应，导致隧道内气体压力产生波动，隧道内会车时气体压力的波动是否对列车气动阻力产生影响？会车过程在列车侧壁上产生比较大的气体压力波动，这一气体压力波动引起的列车在水平方向的气动作用力是如何变化的？对列车运行稳定性是否会产生影响？列车的蛇行运动会使轮缘和轨道产生额外磨损，在会车过程中产生的横向气动力是否会加剧列车的蛇行运动？列车的垂向作用着气动升力，会车过程中升力如何变化？是否会对列车受电弓受流性能产生影响？会车时产生的气动力与车速有什么关系？这些作用力在列车运行速度比较低时并未引起运行稳定性问题，随着列车运行速度的提高，作用在列车上的气动作用力会不断加大，会车过程引起的周围气体的突然扰动将如何影响作用在列车上的气动作用力是我们所关心的问题。

4.2 研究方法

列车在会车过程中由于气体扰动引起的气动作用力很难直接测量，一般可采用测量车体在某一方向上的加速度变化来间接获得会车过程中产生的气动力。如日本学者 Komatsu[1] 1999 年在测量 300 系列车隧道内会车过程影响时就测量了车体的横向加速度。但是列车在运行过程中的蛇行运动，轨道的不平直和轮缘的缺陷都会引起一定程度的车体横向加速度，所以要通过车体加速度来确定会车过程所受气动力及其变化是有一定困难的。

风洞模型试验可以通过测力天平直接测量模型在一定风量扰动下所受气动力，但是装有测力天平的列车模型必须是在静止状态。因此利用风洞模型试验测量会车过程的气动作用力，可能只能利用弹射列车模型测量一车静止、一车运动的情况下静止模型列车上的气动作用力。而一车静止、一车运动情况下的会车引起的空气扰动与两车相向运动过程引起的空气扰动是有一定差别的，所以风洞模型试验用来测量会车过程的气动力也有很大的局限性。

采用流体力学方程数值计算的方法来研究会车过程车体所受气动作用力影响问题可能是

比较方便的方法。前面两章通过计算流体力学动态仿真分析，得到了列车在明线会车和在隧道内会车压力波变化的一般规律，事实上通过动态流场计算我们可以得到会车过程中两列车车体上任意点处气体压力及其变化情况。将作用于车体上的气体压力沿车体表面积分，即可得到作用于车体上的气动作用力的合力。其纵向、横向和垂向分力即为气动阻力、侧向力和气动升力。给定力矩作用点还可求出三个方向的气动力矩(俯仰力矩、侧翻力矩和偏转力矩)。下面采用流体力学方程数值计算的方法，研究明线会车和隧道内会车过程中在车体上引起的气动作用力。

4.3 计算模型与基本假设

4.3.1 基本假设

(1)当列车高速运行时，外部流场雷诺数 $Re>10^6$，流场处于紊流状态。采用雷诺时均方程加 k-ε 两方程紊流模型模拟列车周围流场的紊流流动。

(2)两列车以速度 200～400 km/h 会车时，会车相对速度超过 0.3 倍马赫数，空气的可压缩性不容忽视，数值仿真按照可压缩流体计算。

(3)列车为头尾形状完全相同的流线型车体，两列车的几何模型相同。为减小计算工作量，计算模型的车体长度可以缩短。每一列车模型取四节车约 100 m 车长计算，由流线型头车、两节中间车和流线型尾车构成。同时，忽略受电弓、车体连接部位、转向架等细部结构，列车模型为一定表面粗糙度的光滑车体。

(4)隧道会车时模型隧道为横截面 100 m^2 满足京沪高速铁路建设标准的截面形状隧道，线路为直线，不存在坡度，线间距 5.0 m。忽略隧道安全避洞、排水沟和轨道细部结构，隧道壁面和轨道面简化成具有一定表面粗糙度的表面。

4.3.2 气动力系数和气动力矩系数

取坐标系与列车间关系如图 4-1 所示。四节列车编为 1、2、3、4 号车，1 号车为头车，4 号车为尾车，2、3 号车为中间车。

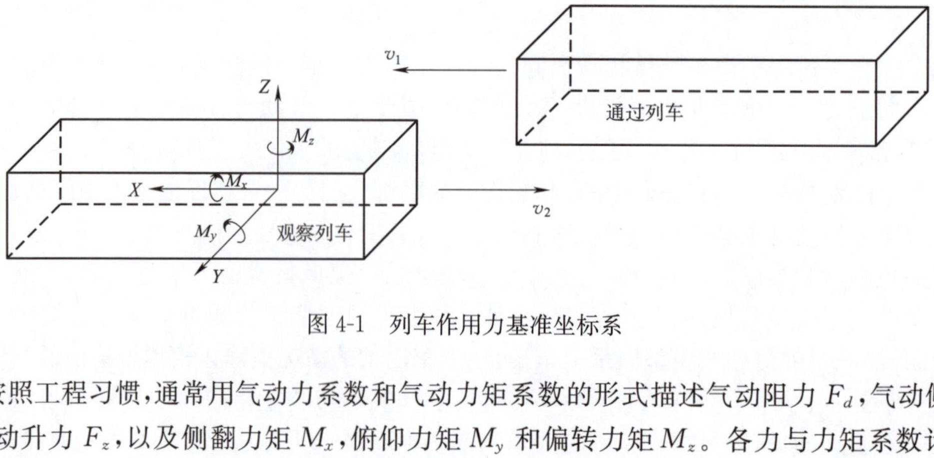

图 4-1 列车作用力基准坐标系

按照工程习惯，通常用气动力系数和气动力矩系数的形式描述气动阻力 F_d，气动侧向力 F_s，气动升力 F_z，以及侧翻力矩 M_x，俯仰力矩 M_y 和偏转力矩 M_z。各力与力矩系数计算式如下：

阻力系数：$C_d = \dfrac{F_d}{0.5\rho A v^2}$

侧向力系数：$C_s = \dfrac{F_s}{0.5\rho A v^2}$

升力系数：$C_z = \dfrac{F_z}{0.5\rho A v^2}$

侧翻力矩系数：$C_{Mx} = \dfrac{M_x}{0.5\rho A h v^2}$

俯仰力矩系数：$C_{My} = \dfrac{M_y}{0.5\rho A l v^2}$

偏转力矩系数：$C_{Mz} = \dfrac{M_z}{0.5\rho A l v^2}$

式中 ρ——空气密度；

A——参考面积(取列车最大横截面积)；

h——侧翻力矩中心距轨面的高度；

l——车厢一半长度；

v——参考速度(取为通过列车的速度)。

4.3.3 计算模型

车体几何模型近似以德国 ICE 列车的形状尺寸为依据建立，取两轨道线间距为 5.0 m，明线会车模型交会前两车头相距约 52 m。计算区域的高度与宽度外边界均大于车宽的 5 倍。为保证计算精度，全部采用六面体网格划分求解区域。由于会车过程中两车之间存在相对运动，计算区域分成两个部分，每部分包含一列车，分别以规定车速相对运动。两部分网格由一个滑动分界平面相连接。交会前后两车头相对位置及网格分布如图 4-2 和图 4-3 所示。

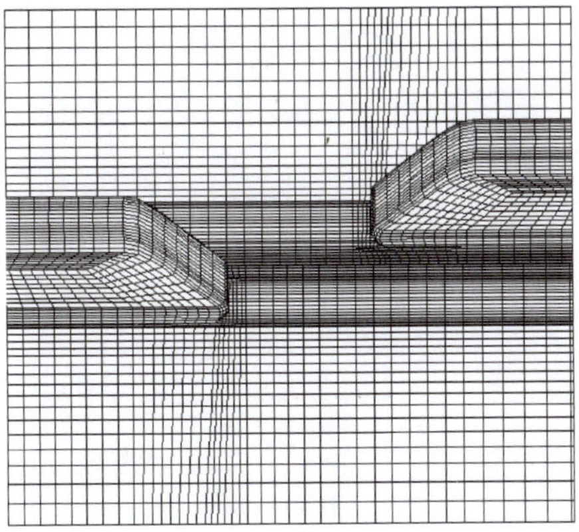

图 4-2 交会前两车头相对位置及网格

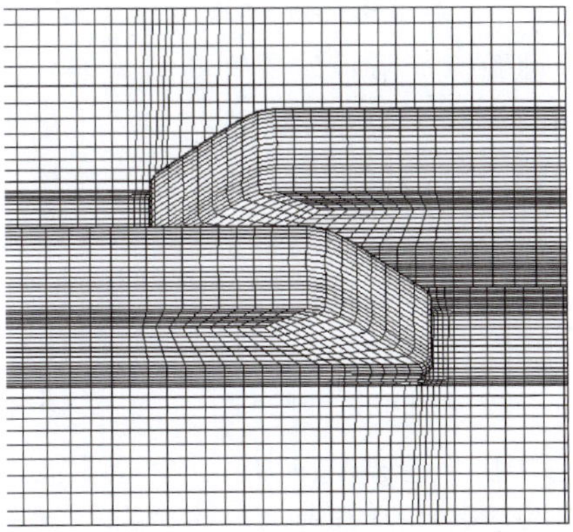

图 4-3 交会后某时刻两车头相对位置

隧道内会车计算模型中列车仍采用相同尺寸列车模型，隧道为横截面积 100 m^2 的隧道。为模拟两列车之间相对运动和列车与隧道壁面和地面间相对运动，计算区域分成三个部分，每一列车及其周围附近区域的网格为一个区域，每列车周围区域按照规定的速度相向运动，隧道壁面、地面及其隧道口外部分区域附近网格为固定网格部分。移动区域与固定区域之间用滑移曲面分界连接。计算区域的部分网格示意如图 4-4 和图 4-5 所示。

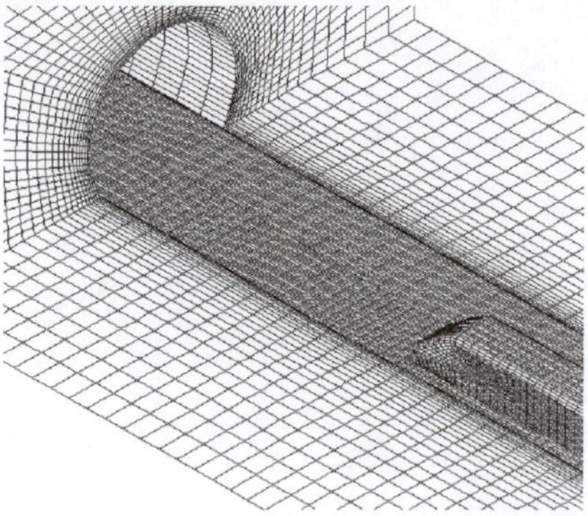

图 4-4 计算起始时列车与隧道相对位置及网格

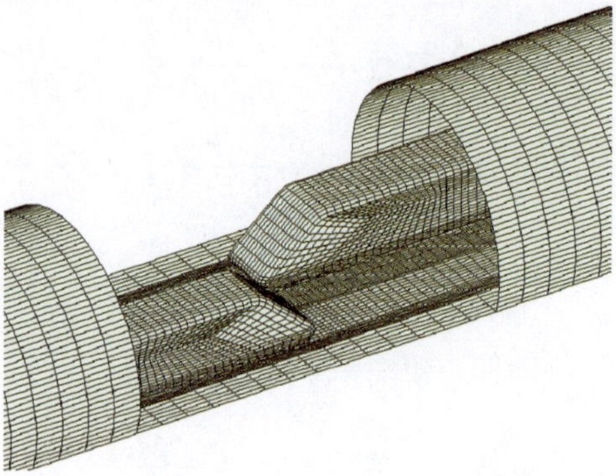

图 4-5 隧道内会车瞬间列车相对位置及网格

4.4 列车交会过程数值计算

计算仍采用连续性方程、动量守恒方程与紊流动能方程和紊动能耗散率方程联立求解。会车过程中作用在列车上的气动作用力，实际上就是作用在车身上的气体压力与压力作用处面积乘积的积分，某一方向的气动分力就是积分求出的合力在该方向上的投影，因此，会车过程作用力的计算过程与前两章会车过程压力波数值计算过程基本一致，只多了一步气体压力与当地面积乘积的积分。下面进行的速度计算工况从 200 km/h 每间隔 50 km/h 速度计算到 400 km/h 速度，共计五种车速等速会车。

4.4.1 明线会车时的气动作用力

4.4.1.1 气动阻力的变化

五种车速会车时整车气动阻力变化情况如图 4-6 所示，从图 4-6 中可以看出随着车速的增大，气动阻力不断升高。对于速度一定的条件下，会车过程列车所受气动阻力是总体减小的。通过列车与观测列车头头交会时阻力在小幅升高后急剧下降，头尾交会时气动阻力进一步下降，交会完成后气动阻力迅速上升，经一个峰值波动恢复到会车前的阻力水平。将五种车速会车时的气动阻力系数变化计算出并画于图 4-7，可见会车过程气动阻力变化峰值和变化幅值随车速基本上呈二次方函数关系。会车过程最大阻力系数降幅 $\Delta C_{d\max}\approx 0.2$，最小气动阻力系数降幅 $\Delta C_{d\min}\approx 0.1$。从而或许可以认为会车过程导致平均气动阻力系数降幅约为 $\Delta C_d\approx 0.15$。会车过程中，列车气动阻力的突然降低有可能导致列车运行时纵向加速度突然增大，给列车纵向减振器造成一定的冲击。

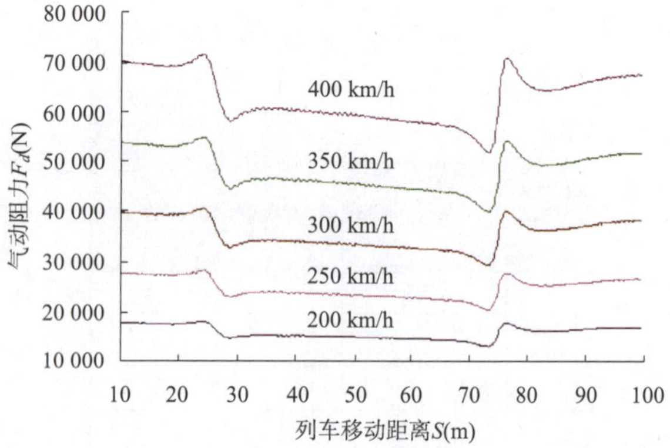

图 4-6 明线会车过程气动阻力变化

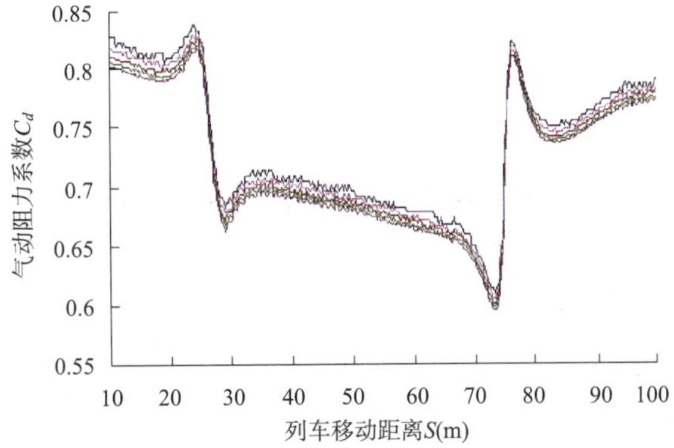

图 4-7 明线会车过程气动阻力系数变化

4.4.1.2 侧向力变化

列车以 250 km/h 速度等速会车时，作用在 4 节车厢上的气动侧向力系数变化如图 4-8 所示。从图 4-8 中可以看出，每一节观测列车车厢在会车过程中受到两次气动侧向推力变化，前一次变化由通过列车的车头经过时引起，使车厢受到先向(轨道)外后向内的侧推力；后一次变化由通过列车的车尾经过时引起，使车厢受到先向内后向外的侧推力。不同车厢受到的侧向推力大小略有不同，头车在通过列车车头经过时受到最大的向外侧推力，尾车在通过列车车头经过时受到最大的向内侧推力，中间车在通过列车车头经过时所受向内和向外侧推力相差不多。当通过列车车尾经过时各节车厢受到的向内侧推力均大于向外侧推力，两列车并行时车厢受到向内的侧推力。

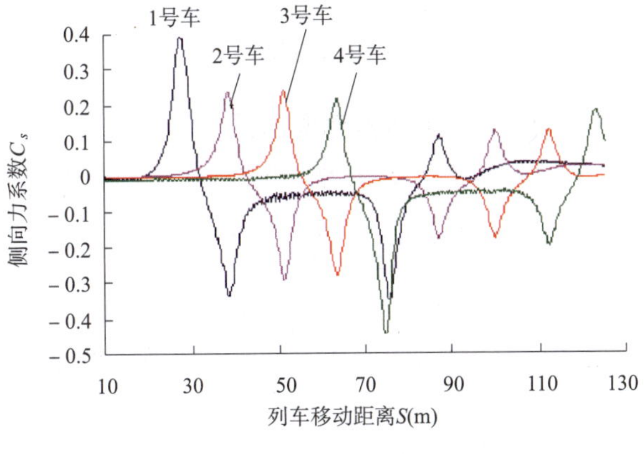

图 4-8 明线会车过程车厢所受侧向力系数变化

我们以 1 号车(头车)为例来分析侧向力随会车速度的变化情况。不同车速等速会车时 1 号车侧向力变化曲线如图 4-9 所示，若以侧向力系数表示则如图 4-10 所示，五种车速会车条件下 1 号车所受侧向力系数重合为一条曲线，说明侧向力的大小与车速的二次方函数成正比。

按照牛顿第二定律，$F=ma$，利用侧向力系数的定义可求出车体横向加速度与会车速度之间关系。

$$a=\frac{F_s}{m}=\frac{C_s\rho v^2}{2m}$$

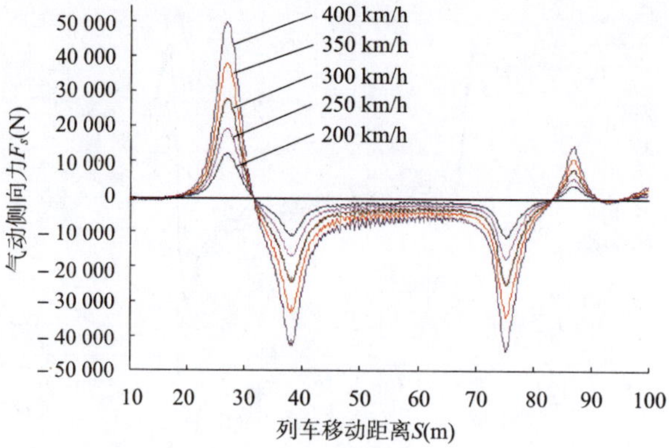

图 4-9 会车过程头车侧向力随车速变化

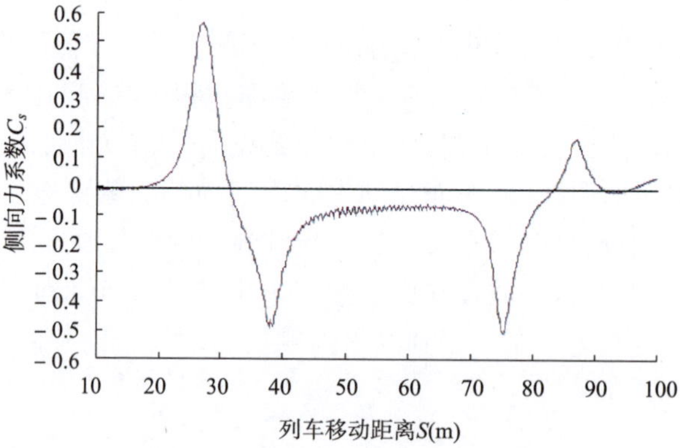

图 4-10 会车过程侧向力系数变化

若一节客车的整备质量 $m=40\ 000$ kg，侧向力系数取最大值约为 $C_s=0.6$，空气密度取 $\rho=1.225\ \text{kg/m}^3$，列车以 300 km/h 会车时车厢由于会车产生的横向运动加速度为：

$$a=\frac{C_s\rho v^2}{2m}=\frac{0.6\times1.225\times83.333\ 3^2}{2\times40\ 000}=0.064(\text{m/s}^2)$$

虽然车体横向加速度并不大，但是从图 4-9 可以看出，以速度 300 km/h 会车时，最大横向气动力达到约 27.8 kN，也就是约 2.8 t 的作用力。如果计算正确的话，对于一个约 40 t 的车体，瞬间加上 2.8 t 的横向作用力，应该是不小的载荷。另外，侧向力系数的变化值最大约为 1.1，由此车体横向加速度的变化值 Δa 可达：

$$\Delta a=\frac{1.1\times1.225\times83.333\ 3^2}{2\times40\ 000}=0.117(\text{m/s}^2)$$

而且加速度在很短的时间段内从正值变化为负值，也就是车体横向作用力发生瞬时换向，对车体横向减振器可能带来较大冲击。

4.4.1.3 气动升力变化

流线型列车高速运行时通常车头受到负的升力，车尾受到正的升力，中间车只受到极小的升力。会车过程引起的周围空气扰动使各节车厢所受升力会产生一定的变化。利用前述计算模型计算得到的四节编组列车各节车厢所受气动升力系数变化如图 4-11 所示（250 km/h 速度会车)。从图 4-11 中可以看出会车过程引起的升力变化幅度 1 号车最大,4 号车次之,中间车较小。下面仍以 1 号车为例来分析升力随会车速度的变化关系。

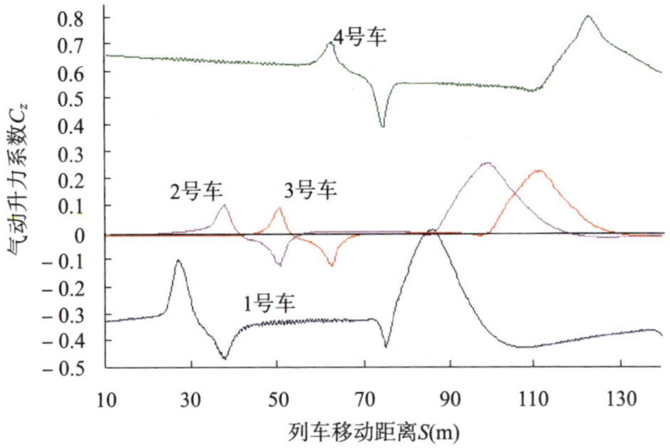

图 4-11 明线会车各车厢所受气动升力变化

图 4-12 为 1 号车(头车)所受气动升力随会车速度的变化情况,若以气动升力系数表示 5 种车速条件下会车时 1 号车所受气动升力,则如图 4-13 所示。从图 4-13 中可以看出气动升力变化与会车速度的关系仍然满足二次方函数关系。

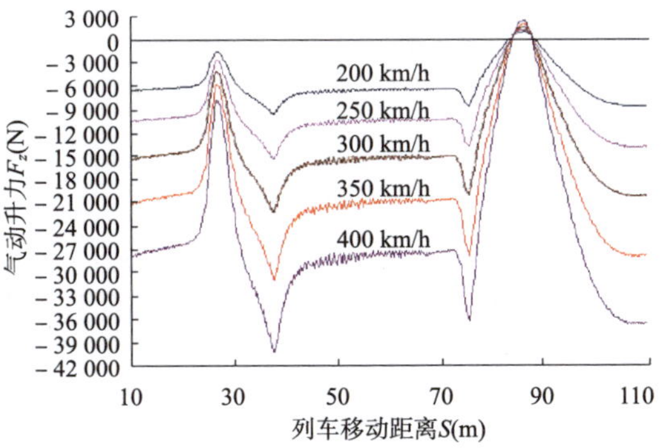

图 4-12 1 号车气动升力随会车速度变化

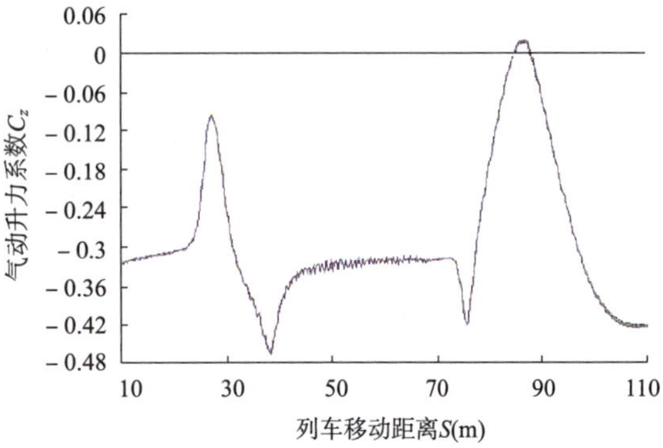

图 4-13 会车过程 1 号车气动升力系数

气动升力作用在铅垂方向,对于约四十吨重的整备车厢,应该说会车过程气动升力的变化对列车运行不会产生过大的不利影响。但是升力在极短时间内的两次换向,也会对垂向减振器造成一定的冲击,对车顶受电弓的受流特性(接触压力)也会产生一定的影响。

4.4.1.4 侧翻力矩变化

列车以 250 km/h 速度等速会车时各节车厢上作用的侧翻力矩系数如图 4-14 所示。负的侧翻力矩表示车厢有向外侧翻倒的趋势,正值的侧翻力矩系数表示车厢有向内(朝向通过列车)翻倒的趋势。从图 4-14 可以看出,通过列车车头经过时在观测列车上先产生一个向外的侧翻力矩,再产生一个向内的侧翻力矩;通过列车车尾经过时则相反。对于 4 节编组的列车,头车所受向外侧翻的力矩最大,且大于向内侧翻的力矩;尾车所受向内侧翻的力矩最大,且大于向外侧翻的力矩。中间车所受侧翻力矩变化则基本对称。通过列车车头经过时产生的侧翻力矩变化大于车尾经过时产生的侧翻力矩变化。

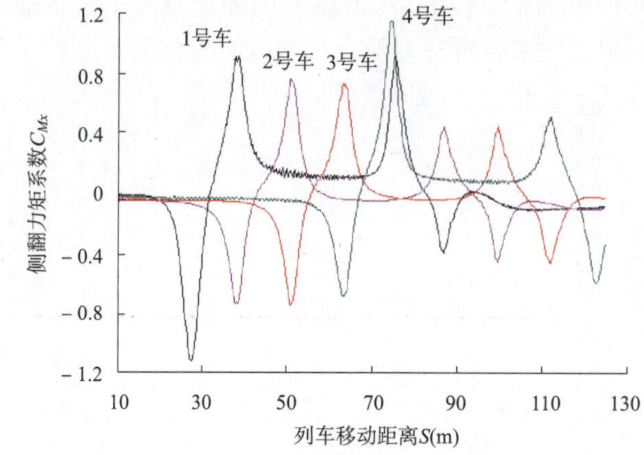

图 4-14　会车过程侧翻力矩系数变化

我们仍以 1 号车(头车)为例来分析侧翻力矩随会车速度的变化情况。不同车速等速会车时 1 号车侧翻力矩变化曲线如图 4-15 所示,若以侧翻力矩系数表示则如图 4-16 所示,五种车速会车条件下 1 号车所受侧翻力矩系数重合为一条曲线,说明侧翻力矩的大小与车速的二次方函数成正比。侧翻力矩系数的最大绝对值约为 $C_{Mx\max}\approx 1.1$,按照侧翻力矩系数定义,侧翻力矩的最大值应为:

$$M_{x\max}=0.5\times 1.1\rho Ahv^2=0.55\rho Ahv^2$$

若取空气密度 $\rho=1.225\ \mathrm{kg/m^3}$,列车最大横截面积 $A=11.83\ \mathrm{m^2}$,力矩中心距轨面高 $h=1.75\ \mathrm{m}$,列车以 300 km/h 速度会车时,最大侧翻力矩约为:

$$M_{x\max}=0.55\times 1.225\times 11.83\times 1.75\times 83.333\ 3^2=96\ 863.2(\mathrm{N\cdot m})$$

也许 96.8 kN·m 的侧翻力矩并不算大,但是会车过程在极短的时间内侧翻力矩经过两次换向,对车体下方不同位置的一系簧和二系簧造成较大的瞬态冲击,对一系簧和二系簧的垂向和横向刚度会有更高的要求。

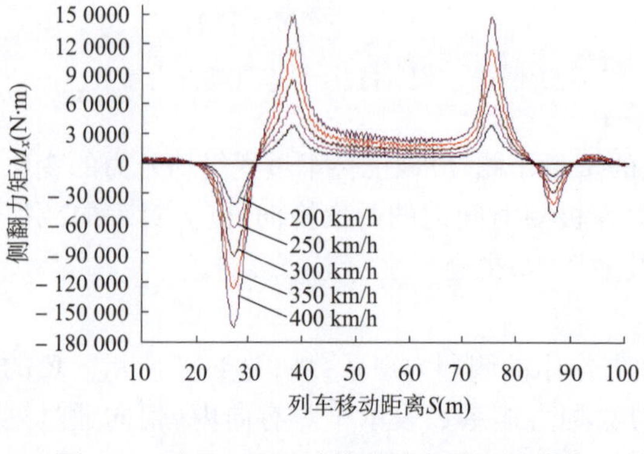

图 4-15　会车过程头车侧翻力矩随车速变化

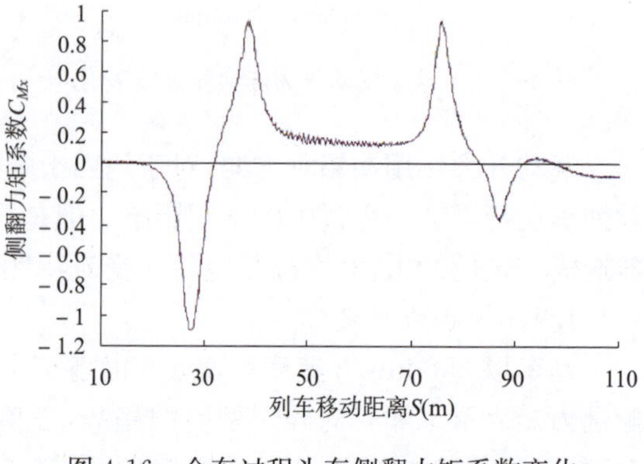

图 4-16　会车过程头车侧翻力矩系数变化

4.4.1.5　偏转力矩变化

列车以 250 km/h 速度等速会车时,作用在四节车厢上的气动偏转力矩系数变化如图4-17所示。正的偏转力矩使车厢前部向内摆(朝向通过列车),负的偏转力矩使车厢前部向外摆。

从图 4-17 中可以看出，通过列车车头经过时，观测列车各车厢先向外摆，再向内摆，之后又向外摆；通过列车的车尾经过时，偏转力矩的变化则相反。因此，每节车厢都经历了偏转力矩的四次换向。通过列车的头车经过时产生的偏转力矩变化大于尾车经过时引起的偏转力矩变化。四节车厢向内摆的力矩最大值相差不大，中间车的略大于头车和尾车力矩；向外摆的偏转力矩最大值有少量差别，头车和尾车的力矩略大于中间车力矩，但头车向外摆的最大偏转力矩出现于第一波偏转，尾车向外摆的最大偏转力矩发生于第二波。

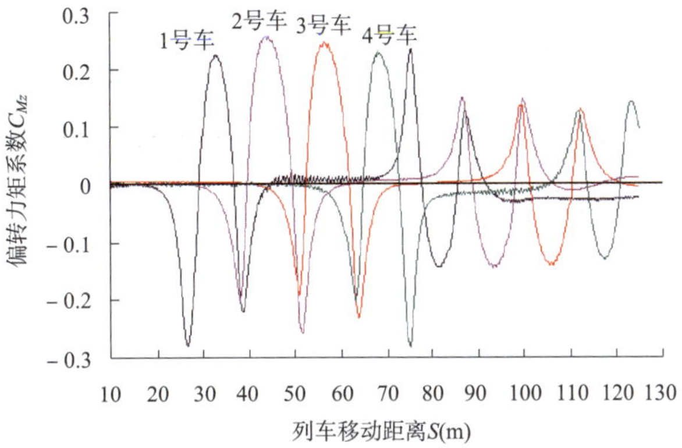

图 4-17 会车过程偏转力矩系数变化

以 1 号车(头车)为例来分析偏转力矩随会车速度的变化情况。不同车速等速会车时 1 号车偏转力矩变化曲线如图 4-18 所示，若以偏转力矩系数表示则如图 4-19 所示，五种车速会车条件下 1 号车所受偏转力矩系数基本上重合为一条曲线，说明偏转力矩的大小与车速的二次方函数成正比。列车在线路上运行不可避免会出现所谓“蛇行运动”，线路建造精度较差时“蛇行运动”会引起较大的列车运行稳定性问题，偏转力矩的变化会加剧列车的“蛇行运动”。会车过程中，列车瞬间所受偏转力矩在极短时间内发生四次换向，将可能在车体与转向架之间和轮轨之间产生较大的冲击。

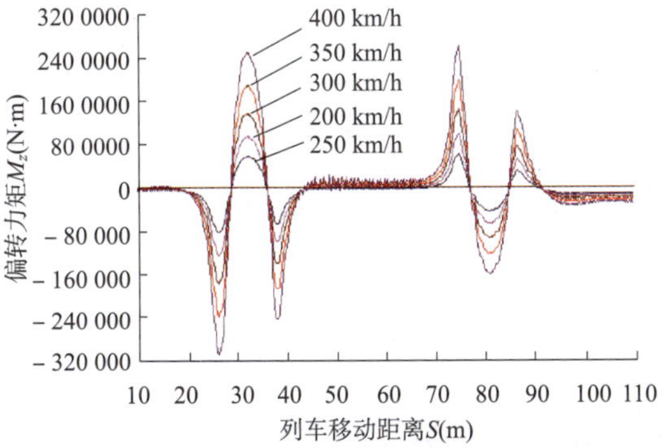

图 4-18 会车过程头车偏转力矩随车速变化

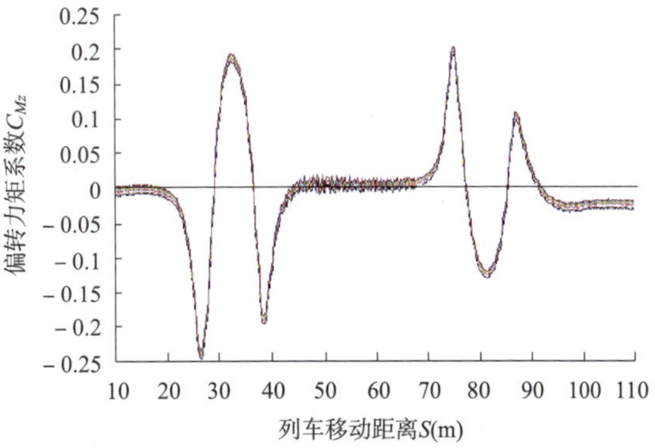

图 4-19 会车过程头车偏转力矩系数变化

从图 4-19 可知，最大偏转力矩系数约为 0.25，则列车以 300 km/h 速度等速会车时，会车引起的最大偏转力矩约为：

$$M_{z\max}=0.5\times 0.25\rho Alv^2=0.5\times 0.25\times 1.225\times 11.83\times 12.5\times 83.333\ 3^2=157\ 245.4(\text{N}\cdot\text{m})$$

式中，$l=12.5$ m 取为一半车厢的长度。偏转力矩从负的最大值变化到正的最大值，只经历约 0.078 s(300 km/h 速度)，从正的最大值变到负的最大值也只经历约相同时间。因此，在约 0.15 s 时间内偏转力矩经历两次换向。所以 157 kN·m 的偏转力矩对一节车厢也许不算很大，而且还有纵向车钩力约束，但偏转力矩剧烈的换向有可能造成列车运行中短时横向的极不稳定。

4.4.1.6 俯仰力矩变化

列车以 250 km/h 速度等速会车时，作用在四节车厢上的气动俯仰力矩系数变化如图 4-20所示。图 4-20 中 1 号车和 4 号车的俯仰力矩曲线作了平移。因从图 4-11 可知，1 号车受到负的升力，4 号车受到正的升力，它们的俯仰力矩系数在坐标系中也处于较大的负值位置或正值位置。而我们关心的是会车瞬间俯仰力矩的变化，为便于比较，将曲线平移，使所有车厢在会车前的俯仰力矩为零。正的俯仰力矩使车厢前部上翘，后部下压；负的俯仰力矩则相反。从图 4-20 中可以看出，会车导致的俯仰力矩变化，1 号车和 4 号车变化较小，中间车反而变化较大。通过列车的车头经过时，俯仰力矩经历从负值到正值再到负值的变化历程；通过列车的车尾经过时则大致相反。即所有车厢在会车过程中都经历了俯仰力矩的四次换向。

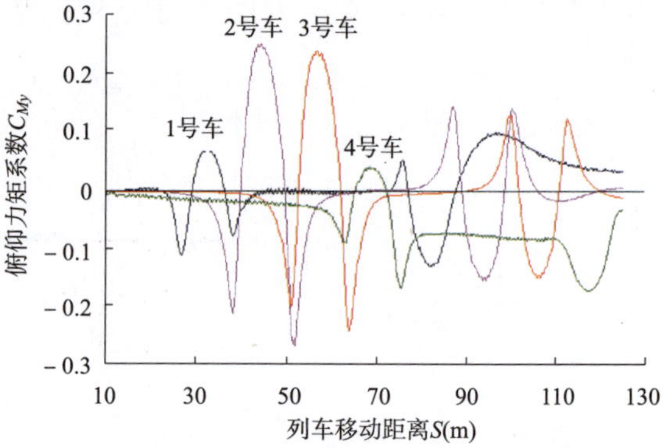

图 4-20 会车过程俯仰力矩系数变化

以 1 号车(头车)为例来分析俯仰力矩随会车速度的变化情况。不同车速等速会车时 1 号车俯仰力矩变化曲线如图 4-21 所示，若以俯仰力矩系数表示则如图 4-22 所示，五种车速会车条件下 1 号车所受俯仰力矩系数基本上重合为一条曲线(不同车速俯仰力矩系数曲线作了平移，以使会车前力矩系数为零)，说明俯仰力矩的大小与车速的二次方函数成正比。

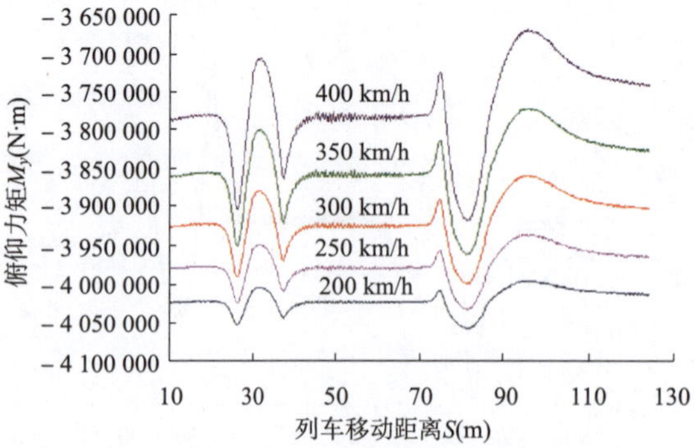

图 4-21 会车过程头车俯仰力矩随车速变化

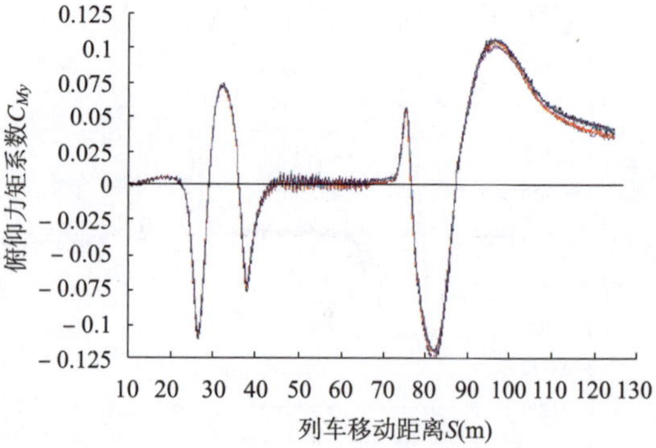

图 4-22 会车过程头车俯仰力矩系数变化

4.4.2 隧道内会车时的气动作用力

计算模型为 500 m 长隧道，两列相同列车相向等速进入隧道，起始时列车头部鼻尖距隧道口 30 m。列车外形与明线会车计算模型相同，仍为四节编组列车，线间距 5 m。

4.4.2.1 气动阻力的变化

两列车分别以 250 km/h、300 km/h 和 350 km/h 等速进入隧道并会车时，观测列车的气动阻力系数变化如图 4-23 所示。从图 4-23 中可以看出，列车在隧道内运行、会车及其会车过后，气动阻力变化与明线运行及会车过程的气动阻力变化有很大的不同。气动阻力经历了较大的波动，这显然应该是列车进入洞口时形成的压力波的传播引起的。列车由起点运行 30 m 进入隧道，由于车头前方气体在隧道内不容易向四周排开，车头前方气体压力增大，从而引起气动阻力突然上升(图 4-23 横坐标约 30m 处)。在列车进入隧道口的过程中气动阻力变化相对平稳，但当车尾进入隧道时，由于车尾通过留下的空间，空气补充不如明线运行情况及时，引起车尾处更大的负压，导致压差阻力急剧增大，从而气动阻力又一次较快地上升。在这个过程中，对面列车进入隧道口引起的压缩波到达观测列车车头部位，使车头处气体压力进一步升高，因此导致气动阻力进一步升高，达到气动阻力的最大值。当通过列车车尾膨胀波越过列车到达车头部位时，车头处气体压力下降，使得列车气动阻力从最大值急剧降低。后面气动阻力的波动也应该是入口效应引起的压力波传递叠加的结果。

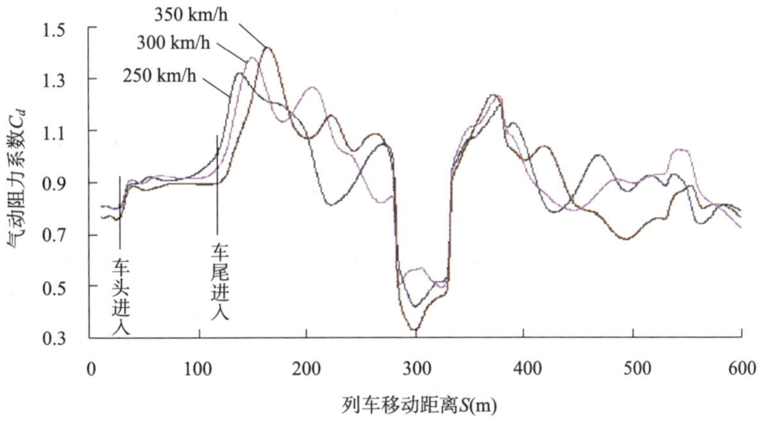

图 4-23 隧道内会车气动阻力系数

这里我们关心的是隧道内会车过程中列车气动阻力的变化情况。为此，首先去除明线运行时气动阻力。我们将气动阻力系数曲线平移至列车进入隧道前气动阻力为零，得图 4-24；再取出会车附近气动阻力变化曲线与明线会车时气动阻力变化曲线相比较。300 km/h 车速隧道内等速会车时气动阻力系数变化与明线会车时气动阻力系数变化比较列于图 4-25。

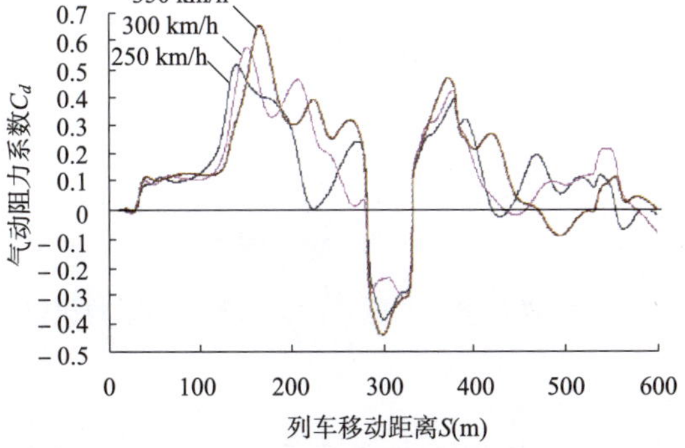

图 4-24 平移后气动阻力系数变化

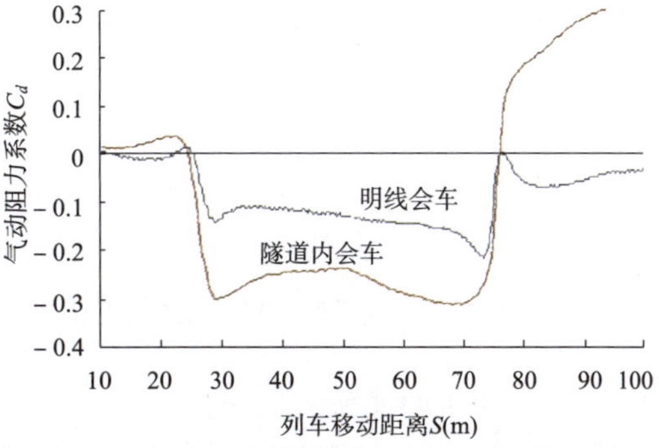

图 4-25 明线会车与隧道内会车气动阻力系数比较

从图 4-25 中可以看出，与明线会车情况相同，隧道内会车过程也会使列车整体气动阻力降低。而且从图 4-25 可知，明线会车气动阻力系数平均降低约 0.15，300 km/h 车速等速在隧道内会车过程使气动阻力系数平均降低接近 0.3。参看图 4-24 可知 250 km/h 和 350 km/h 等速会车时气动阻力降低程度更大。因此，隧道内会车过程将导致比明线会车过程更大的阻力突降，引起更大的前冲加速度。比之明线会车引起的纵向加速度值，隧道会车导致的纵向瞬时加速度可能要大一倍以上。

4.4.2.2 侧向力变化

列车以 250 km/h 速度等速在隧道内会车时，作用在四节车厢上的气动侧向力系数变化如图 4-26 所示。与明线会车侧向力系数图 4-8 对比，可以看出，隧道内会车过程引起的侧向力变化与明线会车引起的侧向力变化基本相同，几乎不受列车入口效应的影响。与明线会车时侧向力不同的是隧道内会车时头车和尾车在会车前的原始侧向力不等于零。这可能是由于列车在双线隧道内行驶两侧空间不同导致气体压力有偏差。但是中间车在会车前的原始侧向力又为零，因此更可能是双线隧道内头尾气流不对称所致。

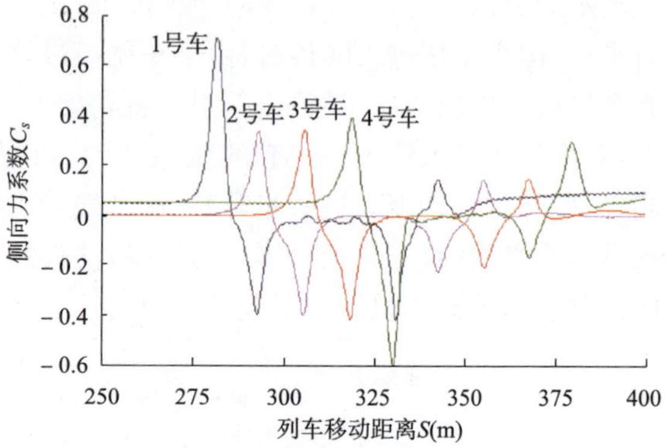

图 4-26 隧道内会车过程车厢所受侧向力系数变化

不同车速会车时 1 号车的侧向力系数变化情况如图 4-27 所示。从图 4-27 中可以看出隧道内会车时侧向力大小与会车速度仍满足二次方函数关系。隧道入口压力波效应只对侧向力变化引起局部极小的影响。将隧道内会车时侧向力系数与明线会车时的侧向力系数变化画在一张图上(图 4-28)，比较可看出隧道内会车时最大正值侧向力(使车厢向外)略大于明线会车时的最大正值侧向力，最大负值侧向力略小于明线会车时最大负值侧向力。隧道内会车产生的最大侧向力系数约为 0.75，而明线会车时的相应值约为 0.60。因此，隧道内会车时的最大侧向力在相同条件下比明线会车时约大 25%。

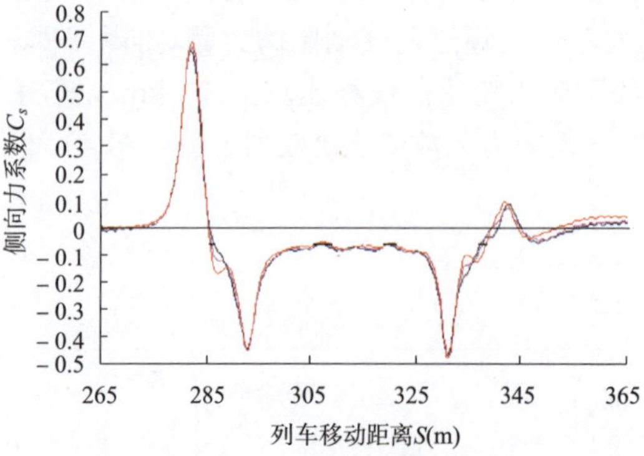

图 4-27 隧道内会车过程头车侧向力系数变化

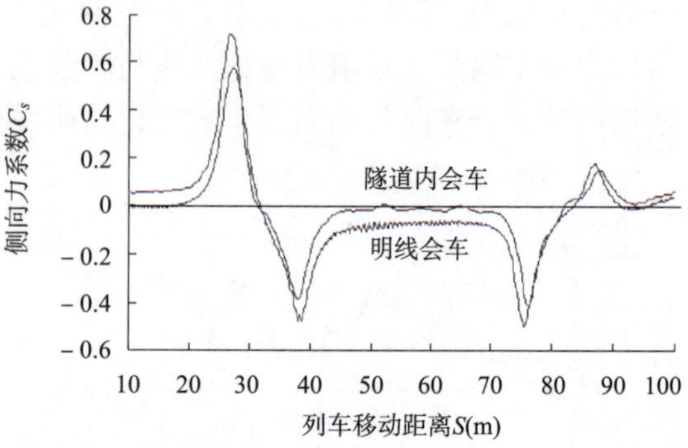

图 4-28 明线会车与隧道内会车侧向力系数比较

4.4.2.3 气动升力变化

列车以 250 km/h 速度通过隧道且在隧道内会车过程中，四节车厢所受气动升力的变化历程如图 4-29 所示。从图 4-29 中可以看出，列车在隧道内运行时仍然是头车受到负的气动升力；尾车受到正的气动升力，中间车气动升力基本为零。列车进入隧道的入口效应对尾车的气动升力影响较大，对头车的气动升力影响较小。不同车速会车时头车气动升力系数变化曲线如图 4-30 所示，由于隧道入口效应的影响，会车过程气动升力与车速之间的关系并非严格的二次方函数关系，但相差不大。随着会车速度的提高，气动升力系数略有提高，但一般情况下仍可近似认为气动升力与会车速度满足二次方函数关系。与明线会车气动升力系数图4-13比较，可以看出隧道内会车过程气动升力的变化与明线会车时的气动升力变化基本相同。300 km/h 车速隧道内等速会车时的气动升力系数变化与明线会车的气动升力系数比较示于图 4-31。隧道内会车过程气动升力的波动小于明线会车时的气动升力波动，因此，隧道内会车过程对车体垂向弹簧的冲击要小于明线会车过程引起的冲击。

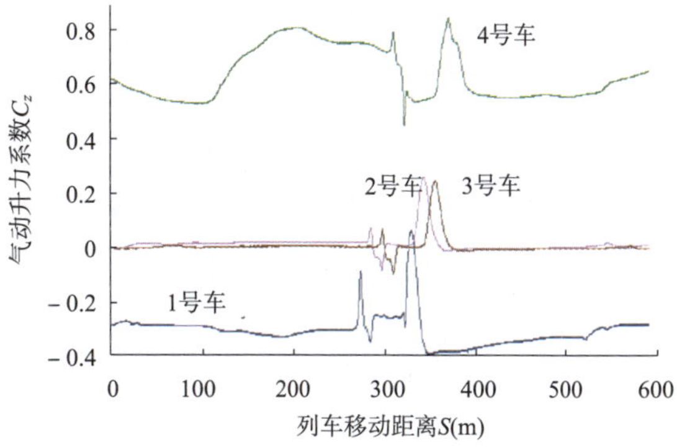

图 4-29 隧道内会车过程气动升力系数变化

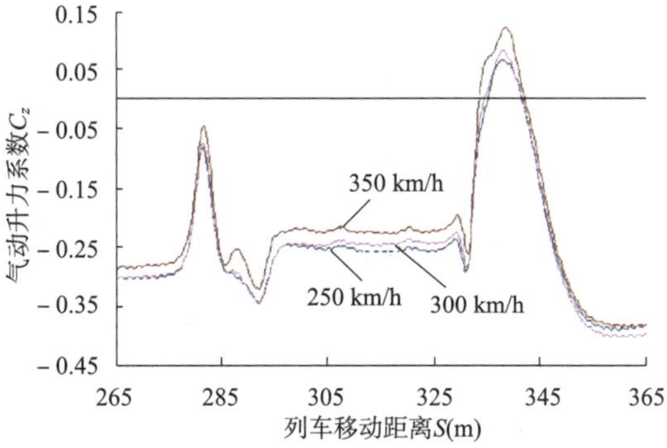

图 4-30 隧道内会车过程头车气动升力系数变化

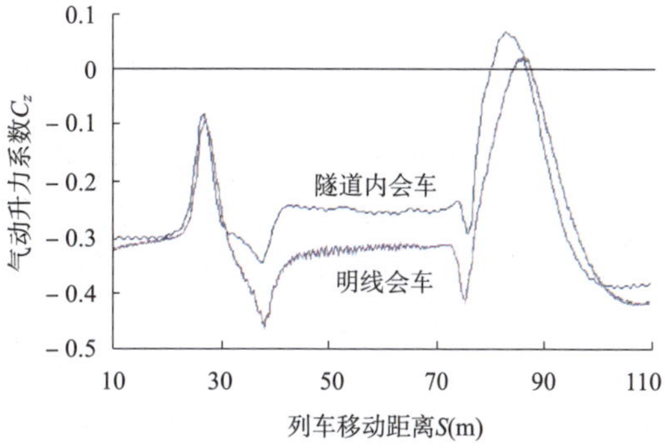

4-31 明线会车与隧道内会车气动升力系数比较

4.4.2.4 侧翻力矩变化

列车在隧道内以 250 km/h 速度等速会车时，四节车厢上所受侧翻力矩系数变化情况如图 4-32 所示。与明线会车情况下侧翻力矩系数图 4-14 对比，可以看出，隧道内会车过程引起的侧翻力矩变化与明线会车引起的侧翻力矩变化趋势基本相同，几乎不受隧道入口效应的影响。与明线会车时侧翻力矩不同的是隧道内会车时头车和尾车在会车前的原始侧翻力矩不等于零。这显然是由于隧道内会车之前头车和尾车所受原始侧向力不为零的缘故。

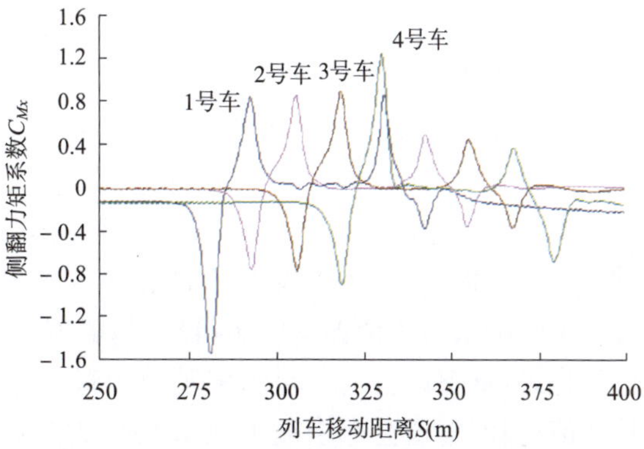

图 4-32 隧道内会车过程侧翻力矩系数变化

不同车速会车时 1 号车的侧翻力矩系数变化情况如图 4-33 所示。从图 4-33 中可以看出隧道内会车时侧翻力矩大小与会车速度仍满足二次方函数关系。隧道入口压力波效应只对侧翻力矩变化引起局部极小的影响。将隧道内会车时侧翻力矩系数与明线会车时的侧翻力矩系数变化绘于图 4-34 上,比较可看出隧道内会车时最大正值侧翻力矩(使车厢向外翻)略小于明线会车时的最大正值侧翻力矩,但最大负值侧翻力矩远大于明线会车时最大负值侧翻力矩。隧道内会车时最大负值侧翻力矩系数约为－1.56,明线会车过程引起的最大负值侧翻力矩系数约为－1.1。与明线会车相比,隧道会车过程最大侧翻力矩增大约 40%以上。因此,侧翻力矩换向引起的对车下一系簧和二系簧的瞬态冲击更加严重。

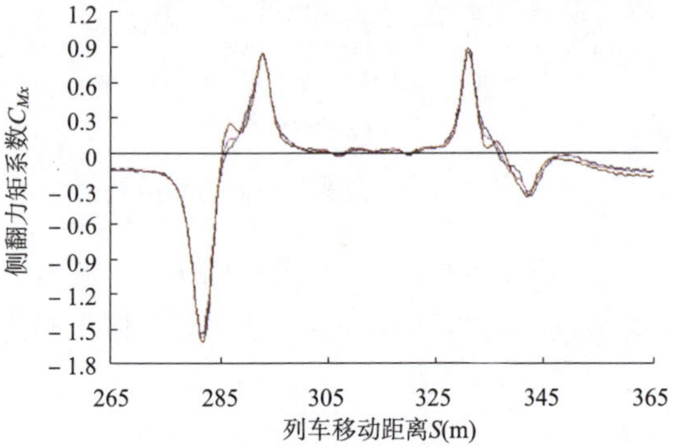

图 4-33 隧道内会车过程头车侧翻力矩系数变化

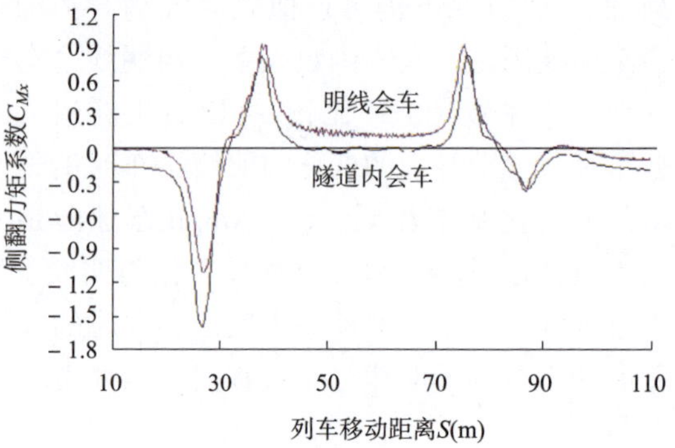

图 4-34 明线会车与隧道内会车侧翻力矩系数比较

4.4.2.5 偏转力矩变化

列车在隧道内以 250 km/h 速度等速会车时,四节车厢上所受偏转力矩系数变化情况如图 4-35 所示。与明线会车情况下偏转力矩系数图 4-17 对比,可以看出,隧道内会车过程引起的偏转力矩变化与明线会车引起的偏转力矩变化趋势基本相同,几乎不受隧道入口效应的影响。与明线会车时偏转力矩不同的是隧道内会车时头车和尾车在会车前的原始偏转力矩不等于零。这当然也是由于隧道内会车之前头车和尾车所受原始侧向力不为零的缘故。

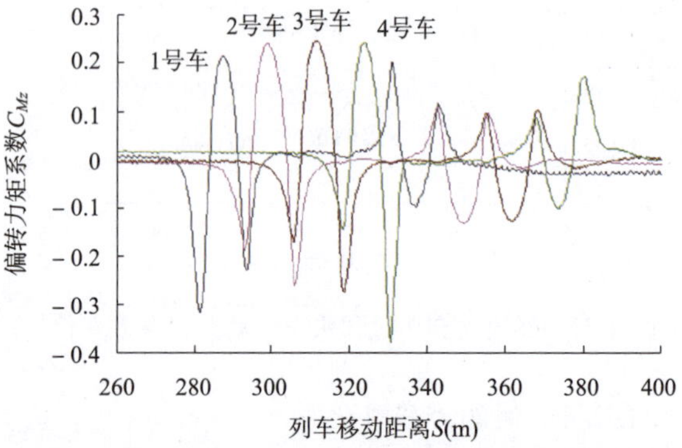

图 4-35 隧道内会车过程偏转力矩系数变化

不同车速会车时 1 号车的偏转力矩系数变化情况如图 4-36 所示。从图 4-36 中可以看出隧道内会车时偏转力矩大小与会车速度仍满足二次方函数关系。隧道入口压力波效应只对偏转力矩变化引起局部极小的影响。将隧道内会车时偏转力矩系数与明线会车时的偏转力矩系数变化绘于图 4-37 上,比较可看出隧道内会车时最大正值偏转力矩(使车头向外扭)略大于明线会车时的最大正值偏转力矩,最大负值偏转力矩也是略大于明线会车时最大负值偏转力矩。也就是说,隧道内会车引起的偏转力矩最大幅值要大于明线会车引起的偏转力矩最大幅值。从数值比较,隧道会车引起的最大偏转力矩幅值比明线会车引起的最大偏转力矩幅值要大 20%左右。考虑到偏转力矩在短时间内换向多次,隧道内会车过程导致的列车蛇行运动激励要大于明线会车过程引起的相同激励。

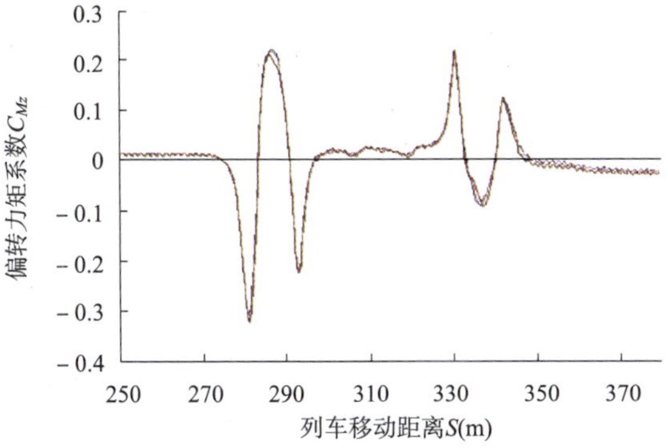

图 4-36 隧道内会车过程头车偏转力矩系数变化

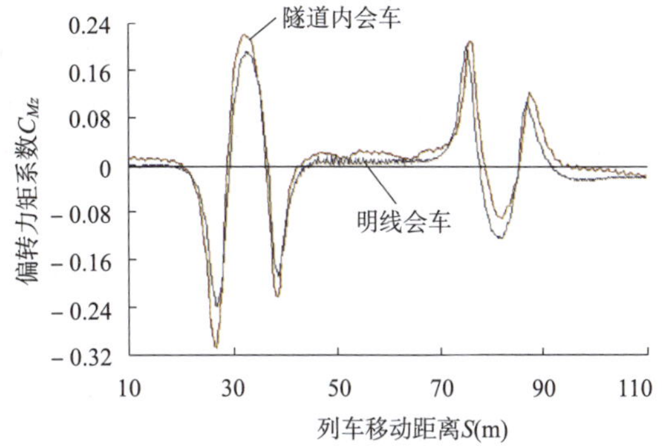

4-37 明线会车与隧道内会车偏转力矩系数比较

4.4.2.6 俯仰力矩变化

列车高速运行时由于头车受到负的升力，尾车受到正的升力，由升力引起的头、尾车俯仰力矩也有很大差别。图 4-38 为两列四节编组列车在 500 m 隧道内会车时各节车的俯仰力矩及其变化。由于各节车数值相差较大，从图 4-38 中不容易看出由于会车引起的俯仰力矩变化。我们将头车和尾车俯仰力矩平移，并用俯仰力矩系数表示如图 4-38 所示，可较清楚地看出四节车在隧道内会车时俯仰力矩的变化情况。

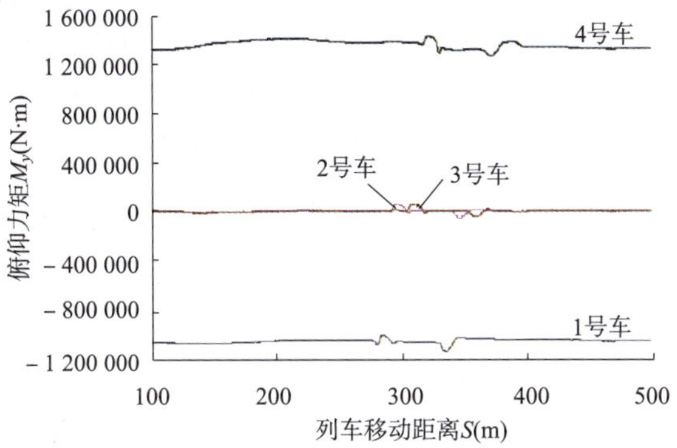

图 4-38 隧道内会车过程四节车俯仰力矩变化

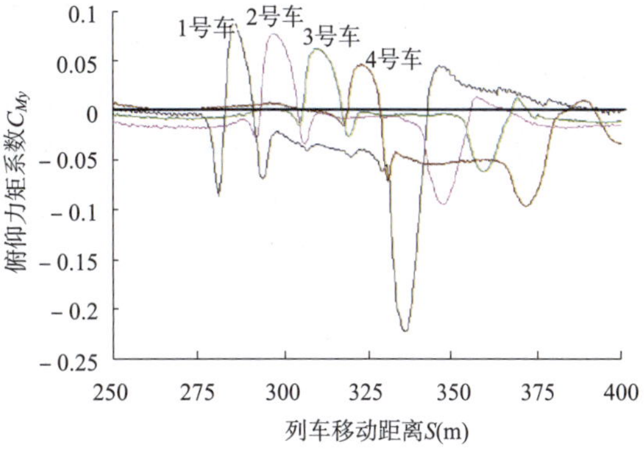

图 4-39 隧道内会车过程俯仰力矩系数变化

与图 4-20 相比较可以看出隧道会车时各节车俯仰力矩的变化与明线会车情况有很大不同，这应该是隧道入口压力波效应的影响。为什么隧道入口压力波对侧向力、侧翻力矩和偏转力矩的影响较小，而对阻力、升力和俯仰力矩的影响较大？这显然是入口压力波效应对列车纵向和垂向作用力的影响要大于对列车横向作用力的影响。入口压力波沿隧道纵向传播，对列车运行阻力有较大影响，这很容易理解。入口压力波对列车垂向作用力的影响较大则可能是因为列车在隧道内运行时，车下气体压力值与明线运行时的气体压力值相差不大，而车体上方气体压力随入口压力波的传播，与明线运行时相比有很大的不同，再加上车头、车尾形状的变化有可能放大入口压力波在垂向作用的影响。因此入口压力波的传播会较大的影响列车所受垂向作用力。

不同车速会车时 1 号车俯仰力矩变化情况如图 4-40 所示。从图 4-40 中可以看出，随着车速的提高，1 号车俯仰力矩系数逐渐减小。俯仰力矩与车速的关系不再是二次方函数关系。与明线运行时一样，1 号车受到负值垂向作用力，随着车速的提高，车下压力变化不大，而车厢上方气体压力不断降低，导致 1 号车所受垂向作用力不断减小，因此其俯仰力矩也随车速的提高不断减小。为比较会车过程中会车速度对俯仰力矩大小的影响，我们将变化曲线平移，使会车前 $C_{My}=0$，如图 4-41 所示。

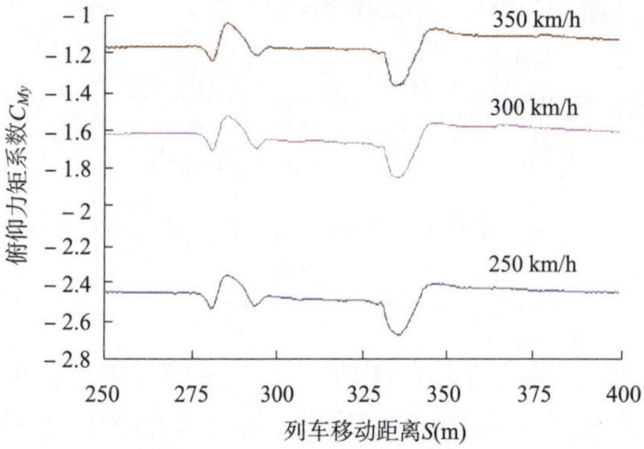

图 4-40 隧道内会车时 1 号车俯仰力矩系数随车速变化

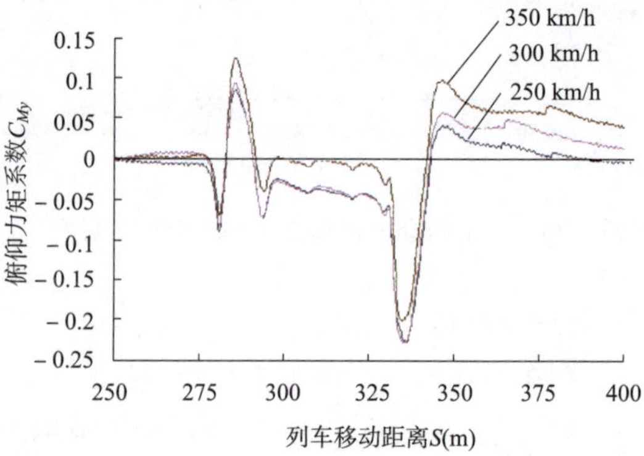

图 4-41 平移后 1 号车俯仰力矩系数变化

从图 4-40 可以看出即使将俯仰力矩变化曲线平移，俯仰力矩也不是随车速的二次方函数变化。这显然应该是隧道入口压力波的影响。因此隧道内会车时俯仰力矩的变化不但与会车速度有关，还与隧道长度、列车长度以及列车在隧道中会车位置有关。单就会车速度而言，车速越高，引起的俯仰力矩系数扰动越大。粗略的我们将 300 km/h 时速下隧道内会车时俯仰力矩系数变化与明线会车时俯仰力矩变化作比较，如图 4-42 所示。可见在计算工况下隧道内会车引起的俯仰力矩变化远大于明线会车情况。

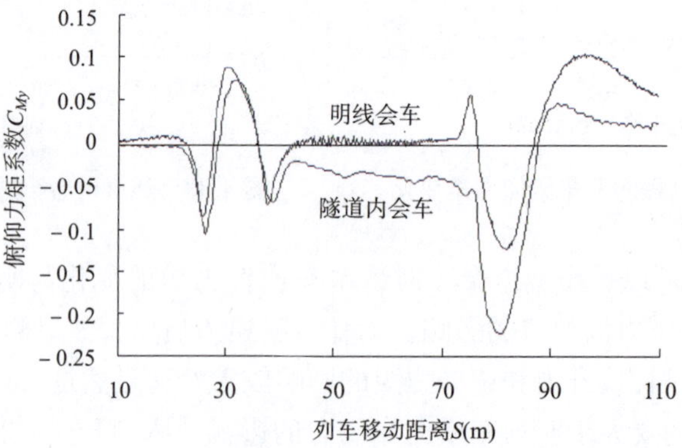

图 4-42 明线会车与隧道内会车俯仰力矩系数比较

4.5 结　论

(1)会车过程引起列车气动阻力突然减小，可能导致纵向加速度突然增大，因此对纵向减振器有一定的冲击。隧道内会车过程气动阻力的减小幅度比明线会车时气动阻力减小幅度要大，因而隧道内会车时纵向减振器受到更大的冲击。明线会车时气动阻力系数随车速大体上呈二次方函数规律变化。隧道内会车的气动阻力要受到隧道入口效应的影响，因此变化规律比较复杂。除与会车速度有关外，还与列车长度、隧道长度及会车位置有关。

(2)会车过程中各车厢所受侧向力在通过列车车头和车尾经过时各产生一次波动变化。车头经过时侧向力先向外后向内，车尾经过时则相反，即会车过程中列车车厢上的侧向力经历两次换向。对列车横向减振器带来一定的冲击。气动侧向力的大小随车速的二次方函数规律变化。隧道内会车时，入口压力波效应只对侧向力局部有极小的影响。隧道内会车过程侧向力变化规律与明线会车侧向力变化规律基本相同。但隧道内会车最大侧向力比明线会车最大侧向力可能增大 25%。

(3)由于列车运行时头车受到负的气动升力，尾车受到正的气动升力。随着车速的升高，头车气动升力减小，尾车气动升力加大。气动升力的大小随车速呈二次方函数规律变化。会车过程使气动升力出现两次波动，对列车垂向弹簧有一定的冲击。但相对于较重的车体，会车过程引起的垂向力变化幅度并不大。隧道内会车过程气动升力的变化规律与明线会车时气动升力的变化规律大体相同。但隧道入口压力波对气动升力有一定的影响，气动升力的大小不完全随列车速度的二次方函数规律变化，但相差不大。与明线会车时气动升力变化比较，隧道内会车气动升力变化幅度略小于明线会车时气动升力变化幅度。

(4)会车时各车厢所受的侧翻力矩经历两次换向，通过列车的车头经过时车厢运动趋势为先向轨道外侧翻转后向轨道内侧翻转；车尾经过时过程相反。侧翻力矩的两次换向对一系簧和二系簧产生一定的横向冲击。侧翻力矩随车速成二次方函数关系变化。隧道内会车时侧翻力矩的变化规律与明线会车时侧翻力矩变化规律基本相同，隧道入口压力波效应对侧翻力矩基本不产生影响。与明线会车过程相比较，隧道内会车引起的侧翻力矩影响略大于明线会车情况。

(5)会车过程中各车厢所受偏转力矩发生 4 次换向，通过列车的车头经过时，车厢前部先向外扭转后向内扭转，再向外扭转；通过列车车尾经过时过程相反。偏转力矩在短时间内频繁换向对车体前后横向减振器，一系簧和二系簧的抗扭刚度都是不小的考验。偏转力矩的大小随车速呈二次方函数规律变化。隧道内会车时偏转力矩的变化规律与明线会车时的变化规律基本相同。但偏转力矩的最大值比明线会车时可能会增大 20%左右。

(6)会车过程使各车厢俯仰力矩发生 4 次波动变化，通过列车的车头经过时，俯仰力矩先突然减小，然后突然增大，再突然减小，通过列车车尾经过时，变化相反。明线会车时俯仰力矩大小随车速呈二次方函数规律变化，隧道内会车时由于受到入口压力波效应的影响，俯仰力矩变化并不十分规律。俯仰力矩在会车过程的波动变化对车下一系弹簧和二系弹簧会产生一定的冲击。

(7)上述结论是在计算 ICE 型列车会车条件下得到，不同车头尾形状的列车会车作用力可能会有不同的结论。侧翻力矩中心高度取值不同，也可能使侧翻力矩变化产生不一样的结果。

参考文献

[1] KOMATSU N, YANADA F. The reduction of the train draft pressure in passing by each other[C]. Proceedings of World Congress on Railway Research, Tokyo, RTRI, 1999.

[2] JOSEPH A, SCHETA. Aerodynamics of high-speed trains [J]. Annual Review of Fluid Mechanics, 2001,

33(3):371-414.

[3] Federal Railroad Administration of USA. Assessment Potential Aerodynamics Effects on Personnel and Equipment in Proximity to High-Speed Train Operations [R]. Washington: Federal Railroad Administration of American,1999,12:2-18.

[4] ROBERT A,MACNEILL,SAMUEL H,et al. Measurement of the aerodynamic pressures produced by passing trains [C]//Proceedings of the 2002 ASME/IEEE joint rail conference,Washington,DC,April,23-25,ASME,2002:57-64.

[5] SAMUEL H,MARTIN S,ELTON T. High-speed passenger and intercity train aerodynamic computer modeling [C]//Proceeding of the 2000 international mechanical engineering congress & explosion,November 5-10,2000,Orlando,Florida.

[6] 陆冠东.高速列车的空气动力学问题[J].铁道车辆,2006,44(10):1-3.

[7] 田红旗.列车交会空气压力波研究及应用[J].铁道科学与工程学报,2004,1(1):83-89.

[8] 田红旗,贺德馨.列车交会压力波三维数值的计算[J].铁道学报,2001,23(3):18-22.

[9] 田红旗,卢执中.列车交会压力波的影响因素分析[J].铁道学报,2001,23(4):17-20.

[10] 田红旗,许平,梁习锋,等.列车交会压力波与运行速度的关系[J].中国铁道科学,2006,27(6):64-67.

[11] 田红旗,梁习锋.准高速列车交会空气压力波实验研究[J].铁道学报,1998,20(4):37-42.

[12] 毕海权,雷波,张卫华.高速磁浮列车会车压力波数值计算研究[J].空气动力学学报,2006,24(2):213-217.

[13] 黄玉坤,田晓丽.列车错车时的空气流场分析[J].华北工学院测试技术学报,2002,16(1):73-74.

[14] 铃木浩明.车内压力波动引起耳鸣的研究[J].国外铁道车辆,1999,5:15-18.

[15] VERSTEEG HK,MALALASEKERA W. An introduction to computational fluid dynamics [M]. England,Longman Group Ltd 1995.

[16] 肖京平,黄志祥,陈立.高速列车空气动力学研究技术综述[J].力学与实践,2013,35(2):1-12.

[17] 王英学,高波.高速列车进出隧道空气动力学研究的新进展[J].中国铁道科学,2003,24(2):83-88.

[18] 田红旗.中国列车空气动力学研究进展[J].交通运输工程学报,2006,6(1):1-9.

[19] 左建勇,吴萌岭,罗卓军.考虑车下环境的高速动车组空气流场数值仿真[J].同济大学学报(自然科学版),2013,41(11):1717-1720.

[20] 张雷,杨明智,张辉,等.高速铁路隧道洞门对隧道空气动力效应的影响[J].铁道学报,2013,35(11):92-97.

[21] 马伟斌,程爱君,郭小雄,等.高速铁路隧道气动效应研究存在的问题及展望[J].铁道设计标准,2013(11):84-87.

[22] 戚壮,李芾,孙树磊,等.基于空簧气动响应的高速列车交会动力学分析[J].石家庄铁道大学学报(自然科学版),2013,26(4):57-62.

[23] 刘小燕,陈春俊,何洪阳.高速列车隧道会车时气动载荷的研究[J].机械设计与制造,2014(11):161-164.

[24] 孙文静,田春,周劲松,等.高速列车空气动力制动会车动力学性能[J].同济大学学报(自然科学版),2014,42(9):1041-1047.

[25] 赵乃莹,陈羽,杨志刚.列车底部结构对交会高速列车气动性能的影响[J].计算机辅助工程,2012,21(6):20-25.

[26] 缪晓郎,陈春俊,李森.高速列车明线交会对列车的横向振动影响研究[J].铁道学报,2014,36(12):14-19.

[27] 崔涛,张卫华,王琰.侧风环境下列车高速交会流固耦合振动安全性分析[J].振动与冲击,2013,32(11):75-79.

5 列车通过隧道的气动作用

5.1 问题的提出

列车由明线运行到突然进入隧道，列车周围空间突然变小，前方气体压力突然升高，在隧道入口处形成一个压缩波，以声速向隧道出口传播。当列车的车尾进入隧道时，隧道口处原来由车体占据的空间由于车尾的通过突然空出来，隧道口处原来被车体挤压的气体得以释放，压力突然降低，形成一个膨胀波。这一膨胀波将越过列车以声速向隧道出口传播。向前传播的压缩波在隧道出口处将转换为膨胀波返回来向隧道入口传播，如果隧道比较长，此时列车还在隧道内运行；向前传播的膨胀波也将在隧道出口处转换为压缩波返回来迎着列车传播。因此列车进入隧道会使隧道内压力产生相当复杂的波动。图 5-1 表示了入口压缩波的传递。

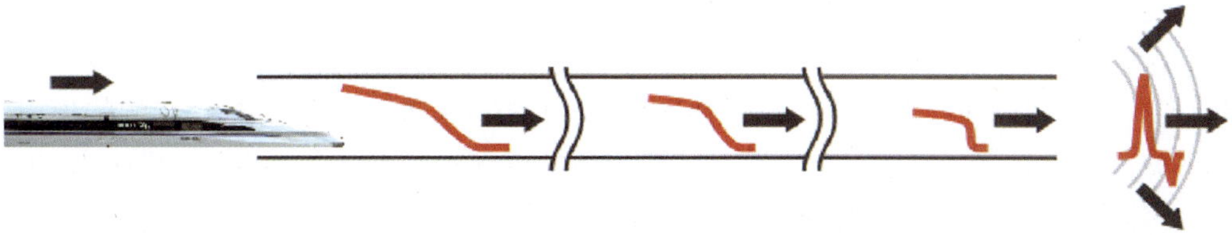

图 5-1　列车进入隧道时产生的压缩波传播过程

隧道的入口效应对列车表面压力的影响在第 3 章中作了讨论，这一复杂的压力波动对隧道内的压力会产生什么样的影响？对列车运行会产生什么样的影响？有没有什么办法减小这一压力波动（如在隧道口采用缓冲结构）？从列车气动作用的角度什么样的缓冲结构比较有利？缓冲结构参数应该怎样选择？这些问题是需要认真研究的。

自 20 世纪 60 年代起。日本、英国、法国相继修建了高速铁路。高速列车通过隧道引起的空气动力学问题，特别是隧道压力波问题就受到特别的关注。英国流体力学研究协会（British Hydromechanics Research Association，简称 BHRA）在 20 世纪 70 年代就发起和组织了车辆通过隧道的空气动力学和通风问题国际会议（International Symposium on the Aerodynamics and Ventilation of Vehicle Tunnels，简称 ISAVVT）。每三年举办一次，专门讨论车辆通过隧道时的空气动力学问题和通风问题。随着高速铁路的运营里程不断延长，特别是中国高速铁路的大规模建设，列车在隧道中运行也出现了一些新问题。如在具有多个隧道的线路上运行时，列车轮、轨之间的磨损比完全明线运行条件下要严重得多，日本还发现列车在隧道中运行时尾车出现横向摆动现象，这应该是列车所受气动作用力不平衡带来的结果。因此，从工程应用角度也需要对列车通过隧道时所受气动作用力进行分析。

5.2 研究方法

研究列车通过隧道引起的空气压力波动问题最直接的方法是线路实测。在列车上和在隧道适当位置安装压力传感器，可直接测出列车通过时的气体压力变化情况。唯一需要注意的就是压力传感器体积不能太大，压力响应时间不能太长。因为压力传感器体积过大会影响局部流场，而列车通过时压力变化频率为毫秒级，传感器响应时间过长则不能真实反映气体压力变化情况。

早期的列车通过隧道的压力波动实测试验由日本和欧洲的学者完成。日本在新干线上进行了大量的实车线路试验[1~3]，既有单线隧道也有双线隧道。英国、德国、瑞士、意大利的研究者也做了一些隧道压力波实验测量[4~10]。如在国际铁路联盟的主持下 Gawthrope 和 Pope[4] 在英国 Patchway 隧道(长 1 140 m，车长 100.3 m)测量了隧道内列车通过压力；Triebstein[6] 在德国 Heitersberg 隧道(长 4 900 m，一列车长 99.4 m，另一列车长 202.2 m)测量了车厢上会车压力和隧道内列车通过时压力变化；欧洲 TRANSAERO 项目组在意大利高速铁路线隧道内测量了气体压力变化[8]。自 1995 年我国研究者开始进行隧道内压力波线路试验，当时在山西许家店 1 号隧道测量了列车通过隧道时的压力波变化[11]；2005 年在四川遂渝线提速段荆竹岭隧道和松林堡隧道测量了单线隧道列车通过时的压力变化[12~13]；2009 年在武广高铁九子仙隧道和大瑶山隧道进行了列车上压力波实测[14]，2011 年在京沪高铁西渴马一号和二号隧道、金牛山隧道、龙山隧道、六郎隧道、凤凰台隧道、滕州隧道、张夏隧道等隧道内测量了列车外表面气体压力变化情况[15]。但是列车通过单洞双线隧道时隧道内气体压力变化情况我国还少有可靠的线路测量数据。

研究列车通过隧道时产生的压力波动还可以采用发射列车模型的试验方法。将一个缩小比例的列车模型用橡筋或采用压缩空气弹射出去，使之高速进入一相同缩尺比的隧道或相当于隧道的圆截面管道中，测量管道中空气的压力波动情况。日本学者 Hara 和 Okushi 在 1962 年采用橡筋弹射列车模型[18]，对列车通过隧道时的压力波的形成、传播，列车头部形状和隧道入口形状对隧道内压力变化的影响进行了实验研究。实验列车模型的弹射速度为 15 m/s。小沢智[19] 采用相同的方法对隧道压力波作了研究，模型列车弹射速度达到 25 m/s。Ozawa[20] 在 1976 年改进了模型列车弹射装置，采用压缩空气为弹射动力，发射速度达到 100 m/s。1997 年荷兰学者 Dewolf W. B. 等[21] 采用空气炮作为模型列车发射装置，使模型列车的发射速度达到 500 km/h。韩国铁道科学研究院于 1999 年建成缩尺比 1/60，模型列车发射速度达 600 km/h 的空气炮实验系统。我国西南交通大学高波等人[22~24] 也在 2002 年建立了以压缩空气为动力的高速列车模型发射装置，发射速度达到 100 m/s 以上。

模型列车的压缩空气发射装置如图 5-2 所示，通过阀门或可破裂的薄膜使压缩空气突然进入发射管，推动发射管中模型列车高速发射出去。在模型隧道中利用速度传感器和压力传感器测量列车通过时的速度和空气压力。模型隧道后安装列车制动或回收装置。

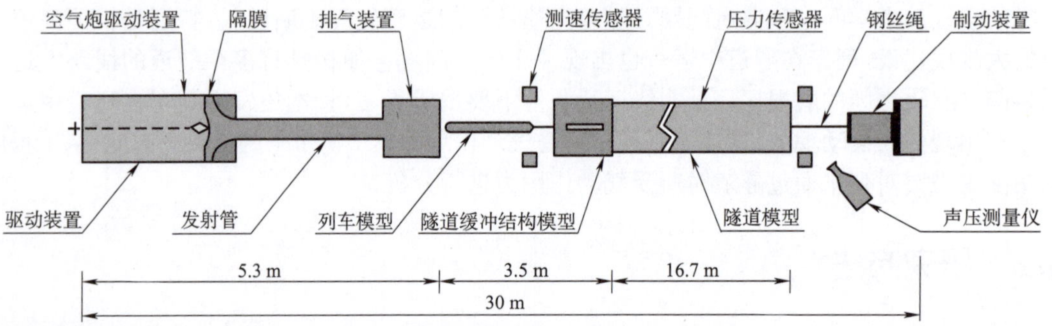

图 5-2 空气炮列车模型发射装置示意图

发射列车模型试验方法可以适应不同列车速度,不同列车形状和不同隧道断面情况下的隧道压力波实验研究,因此受到较广泛的采用。但是,随着发射速度的提高,列车模型和隧道模型不可能做得很大,也就是缩尺比通常比较小。这导致实验结果的缩尺效应明显,所测量数据与实际尺寸列车运行时的压力波数据产生较大偏差。

另外一种研究列车通过时隧道内压力波动的方法是水槽模拟试验。1966 年美国麻省理工学院的 Sou Mikio 和 Jacobs P 发表了一篇论文[25],论述了利用自由表面流水波变化模拟隧道中空气压力波动的可能性。1967 年麻省理工学院的 Mills J M 和 Wilson D G 利用浅水槽做了不同隧道入口形状和不同列车头部形状的模拟实验[26]。1993 年日本学者木川田一弥和森井宜治[27]利用浅水槽装置,模拟测量了列车高速通过隧道时隧道内的压力波动。2000 年西南交通大学的高品贤等人也采用 20 mm 水深的浅水槽模拟测量了列车以 350 km/h 速度通过单线隧道时的压力波动[28-29]。浅水槽模型试验通过在水槽中拖动列车模型,使浅水槽中产生水波来模拟列车通过隧道时产生的空气压力波。水波的传播速度满足关系式(5-1):

$$C^* = \sqrt{gh_0} \tag{5-1}$$

式中,g 为重力加速度,h_0 为浅水槽中水深。由式(5-1)可以看出,改变浅水槽中水深可得到不同的水波传播速度。隧道中空气压力波的传播速度近似为声速,而使水波运动实现相同的马赫数,通过改变水深是可以实现的。根据相似原理,隧道中空气(理想气体)波的传播速度与浅水槽中水波传播速度实现相同马赫数时,列车在隧道内运行产生的压力变化 Δp 与模型列车在浅水槽中拖动引起的水波高度变化 Δh 满足关系式(5-2):

$$\frac{p_0 + \Delta p}{p_0} = \left(\frac{h_0 + \Delta h}{h_0}\right)^2 \tag{5-2}$$

式中　p_0——大气压力;

Δp——压力变化;

Δh——水波高度。

因此通过测量浅水槽中水波高度可近似得到相似隧道中空气压力的变化情况。浅水槽列车模型模拟测量装置如图 5-3 所示。

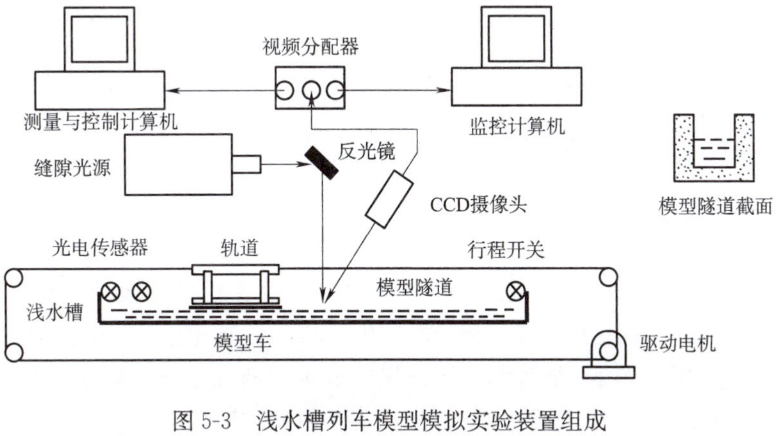

图 5-3　浅水槽列车模型模拟实验装置组成

驱动电机通过滑轮和钢丝绳拖动模型车在水槽内运动时,槽内水将激起浅水波。利用数码相机和数据采集与转换系统,可将水波的高度 Δh 实时测量。由式(5-2)可求出对应的隧道

内压力变化 Δp。

浅水槽模拟试验装置简单，可以较方便的改变水槽内通道宽度来模拟不同隧道情况。但是需要瞬态测量水波高度变化，要求实验装置中的图像采集和数据转换速度足够高。另外，水的透明特性对波高的光学测量有较大影响，通常需要在水中加入其他物质使之变得不透明。

采用流体力学方程数值分析的方法，是研究列车通过隧道压力波动特性的又一个有效手段。国际铁路联盟（UIC）在 1979 年要求所属试验研究所（ORE）成立管理委员会（ORE C149 委员会）专门研究隧道空气动力学问题。限于计算条件，当时的计算分析模型为一维数值计算模型，有：

(1)非等熵流模型；

(2)考虑摩擦效应的等熵流模型；

(3)不考虑摩擦效应的等熵流模型；

(4)不可压缩有限声速流模型；

(5)不可压缩无限声速流模型。

经过比较，ORE C149 委员会认为英国学者 Vardy 教授提出的考虑摩擦效应的一维等熵流模型计算隧道内空气的非稳态流动可满足一定的精度要求。委员会在 1985 年发表了分析报告[30]，得到了列车通过隧道时压力波动的定性结果，并与在意大利 Monte-Cecchito 隧道的实测结果作了比较。1995 年我国学者梅元贵、赵海恒等[31~35]采用一维可压缩非等熵流模型，利用黎曼变量特征线法分析列车通过隧道时的非稳态过程，使计算精度得到提高。随着计算机计算能力的发展，20 世纪 90 年代开始采用更接近实际情况的隧道和列车三维模型，利用更一般的流体力学方程数值计算方法分析列车通过隧道时产生的空气动力学问题[36~41]。经过多年的努力，对列车通过时隧道内气体压力变化情况有了比较深入的了解。但由于影响因素众多，分析过程复杂，仍然存在许多不十分清楚的问题，如隧道内什么位置可能出现最大正压？可能达到多大数值？什么位置可能出现最大负压？可能达到什么数值？与车速是什么关系？隧道入口加装缓冲结构能起什么作用等。下面采用黏性可压缩三维动态模型对列车通过隧道时的压力变化问题进行分析。

5.3 列车通过隧道时空气压力变化分析

5.3.1 计算模型与基本假设

建立隧道内、外流场和列车模型如图 5-4 所示。受计算机计算规模的限制，模型中计算 400 m 长隧道，列车长度缩短为三节编组，总长约 76.3 m。隧道断面为满足京沪高速铁路设计暂行规定标准的双线 100 m^2 断面积和暂行规定要求的断面形状。隧道入口和出口外空间取 200 m 长，宽和高均大于 10 倍车宽。为简化计算对模型作如下假设：

(1)列车外形与国产 CRH2 型高速动车组外形尺寸基本相同，考虑了车厢连接部位结构，但车体下方做了一定简化，只考虑了车轮，忽略转向架细部结构以及车体外表面细部结构，如雨刮器、车头灯、门把手等结构。

(2)隧道为平直隧道,轨道无坡度,线路无弯曲。

(3)隧道壁面和轨道面采用具有一定表面粗糙度的曲面或平面代替。

(4)列车高速进入隧道,对隧道内空气产生很大压缩,计算按可压缩流体处理。

(5)列车高速运动时外流场为紊态流场,计算中采用雷诺时均方程法求解流场方程组,用 k-ε 两方程紊流模型模拟空气的紊态流动。

(6)计算采用移动网格技术模拟列车的运动,即列车及其周围附近流场(网格)以规定的速度移动,其余部分流场网格固定不动。

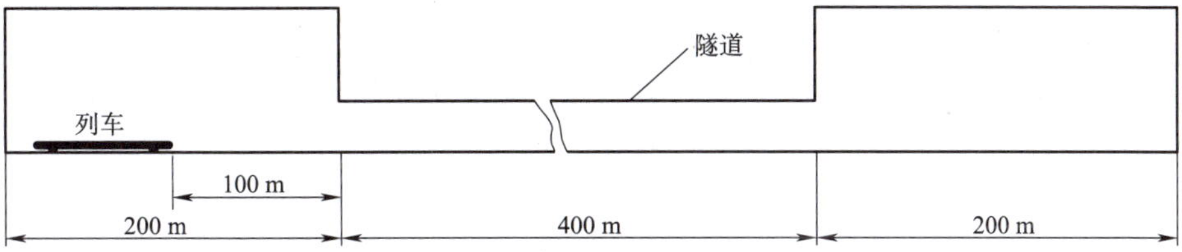

图 5-4 列车过隧道流场三维计算模型示意图

5.3.2 计算工况与计算结果

列车从距隧道入口 100 m 处开始运行,分别以 200 km/h、250 km/h、300 km/h、350 km/h、400 km/h 速度进入和通过隧道,直至车尾驶出隧道出口 50~100 m 时为止。在模型隧道内壁面上设置压力测点,位置在距列车较近的一侧壁面 1.5 m 高,距隧道入口 20 m、50 m、100 m、200 m、300 m、350 m 和隧道出口外 20 m 处。

列车以 300 km/h 速度通过时,隧道内距隧道入口 50 m、100 m、200 m、300 m、350 m 测点处压力变化历程如图 5-5~图 5-9 所示。

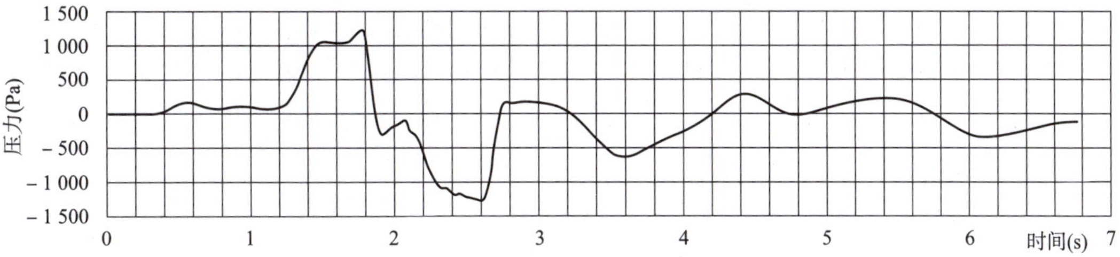

图 5-5 50 m 测点处气体压力变化历程

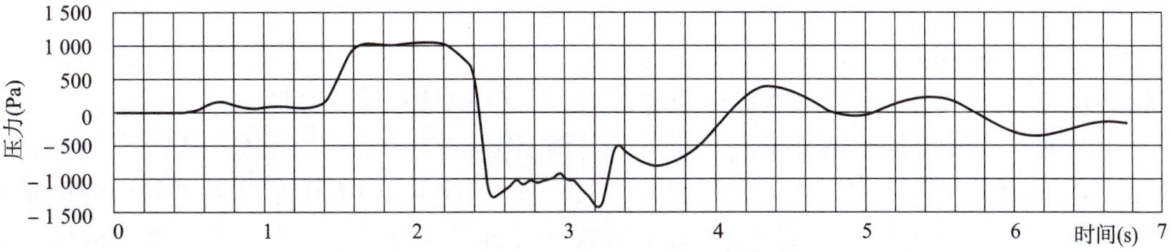

图 5-6 100 m 测点处气体压力变化历程

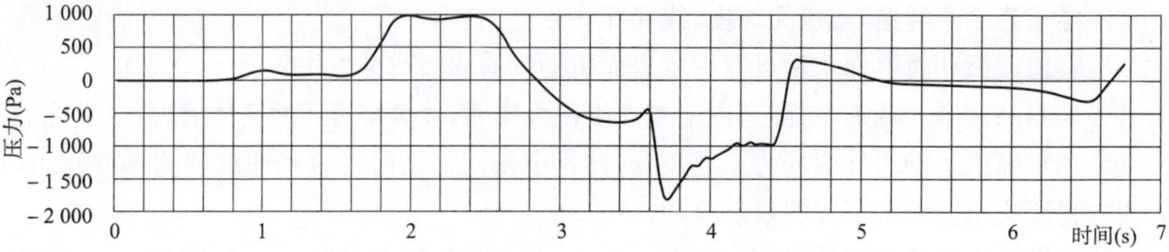

图 5-7　200 m 测点处气体压力变化历程

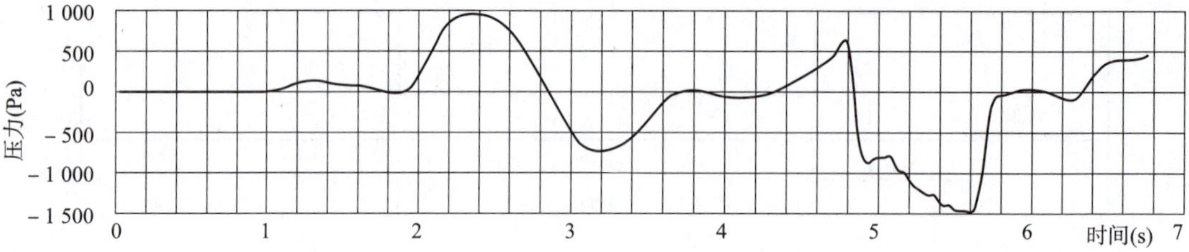

图 5-8　300 m 测点处气体压力变化历程

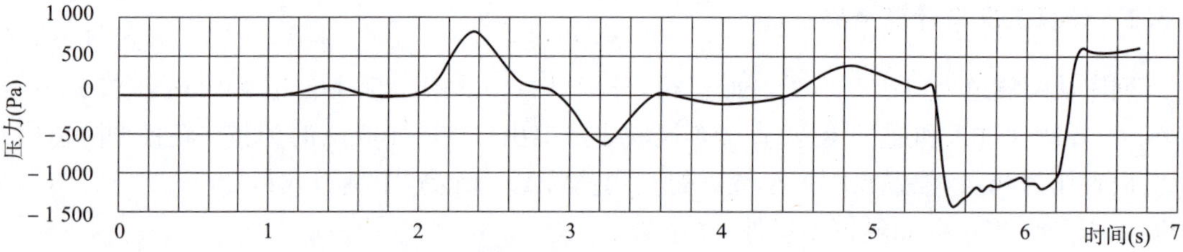

图 5-9　350 m 测点处气体压力变化历程

从图 5-5～图 5-9 可以看出，列车以 300 km/h 速度通过隧道时，隧道内气体压力的最大正压值约为 1 230 Pa(50 m 测点处)，最大负压值约为－1 790 Pa(200 m 测点处)。不同测点位置有不同的压力波动变化历程，这显然是隧道洞口效应的影响(压缩波和膨胀波传播和叠加)。下面我们取 200 m 测点处的压力变化历程，利用图 5-10 来分析压力变化历程各段的影响因素(压缩波和膨胀波的传播速度近似取 340 m/s)。

图 5-10 中倾斜的细实线为洞内压缩波传播轨迹，虚线为膨胀波传播轨迹，倾斜粗实线为车头和车尾运动轨迹。一般来说，车头进入隧道入口时产生的压缩波传播到测点时使该处气体压力上升，车尾膨胀波传播到测点时使该处的气体压力下降。从图 5-10 中可看出，车头通过测点时使该处压力突然降低，车尾通过测点时使该处压力突然升高。压力历程的其余波动应该是入口压缩波或膨胀波来回传递和叠加的结果。因此，图 5-5～图 5-9 中不同位置(1～2 s)开始的正压波峰是由于车头进入产生的入口压缩波形成，到车尾膨胀波过测点时终止。测点越靠前，正压波形越呈方形；测点越靠后，由于壁面摩擦衰减，峰值下降，形状趋于平缓。图 5-10 中近似倒梯形槽的波谷是由于列车经过测点引起的空气扰动所致。从图 5-5～图 5-9 中可以看出，有些测点位置车头通过时引起的负压极值(绝对值)大于车尾通过时引起的负压极值(200 m、350 m 测点)；有些测点位置车尾通过时引起的负压极值大于车头通过时引起的负压极值(50 m、300 m 测点)。所以(类似第 3 章隧道内会车压力波分析)我们可以认为列车通过测点时引起的压力变化，是在洞口压力波传播引起的压力波动之上叠加的一个扰动。

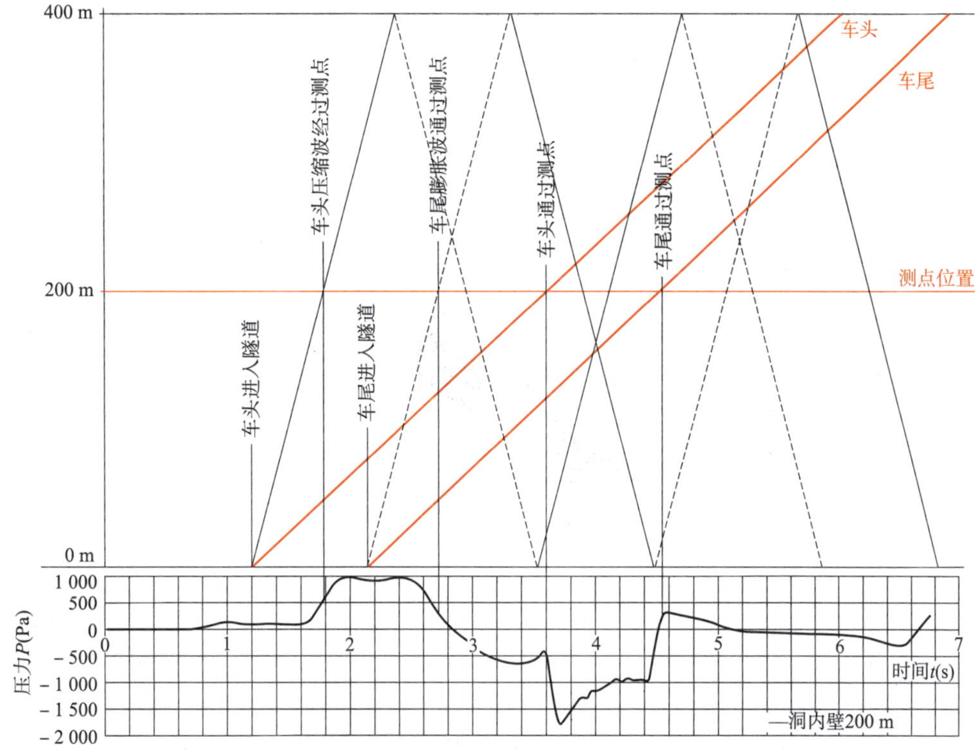

图 5-10 隧道内压力变化历程分析简图

5.3.3 计算结果分析

首先来看看隧道内气体压力波动可能出现的最大正压和最大负压位置。从图 5-5～图5-7 可以看出，由于车头进洞引起的压缩波导致最大正压力出现，且正压波的最高平台压力约为 1 000 Pa左右(300 km/h 车速)，测点离隧道入口越远，由于壁面摩擦压力衰减，平台峰值压力越低。压缩波的影响会持续到车尾进洞引起的膨胀波传到测点。因此，洞口附近由第一压缩波引起的正压波峰值最大，且压缩波宽度与列车长度相关。此外，当车头通过测点时会引起一个短暂的压力上升，如果测点位置在第一压缩波宽度之内(压缩波持续过程中)，将在正压波平台峰值压力上再叠加一个小的正压值，如图 5-5 所示(测点距洞口 50 m，接近 1.8 s 处)。所以列车通过隧道时在隧道内产生的最大正压峰值应该出现在列车进入隧道的过程中(车尾进洞之前)。

从图 5-5～图 5-9 可以看出，隧道内最大负压出现的位置都是在列车通过测点时刻。根据前面的推论，列车通过测点时引起的压力变化是叠加在隧道入口压力波传播和叠加效应之上的，而且列车的通过会产生较大负压。因此，如果列车通过的时刻发生在入口压力波传播导致的负压波谷位置，则会在该负压的基础上进一步降低隧道内气体压力。所以，若能够确定入口压力波引起的最大负压波谷位置，就可以知道列车通过时隧道内最大负压发生的位置。

定性地我们可以认为压缩波的到来引起当地气体压力上升，膨胀波的到来引起当地气体压力下降。从而连续的压缩波使当地气体压力持续上升，连续的膨胀波使当地气体压力持续下降。压缩波与膨胀波之间会出现一个压力波峰，膨胀波与压缩波之间会出现一个压力波谷。

依据这一分析和入口压缩波与膨胀波的传播规律，我们就可以大致确定隧道内最大气体压力发生的位置。如列车以 300 km/h 速度运行时，洞口压力波传播和列车运行轨迹如图 5-11 所示。图 5-11 中细实线为压缩波传播路径，虚线为膨胀波传播路径，倾斜的粗实线为车头车尾运动轨迹。

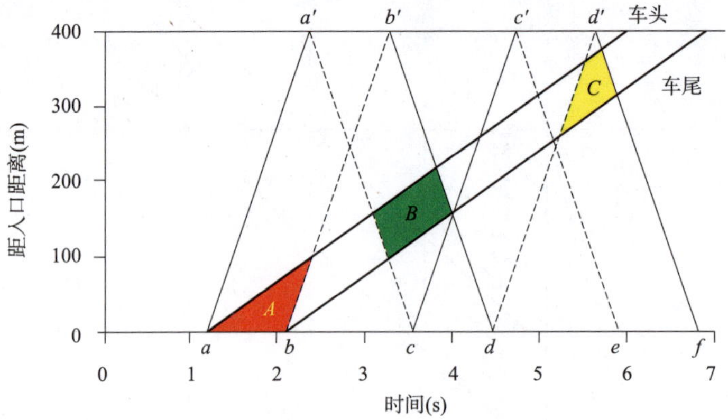

图 5-11 隧道内可能的最大气体压力出现位置

图 5-11 中 a-a'为车头进入时引起的压缩波，b-b'为车尾进入时引起的膨胀波，两条线之间的区域中应出现一个压力波峰。车头通过这一区域时在压力波峰的基础上会激起小幅正压。因此图 5-11 中字母 A 表示的区域可能会出现气体正压最大值。考虑到列车模型长度只有 76 m，最大正压峰值可能会出现在距隧道入口 20～70 m 位置。图 5-11 中 a'-c 为车头压缩波在隧道出口处转换成的膨胀波的传播轨迹，与 b-b'一起的附近区域是膨胀波作用区，压力不断下降。直到车尾膨胀波在隧道出口转换的压缩波 b'-d 出现为止。因此在 a'-c 和 b'-d 之间会出现一个气体压力波谷。依据前面分析，此时若列车经过，会在此压力波谷的基础上使该处气体压力进一步降低，从而形成最大负压值。因此图 5-11 中字母 B 表示的区域会出现气体负压最大值。尽管我们不知道洞口效应压力波形成的压力波谷出现的具体位置，但从图 5-11 中可以估计大约出现在距洞口 160～220 m 位置。

如果我们以车头通过时为基准，则列车以速度 200～400 km/h 通过隧道时，在图 5-12 中阴影区域 B 有可能产生洞口效应最大负压波谷。此时列车通过该处将可能产生最大负压峰值压力。将不同车速列车通过时，隧道内可能产生最大负压峰值压力位置标示在图 5-12 中，即为图 5-12 中水平实线。即列车以 200 km/h 速度通过隧道时，可能在距洞口 105～140 m 的位置出现最大负压；以 300 km/h 速度通过时可能在距洞口 155～225 m 位置出现最大负压，以此类推。

上面的分析只涉及第一压缩波和第一膨胀波及他们的首次转换波的叠加。如果隧道很长，是否会出现更多连续的压缩波叠加引起更大的正压峰值？抑或更多连续的膨胀波叠加引起更大的负压峰值？由于隧道长度千变万化，列车运行速度范围也比较宽广，这样的情况有可能出现。但是，一般来讲第一压缩波和第一膨胀波的能量是最大的，后续转换的压缩波和膨胀波能量在隧道出、入口都会有较大损失，传播过程中的洞壁摩擦也会使波的能量不断衰减，因此不大可能出现比图 5-11 中 A 区域波峰或 B 区域波谷更大的压力峰值。例如图 5-11 中 C 区域也满足出现压力波谷的条件，在距隧道入口 360 m 左右位置列车通过时可能会产生较大负

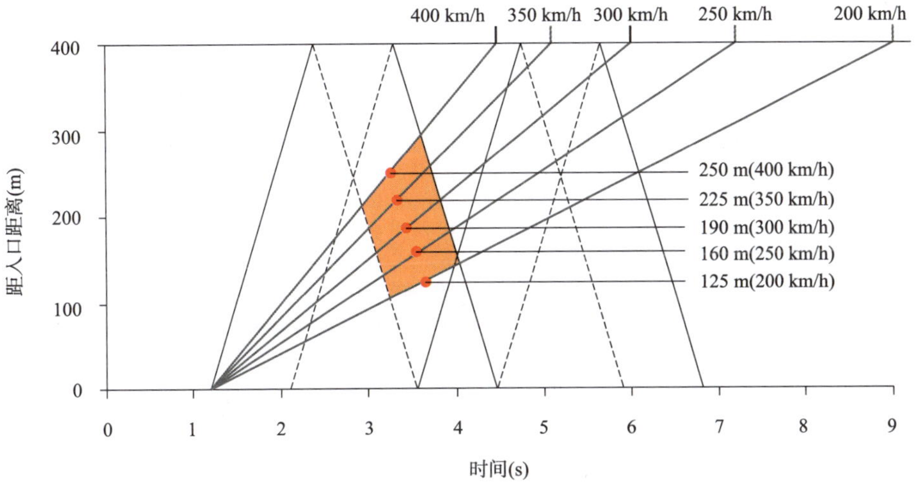

图 5-12 隧道内出现最大负压的可能位置估计图

压。但从图 5-9 计算结果曲线可以看出 350 m 测点处负压峰值远未达到 200 m 测点位置的负压峰值的水平。

下面来看看列车通过隧道时产生的气体压力峰值可能达到什么样的水平。根据前面分析,最大正压出现在列车进入隧道的过程中。由前述计算模型的计算结果,列车以 200～400 km/h速度进入横截面积 100 m^2 双线隧道时,距隧道入口 50 m 处隧道壁面(贴近列车一侧壁面,距轨面 1.5m 高)上气体压力及其压力系数列于表 5-1 中[压力系数定义为 $C_p=\frac{2p}{\rho v^2}$,ρ 为空气密度(kg/m^3),v 为车速(m/s)]。

表 5-1 距隧道入口 50 m 处壁面上气体压力与车速关系

车速(km/h)	200	250	300	350	400
压力(Pa)	582.96	887.23	1288.86	1837.44	2498.67
压力系数 C_p	0.308	0.300	0.303	0.317	0.330

从压力系数数值看,隧道内最大正压力峰值基本上与车速的二次方成正比。采用比较安全的估计,取最大压力系数 $C_p^+=0.33$,则列车通过隧道时隧道内侧壁上最大正值压力可按式(5-3)估算:

$$p_{\max}^+=0.5C_p^+\rho v^2=0.5\times0.33\times1.225\times v^2=0.202v^2 \tag{5-3}$$

式中,v 为车速(m/s),空气密度近似取常数 1.225 kg/m^3。

隧道内最大负压为洞口压力波效应与列车过测点引起的压力降的叠加。列车通过时引起的压力降低是忽略了洞口压力波效应的压力降低。这一压力降幅可采用第 3 章的方法计算获得。即建立一个计算模型,起始时刻列车已经在隧道中,然后让列车以一定的速度在隧道模型中运行。测量隧道壁面上固定测点处的气体压力变化,即可得到屏蔽掉洞口压力波效应的压力变化过程。车速 200～400 km/h 5 种车速条件下隧道壁面上气体压力系数变化曲线如图 5-13所示。

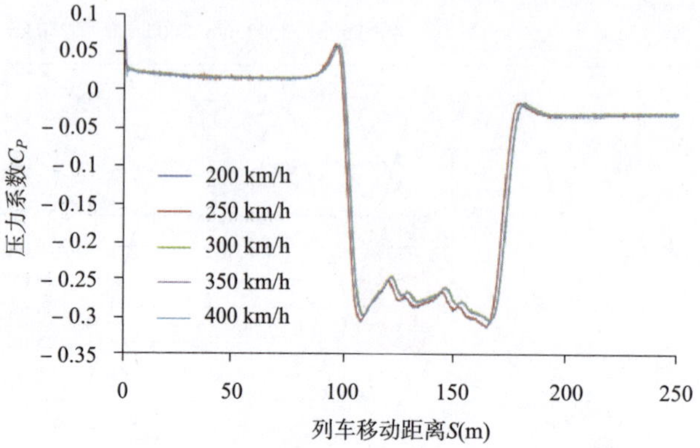

图 5-13　列车通过时屏蔽掉洞口效应的压力系数变化历程

从图 5-13 中可以看出，不同车速条件下列车通过时引起的压力降幅系数基本一样。即列车通过时引起隧道壁面的压力系数降低约为 $\Delta C_p^-=0.3$。说明隧道内列车通过时引起的压力降幅与车速的二次方成正比。

然而，由洞口效应引起的压力波动的最大负值是不容易获得的。通过对 5 种车速，洞壁上 6 个测点处的压力变化历程计算分析，洞口压力波的最大负压系数接近 -0.2。这从图 5-14 所示不同车速列车通过时，距洞口 300 m 位置测点压力系数变化历程可以估计。图 5-14 中横坐标已经由时间按车速转换为距起始点的距离(洞口在 100 m 位置)。

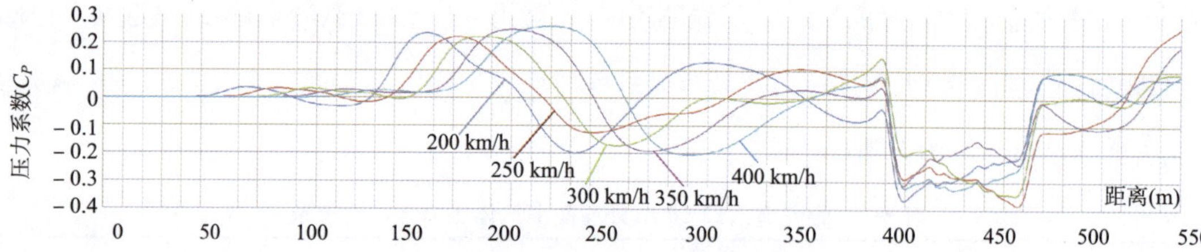

图 5-14　距洞口 300 m 处压力系数变化历程

如果在洞口效应引起的压力波动的最低压力处列车通过，则将在该处产生最大负压峰值。按照上述分析，可能产生的最大负压系数应为

$$C_{p\max}^-=-0.2-\Delta C_p^-=-0.2-0.3=-0.5 \tag{5-4}$$

因此，列车通过隧道时在隧道壁面可能产生的最大负压与车速的关系约为

$$p_{\max}^-=0.5C_p^-\rho v^2=-0.5\times0.5\times1.225\times v^2=-0.306v^2 \tag{5-5}$$

式中，v 为车速(m/s)。

下面根据图 5-12 和最大负压估算式(5-5)，利用数值计算结果检验一下列车以 200 km/h、250 km/h、300 km/h、350 km/h 和 400 km/h 速度通过 400 m 长隧道时发生最大负压位置和在数值模型上测得的最大负压值(根据图 5-12 我们在隧道壁面距洞口 100～280 m 一段每隔 5 m设一测点)。计算结果见表 5-2。

表 5-2 数据表明利用图 5-12 和式(5-5)估计列车通过隧道时隧道内可能发生最大负压的位置及其可能达到的最大负压值应该不会带来过大偏差(表 5-2 中只有 300 km/h 车速时负压位置稍有偏离)。

表 5-2 最大负压及其发生位置计算比较

车速(km/h)	200	250	300	350	400
最大负压可能发生位置(m)	105～140	130～180	155～225	180～255	215～285
数值计算测得的位置(m)	130	160	140	195	220
数值计算最大负压值(Pa)	−940.28	−1 445.80	−2 029.60	−2 893.11	−3 959.11
式(5-5)估算的负压值(Pa)	−944.77	−1 475.69	−2 125.00	−2 892.36	−3 777.77
两者负压计算偏差(%)	0.47	2.03	4.49	0.025	4.8

如果式(5-2)和式(5-5)估计的隧道内最大正压和最大负压基本正确，则列车通过隧道时在隧道内可能产生的压力波动变化以压力系数计将达到

$$\Delta C_{p\max}=C_{p\max}^{+}-C_{p\max}^{-}=0.33+0.5=0.83 \tag{5-6}$$

按照英国铁路公司或国际铁路联盟的规定，隧道内气体压力变化在 3 s 内不得大于 3 000 Pa。而从图 5-12 可以看出(气体最大正压峰值将可能出现在距隧道入口 20～70 m)，最大正压与最大负压可能出现的位置之间距离与对应的列车速度相除，结果应在 3 s 之内。因此，对于断面积为 100 m^2 的隧道，3 000 Pa/3 s 限制值对应的列车允许通过速度约为：

$$\sqrt{\frac{3\ 000}{0.5\times\rho\times\Delta C_{p\max}}}=\sqrt{\frac{3\ 000}{0.5\times1.225\times0.83}}=76.82(\text{m/s})$$

相当于 276.65 km/h。虽然我们采用的是比较安全的压力系数估计值，但即使放宽限制，也很难使时速 300 km/h 的列车通过断面积为 100 m^2 的隧道时，气体压力能满足国际铁路联盟的标准。

5.4 单车通过时的最不利隧道长度

由于列车通过隧道内入口压力波引起的最大负压位置时将在隧道内产生负压极值，而入口压力波效应只与隧道长度相关。那么列车长度和速度一定时，就有可能存在一种隧道长度使列车(过隧道时)恰好经过入口压力波负压极值处，如图 5-15 所示。图 5-15 中 a-a' 为车头产生的压缩波传播轨迹，a'-c 为车头压缩波在隧道出口转化的膨胀波传播轨迹；b-b' 为车尾入口膨胀波传播轨迹。两膨胀波在 P 点叠加。如果列车在通过隧道时恰好在 P 点对应的时间经过 P 点对应的距离，则会在此处产生最大负压。

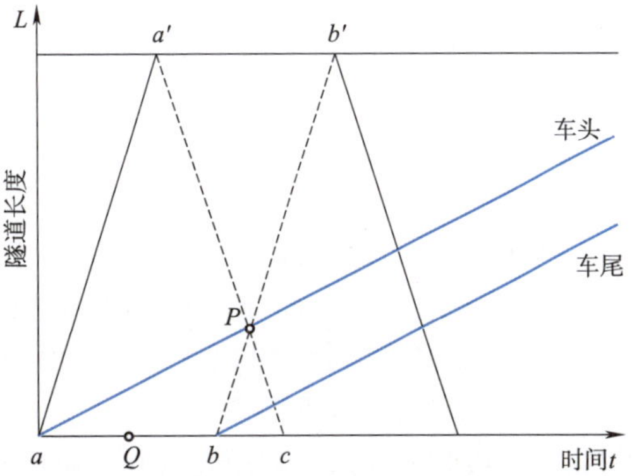

图 5-15 产生单车通过最大负压位置示意图

建立如图 5-15 中时间—长度坐标系，可列出直线 a'-c 和 b-b' 方程，求出两直线交点 P。由于车头、尾运动轨迹线的斜率就是列车运行速度，我们不难求出满足图示条件的隧道长度 L_A，这一长度就是单车通过隧道条件的最不利隧道长度。由于车尾不可能经过 P 点对应的时间和距离(除非车速与声速一致)，近似取列车长度中点经过 P 点对应的时间和距离为可能的最大车

速。写出直线$\overline{ap}$和直线$\overline{QP}$方程，可求出列车长度与速度一定时的最不利隧道长度范围。

最不利隧道长度的下限为：

$$L_{A1}=\frac{L_v}{2M(1-M)}$$

最不利隧道长度的上限为：

$$L_{A2}=\frac{L_v}{2M}\times\frac{1+M}{1-M}$$

式中：L_v 为列车长度，M 为列车运行速度的马赫数(后一公式文献[47]最先推导出)。

对于我国高速列车常用编组长度(200 m 与 400 m)和 200～400 km/h 速度等级，单车通过隧道的最不利隧道长度见表 5-3。

表 5-3　单车通过隧道时的最不利隧道长度

列车长度	车速 / 隧道长度	200 km/h	250 km/h	300 km/h	350 km/h	400 km/h
200 m 车长编组	最不利隧道长度下限(m)	732	615	541	490	455
	最不利隧道长度上限(m)	851	741	673	630	603
400 m 车长编组	最不利隧道长度下限(m)	1 463	1 230	1 081	980	909
	最不利隧道长度上限(m)	1 702	1 482	1 346	1 260	1 206

5.5　缓冲结构气动作用分析

由于超过 300 km/h 的列车通过 100 m^{2}以下断面隧道时很难使隧道内气体压力变化满足现有规范的要求，铁路工程师试图在高速铁路隧道入口加装缓冲结构，来降低列车进入隧道时引起的压力波，或降低气体压力变化率。下面我们来分析一下缓冲结构是否能实现所希望的效果。

高速铁路隧道入口修建缓冲结构最早始于日本高速铁路。由于早期修建的铁路隧道横断面积较小，随着车速的提高，隧道入口处的列车冲击压力波和隧道出口处的微气压波对车体结构、隧道结构和环境造成一定的危害[1～2,19,32～33,46]。为缓解隧道洞口气体压力波的冲击，日本工程师提出在隧道口修建缓冲结构。缓冲结构一般是在山体隧道口适当接长的一段混凝土(或其他材料)的结构，如图 5-16 所示的一种缓冲结构效果图。法国、德国、韩国等国家在修建高速铁路隧道时也相继采用缓冲结构。缓冲结构形式有很多种，如喇叭口形状，矩形截面形状、椭圆形截面形状等。有些在缓冲段洞壁开孔或开槽以卸载部分气体载荷，缓冲段入口有直立断面或斜切断面，有些还在缓冲结构入口上沿设计“上扬帽檐”结构。

我国修建的高速铁路隧道有些也采用了缓冲结构，例如郑西客运专线上秦东隧道就采用了图 5-17 所示(纵断面)结构的缓冲结构。入口采用斜切带上扬帽檐结构，入口横截面积 150 m^2，由于隧道横截面积为 100 m^2，中间有一过渡段。缓冲结构总长 58 m，其中过渡段长 8 m，两侧对称开有矩形减压孔。从气动设计角度看，缓冲结构长度多大合适？是否越长越好？过渡段多长合适？减压孔的开孔率(减压孔面积与隧道截面积之比)为多少是合适的？缓冲结构入口是直立断面好还是斜切断面好？上扬帽檐结构对减轻气动效应有什么作用？已有文献对这些问题的讨论似乎还存在较大差别。例如日本 Shinkansen 线路上一条隧道的缓冲

图 5-16 隧道缓冲结构示意图[42]

结构长 15 m[1~2]，秦东隧道缓冲结构长 58 m[42]，文献[43]认为缓冲结构的最优长度在 3 倍隧道水利直径附近；文献[44]通过模型仿真分析，认为喇叭口隧道缓冲结构长度越长越好，在阻塞比为 0.13 时隧道缓冲结构的最优长度达 181 m，文献[38]认为无开孔的缓冲结构长度取为一倍隧道断面等效直径较好，文献[45]推导了开口型缓冲结构最小长度计算式。对于缓冲结构长度似乎还没有一个统一的认识。不同隧道缓冲结构的开孔率和入口断面形状也有很大不同[38]、[46]，早期的隧道缓冲棚多采用直立入口断面且壁面不开孔，随着建造技术的进步采用各种入口断面形式和各种开孔率的缓冲结构都有出现。下面采用三维仿真计算的方法，简要分析一下喇叭口形缓冲结构和图 5-16 类型的缓冲结构对列车通过隧道时的气动作用影响。

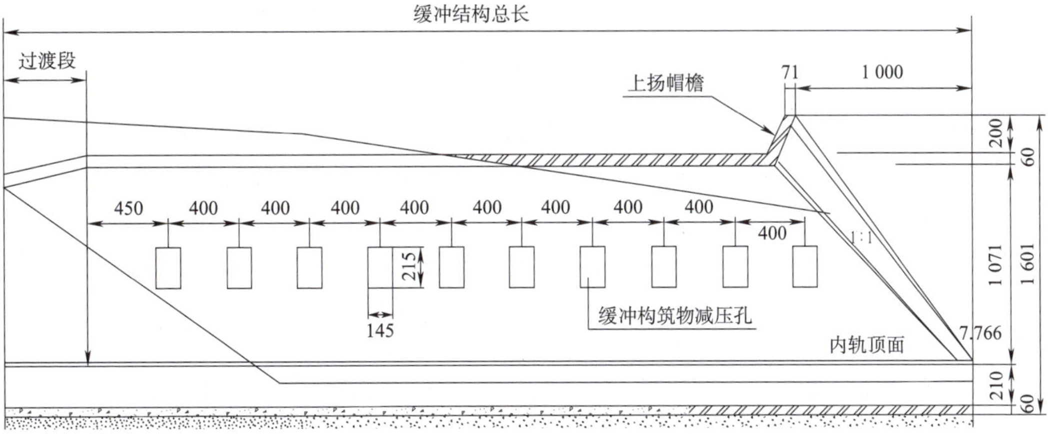

图 5-17 秦东隧道缓冲结构纵断面

5.5.1 喇叭口形隧道缓冲结构气动影响

在前述断面积为 100 m^2，形状满足京沪高速铁路设计暂行规定要求的双线 400 m 隧道两端加上喇叭口形缓冲结构。缓冲结构长度取 58 m，入口面积分别取 150 m^2、200 m^2、250 m^2、300 m^2、350 m^2 五种尺寸。计算模型(列车初始位置)如图 5-18 所示。

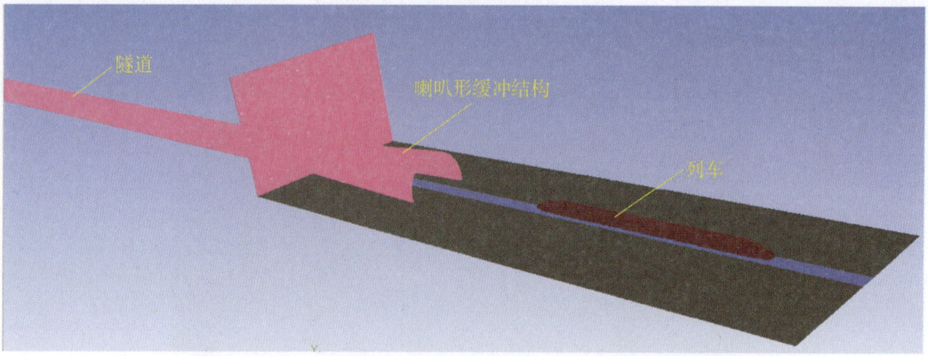

图 5-18　列车通过喇叭口形隧道缓冲结构计算模型示意图

隧道内距隧道入口 100 m 测点处气体压力变化历程计算结果如图 5-19 所示，图 5-19 中同时列出了无缓冲结构情况下隧道内气体压力变化历程。从图 5-19 中可以看出，在隧道入口加装缓冲结构并未使洞内相同测点的最大正压力值显著降低，但确实使得列车进入隧道时压力突然升高的历程有所减缓，且随着喇叭形缓冲结构面积比（入口面积与出口面积之比）的增大，压力升高历程减缓越加显著。即该处的压力变化率减小。

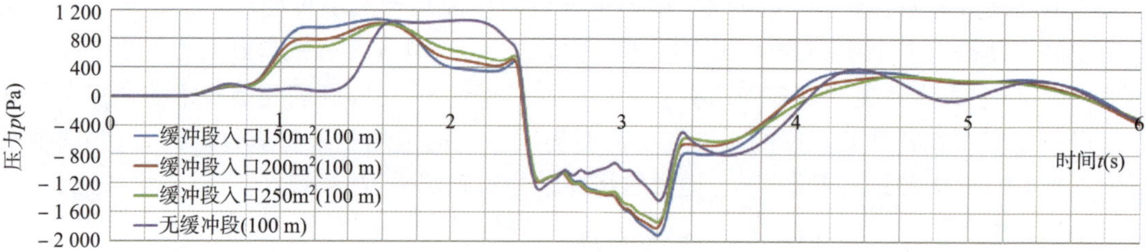

图 5-19　加装喇叭口形缓冲结构隧道内 100 m 处压力变化历程

但是从图 5-19 中也可以看出，加装缓冲结构后，距隧道入口 100 m 处最大负压极值比之未装缓冲结构隧道的最大负压极值显著增大（达到－1 923.3Pa），几乎达到了式(5-5)估计的可能达到的最大负压值（$p_{max}^{-}=-0.306v^2=-0.306\times 83.333^2=-2\ 125$ Pa）。另外，如果把隧道内压力变化历程曲线各处的压力变化率画出（图 5-20），我们可以看到隧道内的压力变化率最大值并不发生在列车进入隧道入口或进入缓冲结构入口引起的压力升高过程，而是发生在列车通过（某测点）时刻。从图中可以看出，车头通过测点时引起负的最大压力变化率，车尾通过测点时产生正的最大压力变化率。这两处压力变化率极值均远大于列车进入时引起的压力变化率（加装缓冲结构时约发生于 0.9 s，无缓冲结构时约发生于 1.5 s）。

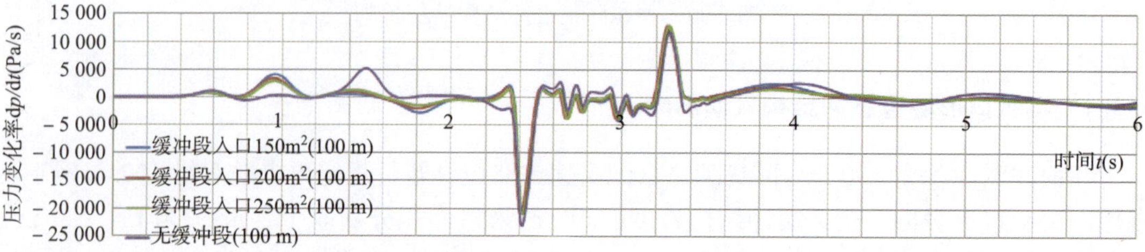

图 5-20　隧道内 100m 处气体压力变化率

事实上在隧道出、入口加装缓冲结构相当于将隧道延长了。当车头进入缓冲结构时就会激起压缩波，而且压缩波的传播路径延长，一直传播到隧道出口处缓冲结构的出口才转换为膨胀波返回。同样，车尾膨胀波的产生和传播也是如此。因此，压力波传播路径的延长导致隧道内由于入口效应产生的最大负压极值位置发生改变。上面例子中加装缓冲结构反而使距隧道入口 100 m 测点处产生更大的负压极值就是如此。这可以通过图 5-21 进行分析。

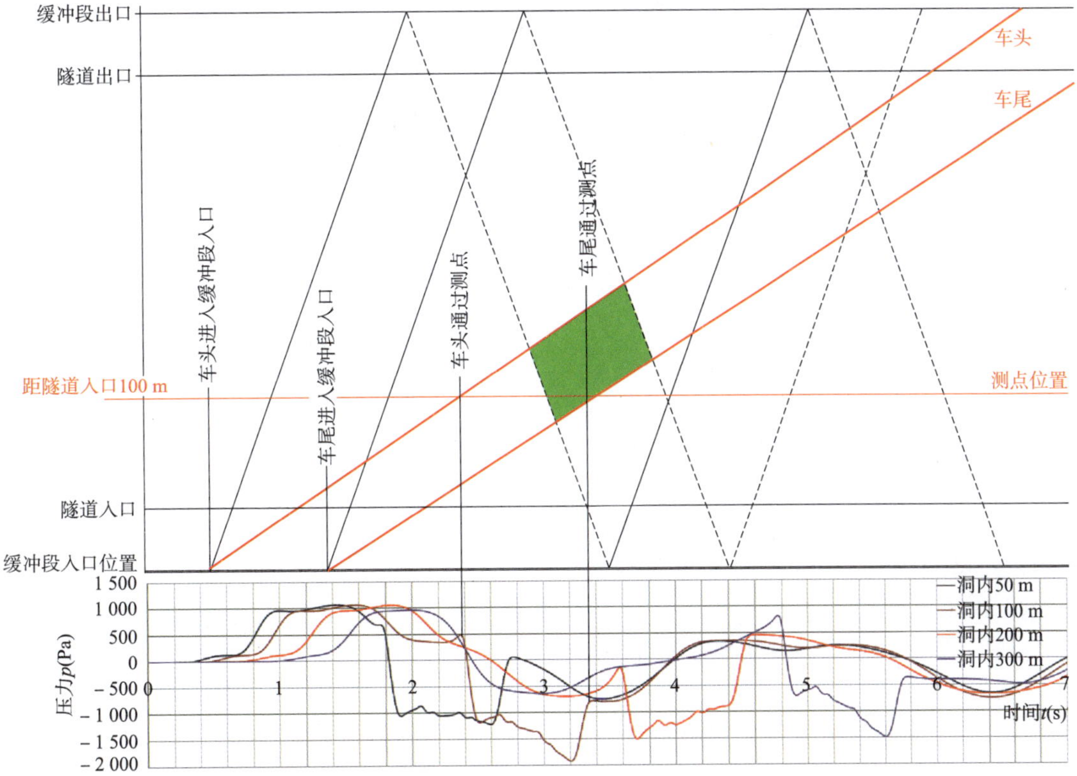

图 5-21 加装缓冲结构后隧道内压力变化

在隧道入口加装了 58 m 长的缓冲结构，使洞口压力波产生和传播路径发生改变，从图 5-21可看出，距隧道入口 100 m 恰好处于入口效应压力波叠加可能产生最大负压波谷的位置(图 5-21 中阴影填充区域)。此时 300 km/h 时速列车车尾正好经过该点，从而在该处产生了接近于可能的最大负压极值的压力。

由此我们或许可以得出结论，在隧道出、入口加装喇叭形缓冲结构，可以使列车进入时产生的压缩波的压力升高率减缓，但是并不能使隧道内列车经过时产生的最大压力升高率显著降低，也不能使隧道内的最大正压力值显著减小；加装缓冲结构会使得隧道入口效应压力波的传播路径延长，导致列车通过时产生最大负压力值的位置发生变化，但是并不能使隧道内的最大负压力值显著减小。

5.5.2 开口型缓冲结构气动影响

建立类似图 5-17 缓冲结构的隧道列车计算模型，隧道长 400 m，横断面积 100 m^2，缓冲结构横断面积 150 m^2。缓冲结构横断面积与隧道断面积之间有一逐渐缩小的过渡段，因此整个缓冲结构总长为(150 m^2截面积)缓冲段长度与过渡段长度之和。缓冲结构两侧开有矩形减压孔。如图 5-22 所示。高速列车外形仍采用 CRH2 型列车尺寸。下面分别计算分析过渡段长度、缓冲段长度、壁面开孔率和缓冲结构入口形式对隧道内气动作用影响。

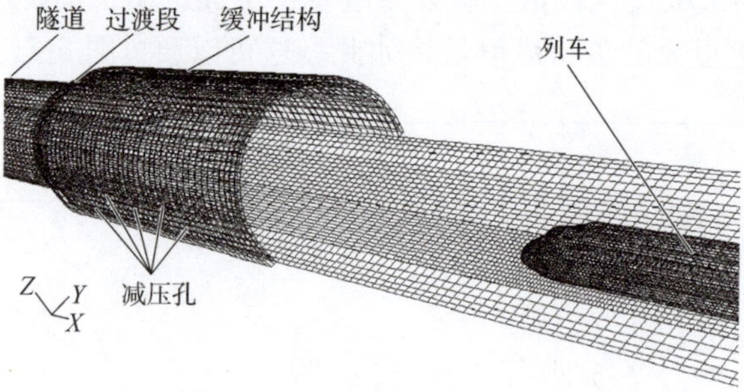

图 5-22 开口形缓冲结构隧道计算模型示意图

1. 过渡段长度的影响

分别建立三种计算模型。缓冲结构总长保持 58m,过渡段长度分别为 8 m、12 m、16 m。三种计算模型的缓冲段长度分别为 50 m、46 m、42 m。其他条件不变的情况下,列车以 350 km/h 速度进入隧道时,在隧道内距隧道入口 20 m 处的气体压力变化如图 5-23 所示。

从图中可以看出,随着过渡段的加长,隧道内峰值压力略有降低,最大压力变化率增大,但变化均很小。可见过渡段长度对隧道内气体压力的影响极小。

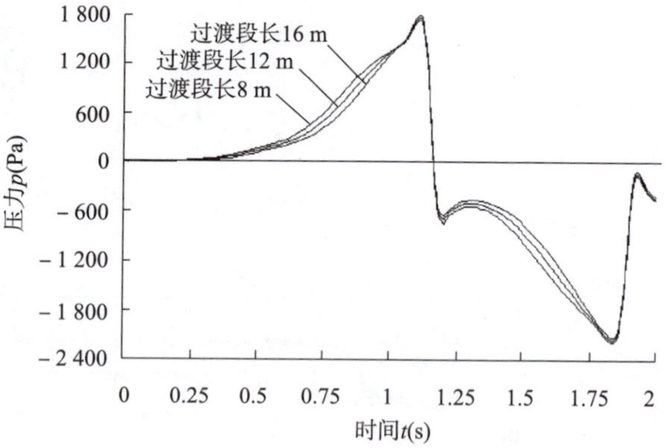

图 5-23 过渡段长度对隧道内气体压力的影响

2. 缓冲段长度的影响

为了解缓冲段长度对隧道内气体压力的影响,设计了六种计算模型。缓冲段长度分别为 0 m(对应无缓冲结构的隧道)、10 m、20 m、30 m、40 m、50 m。由于过渡段长度对隧道内气体压力的影响微乎其微,模型中过渡段长度按一定比例分别设为 2 m、3 m、5 m、6 m、8 m。列车以 350 km/h 速度进入时,六种模型分别计算得到的隧道内距入口 20 m 处的压力变化曲线如图 5-24 所示,压力峰值数据和压力变化率峰值数据列于表 5-4 中。

表 5-4 不同缓冲段长度时隧道内压力峰值与压力变化率峰值

缓冲段长度(m)	0	10	20	30	40	50
正压峰值(Pa)	1 718.57	1 704.50	1 660.98	1 605.35	1 535.80	1 480.55
负压峰值(Pa)	−1 826.38	−1 903.01	−1 930.36	−1 964.42	−2 009.18	−2 024.51
$(dp/dt)_{max}$	52 724.6	50 329.2	47 500.3	47 891.1	50 975.9	52 530.2

从表 5-4 中可以看出,随着缓冲段长度增加,列车进入时隧道内正压峰值逐渐降低,但负压峰值不断加大。相对于无缓冲结构隧道,50 m 缓冲段长度时隧道内正压峰值降低 13.8%,

但负压峰值提高10.8%，可见并非缓冲段越长越好。由于测点距隧道入口较近，根据前面的计算经验，正压峰值应该是列车通过测点时激起的小压力波峰。随着缓冲段的加长，入口压缩波引起的正压平台逐渐显现。若从隧道入口段的压力变化率峰值数据分析，缓冲段长度为20～30 m时，压力变化率峰值最小。

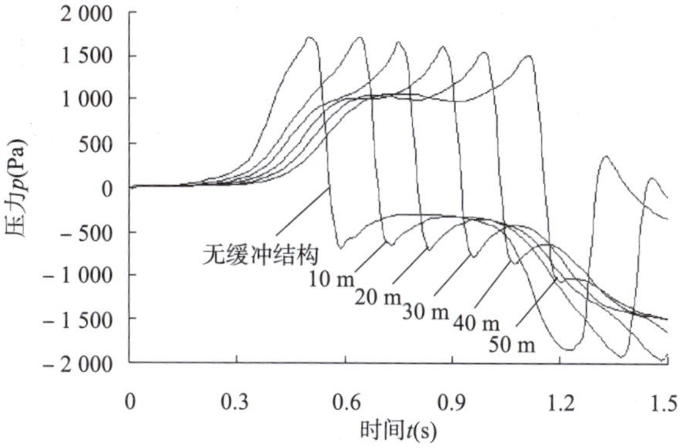

图5-24 缓冲段长度对隧道内气体压力的影响

3. 缓冲结构上开孔率的影响

为了解缓冲结构上开孔率(减压孔面积与隧道截面积之比)对隧道内气体压力的影响，对58 m长的缓冲结构，计算分析了六种开孔方式模型：

(1)缓冲结构上不开孔；

(2)每侧均布开5个孔(两侧共10个)，开孔率约等于30%；

(3)每侧均布开10个孔，开孔率约等于60%；

(4)缓冲结构顶部均匀开10个孔；

(5)缓冲结构前半段(靠近入口)每侧开5个孔；

(6)缓冲结构后半段每侧开5个孔。

列车以350 km/h速度进入时，六种模型分别计算得到隧道内距入口20 m处的压力变化曲线如图5-25所示，前三种模型的气体压力峰值和压力变化率峰值列于表5-5中。

表5-5 不同开孔率时气体压力和压力变化率峰值

开孔率	0	30%	60%
正压峰值(Pa)	1 480.55	1 622.06	1 783.28
负压峰值(Pa)	－2 024.51	－2 109.34	－2 118.63
$(\mathrm{d}p/\mathrm{d}t)_{max}$	52 530.2	51 493.6	50 988.9

从表5-5和图5-25可以看出，缓冲结构上开孔对降低隧道内气体最高压力不但没有贡献，反而是负的贡献。开孔的好处是压力变化变得平缓，使压力变化率峰值降低。随着开孔率的增大，由于缓冲段产生的压力变化平台逐渐消失。因此在缓冲结构上开孔时似应综合考虑开孔率对隧道内气体压力峰值和压力变化率的影响。

4. 缓冲结构入口形式的影响

为了解缓冲结构入口形式对隧道内气体压力的影响，分别设计了五种缓冲结构入口形式模型：

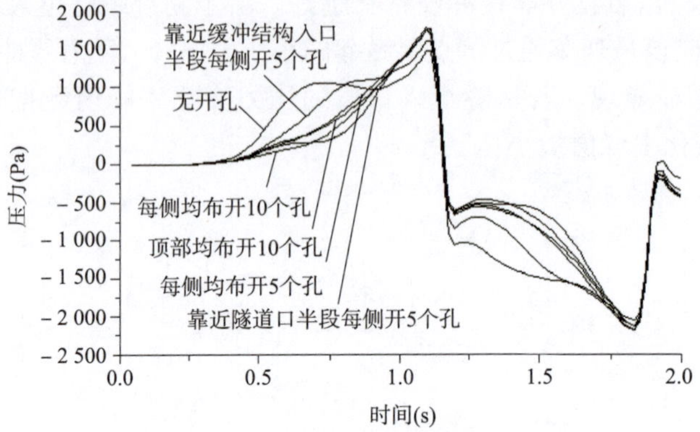

图 5-25 开孔率对隧道内气体压力的影响

(1)直立断面入口;

(2)45°倾斜断面入口;

(3)45°倾斜断面加上扬帽檐入口(与秦东隧道相同);

(4)30°倾斜断面入口;

(5)30°倾斜断面加上扬帽檐入口。

列车以 350 km/h 速度突入时,五种模型隧道内距入口 20 m 处的压力变化如图5-26所示。从图 5-26 可以看出,五种入口结构条件下隧道内气体压力变化趋势几乎一样,说明直立断面或斜切断面入口形式对隧道内气体压力的影响没什么差别,开口顶部加上扬帽檐结构对隧道内气体压力的减缓也基本不起作用。

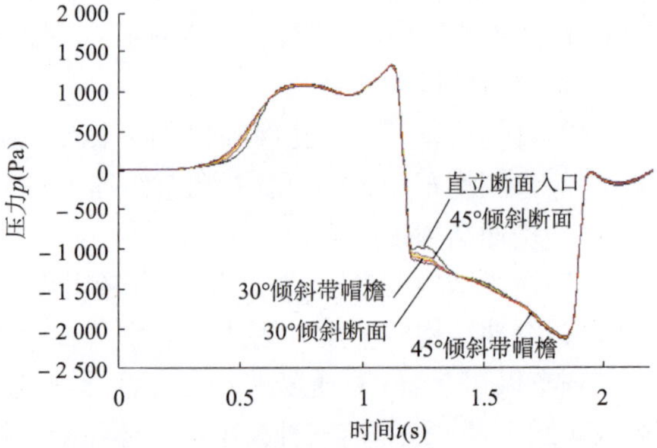

图 5-26 入口形式对隧道内气体压力的影响

从上述计算分析结果我们或许可以得出结论,开口型缓冲结构的入口结构形式对隧道内气体压力的减缓基本不起作用,适当的缓冲结构长度和适当的开孔率可以减小入口压力波的压力升高率。但是若考虑整个隧道内压力变化和压力变化率,则缓冲结构的影响就是非常有限的了。

5.6 列车通过双线隧道时的气动作用力

列车在明线上运行时,若不考虑环境侧风的影响,受到的气动力只有阻力和升力以及由不同位置升力差别引起的俯仰力矩。当列车运行速度一定时,列车受到的气动阻力基本不变。但是当列车通过隧道时,受洞口压力波传递的影响,列车气动阻力会发生波动。另外,列车进入双线隧道时由于两侧的气流空间不对称,也可能引起横向力和力矩的变化。我国武广高速铁路和京津城际铁路的列车最高运行速度都是 350 km/h,但武广高速铁路的轨道和列车轮缘磨损情况远大于京津城际铁路的轨道和列车轮缘磨损。这可能就是列车通过隧道产生的横向气动作用引起的(京津城际铁路沿线没有隧道)。下面我们来分析列车通过双线隧道时所受到的气动作用力变化情况。

5.6.1 气动阻力

仍采用图 5-4 所示模型计算分析。列车以 300 km/h 速度驶入 400 m 长,100 m^2断面积双线隧道时气动阻力的变化如图 5-27 所示。计算起始位置在列车距离隧道入口 100 m 处。从图 5-27 中可以看出,当车头进入隧道入口时阻力系数急剧增大,但并未在车头进入时达到最大值。阻力的最大值发生在约 180 m 处,因列车模型长度为 76 m,所以发生阻力最大时刻是列车车尾进入隧道几米的位置。这时在隧道入口产生最大膨胀波,导致车尾处负压值最大,而车头正压仍保持较大值,因此,在此位置列车气动阻力最大。随着入口膨胀波向前方传递,车尾处负压值减小,列车阻力持续下降。当入口膨胀波和车头进入压缩波传递到出口返回的膨胀波在车头前方相遇时(约 260 m 处),车头前方气体压力降到较低值,此时的列车阻力达到局部极小值。后续的阻力波动显然应该是洞口压力波来回传递的结果。由图 5-27 的分析我们或许可以得到两点结论:(1)列车在隧道内运行的气动阻力最大值比明线运行时气动阻力大得多,若以阻力系数 0.4 作为明线运行列车气动阻力,则隧道内列车气动阻力有可能增大 50%左右;(2)列车在隧道内运行时气动阻力是波动变化的,最大气动阻力发生在车尾进入隧道几米的时刻。

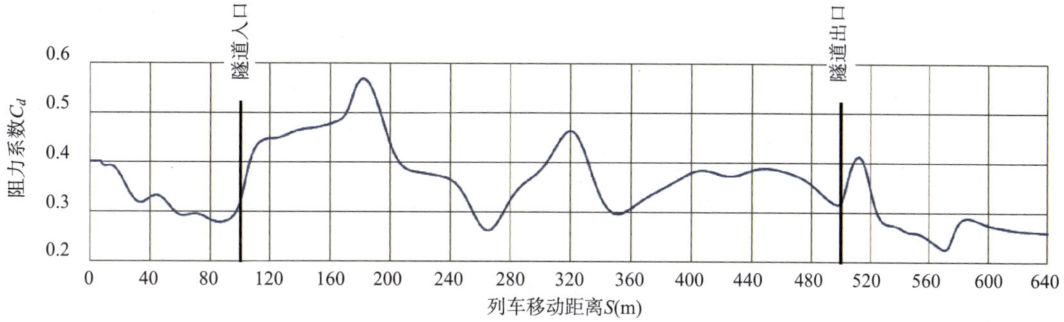

图 5-27 列车通过隧道时气动阻力系数变化

既然列车通过隧道时的气动阻力变化与隧道洞口压力波传递相关,如果在隧道出、入口加装缓冲结构可改变洞口压力波的传播距离,是否有可能降低列车最大气动阻力呢? 利用图5-18所示带有喇叭口形缓冲结构的隧道模型,计算了列车通过喇叭口形缓冲结构入口面积分别为 150 m^2、200 m^2、250 m^2、300 m^2、350 m^2的隧道时的气动阻力变化,如图 5-28 所示。

从图 5-28 中可以看出,车头进入缓冲结构入口时气动阻力增大,车头行驶到约 125 m 时列车气动阻力达到最大值。此时也是车尾进入缓冲结构几米距离的时刻(列车起始位置距缓冲结构入口 42 m)。气动阻力的局部极小值位置与气动阻力最大值位置间距离比无缓冲结构情况远了 50 多米,显然是洞口膨胀波传播距离加长的缘故。由此也可以得出推论,缓冲结构的长度会影响列车最大气动阻力出现的位置,对最大气动阻力值也可能产生少量影响。若将缓冲结构也看成隧道的一部分,则最大气动阻力总是出现在车尾进入洞口几米的时刻。

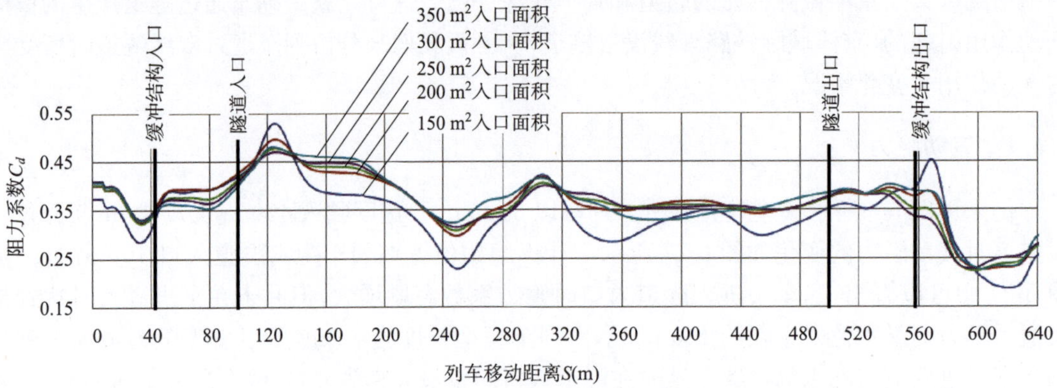

图 5-28 喇叭口形缓冲结构对列车气动阻力的影响

随着喇叭口形缓冲结构入口面积的增大，列车气动阻力的最大值发生变化。气动阻力最大值与喇叭口形缓冲结构入口面积的关系如图 5-29 所示（入口面积为 100 m^2 表示无缓冲结构），可看出当入口面积为 300 m^2 时气动阻力系数最小。可见在缓冲结构长度一定时，适当选择喇叭口入口面积可使列车最大气动阻力有所降低。

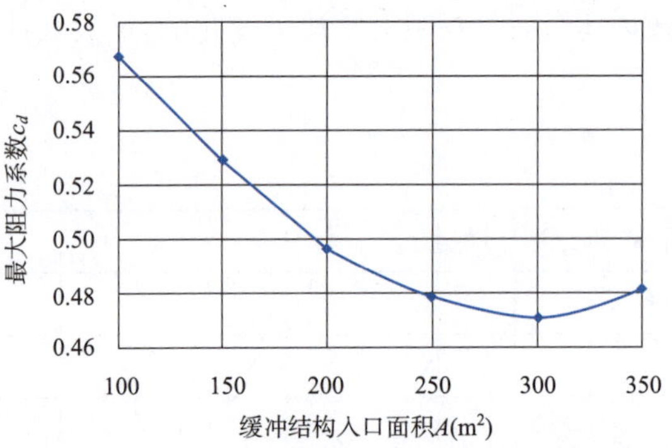

5-29 最大气动阻力随喇叭口缓冲结构入口面积变化

5.6.2 气动侧向力

列车高速进入双线隧道，由于隧道内列车两侧气流空间的不对称，有可能使列车受到一定的侧向气动力。为了解此时列车气动力的变化情况，计算分析了列车以 300 km/h 速度驶入图 5-4 所示隧道模型时三节车上侧向力的变化（列车模型长 76.3 m，分为头车、中间车和尾车），如图 5-30 所示。

列车进入隧道前，各节车所受气动侧向力基本为零。进入隧道后每节车都受到波动的侧向气动载荷，在隧道入口一方尾车引起的侧向力波动峰值最大，侧向力的方向为负，即朝向列车贴近隧道壁面的一侧（列车运行在前进方向的右侧线路上）。再来看尾车最大侧向力发生的位置，图 5-30 的横坐标距离是由列车运行时间乘以列车运行速度转换而来，起始时刻车头鼻尖距隧道入口 100 m，车尾鼻尖距隧道入口约 176 m。由图 5-30 可以看出尾车最大气动侧向力发生于约 170～180 m 处，因此，可算出列车车尾鼻尖进入隧道入口时出现尾车侧向力峰值，所以隧道入口处右侧铁轨内侧可能磨损比之其他位置更剧烈一些。进入隧道后列车一直

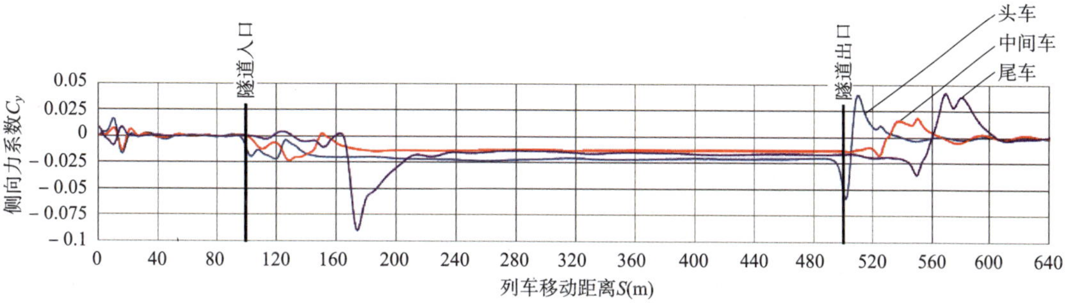

图 5-30 列车通过隧道时气动侧向力系数变化

受到负的侧向气动力，尽管不大，但会使右侧轮缘贴向轨道，增大磨损。当列车驶出隧道时，各节车又受到波动的侧向作用力，在隧道出口一方头车侧向力波动峰值最大，而且侧向力在短时间内方向改变，有可能导致车辆的蛇行运动。从图 5-30 发生侧向力波动的位置分析，隧道内列车前进方向靠近隧道壁一侧的钢轨的内侧应该磨损更严重一些，其中隧道入口附近磨损应该更严重。隧道出口由于出现侧向力换向，出口处钢轨也应该有比隧道内钢轨更为严重的磨损。当然，常年运行在隧道较多的线路上的列车，其轮缘磨损也会比完全明线上运行列车的轮缘磨损严重。

如果在隧道出、入口加装缓冲结构是否有可能减缓列车进入隧道引起的气动侧向力波动呢？为此分析了不同入口面积的喇叭口型缓冲结构对列车气动侧向力的影响。缓冲结构长度 58 m，入口面积分别为 150 m^2、200 m^2、250 m^2、300 m^2、350 m^2，列车以 300 km/h 驶入时尾车气动侧向力的变化如图 5-31 所示。

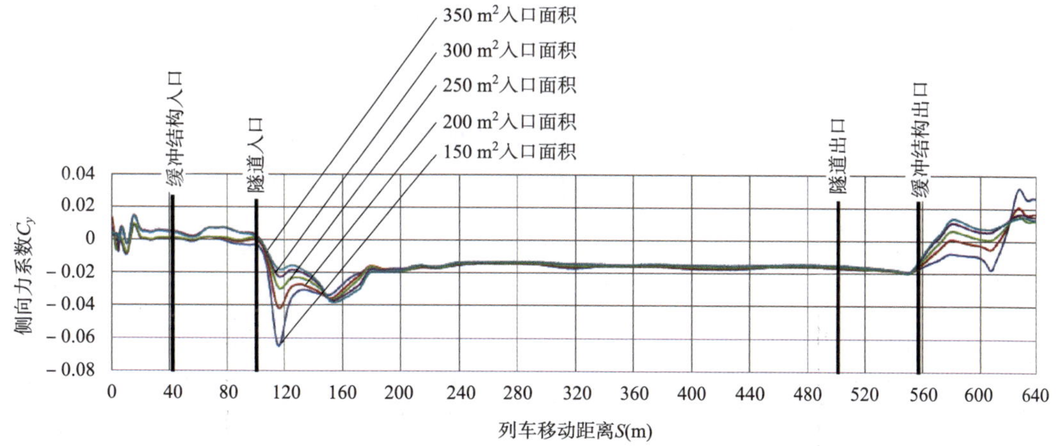

图 5-31 喇叭口形缓冲结构对列车尾车气动侧向力的影响

从图 5-31 中可以看出，缓冲结构对列车在隧道内部所受气动侧向力的大小几乎没有影响，但是可以有效地减缓隧道出入口处的气动侧向力波动幅值。图 5-32 和图 5-33 显示了隧道入口和出口处加装喇叭口形缓冲结构后最大气动侧向力系数绝对值与缓冲结构入口面积的关系，入口处以尾车侧向力为准，出口处以头车侧向力为准，入口面积为 100 m^2 表示无缓冲结构隧道。从图 5-32 和图 5-33 中可以看出缓冲结构入(出)口面积为 250 m^2 左右时最大气动侧向力接近最小值。

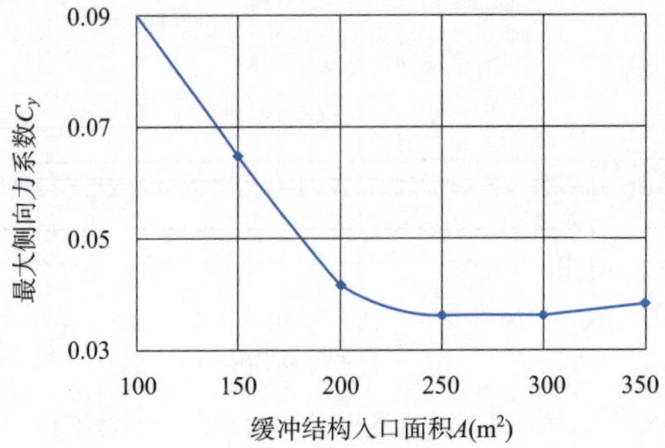

图 5-32 隧道入口处侧向力随缓冲结构入口面积变化

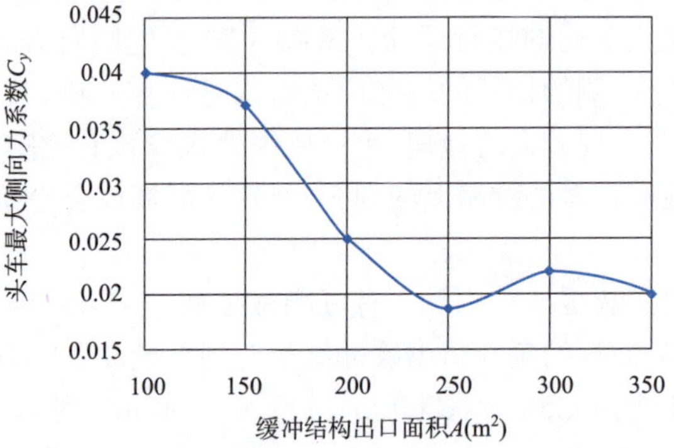

5-33 隧道出口处侧向力随缓冲结构出口面积变化

5.6.3 气动偏转力矩

由于气动侧向力的不对称，列车通过隧道时有可能受到偏转力矩。利用图 5-4 所示模型，计算列车以 300 km/h 驶入隧道时各节车偏转力矩变化如图 5-34 所示。

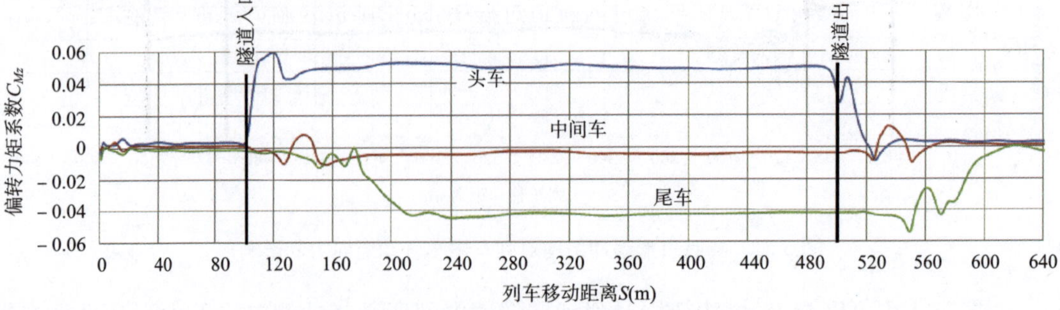

图 5-34 列车通过隧道时气动偏转力矩变化

比较有意思的现象是，头车所受偏转力矩为正，意味着车厢前部向行驶方向左侧偏转，车厢后部向行驶方向右侧偏转；而尾车所受偏转力矩为负，车厢偏转方向与头车相反；中间车受到很小的偏转力矩，但是在进入和驶出隧道过程中各出现两次偏转力矩的换向。列车通过隧道时受到如此复杂的气动偏转力矩，应该会引起较严重的蛇行运动，造成轮缘和轨头磨损加剧。日本的研究人员就曾经发现列车在隧道内行驶时出现车尾摆动的现象，这应该主要是气动偏转力矩作用的结果。

不同入口面积喇叭口形缓冲结构对尾车气动偏转力矩的影响如图 5-35 所示。从图 5-35 中可看出加装缓冲结构对尾车在隧道内所受的偏转力矩的大小几乎没有影响，对隧道进、出口处偏转力矩大小的影响也十分有限。对比图 5-34 可以看出，加装缓冲结构可使列车进入和驶出隧道过程中受到的气动偏转力矩变化率有所降低。

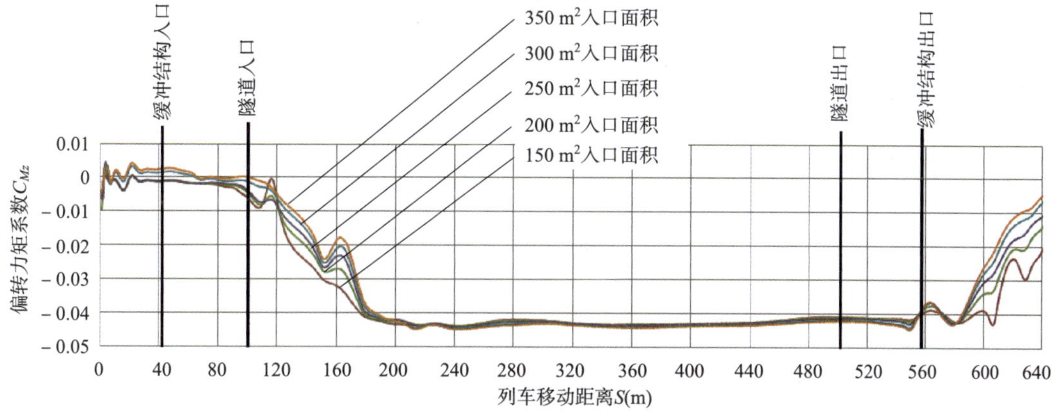

图 5-35 喇叭口型缓冲结构对列车尾车气动偏转力矩的影响

5.7 结 论

(1)高速列车通过隧道时在隧道内某一断面上产生的气体压力波动是入口效应压力波与列车通过该处引起的气体扰动的叠加。当地气体压力的大小主要与隧道长度、列车长度和列车速度相关。

(2)列车通过时在隧道内产生的最大气体负压绝对值要远大于最大气体正压绝对值。隧道内的最大气体正压峰值出现在列车进入隧道过程中，即车尾进入洞口之前，位置在洞口向内延伸车长的一段距离内；隧道内的最大气体负压峰值会出现在列车经过由入口效应压力波产生的最大负压位置。其大致位置可根据隧道长度、列车长度和列车速度，通过作图(图 5-11)近似获得。

(3)所分析列车(CRH2 型高速列车)通过 100 m^2 截面积隧道时，隧道内最大正值气体压力约为车速平方的 0.2 倍；最大负值气体压力约为车速平方的 0.3 倍；最大压力波动系数可能达到 0.83。

(4)高速铁路隧道口加建缓冲结构对降低列车突入时的压力波峰值有一定作用但效果不明显，但是可比较显著的降低入口压力变化率。

(5)缓冲段长度并非越长越好。过长的缓冲段虽可使正压波峰值降低，但会使压力波的负压峰值加大。文中计算模型的缓冲段长度大于 20 m 时，压力波的升高过程分成两个阶段，中间有一平缓过渡期。综合考虑压力波峰值和压力变化率，在计算工况下缓冲段长度在 20～30 m左右较好。

(6)相对于不开孔的缓冲结构，开孔会导致压力波峰值有所加大。开孔的好处是可以使压力波的最大压力变化率降低，压力变化平缓。设计开孔率时似应综合考虑压力波峰值和压力变化率的大小。

(7)缓冲结构的入口形式对隧道压力波的影响非常小。因此从缓冲结构施工难易程度考虑，没有必要设计斜切截面的缓冲结构入口甚至斜圆弧截面的入口形式，从空气动力作用角度讲，上扬帽檐结构也没有必要。若考虑美观则另当别论。

(8)喇叭口形缓冲结构开口截面积的大小对列车通过隧道时最大气动阻力的大小，最大气动侧向力的大小有一定的影响。对于 100 m^2 截面积的隧道，开口面积为 250～300 m^2 可能较好。喇叭口型缓冲结构开口截面积对列车通过隧道时的最大气动偏转力矩的影响非常小，但有利于降低偏转力矩在隧道出、入口的变化率。

(9)上述结论特别是关于缓冲结构影响的结论是在截面积为 100 m^2 双线隧道基础上获得的。更小截面积的双线隧道加装缓冲结构后的影响可能与本章所得结论不尽相同。

参考文献

[1] 山本彬也. 列车とトンネルの空气动力学[R]. 铁道技术研究报告，1230，1983.

[2] OZAWA S，MEADA T，MATSUMURA T，UCHIDA K，etc. Countermeasures to reduce micro- pressure waves radiating from exits of Shinkansen tunnels [C]//Proceedings of the Seventh International Symposium on Aerodynamics and ventilation of Vehicle tunnels，Brighton，UK，1991：253-266.

[3] RAGHU SR，KIM H-D，SETOGUCHI T. Aerodynamics of high-speed railway train[J]. Progress in Aerospace Sciences 2002，38(6)：469-514.

[4] POPE C W，GAWTHROPE R G，RICHARD S P. An experimental investigation into the effect of train shape on the unsteady flows generated in tunnels[C]//Proceedings of the forth international symposium on the aerodynamics & ventilation of vehicle tunnels，March 23-25，York，UK，BHRA Fluids Engineering，c1982：107-127.

[5] KIM H-D. Aerodynamic analysis of a single train running in a tunnel[J]. Transactions of the Korean Society of Civil Engineering，1997，17：1-6.

[6] TRIEBSTEIN H. Transient pressure measurements at the top of the engine 103 during the passage through the Hettersberg tunnel [C]//Proceedings of the third international symposium on the aerodynamics & ventilation of vehicle tunnels，Sheffield，UK，March 19-21，c1979：303-324.

[7] GAILLARD M A. Aerodynamic measurement with high-speed trains(250km/h)in the Hettersberg tunnel. Comparison of theory and experiment [C] Proceedings of the third international symposium on the aerodynamics & ventilation of vehicle tunnels，Sheffield，UK，March 19-21，c1979：281-302.

[8] MANCINI G，MALFATTI A. Full scale measurements on high speed train ETR 500 passing in open air and in tunnels of Italian high speed line[M]. TRANSAERO-A Europe initiative on transient aerodynamics for railway system optimization，Berlin，Springer-Verlag Press，c2002：101-122.

[9] HOWE MS，IIDA M，FUKUDA T，et al. Theoretical and experimental in resignation of the compression wave generated by train entering a tunnel with flared portal[J]. Journal of fluid mechanics，2000，425：111-132.

[10] GREGOIRE R，RETY J M，MASBERMAT F，et al. Experiment study (scale 1/70) and numerical simulations of the generation of pressure wave and the micro-pressure waves due to high-speed train-

tunnel entry[C] Proceedings of the 9th international symposium on the aerodynamics & ventilation of vehicle tunnels, Acosta Valley, Italy, October 6-8, BHR Group, The Fluid Engineering Centre, c1998: 191-220.
[11] 铁道科学研究院铁道建筑研究所. 列车通过隧道时的气动压力波全尺寸实验[R]. 国家"八五"相关项目专题研究报告,铁道部科学研究,1995,10.
[12] 铁道科学研究院,成都铁路局. 遂渝线 200km/h 提速综合实验总报告[R]. 铁道科学研究院,2005,7.
[13] 刘堂红,田红旗,金学松. 隧道空气动力学实车试验研究[J]. 空气动力学学报,2008,26(1):42-46.
[14] 铁道科学研究院. 武广客运专线隧道气动效应测试报告[J]. 铁道科学研究院报告,2009,11.
[15] 西南交通大学牵引动力实验室. CRH380A 空气动力学性能测试报告[R]. 西南交通大学,2011,6.
[16] WHITE W R, POPE C W. The use of hydraulic analogy for modeling the unsteady flows in railway tunnels[J]. Environmental Quality, 1979, 12: 12-39.
[17] OZAWA S, MARDA T. Model experiment on reduction of micro -pressure wave radiate from tunnel exit [C]//International Symposium on Scale Modeling, Tokyo, Japan, July, 18-22, 1988: 33-37.
[18] HARA T, OKUSHI J. Model test on aerodynamic phenomena of a high speed train entering a tunnel[R]. Railway Technical Research Institute, Quarterly Repot, 3(4), 1962.
[19] 小沢智. トンネル出口微气压波の研究[R]. 日本,东京,铁路铁道技术研究所. 1979.
[20] OZAWA S, TSUKAMOKO K, MAEDA T. Model experiments on devices to reduce pressure wave radiated from a tunnel[R]. Tokyo, Japan, Railway Technical Research Institute Report, No. 990, 1976.
[21] WOLFD WB, DEMMENIE E. New test facility for the study of interacting pressure waves and their reduction in tunnels for high speed trains[J]. Pneumatic Equipment, 1997, 2: 20-55.
[22] 王英学,高波,李伦贵. 高速列车模型实验系统及其测试结果分析[J]. 铁道工程学报. 2003(1):96-100.
[23] 王英学,高波,赵文成,等. 高速列车进出隧道空气动力学特性的实验研究[J]. 流体力学实验与测量,2004,18(3):74-78.
[24] 王英学,高波,骆建军,等. 高速列车进入隧道空气动力学模型实验分析[J]. 空气动力学学报. 2004,22(3):346-351.
[25] SUO M, JACOBS P. Hydraulic analogy study of waves in tunnels[R]. USA, Massachusetts, MIT DSR-76111-1, 1966.
[26] MILLS JM, WILSON DG. Study by hydraulic analogy of the passage of high-speed trains through tunnels [R]. USA, Massachusetts, MIT DSR-76111-2, 1967.
[27] 木川田一弥,森井宜治,(吴德康译). 对超高速列车在隧道内运行时压力变化的实验研究[J]. 隧道译从,1994,5:1-9.
[28] 高品贤,余南阳,雷波. 隧道空气压力波浅水槽拖动模型实验的实时检测[J]. 铁道学报,2000,22(3):43-46.
[29] 余南阳. 高速列车隧道压力波浅水槽模拟实验研究[J]. 铁道学报,2004,26(2):52-55.
[30] International Union Railways, Problems arising from the running of high speed trains in tunnels-final report[R]. Paris, ORE-UIC-Report C149/RP13, 1985, 9.
[31] 朱克勤,杨宇光. 高速列车穿越隧道时一维非定常流的数值研究[J]. 空气动力学学报,1998,16(4):480-484.
[32] 梅元贵,赵海恒,刘应清. 高速铁路隧道压力波数值研究[J]. 西南交通大学学报,1995,30(6):667-672.
[33] 梅元贵,周朝晖,许建林. 高速铁路隧道空气动力学[M]. 北京:科学出版社,2009 年.
[34] 余南阳. 时速 160km,200km 列车通过隧道时产生的压力波研究[J]. 铁道建筑,2003(12):29-31.
[35] 余南阳,梅元贵. 高速铁路隧道压力波主要影响参数研究[J]. 中国铁道科学,2003,24(6):67-69.
[36] 骆建军,高波,王英学,等. 高速列车穿越隧道的二维非定常流数值模拟[J]. 铁道学报,2003,25(2):

68-73.
[37] 骆建军，高波，王英学，等. 高速列车通过隧道时压力变化的数值模拟[J]. 中国铁道科学，2003，24(3)：82-86.
[38] 王英学，高波. 高速列车进出隧道空气动力学研究的新进展，中国铁道科学[J]. 2003，24(2)：83-88.
[39] 赵文成，高波，骆建军. 高速列车通过隧道的三维数值模拟，中国铁道科学[J]. 2003，24(5)：96-100.
[40] 赵文成，高波，王英学，等. 高速列车突入隧道引起的压缩波的理论研究[J]. 西南交通大学学报，2004，39(4)：447-450.
[41] IIDA M，KIKUCHI K，FUKUDA T. Analysis and experiment of compression wave generated by train entering tunnel entrance hood[J]. Jsme International Journal. ser. b Fluids and Thermal Engineering，2006，49(3)：761-770.
[42] 刘旭全. 大断面黄土隧道洞口缓冲结构的设计及施工[J]. 铁道工程学报. 2008(7)：69-73.
[43] 王英学，高波，赵文成，等. 缓冲结构对列车突入隧道时的瞬变压力的影响[J]. 铁道工程学报. 2004(1)：94-98.
[44] 骆建军，高波，王英学. 高速列车突入隧道与缓冲结构时的数值模拟[J]. 空气动力学学报，2003，21(1)：376-381.
[45] 赵文成，高波，郑长青，等. 铁路隧道缓冲结构空气动力学特性的试验研究[J]. 实验流体力学，2005，19(2)：55-59.
[46] 铁道部工程设计鉴定中心. 高速铁路隧道[M]. 北京：中国铁道出版社，2006.
[47] 王建宇，万晓燕，吴剑. 隧道长度对瞬变压力的影响[J]. 现代隧道技术，2008，45(6)：1-4.
[48] JOHNSON T，DALLEY S. 1/25 Scale Moving Model Tests for the TRANSAERO Project[M]. TRANSAERO-A Europe initiative on transient aerodynamics for railway system optimization，Berlin，Springer-Verlag Press，c2002：123-135.
[49] HOWE M S. The compression wave produced by a high-speed train entering a tunnel[J]. Proceedings：Mathematical，Physical and Engineering Sciences，1998，454：1523-1534.

6 列车风对路边人员的气动作用

6.1 问题的提出

列车通过时产生的诱导气流(通常称为列车风)对列车附近的环境或人员会产生负面影响,特别是高速列车风的风速还相当大,有可能达到蒲式 7 级以上的风速,给人员行走和稳定站立造成困难。列车风引起的气动作用力也会危及路边行人或作业人员的人身安全。日本、英国、法国、德国、美国等发达国家的研究人员很早就注意到这一问题,并进行了相关的研究(图 6-1,图 6-2)[21],以确定列车高速通过时路边人员的安全距离。

图 6-1 列车风压测量装置

图 6-2 列车风作用力测量装置

一般来讲,列车风的强度(风速和气动作用力)随距车体距离的增大而衰减,但是如何衰减?列车风的强度与车速之间是什么关系?与车体距离之间是什么关系?多大的距离是人体的安全距离?这些都是应该首先弄清楚的问题。对于安全距离,各高速列车运营国的判别标准是不一样的。英国与日本采用人体附近的平均风速作为判据[9],日本以 9 m/s 风速为站台安全距离的判据,英国以 25 英里每小时(≈11.1 m/s)风速为站台安全距离的判据,以 38 英里每小时(≈16.9 m/s)风速为作业安全距离的判据;法国和德国采用气动力作为判据[11],规定人体允许承受的最大气动力为 100 N;苏联以单位面积人体承受气动力作为判据[12],规定站台上人体可承受的气动压力为 2~2.5 MPa(20~25 kgf/m^2);美国以人耳膜可承受的压力(0.2 psi)或 7 级蒲式风级作为判据[8~9]。中国目前还没有相应的标准,制定这样的标准是人体工程学的任务，但是研究列车风的风速随列车运行速度和与车体距离间的变化关系，研究列车风对人体作用力随车速和距离的变化关系是制定标准的前提，因此很有必要开展这方面的研究工作。

6.2 研究方法

列车风对周围物体的气动作用是由于列车和物体在空气中的相对运动引起的，这种具有相对运动的物体之间的气动作用风场，利用风洞试验来模拟目前是十分困难的。要测量列车风对人体的作用力或人体附近的风速一般依靠现车试验。日本、法国和中国的研究者曾用模特进行过实测[11~13]，如图 6-3 为中国铁道科学研究院 1994 年在环行试验线用模特测量人体受力的试验照片。但这些试验都是在列车运行速度低于 250 km/h 条件下测量的，对我国高速铁路运行安全规范的制定不一定有指导意义。而且，实验的费用十分昂贵，测量也存在很大的局限性，如线路的自然状况、测点处车速的稳定性和线路运营状况的限制等。同时试验结果也比较分散，要得到比较准确的列车风影响数据是十分困难的。

图 6-3　人体受列车风作用力模拟试验

利用流体力学控制微分方程数值计算的方法也可以研究这一问题，数值模拟方法研究列车风对人体的气动影响，可以不受线路和运营条件的限制，能够进行多工况比较分析，因此是一种比较理想的研究方法。但用数值计算模型模拟流场内两相对运动物体也还是存在一定困难的。多年来研究者都是先计算出车头附近列车风场，然后根据压力和速度分布计算相应点处的作用力。例如，文献[16]采用无粘流的 Panel 法计算车头周围流场，然后根据流场的压力和速度分布采用集总参数法计算车头附近点的列车风作用力。文献[8]采用计算流体力学的方法计算车头附近列车风速，再通过列车风场的压力分布估算作用力。然而人体的存在对列车附近流场的速度和压力分布是有一定影响的，数值计算应该同时模拟列车和人体，并使其按车速构成相对运动。除此之外，列车尾部经过附近人体时，由于列车风向的突变也会引起气动作用力的较大变化，但车尾列车风对人体的气动作用影响还鲜见有文献作仔细研究。

计算流体力学中移动网格技术可以模拟列车与人体的相对运动，因此可以比较真实的模拟人体对列车风场的影响。但是要在计算模型中建立详细的人体模型还是有一定困难的，这一方面是由于人体的外形结构比较复杂，仔细模拟将会使计算网格数量增加很多，从而计算花费增大和占用巨大的计算机资源，以目前的计算机能力还可能无法完成计算任务；另一方面人体高矮胖瘦不一，衣着式样各异，面向列车站位不同，计算中无法采用统一的标准。因此各国的研究者通常将人体简化成柱状物体。例如不少研究者简化人体为圆柱体，取直径为 0.4 m、0.45 m 或 0.50 m，高度为 0.8～1.75 m 不等。简化成圆柱体可以使计算分析简单，各研究者取不同的圆柱体直径和高度，可能是由于人体受力与圆柱体受力之间等效关系认知上存在差别。也有些研究者希望考虑人体横截面两个方向尺寸差别，而采用椭圆柱体来近似模拟人体。如 Gurewitsh 取长轴 0.3 m，短轴 0.15 m，高 1.5 m 的椭圆柱模拟人体。多大的柱体模拟人体更接近，柱体受力与人体受力有怎样的对应关系似乎还没有统一的认识。柱体尺寸和人体尺寸在受到横向气动作用力时有什么样的对应关系，还需要人体工程研究人员做进一步实验研究。但采用（圆）柱体代替人体研究其受到的气动作用力，无论是实测还是数值仿真计算都是不失为合理的简化方法。

下面以三种车头（尾）形状的列车模型，分别以 200～350 km/h 的车速经过不同距离圆柱体的动态计算模型算例来分析高速列车风对路边人体的气动作用。

6.3 计算分析模型

6.3.1 基本假设

（1）当列车高速运行时，外部流场雷诺数 $Re>10^6$，流场处于紊流状态。用雷诺时均方程描述所计算流场，采用 k-ε 两方程紊流模型模拟其紊流流动。

（2）列车速度范围在 200～350 km/h 时，列车周围诱导气流的速度小于 0.3 倍当地音速，计算中流场可以作为不可压缩情况处理；若列车速度超过这一范围时则应按照可压缩流体计算。

（3）高速列车通常为头尾形状完全相同的流线型车体，几何模型也采用头尾形状相同的车体。为减小计算工作量，计算模型的车体长度缩短，只要车头与车尾列车风对人体的干扰不重叠即可。一般来讲，取 60 m 车长的计算模型足够。同时，忽略受电弓、车体连接部位、转向架等细部结构，模型为一定表面粗糙度的光滑车体。

（4）将人体简化为圆柱体来模拟。圆柱体高度设为 1.75 m，直径设为 0.45 m。如果这两个尺寸分别表示人体的身高和肩宽，则这一圆柱体可以包含我国 90%的成年人人体尺寸[10]。

（5）流场描述方程为非定常、黏性、不可压缩连续性方程、动量守恒方程和描述紊态流场的 k-ε 两方程紊流模型。方程组的求解采用有限体积法。考虑移动网格计算时关于速度分量 u_j 的控制容积积分方程为：

$$\frac{\mathrm{d}}{\mathrm{d}t}\int_V \rho u_j \mathrm{d}V+\int_A \rho(u_j-u_g)u_{i,j}\mathrm{d}A=-\int_V p_{,i}\mathrm{d}V+\int_A(\mu+\mu_t)(u_{i,jj}+u_{j,ij})\mathrm{d}A$$

式中，u_g 为 j 坐标方向网格移动速度，V 为控制容积体积，A 为控制容积表面积，p 为气体压力。网格移动时应使其满足网格守恒律，控制容积的时间变化率计算

$$\frac{\mathrm{d}V}{\mathrm{d}t}=\int_A u_g\cdot\mathrm{d}A=\sum_j^f u_g\cdot\mathbf{A}_j$$

式中，f 为控制容积表面数，$\mathbf{A}_j$ 为控制容积 j 方向表面的法向矢量。

6.3.2 几何模型

数值计算的几何模型为三种头尾形状完全相同的 60 m 长列车：车型 1 为比较完善的流线

型，车头(尾)变截面段长度 8 m；车型 2 是头(尾)变截面段长度 3.9 m 的形状比较“钝”一些的列车；车型 3 是完全钝头，即头(尾)变截面长度为 0 的方头(尾)列车。分别如图 6-4～图 6-6 所示。三种列车模型的总长，净宽和净高是相同的。每一模型车头车尾一侧各布置三个模拟人体的圆柱体。之所以布置三个圆柱体是为了减少计算时列车移动距离，降低计算工作量。整个计算网格区域分为两部分：包含人体的网格部分(此部分固定不动)和包含列车的网格部分(此部分以规定的车速运动)。中间由一个分界平面连接。

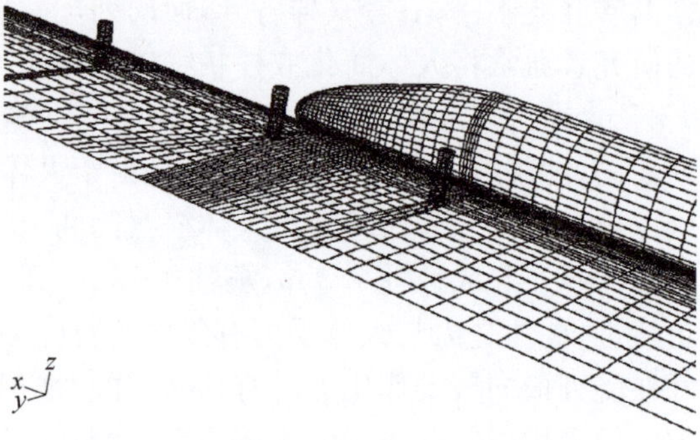

图 6-4 车型 1 车体及模拟人局部网格

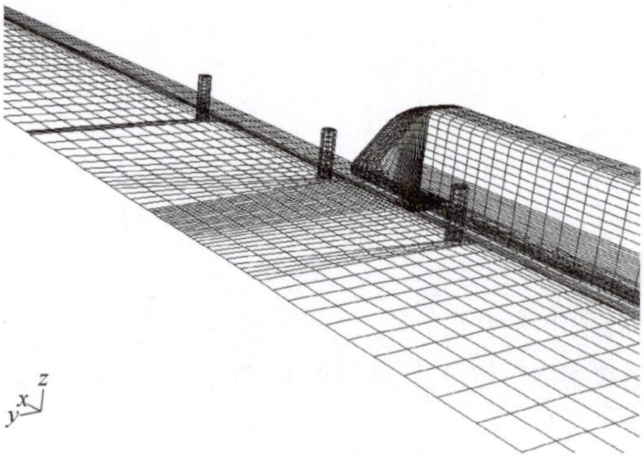

图 6-5 车型 2 车体及模拟人局部网格

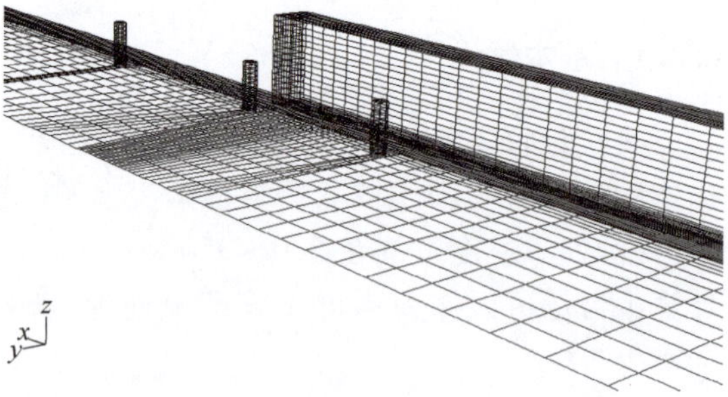

图 6-6 车型 3 车体及模拟人局部网格

6.3.3 计算工况

为分析不同车速和不同的人车距离条件下列车风对人体的作用，设计了 4 种列车运行速度，即 200 km/h、250 km/h、300 km/h 和 350 km/h；5 种人车距离，即 1.0 m、1.5 m、2.0 m、2.5 m 和 3.5 m(表示圆柱体中心与列车侧壁间距离)。每种车型计算了 20 种工况，三种车型共计 60 种计算工况的列车风作用。每种计算工况列车相对于单个固定人体的等效移动距离 33.75 m，每一时间步网格移动距离为 0.125 m，相当于每一计算工况移动 270 步。

6.4 数值计算结果分析

6.4.1 列车风对人体气动作用力

不同车头形状引起的列车风对人体的作用力变化有较大影响。例如，图 6-7～图 6-12 是三种车型车头通过时距车 1.5 m 处，车尾通过时距车 2.5 m 处人体水平方向气动力变化情况。

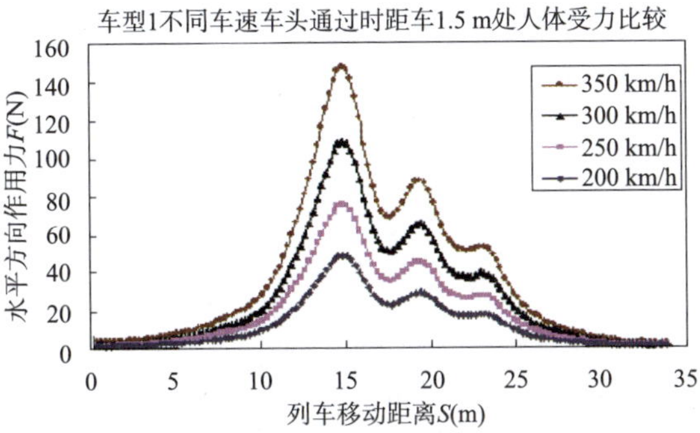

图 6-7 车型 1 车头通过时列车风作用力变化

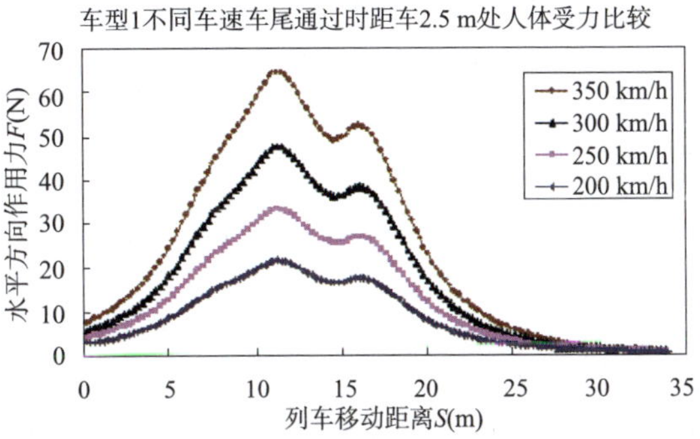

图 6-8 车型 1 车尾通过时列车风作用力变化

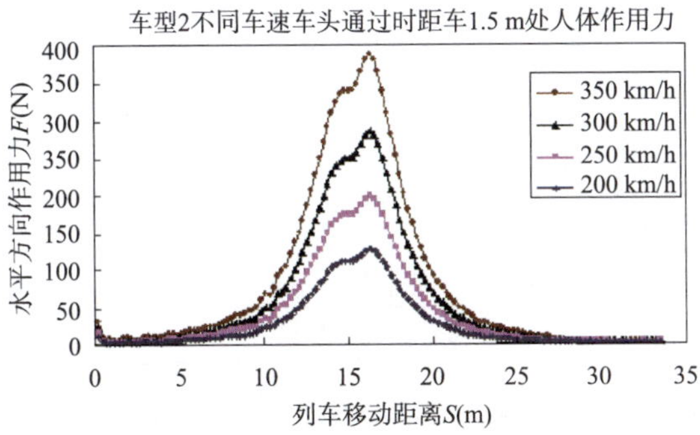

图 6-9 车型 2 车头通过时列车风作用力变化

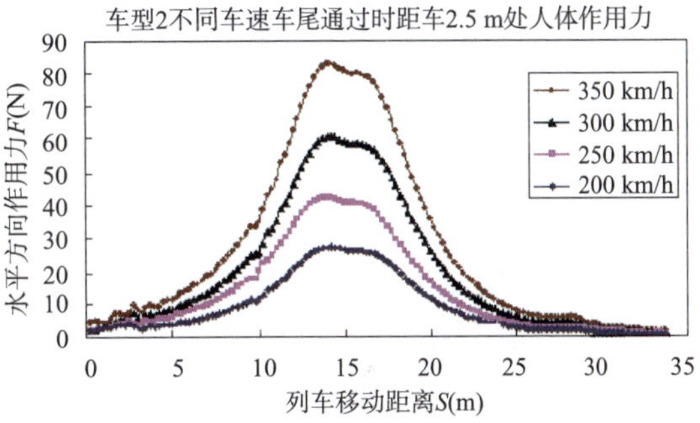

图 6-10 车型 2 车尾通过时列车风作用力变化

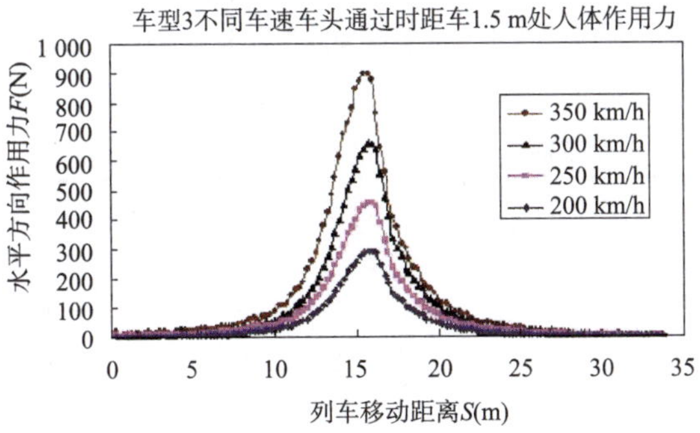

图 6-11 车型 3 车头通过时列车风作用力变化

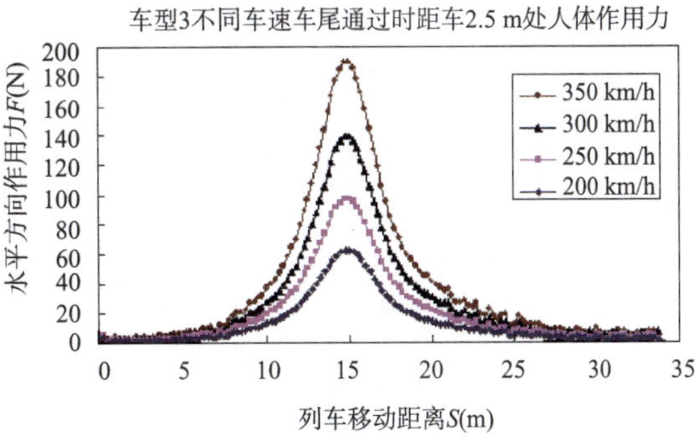

图 6-12 车型 3 车尾通过时列车风作用力变化

从图 6-7～图 6-12 中可以看出，不同车头形状引起的列车风不但对人体作用力大小有很大差别，而且车头通过时的作用时间也极不相同。车头形状越钝，列车风对人体的作用力越大（作用力可相差数倍），作用时间越短。不同形状车尾通过时列车风对人体作用力变化情况也是类似的。表 6-1 列出了不同车型在所有计算工况条件下车头车尾列车风对附近人体作用力的计算最大值，同时列出了相同计算参数条件下车头列车风作用力最大值 F_T 与车尾列车风作用力最大值 F_W 的比值。

表 6-1 三种车型车头车尾列车风最大水平作用力(N)及其两者比值

	车速 / 距离	200 km/h			250 km/h			300 km/h			350 km/h		
		车头 F_T	车尾 F_W	F_T/F_W	车头 F_T	车尾 F_W	F_T/F_W	车头 F_T	车尾 F_W	F_T/F_W	车头 F_T	车尾 F_W	F_T/F_W
车型 1	1.0 m	68.4	60.34	1.13	107.0	94.10	1.14	153.7	135.5	1.13	209.1	184.4	1.13
	1.5 m	48.3	38.25	1.26	75.52	59.60	1.27	108.7	85.85	1.27	147.9	116.8	1.27
	2.0 m	33.5	27.76	1.21	52.34	43.30	1.21	75.36	62.36	1.21	102.4	84.79	1.21
	2.5 m	24.4	21.06	1.16	38.15	32.83	1.16	54.94	47.22	1.16	74.68	64.26	1.16
	3.5 m	14.36	13.16	1.09	22.47	20.55	1.09	32.32	29.60	1.09	44.03	40.29	1.09
车型 2	1.0 m	229.8	102.8	2.24	359.3	160.7	2.24	517.7	231.4	2.24	705.8	315.4	2.24
	1.5 m	127.2	61.34	2.07	198.9	96.21	2.07	286.5	138.8	2.06	390.5	189.6	2.06
	2.0 m	78.8	36.22	2.18	123.1	56.42	2.18	177.4	81.33	2.18	241.8	110.7	2.18
	2.5 m	53.1	27.05	1.97	83.03	42.25	1.97	119.5	60.74	1.97	160.7	82.75	1.94
	3.5 m	28.1	16.87	1.67	43.91	26.16	1.68	63.2	37.85	1.57	85.06	51.13	1.67
车型 3	1.0 m	503.4	158.9	3.16	786.5	248.1	3.17	1132.6	357.0	3.17	1533.6	483.8	3.17
	1.5 m	295.0	149.9	1.97	460.7	234.1	1.97	663.3	337.0	1.97	902.4	459.0	1.97
	2.0 m	180.3	94.66	1.91	281.1	147.7	1.90	404.7	212.6	1.90	551.9	289.2	1.91
	2.5 m	114.0	62.45	1.83	178.1	97.54	1.83	256.4	140.3	1.83	349.4	190.9	1.83
	3.5 m	63.9	34.07	1.88	99.81	53.24	1.88	143.7	76.56	1.88	195.8	104.0	1.88

分析不同计算工况条件下列车风对人体水平方向作用力的数值还可发现一个有趣的现象，对于同一种车型，人车距离相同时，车头车尾列车风作用力最大值的比值几乎为一常数，与列车速度无关(表 6-1)；不同人车距离条件下，车头列车风最大作用力的比值或车尾列车风最大作用力的比值也几乎为一常数，与列车速度无关。例如，不同人车距离时车头、车尾列车风最大作用力比值如表 6-2 所示。

表 6-2 三种车型列车风最大水平作用力在不同人车距离时的比值

	车型 1 车头最大作用力比值				车型 2 车头最大作用力比值				车型 3 车头最大作用力比值			
车速 / 比值	200 km/h	250 km/h	300 km/h	350 km/h	200 km/h	250 km/h	300 km/h	350 km/h	200 km/h	250 km/h	300 km/h	350 km/h
$F_{T1.0\,m}/F_{T1.5\,m}$	1.42	1.42	1.41	1.41	1.81	1.80	1.81	1.81	1.71	1.71	1.71	1.70
$F_{T1.5\,m}/F_{T2.0\,m}$	1.44	1.44	1.44	1.44	1.61	1.62	1.62	1.62	1.64	1.64	1.64	1.64
$F_{T2.0\,m}/F_{T2.5\,m}$	1.37	1.37	1.37	1.37	1.48	1.48	1.48	1.48	1.58	1.58	1.58	1.58
$F_{T2.5\,m}/F_{T3.5\,m}$	1.70	1.70	1.70	1.69	1.89	1.89	1.89	1.89	1.78	1.78	1.78	1.78
	车型 1 车尾最大作用力比值				车型 2 车尾最大作用力比值				车型 3 车尾最大作用力比值			
$F_{W1.0\,m}/F_{W1.5\,m}$	1.58	1.58	1.58	1.58	1.68	1.67	1.67	1.66	1.06	1.06	1.06	1.05
$F_{W1.5\,m}/F_{W2.0\,m}$	1.38	1.38	1.38	1.38	1.70	1.70	1.71	1.71	1.58	1.58	1.59	1.59
$F_{W2.0\,m}/F_{W2.5\,m}$	1.32	1.32	1.32	1.32	1.34	1.34	1.34	1.34	1.52	1.51	1.52	1.51
$F_{W2.5\,m}/F_{W3.5\,m}$	1.60	1.60	1.59	1.59	1.61	1.62	1.61	1.62	1.84	1.83	1.83	1.84

注：F_{Tdm}为车头通过时人体距车 dm 处列车风水平作用力，F_{Wdm}为车尾通过时相应作用力。

这说明无论哪种车头(尾)形式的车型都可以归纳出列车风对人体最大作用力与车速和人车距离之间的变化关系。而不同车型的列车风作用力变化关系应该与车头(尾)几何参数相关。

6.4.2　气动作用力方向

车头或车尾通过时,人体所受水平方向气动作用力的方向是持续变化的。计算结果表明,同一车型不同车速条件下列车风对人体作用力方向的变化趋势基本相同,如图 6-13 和图 6-14 显示了车型 1 以不同车速通过时车头与车尾气动作用力方向变化趋势。从图中可以看出,无论是车头通过或车尾通过,气动作用力方向大致旋转了 300°左右。由于尾涡的影响,车尾通过后气流方向变化呈不规则状态。

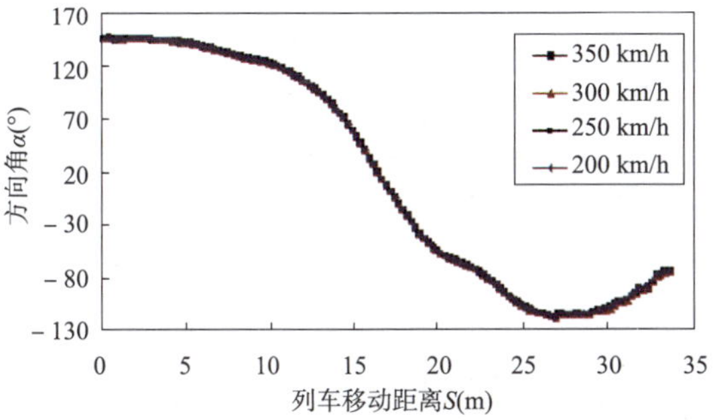

图 6-13　车头处人体气动作用力方向变化

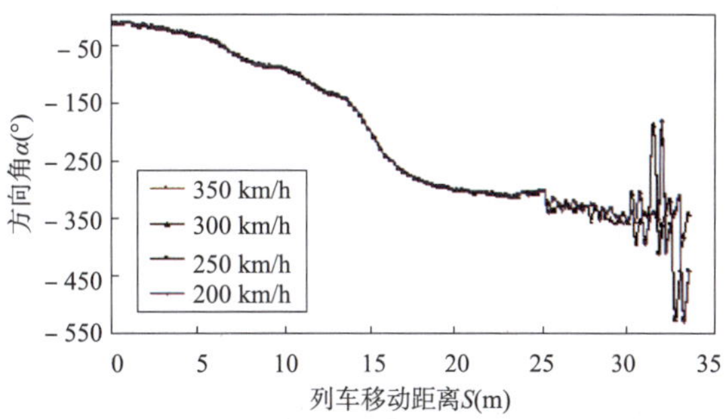

图 6-14　车尾处人体气动作用力方向变化

不同车型列车风对人体作用力的方向变化趋势也是相近的。图 6-15 显示了一种车速条件下不同车型的车头列车风对人体水平作用力方向的变化趋势。从图 6-15 中可以看出三种列车的车头列车风作用力方向都变化了约 300°。也就是说作用于人体上的气动力方向几乎转了一圈。车尾列车风对人体作用力方向变化趋势与车头处的作用力方向变化趋势类似。

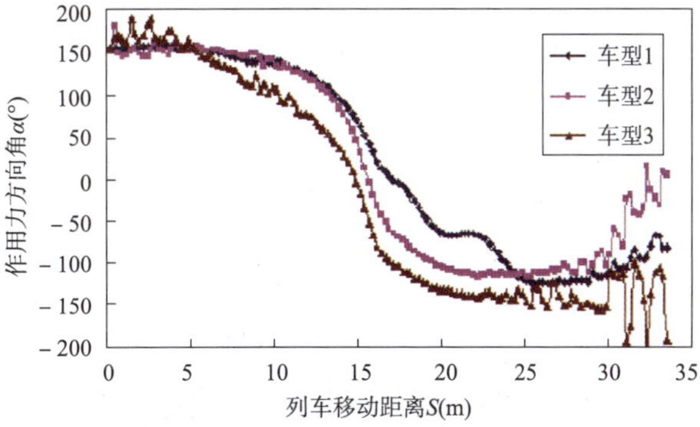

图 6-15　不同车型列车通过时车头处人体作用力方向

以车型 1 计算结果为例,车头通过时人体作用力方向变化趋势如图 6-16 所示。在车头前方 1.1 m 处作用力方向垂直于列车前进方向向外,在车头过去约 9.5 m 和 16.5 m 时两次作用力方向垂直于列车前进方向向内。车头最大气动力出现在车头前方约 0.1 m 处,最大作用力时,作用力方向与列车前进方向成 73°角。

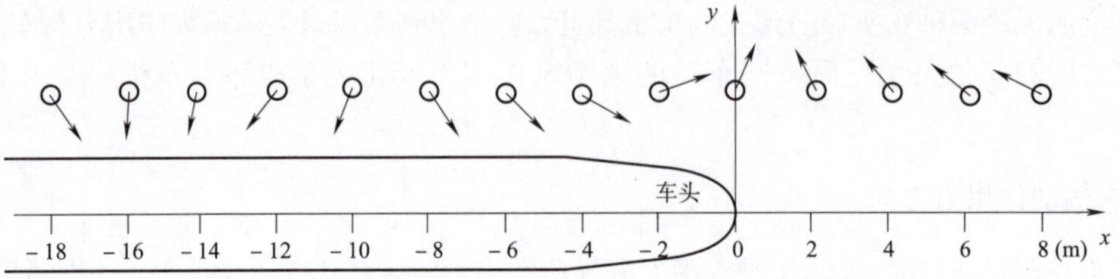

图 6-16 车头通过时人体作用力方向变化趋势

车尾通过时人体作用力方向变化趋势如图 6-17 所示。列车尾端过后 1.5 m 作用力方向垂直于列车前进方向向内，车尾最大气动力出现在车尾后方约 3.25 m 处，最大作用力的作用方向与列车前进方向成−116°角。

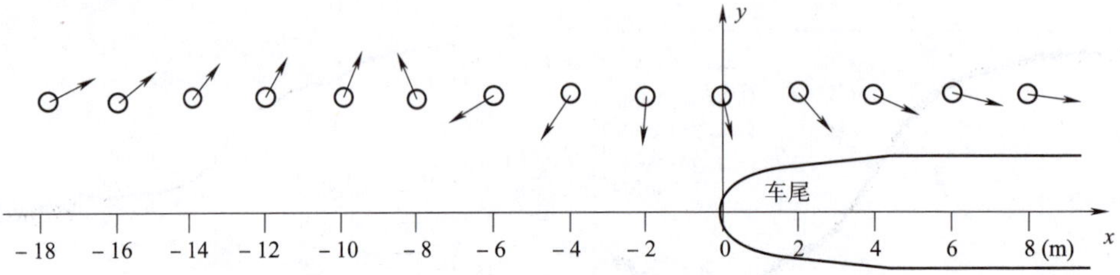

图 6-17 车尾通过时人体作用力方向变化趋势

6.4.3 人体附近最大列车风速

除列车风引起的气动作用力外，列车风的风速也是描述列车风强度的指标。数值计算结果表明，车头通过时附近人体处列车风速的最大值在不同车速条件下随人车距离的变化关系分别示于图 6-18～图 6-20 中。图中人车距离为零时的风速即为列车运行速度，0.4 m 处的风速为插值估算得到，而非数值计算结果。3 种车型，5 种人车距离(d)和 4 种车速(v)条件下的人体附近最大风速(u)的数值计算结果列于表 6-3。

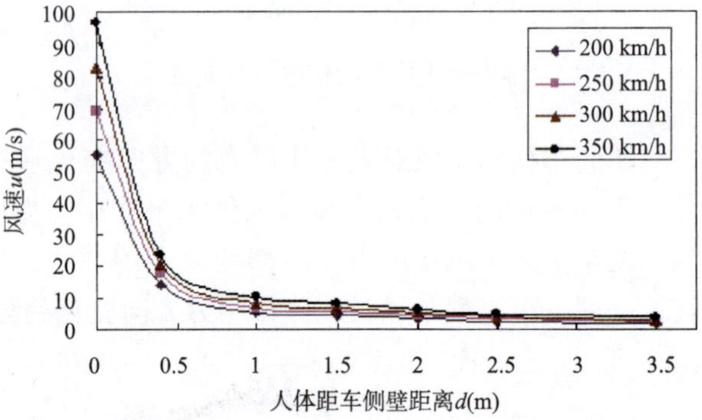

图 6-18 车型 1 车头附近人体周围列车风速变化

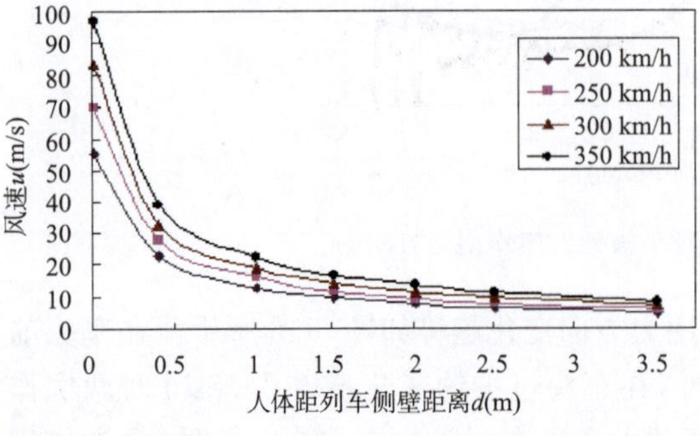

图 6-19 车型 2 车头附近人体周围列车风速变化

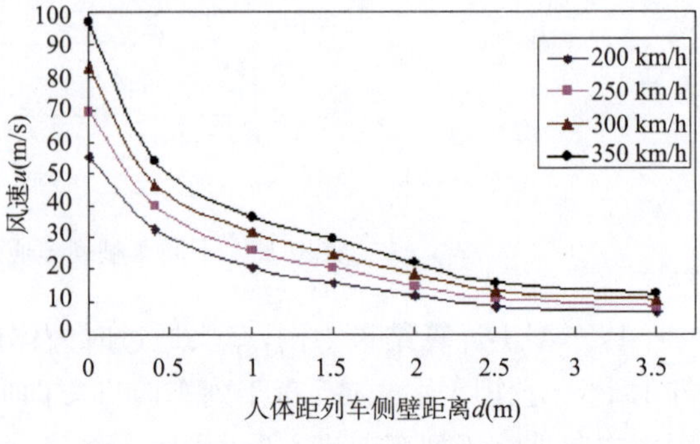

图 6-20 车型 3 车头附近人体周围列车风速变化

表 6-3 车头通过时人体附近最大列车风速计算值(m/s)

距离＼车速	200 km/h			250 km/h			300 km/h			350 km/h		
	车型 1	车型 2	车型 3	车型 1	车型 2	车型 3	车型 1	车型 2	车型 3	车型 1	车型 2	车型 3
1.0 m	6.0	12.8	21.0	7.5	16.0	26.5	9.1	19.2	32.0	11.0	22.3	37.0
1.5 m	5.0	9.6	16.5	6.2	12.0	21.0	7.5	14.4	25.5	9.0	16.7	30.0
2.0 m	4.0	7.6	12.5	5.0	9.4	15.5	6.0	11.5	19.0	7.0	13.5	22.5
2.5 m	3.0	6.4	9.3	3.8	8.0	11.5	4.6	9.6	14.0	5.5	11.2	16.5
3.5 m	2.3	4.8	7.4	3.0	6.0	9.2	3.6	7.2	11.0	4.3	8.4	12.9

分析表 6-3 中数据可知，在计算范围内，车速一定时人体附近列车风速度与人车间距离大致呈二次方函数关系变化；人车距离一定时列车风速度与列车速度大致呈线性函数关系变化。由此可归纳出人车距离在 $d=1.0\sim3.5$ m 时人体附近最大风速 u 与车速 v 和人车距离 d 之间的关系式。三种车型的对应关系列于式(6-1)～式(6-3)：

$$u_{C1}=(1.2319)^{0.072v-4}\times(0.4575d^2-3.5496d+9.1545) \tag{6-1}$$

$$u_{C2}=(1.1912)^{0.072v-4}\times(1.2549d^2-8.8644d+20.7939) \tag{6-2}$$

$$u_{C3}=(1.2454)^{0.072v-4}\times(2.1907d^2-15.4286d+34.2111) \tag{6-3}$$

式中 u_{Ci}——车型 i 附近人体处列车风速的最大值(m/s)，$i=1,2,3$；

d——人车之间距离(m)；

v——列车运行速度(m/s)；

$C1$、$C2$、$C3$——分别代表车型 1、车型 2 和车型 3。

式(6-1)～式(6-3)的适用范围为 $55.56<v<97.22$ m/s，$1.0<d<3.5$ m。式(6-1)～式(6-3)中车速 v 采用 m/s 为单位是为了与距离 d 的量纲一致，55.56 m/s 相当于车速 200 km/h，97.22 m/s 相当于车速 350 km/h。如果以数值计算风速为基准，递归式(6-1)～式(6-3)的计算误差小于 5%。风速与车头(尾)形状之间的关系以目前的计算数据还难于归纳出相应的关系式。

6.5 列车风作用力与车速、人车距离及车型间关系

列车风对附近人体的作用力与车速、人车距离、车头(尾)形状、列车表面粗糙度、人与车的相对高度以及空气的温湿度等许多参数有关，但主要与车速、人车距离和车头(尾)形状三个因素关系最大。其中车型的变化情况最为复杂，在车宽与车高均保持不变的情况下，影响车头尾形状变化的几何参数仍然相当多。为方便工程分析和简化计算，这里将车头尾形状的变化参数归结为车头(尾)变截面段的长度 S 一个参数。则列车风对附近人体的作用力 F 是人车距离 d、车速 v 和车头尾变截面段长度 S 的函数。总结 3 种车型、4 种车速和 5 种人车距离的 60 个计算工况下列车风对人体水平方向作用力最大值的计算结果，可归纳出如下关系式：

$$F_d=\alpha^{0.072v-4}\times(A\times S^2-B\times S+C)\qquad 55.56\leqslant v\leqslant 97.22\ \text{m/s},0\leqslant S\leqslant 8\ \text{m} \tag{6-4}$$

式中 F——列车风对人体的水平方向作用力(N)；

d——人车之间距离(m)；

v——列车运行速度(m/s)；

S——车头(尾)变截面长度(m);
α、A、B、C——与人车距离相关的系数。

人车距离 d 作为下标出现,表示不同人车距离采用分立的关系式表述,其目的是为了保证关系式的计算精度。计算范围内各种人车距离时列车风作用力与车速和车头(尾)变截面长度之间的关系式分别为:

$$F_{1.0}=(1.369)^{0.072v-4}\times(4.559S^2-95.7655S+567.82) \tag{6-5}$$

$$F_{1.5}=(1.451)^{0.072v-4}\times(3.071S^2-56.526S+305.735) \tag{6-6}$$

$$F_{2.0}=(1.452)^{0.072v-4}\times(1.927S^2-34.403S+186.53) \tag{6-7}$$

$$F_{2.5}=(1.462)^{0.072v-4}\times(1.112S^2-20.389S+116.896) \tag{6-8}$$

$$F_{3.5}=(1.487)^{0.072v-4}\times(0.775S^2-12.392S+63.901) \tag{6-9}$$

如果以数值计算的作用力值为准,则递归式(6-5)~式(6-9)的作用力估算误差除 $d=1$ m 时个别点超过 10%,基本都在 5%以内。如果进一步降低作用力估算精度,也可以将式(6-5)~式(6-9)整理成一个统一的作用力估算式:

$$F=(1.656)^{2(3.5-d)}\times(1.4442)^{0.072v-4}\times(0.6863S^2-12.5392S+69.064) \tag{6-10}$$

采用式(6-10)估算列车风作用力,除车型 1 个别工况估算误差大于 20%,其余工况点的计算误差均小于 15%。

6.6 结论与建议

6.6.1 结　论

利用流体力学雷诺时均方程和 k-ε 两方程紊流模型以及移动网格数值计算方法,模拟了三种车头(尾)形状的高速列车风对线路附近人体的气动作用影响。通过 60 种工况的计算,从计算结果可得出如下结论:

(1)车头(尾)形状不同可导致列车风对附近人体的作用力有很大差别。在车速 350 km/h,人车距离为 1 m 时,完全钝头的车头列车风作用力比流线形状良好的车头列车风作用力可大 7 倍以上,两者的差别随人车距离的增大而减小,大致呈二次方函数规律变化,与车速基本无关。

(2)同一种车型,当人车距离一定时,车头车尾列车风作用力最大值的比值几乎为一常数,与列车速度无关;在不同人车距离条件下,车头列车风作用力最大值的比值或车尾列车风作用力最大值的比值几乎为一常数,与列车速度无关。

(3)根据上述规律,可归纳出计算范围内各种人车距离时列车风作用力与车速和车头(尾)变截面长度之间的关系式(6-5)~式(6-9)。如果降低作用力估算精度,也可以将列车风作用力 F,人车间距离 d,车速 v 和车头(尾)变截面段长度 S 之间的函数关系整理成一个统一关系式(6-10)。

(4)同一车型不同计算工况条件下,列车风对人体水平作用力方向的变化趋势基本相同;不同车型列车风对人体水平作用力方向的变化趋势也十分相近。车头列车风水平作用力方向和车尾列车风水平作用力方向都变化约 300°。

(5)在计算范围内,各种车速时的人体附近列车风速度与人车间距离大致呈二次方函数关系变化；各种人车距离时的列车风速度与列车速度大致呈线性函数关系变化。

(6)根据结论(5)中的规律，可归纳出人车距离在1.0～3.5 m时人体附近最大风速 u 与车速 v 和人车距离 d 之间的关系式(6-1)～式(6-3)。不同车头(尾)形状的列车风速在不同人车距离时有不同的变化趋势，以目前的计算数据还难于归纳出统一的关系式。

6.6.2 建议安全距离

现有高速列车头(尾)形状变化形式较多，车头(尾)变截面段长度尺寸各异，如日本fastech 360高速列车车头变截面长度16 m，E系列车头变截面长度6 m以上，法国TGV的5～7 m，德国ICE的3～5 m，国产中华之星的5.3 m，蓝剑机车4.68 m，天梭机车2.7 m。根据递归计算式(6-5)～式(6-9)可估算出(一定范围内)不同车头变截面长度、不同车速条件下列车附近人体所受列车风作用力。如给定人体允许承受的最大气动力就可算出安全距离。表6-4是以100 N气动力为判据利用上述公式计算出的人体安全距离。

表 6-4 以 100 N 作用力为判据的列车附近人体安全距离建议值(m)

v(km/h) \ S(m)	1	2	3	4	5	6	7	8
200	2.48	2.28	2.10	1.79	1.50	1.32	1.01	0.70*
250	3.16	2.82	2.46	2.21	1.92	1.54	1.39	1.09
300	3.70	4.42	3.11	2.62	2.39	2.14	1.82	1.58
350	4.10*	3.90*	3.60*	3.35	3.03	2.66	2.34	2.11

* 数据为根据数据变化趋势外插计算获得的估计值，S 为车头变截面段长度。

利用递归计算式(6-1)～式(6-3)可计算出不同车速和不同人车距离条件下人体附近列车风速最大值。根据趋势线插值可计算出不同车头变截面长度时的风速。给定人体允许承受最大风速也可近似计算出以风速为判据的人体安全距离，见表6-5。

表 6-5 以 11 m/s 风速为判据的列车附近人体安全距离建议值(m)

v(km/h) \ S(m)	1	2	3	4	5	6	7	8
200	1.99	1.79	1.69	1.37	1.16	0.96*	0.75*	0.55*
250	2.46	2.24	1.97	1.72	1.46	1.21	0.96*	0.70*
300	3.12	2.76	2.41	2.07	1.75	1.45	1.15	0.85*
350	3.54*	3.17	2.81	2.46	2.11	1.77	1.42	1.07

* 数据为根据数据变化趋势外插计算获得的估计值，S 为车头变截面段长度。

可见以11 m/s风速为判据(英国)计算得到的安全距离小于以100 N气动力为判据(德、法)计算得到的安全距离。若以9 m/s风速为判据(日本)，则两者可得相当接近的结果。

参考文献

[1] GAWTHORPE RG. Aerodynamics of trains in the open air [J]. Railway Engineering International, 1978, 3:7-12.

[2] BROCKIE NJW, BAKER CJ. Aerodynamic drag of high-speed trains [J]. Journal of Wind Engineering and Industry Aerodynamics 1990, 34: 273-290.

[3] ROBERT AM, SAMUEL H, HARVEY SL. Measurement of aerodynamic pressures produced by passing trains [C]//American Society of Mechanical Engineers, The 2002 ASME/IEEE joint rail conference, April 23-25, 2002, Washington DC, AMSE, c2002: 57-64.

[4] SAMUEL H, MARTIN S. High-speed passenger and intercity trains aerodynamic computer model[C]//American Society of Mechanical Engineers, the 2000 international mechanical engineering congress & exposition, November 5-10, 2000, Orlando, Florida, ASME, c2000: 83-91.

[5] JOSEPH AS. Aerodynamics of high-speed trains [J]. Annual review of fluid mechanics, 2001, 33: 371-414.

[6] RETY J M, GREOIRE R. Numerical Investigation of Tunnel Extensions Attenuating the Pressure Gradient Generated by a Train Entering a Tunnel[M]. TRANSAERO-A Europeinitiative on transient aerodynamics for railway system optimization, Berlin, Springer-Verlag Press, c2002: 239-248.

[7] Federal Railroad Administration of USA. Aerodynamic effects of high-speed trains [R]. RR03-07, 2003, 7: 1-6.

[8] Federal Railroad Administration of USA. Aerodynamic effects of high-speed trains on people and property at stations in the Northeast Corridor [R]. ORD-99/12, 1999, 12: 65～68.

[9] Federal Railroad Administration of USA. Assessment potential aerodynamic effects on personnel and equipment in proximity to high-speed train operations [R]. DOT/FRA/ORD-99/11, 1999, 12: 25-32.

[10] 堀江　笃，本间则男. 宫崎实验线における列车风・自然风の试验[R]. Tokyo, Railway Technical Research Institute, 1983, 10, No. 1281: 29～33.

[11] 王厚雄，何德昭，徐鹤寿. 列车风作用下的人体气动特性[C]//第四届全国风工程及工业空气动力学学术会议论文集，1994, 11: 375～380.

[12] 徐鹤寿，何德昭，王厚雄. 准高速列车侧向人员安全距离的研究[J]. 中国铁道科学，1996, 17(1): 21-31.

[13] GREGOIRER. TRANSAERO Work Package 3: Trains Passing Effects- Summary and Conclusions[M]//TRANSAERO-A Europe initiative on transient aerodynamics for railway system optimization, Berlin, Springer-Verlag Press, c2002: 170-184.

[14] TEZDUYAR TE. Finite Element Methods for Flow Problems with Moving Boundaries and Interfaces [J]. Archives of Computational Methods in Engineering, 2001, 8: 83-130.

[15] 田红旗. 中国列车空气动力学研究进展，交通运输工程学报[J]. 2006, 6(1): 1-9.

[16] 雷波. 明线上高速列车列车风和会车压力波研究[D]. 西南交通大学博士学位论文，1995: 69-77.

[17] 彭立敏，刘程，施成华，等. 高速铁路站台列车风特性与人员安全性分析[J]. 郑州大学学报（工学版），2013, 34(2): 99-102.

[18] YASUSHI U, MOTOHIKO Y. Aerodynamic force on circular cylinders of finite height [J]. Journal of Wind Engineering and Industry Aerodynamic, 1994, 51: 249～265.

[19] 张健. 高速列车动车头形风洞试验研究[J]. 流体力学试验与测量，1997, 11(2): 85-89.

[20] 中华人民共和国国家标准. 中国成年人人体尺寸[S]. GB 10000—1988, 北京: 1988.

[21] US Department of Transportation Federal Railroad Administration, Aerodynamic Effects of High-Speed Trains[R]. Research Results RR03-07, 2003: 1-4.

[22] 雷波，刘应清. 列车风作用下人体气动力的计算分析[J]. 铁道学报，1999, 21(6): 20-23.

7 列车的横风效应

7.1 问题的提出

列车高速运行时如果受到强横风作用，会对运行安全造成严重影响。我国兰新铁路和南疆铁路多次发生吹翻列车的事故，例如 1961～1982 年间，兰（州）新（疆）线共发生 9 次列车被大风吹翻的事故，南疆铁路 1977～1985 年共发生 5 次列车被大风吹翻事故，见表 7-1。

表 7-1　兰新铁路与南疆铁路因大风翻车事故统计

	地段	时间	里程及线路	车次	车型	数量	车位及装载	风级	中断时间
兰新铁路	三十里风口	1961. 10. 3	K1 748+785 m～K1 749+008 m R=300 m，4. 2‰上坡 H=12 m	1202	P	1	守车前一位，空车	11	
		1961. 10. 8	K1 748+800 m～K1 748+900 m R=300 m 下坡	1202	P_{50}	1	守车前一位，空车	＞10	3h43′
		1963. 4. 15	K1 748+800 m～K1 748+900 m R=300 m 下坡	1204	S	1		＞10	
		1971. 1. 9	K1 749+800 m～K1 750+300 m R=300 m　3. 9‰下坡	1504	P	11	机后 1～10 位，空车	＞10	
		1979. 4. 10	K1 749+300 m～K1 749+500 m R=300 m，3. 9‰上坡 高路堤	1512	P	16	机后 6～21 位，空车	＞10	37h40′
	百里风区	1972. 2. 21	K1 457+900 m	2422	P、S	2	守车，守车前 1 位，P 空车	10	11 h
		1975. 5. 14	K1 454+500 m～K1 454+600 m 直线，1. 8‰上坡 高路堤	2422	P	6	机后 2～5 位	10	11 h
		1979. 5. 20	K1 448+551 m R=300 m，上坡 桥上	2421	P	2	机后 2、3 位，空车	10	
		1982. 4. 4	K1 469+100 m 直线　2‰，下坡	1401	P	5	机后 7～12 位，空车	12	20h24′
南疆铁路	前百公里大风地区	1977. 5	K13+500 m R=400 m，h=70 mm −10. 2‰，H=7 m			22			
		1979. 12. 17	K55+140 m，红山渠站内 R=3 000 m，h=15 mm 平坡		P	1			

续上表

	地段	时间	里程及线路	车次	车型	数量	车位及装载	风级	中断时间
南疆铁路	前百公里大风地区	1984.4.13	K36+070 m R=600 m,h=70 mm −10.8‰,H=3 m	2081	P	4	机后1～4位，空车	10	
		1985.4.18	K28+550 m R=660 m,h=70 mm −10.8‰,H=6 m	3131	P	4	机后9～12位，空车	11	4h08′

表中：三十里风口指兰新铁路珍珠泉至红山渠车站一段；
百里风区指红旗坎至了墩车站一段；
前百公里大风地区指吐鲁番至鱼儿沟一段；
P代表棚车，R为弯道曲线半径。

日本100多年的铁路发展史，截至1986年共发生过28次横向风引起的翻车事故，平均每四年发生一次。奥地利在1970年代也发生过大风吹翻列车的事故。近年来我国因大风造成的翻车、停车滞留事故也不时发生。2001年4月13日停在珍珠泉车站的11节车厢全部被大风刮下路基（当时风速仪测到56 m/s的风速，由于风速太高致使风速仪达到极限而失效）；2006年4月9日，北京至乌鲁木齐的T70次列车运行至小草湖到红层之间时被大风卷起沙石将列车运行方向左侧窗玻璃全部击碎；2007年2月27日大风使南疆铁路的5807次客运列车9～19位车厢脱轨倾覆；2008年8月5日南疆铁路因大风使5808次、2661次、887次和1046次列车滞留鱼儿沟车站达12 h；2009年6月30日大风使南疆铁路12趟列车滞留或晚点；2011年4月4日因大风使兰新铁路和南疆铁路7趟列车滞留；2012年3月20日，大风使南疆铁路9趟列车滞留，兰新铁路12趟列车滞留；2012年4月22日南疆铁路因大风使吐鲁番至鱼儿沟段9趟列车滞留。

车厢之所以会产生侧翻，当然是横向风产生的横向作用力F_s作用在车厢侧面，且作用力F_s足够大。图7-1显示了车厢在横截面上的受力简图，h为横向风作用力作用中心距轨面高度，G为车厢自重，a为铁路轨距的一半。当$F_s \cdot h > G \cdot a$时，车厢有可能产生侧翻。显然车厢越重，引起侧翻所需横向风的作用力越大，也就是引起侧翻的风速越高。图7-2显示了横风作用力矩（横风速度）与车厢重量间的平衡关系示意图。

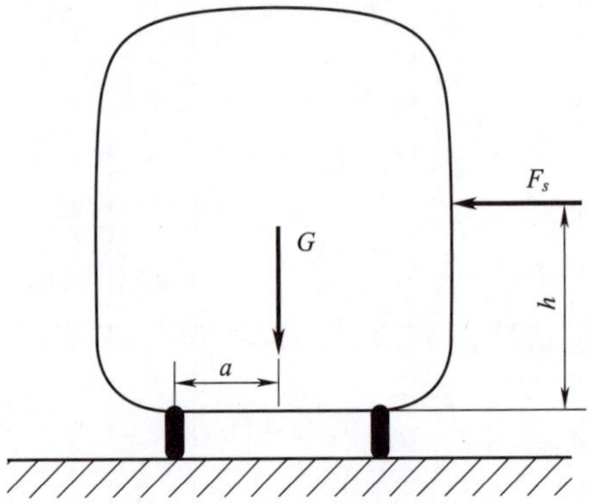

图7-1 列车所受侧翻力示意图

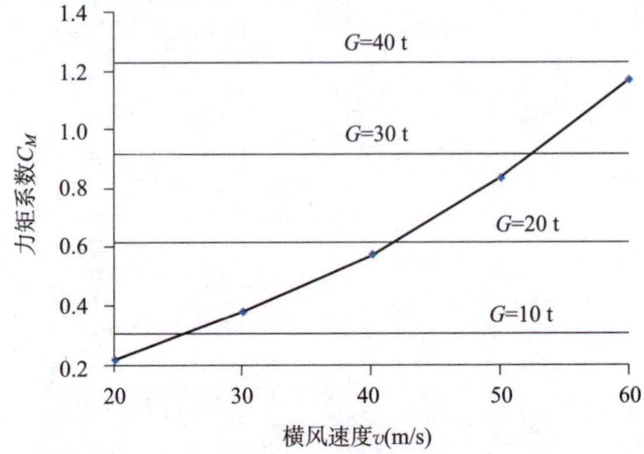

图7-2 车重与侧翻力矩平衡示意图

当然，列车横截面上作用力并非仅仅是横向风作用力和车厢重力，列车运动过程中会产生各种作用在横截面上的惯性力，车钩牵引力在列车横截面上也有可能产生分力，列车通过弯道时会产生离心力，线路超高也会造成重力方向与轨道平面不垂直，如图 7-3 所示。

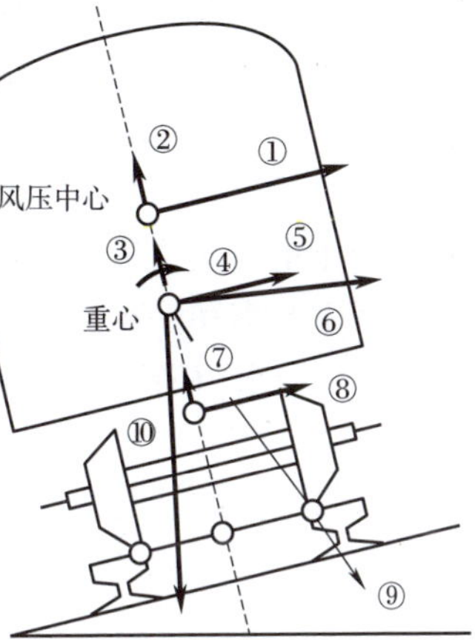

图 7-3 车厢横截面作用力示意图

①—横风作用力；②—升力；③—车辆垂直振动惯性力；④—车辆侧滚振动惯性力矩；⑤—车辆横向振动惯性力；⑥—离心力；⑦—车钩力的垂直分量；⑧—车钩力的水平分量；⑨—临界倾覆合力方向；⑩—重力

更重要的是横向风的作用力不是一个集中力，而是分布在车厢整个表面的气体压力差所产生，车厢重力也不是一个集中力，而是与质量分布相关的分布力。因此，车厢横向作用力(矩)的平衡绝不是图 7-1、图 7-2 所示的简单情况。但是从图 7-1～图 7-3 的分析中我们可以知道，在线路、车辆和运行速度一定的条件下，若想提高列车在具有横向风条件下的运行稳定性，可以提高列车的整体质量，或者减小横向风的作用力。采用整体质量大的车厢将消耗更多的列车牵引能量，对于高速列车来说通常希望车厢制作的更加轻量化以节约能源。而减小横向风在车厢上的作用力通常可采取两种措施：其一，优化车厢横截面形状；其二，在线路一侧或两侧加装挡风墙。优化车厢横截面形状的方法减小横向风作用力的效果有限，一般不能保证列车在具有强横向风的线路上的运行稳定性。而加装挡风墙的方法，实践表明可有效地降低作用在列车侧壁上的横向作用力。

挡风墙的设计主要包含三个方面的问题：(1)挡风墙结构形式；(2)挡风墙高度；(3)挡风墙距轨道中心距离。挡风墙结构形式主要有倒“L”形、超薄立板形、弧面板形、土堤形和加筋对拉形等几种形式。但对列车横向气动性能影响最大的是挡风墙高度和距离两个参数。

挡风墙的高度和距离可影响列车运行时所受到的横向气动力和侧翻力矩。合理确定挡风墙的高度和位置能使车辆受到的横向气动力大幅减小，保证列车运行和挡风墙结构的安全。一直以来研究人员对于挡风墙高度和位置进行了很多研究[1-18]，一些研究者采用风洞模型试验确定挡风墙高度和距离[6]；也有文献采用二维流场计算的方法研究挡风墙高度和位置对列车气动性能的影响[13-14]；或采用三维模型计算分析方法研究挡风墙的最佳高度和最优距离[17-18]。但是到目前为止，对挡风墙的最佳高度和最佳距离似乎并没有一个统一的结论。例如，文献[6]通过 1∶15 缩尺比的三节车风洞模型试验，认为挡风墙距离线路中心 3.94 m(模型挡风墙距线路中心 0.278 m)时最佳挡风墙高度为 2.5 m;文献[7]认为土堤式和对拉式挡风墙的最佳高度为 3.0 m 左右;文献[14]认为最佳挡风墙距离在 3.3~3.8 m,最佳高度为 2.54~2.61 m;文献[16]认为挡风墙距离在 3.2 m 时,单路堤最佳挡风墙高度为 1.85 m,双路堤最佳挡风墙高度为 2.0 m;文献[17]通过二维模型计算认为挡风墙距离应在 5.7 m,且当线路是 2.0 m 深路堑情况,最佳挡风墙高度为 3.5 m,在平路上最佳挡风墙高度为 4.5~5.0 m;在 5 m 高路堤上最佳挡风墙高度为 4.0~4.5 m;文献[18]认为在平路和路堤上最佳挡风墙高度为 3.5~4.0 m。当然,早期的大部分文献是针对棚车,敞车,或普通客车,或集装箱车辆作的研究,车型的不同有可能导致分析结果的差异。文献[6]是针对 CRH2 型高速动车组进行的模型风洞试验研究,但只有一种挡风墙距离和一种高度。此外,对于弯道上运行的高速列车在横风作用下使侧向力和侧翻力矩最小的挡风墙高度和距离为多少,是否与直线线路的最佳挡风墙高度与距离一致,还少有文献报道。随着我国大风区高速铁路的建设,进一步研究高速铁路挡风墙最佳高度和最优距离问题显得尤为重要。

7.2 研究方法

事实上挡风墙的作用就是使直接吹向运行列车侧面的横向风绕过挡风墙再吹过列车。当挡风墙距离线路(列车)较远或高度较小时,横向风绕过挡风墙后,一部分在车体与挡风墙间形成漩涡,另一部分又直接吹向列车侧壁。当挡风墙距离线路较近或高度较高时,原来吹向车体侧壁的部分横风绕过挡风墙后吹向列车车顶上方。横向风流动路线的不同导致列车在迎风侧和背风侧的气体压力发生变化。当作用在列车两侧的气体压力基本相同时,列车所受侧向力和侧翻力矩最小。而挡风墙某一高度和某一距离的组合有可能使列车两侧气体压力的合力基本平衡,这时的挡风墙高度和距离就是最佳高度和最佳距离。

采用线路实测的方法获得最佳挡风墙高度和距离几乎是不可能的,因为即使可以不断改变试验线路上挡风墙的高度和距离,也能够遇上所希望的大风气候,但是测量列车在运行过程中横向风引起的侧向力和侧翻力矩仍然是极端困难的,可能需要专门制造的测力列车。而事实上大风环境出现的随机性也将会使试验周期长得无法忍受。另外一种研究方法是风洞试验测量,通过不断改变模型线路上的挡风墙高度和距离,测量每一种情况下模型列车所受侧向力和侧翻力矩,直至找到使侧向力和侧翻力矩最小的挡风墙高度与距离。但风洞模型试验即使不计及模型线路和模型列车的制作花费,多工况的风洞运行费用可能就不是常规研究单位所能承受的。因为试验中列车要横向摆在风洞内的支撑平台上,因此列车横风模型风洞试验要求风洞工作段尺寸非常大。例如文献[6]采用亚洲最大的直流风洞(工作段尺寸 8 m×6 m),也只能将车体模型缩减为 1∶15。风洞尺寸越大,运行费用越昂贵;模型缩尺比越小,风洞试验测量带来的缩尺误差就越大。另外一个可供选择的研究方法就是流体力学方程数值求解的方法进行仿真计算,仿真计算可以采用全尺寸模型分析,可以很方便的改变挡风墙距线路距离和挡风墙高度,可以任意改变横向风速。因此是十分经济的研究方法。将多工况计算获得的最佳挡风墙距离和高度结果再进行风洞试验验证,应该是目前比较理想的研究方法。

下面利用流体力学方程数值计算的方法,计算分析 CRH2 型高速列车以 200~400 km/h 速度运行,横向风作用条件下有、无挡风墙时的列车侧向力和侧翻力矩,进而研究最佳的挡风墙高度和距离。

7.3 计算模型与计算工况

7.3.1 基本假设

根据所求解问题的特性和计算机计算能力，对计算模型作如下假设：

(1)列车以 200 km/h 以上速度运行时，周围流场雷诺数 $Re>10^6$，流动处于紊流状态，计算采用 k-ε 两方程紊流模型模拟这一紊态流场；

(2)列车以 200～400 km/h 速度运行引起的诱导气流与横向风气流叠加，流场局部马赫数有可能超过 0.3，气体流动按可压缩流体处理；

(3)横向风方向与列车运行方向垂直，即计算最不利横风载荷条件下的列车作用力；

(4)考虑计算机容量，将列车缩减为三节车编组(包括头车、中间车和尾车)；

(5)忽略车体外部复杂结构的细节，车体简化成一个具有一定粗糙度的几何体；

(6)线路为平面直线或曲线，轨道与道床为高度 2 m 的梯形截面路堤，简化成具有一定粗糙度的表面。

(7)挡风墙简化为直立式不透风平板几何体，长度与计算区域长度相同，厚度为 0.5 m。

7.3.2 几何模型

限于计算机容量，流场计算区域不可能取无限大。通过多次试算，分析误差，确定整个计算区域为一个长方体形状，尺寸约为 300 m×200 m×40 m。图 7-4 为直线线路计算区域及边界条件简图，图 7-5 为曲线线路计算区域与边界条件示意图。

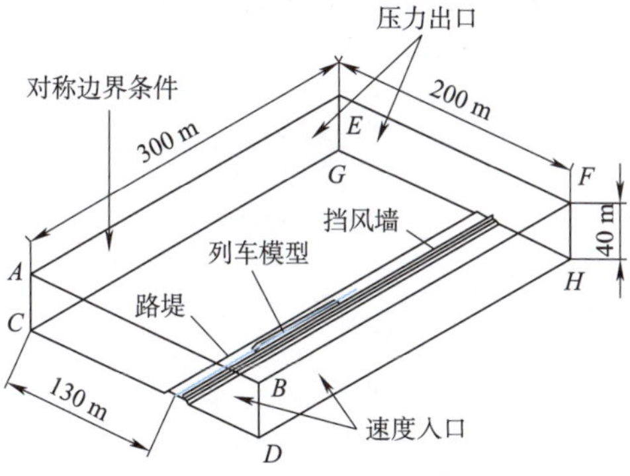

图 7-4 直线线路计算区域简图

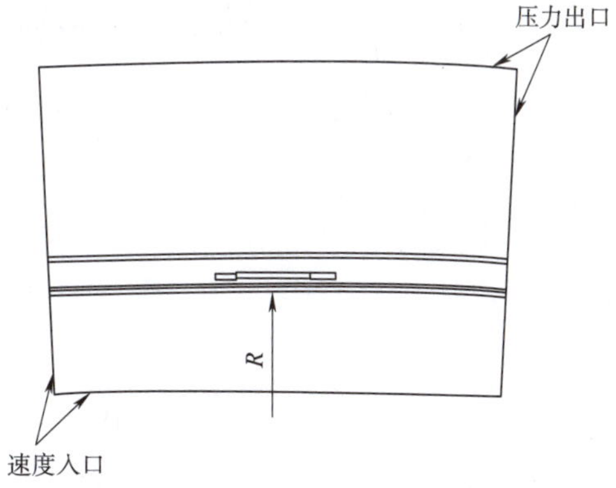

图 7-5 曲线线路计算区域示意图

7.3.3 计算工况

为尽可能多地了解风速、车速和直线路况与曲线路况条件下挡风墙高度和距离对列车所受横向气动作用的影响，设计了 200 km/h、300 km/h、400 km/h 三种车速，20 m/s、25 m/s、30 m/s、35 m/s、40 m/s 五种横向持续风速，1 000 m、3 000 m、5 000 m、7 000 m 四种半径曲线线路和直线线路，共计 275 种计算工况。

7.4 计算结果与分析

7.4.1 直线线路列车所受横风作用力

在直线线路情况下计算分析了200～400 km/h三种车速，20～40 m/s五种横向风速度条件下，运行列车所受侧向力与侧翻力矩。工程上通常采用侧向力系数 C_s 和侧翻力矩系数 C_{Mx} 来分别表示侧向力和侧翻力矩的大小，即

$$C_s=\frac{F_s}{\frac{1}{2}\rho A v^2},\qquad C_{Mx}=\frac{M_x}{\frac{1}{2}\rho A L v^2}$$

式中 F_s——列车所受的侧向力(N)；

M_x——列车所受侧翻力矩(N·m)；

ρ——空气密度(kg/m³)；

A——迎风投影面积(m²)，横风作用下可取每节车的长和高的乘积；

L——车体中心至轨面高(m)，可取几何中心、重心或风压中心；

v——可取车速、横风速度或合成风速度，为简单计这里采用车速作为计算基准(m/s)。

侧向力为正表示列车迎风侧压力大于背风侧压力，负值表示列车背风侧压力大于迎风侧压力。侧翻力矩定义为横向风气动作用力合力对轨面力矩。侧翻力矩为负表示列车有朝向挡风墙方向翻倒的趋势，侧翻力矩为正表示列车有背向挡风墙方向翻倒的趋势。

在无挡风墙情况下，列车在200～400 km/h车速在平直轨道上运行，并承受20 m/s、25 m/s、30 m/s、35 m/s、40 m/s的横向风作用时，其侧翻力矩变化计算数据如图7-6所示。

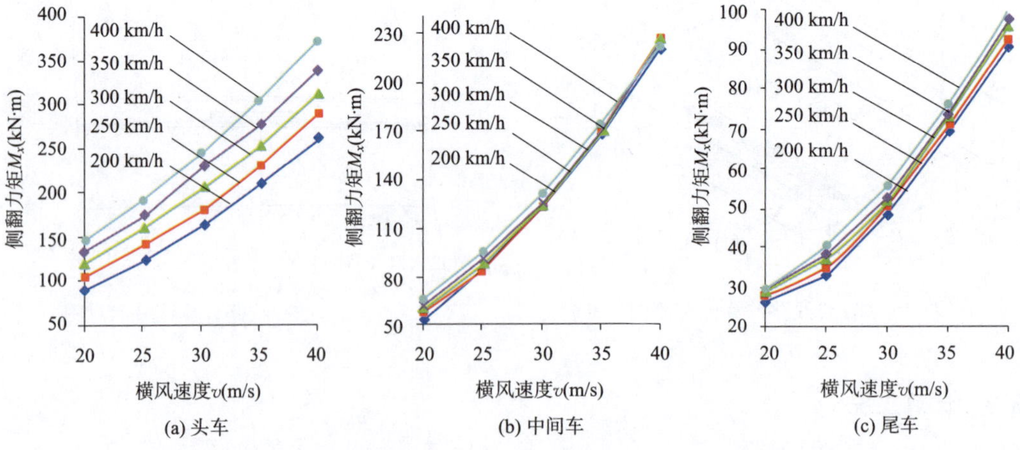

图7-6 不同速度横向风作用下列车侧翻力矩随车速变化

从图7-6可以看出列车在横向风作用下运行，每节车厢的侧翻力矩均随着横向风速度的增大而呈现约二次方函数的增加。但是头车侧翻力矩不仅随横向风速增大而增大，而且与车速相关，车速越高，相同横向风速条件下侧翻力矩越大。而中间车和尾车侧翻力矩的大小主要

与横向风速度相关，与列车运行速度关系不大，特别是中间车。此外，车速相同和横向风速相同时，头车的侧翻力矩最大，中间车次之，尾车的侧翻力矩最小（一定横风偏转角条件下的风洞模型试验也得到类似结果[24]），其数值只有头车侧翻力矩的四分之一左右。说明列车在平直轨道上运行时遭遇强横向风，头车最具侧翻倾向的危险，或更容易出现爬轨现象。此时降低车速可有效降低头车由于横向风引起的侧翻力矩。但降速行驶对后续车辆的横风侧翻力矩的减小就作用有限了。

如前所述，在线路迎风侧装设挡风墙会改变车体两侧气体压力分布状况，从而改变车体所受横向风引起的侧向力和侧翻力矩。利用图 7-4 所示计算模型，计算得到的车速为 300 km/h 时不同横向风速度情况下列车所受侧向力系数随挡风墙高度的变化如图 7-7所示，随挡风墙距离的变化如图 7-8 所示（其中挡风墙距离指挡风墙中面距轨道中心的距离）。

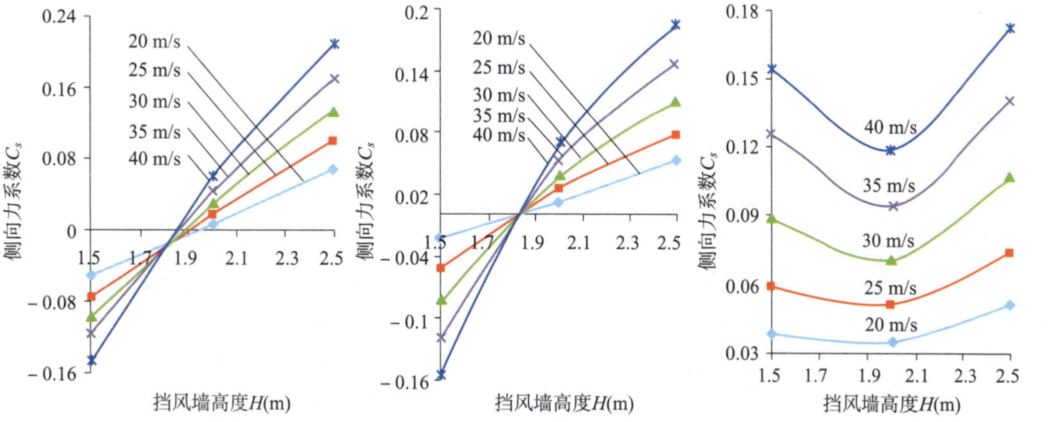

(a) 头车　　(b) 中间车　　(c) 尾车

图 7-7　不同速度横向风作用下挡风墙高度对列车侧向力系数影响

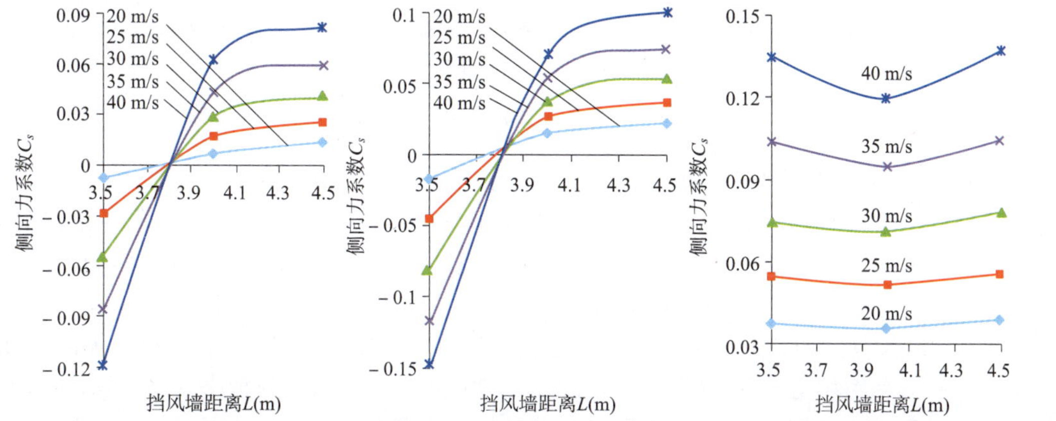

(a) 头车　　(b) 中间车　　(c) 尾车

图 7-8　不同速度横向风作用下挡风墙距离对列车侧向力系数影响

车速为 300 km/h 时不同横向风速度情况下列车所受侧翻力矩系数随挡风墙高度的变化如图 7-9 所示，随挡风墙距离的变化如图 7-10 所示。

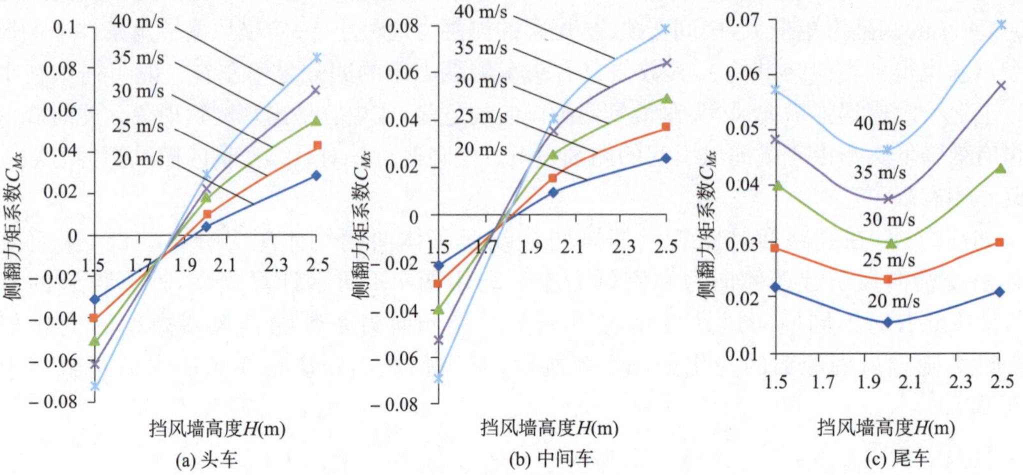

图 7-9　不同速度横向风作用下挡风墙高度对列车侧翻力矩系数影响

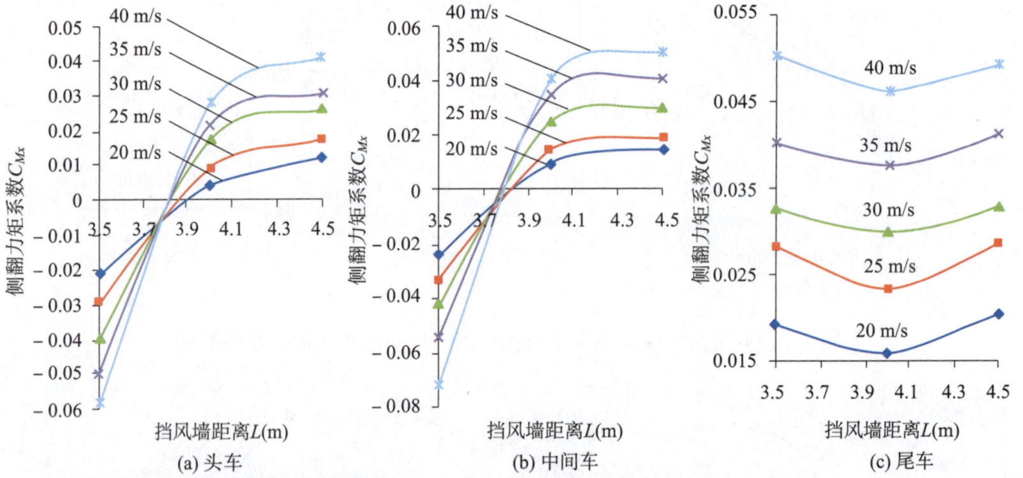

图 7-10　不同速度横向风作用下挡风墙距离对列车侧翻力矩系数影响

侧向力系数和侧翻力矩系数接近于零时列车所受横向气动力最小。从图 7-7 可以看出，对头车来讲，挡风墙高度约为 H=1.84～1.94 m 时侧向力系数在计算横风速度范围内最小；对中间车，H=1.80～1.82 m 时侧向力系数最小；对尾车 H=1.90～2.0 m 时侧向力系数最小。对图 7-8～图 7-10 也可做类似分析。综合比较，列车以 300 km/h 速度运行，横向风速度在 20～40 m/s 范围内，挡风墙高度的最优值应为 1.9 m 左右，挡风墙距离的最优值应该在 3.9 m 左右。利用相同方法，计算了 200 km/h、300 km/h、400 km/h 车速下，相同横向风速范围的挡风墙最佳高度和最优距离范围，其计算结果列于表 7-2 中。

从表 7-2 中数据可看出，在所分析的横向风速度范围内，直线线路挡风墙高度最优值基本相同，距离最优值也基本一致。说明挡风墙最佳高度和最优距离与车速关系不大。

表 7-2　直线线路挡风墙最佳高度与最优距离分析

	车速（km/h）	判据	头车最优值（m）	中间车最优值（m）	尾车最优值（m）	综合最优值（m）
挡风墙高度	200	按侧向力系数	1.80～1.96	1.80～1.84	1.90～2.0	1.90
		按侧翻力矩系数	1.84～1.90	1.78～1.82	1.90～2.0	
	300	按侧向力系数	1.84～1.94	1.82～1.84	1.90～2.0	1.90
		按侧翻力矩系数	1.84～1.94	1.78～1.82	1.90～2.0	
	400	按侧向力系数	1.90～2.0	1.84～1.92	1.90～2.0	1.90
		按侧翻力矩系数	1.86～2.0	1.78～1.84	1.90～2.0	
挡风墙距离	200	按侧向力系数	3.76～3.80	3.74～3.80	3.90～4.10	3.90
		按侧翻力矩系数	3.80～3.86	3.78～3.80	3.90～4.10	
	300	按侧向力系数	3.76～3.80	3.74～3.82	3.90～4.10	3.90
		按侧翻力矩系数	3.80～3.90	3.78～3.82	3.90～4.10	
	400	按侧向力系数	3.80～3.90	3.74～3.76	3.90～4.10	3.90
		按侧翻力矩系数	3.78～3.96	3.74～3.80	3.90～4.10	

7.4.2　曲线线路最优挡风墙高度与距离分析

利用图 7-5 所示模型，计算分析了弯道半径分别为 1 000 m、3 000 m、5 000 m、7 000 m 四种情况，200 km/h、300 km/h、400 km/h 三种车速，20～40 m/s 五种横向风速度条件下，运行列车所受侧向力与侧翻力矩。为节省篇幅，下面只列出线路半径为 3 000 m，车速为 300 km/h，五种横风速度条件下列车所受侧翻力矩系数与挡风墙高度（图 7-11）和挡风墙距离（图 7-12）之间关系曲线。

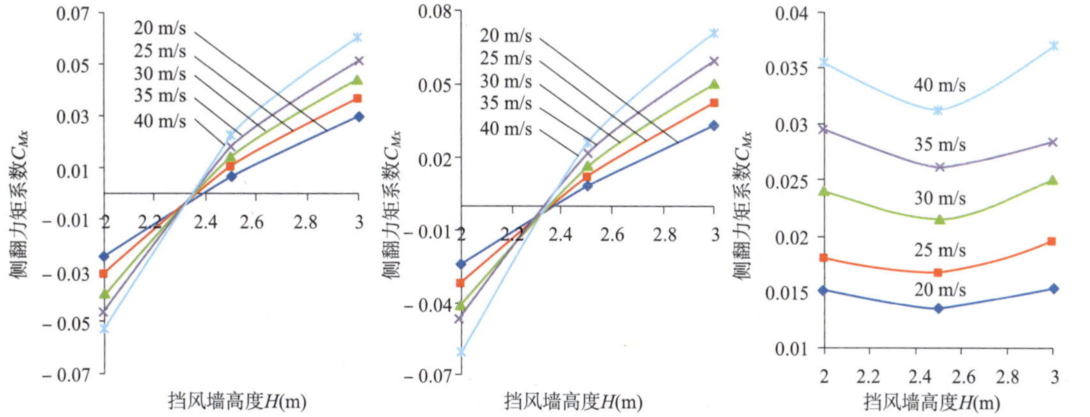

(a) 头车　(b) 中间车　(c) 尾车

图 7-11　不同速度横向风作用下挡风墙高度对列车侧翻力矩系数影响（3 000 m 曲线）

根据曲线线路模型计算结果，可总结出不同横风速度条件下使列车侧向力或侧翻力矩最小的挡风墙高度和距离。计算结果的总结列于表 7-3 中。

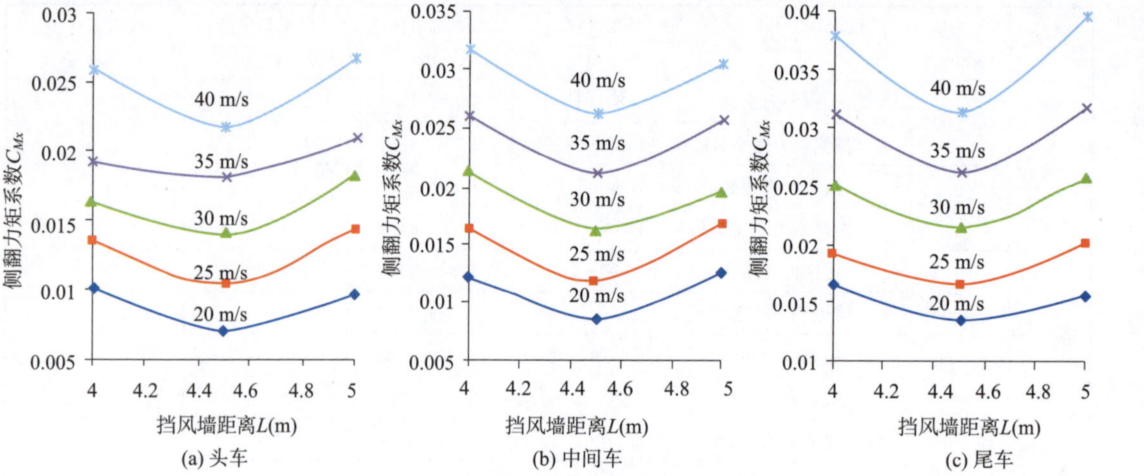

图 7-12 不同速度横向风作用下挡风墙距离对列车侧翻力矩系数影响(3 000 m 曲线)

表 7-3 曲线线路挡风墙最佳高度与最优距离分析

	弯道半径(m)	车速(km/h)	判据	头车最优值(m)	中间车最优值(m)	尾车最优值(m)	综合最优值(m)
挡风墙高度	1 000	200	按侧向力系数	2.41～2.51	2.42～2.49	2.40～2.60	2.50
			按侧翻力矩系数	2.42～2.50	2.40～2.48	2.40～2.55	
		300	按侧向力系数	2.42～2.51	2.41～2.49	2.40～2.60	2.50
			按侧翻力矩系数	2.41～2.48	2.40～2.46	2.40～2.55	
		400	按侧向力系数	2.42～2.50	2.42～2.46	2.40～2.55	2.50
			按侧翻力矩系数	2.40～2.46	2.40～2.44	2.40～2.60	
	3 000	200	按侧向力系数	2.35～2.42	2.34～2.39	2.40～2.50	2.40
			按侧翻力矩系数	2.32～2.40	2.32～2.38	2.40～2.50	
		300	按侧向力系数	2.34～2.39	2.34～2.37	2.40～2.50	2.40
			按侧翻力矩系数	2.34～2.38	2.32～2.36	2.40～2.60	
		400	按侧向力系数	2.34～2.38	2.33～2.36	2.40～2.60	2.40
			按侧翻力矩系数	2.34～2.37	2.34～2.36	2.40～2.50	
	5 000	200	按侧向力系数	2.25～2.28	2.24～2.29	2.35～2.45	2.30
			按侧翻力矩系数	2.28～2.32	2.27～2.29	2.35～2.45	
		300	按侧向力系数	2.26～2.28	2.24～2.29	2.40～2.55	2.30
			按侧翻力矩系数	2.28～2.30	2.26～2.28	2.40～2.60	
		400	按侧向力系数	2.28～2.30	2.24～2.29	2.40～2.60	2.30
			按侧翻力矩系数	2.27～2.30	2.26～2.29	2.40～2.60	
	7 000	200	按侧向力系数	2.16～2.20	2.14～2.19	2.40～2.50	2.20
			按侧翻力矩系数	2.14～2.19	2.14～2.20	2.40～2.50	

续上表

	弯道半径（m）	车速（km/h）	判据	头车最优值（m）	中间车最优值（m）	尾车最优值（m）	综合最优值（m）
挡风墙高度	7 000	300	按侧向力系数	2.16～2.20	2.13～2.19	2.40～2.60	2.20
			按侧翻力矩系数	2.14～2.19	2.14～2.20	2.40～2.60	
		400	按侧向力系数	2.16～2.20	2.14～2.19	2.40～2.55	2.20
			按侧翻力矩系数	2.14～2.19	2.14～2.20	2.40～2.60	
挡风墙距离	1 000	200	按侧向力系数	4.45～4.55	4.45～4.55	4.40～4.60	4.50
			按侧翻力矩系数	4.45～4.55	4.45～4.55	4.45～4.55	
		300	按侧向力系数	4.45～4.55	4.45～4.55	4.40～4.60	4.50
			按侧翻力矩系数	4.45～4.55	4.45～4.55	4.45～4.55	
		400	按侧向力系数	4.45～4.55	4.45～4.55	4.45～4.55	4.50
			按侧翻力矩系数	4.45～4.55	4.45～4.55	4.45～4.55	
	3 000	200	按侧向力系数	4.45～4.55	4.45～4.55	4.45～4.55	4.50
			按侧翻力矩系数	4.45～4.55	4.45～4.55	4.40～4.60	
		300	按侧向力系数	4.45～4.55	4.40～4.50	4.45～4.55	4.50
			按侧翻力矩系数	4.45～4.55	4.45～4.55	4.40～4.60	
		400	按侧向力系数	4.45～4.55	4.45～4.55	4.45～4.55	4.50
			按侧翻力矩系数	4.45～4.55	4.45～4.55	4.40～4.60	
	5 000	200	按侧向力系数	4.45～4.55	4.45～4.55	4.45～4.55	4.50
			按侧翻力矩系数	4.45～4.55	4.40～4.60	4.45～4.55	
		300	按侧向力系数	4.45～4.55	4.45～4.55	4.45～4.55	4.50
			按侧翻力矩系数	4.40～4.60	4.40～4.60	4.45～4.55	
		400	按侧向力系数	4.45～4.55	4.45～4.55	4.45～4.55	4.50
			按侧翻力矩系数	4.45～4.55	4.45～4.55	4.40～4.60	
	7 000	200	按侧向力系数	4.45～4.55	4.45～4.55	4.40～4.60	4.50
			按侧翻力矩系数	4.45～4.55	4.45～4.55	4.40～4.60	
		300	按侧向力系数	4.45～4.55	4.40～4.60	4.40～4.60	4.50
			按侧翻力矩系数	4.45～4.55	4.45～4.55	4.40～4.60	
		400	按侧向力系数	4.45～4.55	4.40～4.60	4.45～4.55	4.50
			按侧翻力矩系数	4.45～4.55	4.45～4.55	4.45～4.55	

从表 7-2 计算结果数据分析可看出，在所分析的横风速度范围内，四种曲线半径线路的挡风墙最优距离基本相同，但最佳高度随线路曲线半径增大逐渐降低，基本上呈线性关系，如图 7-13 所示。在计算范围内最佳挡风墙高度（H）与弯道半径（R）间关系可归纳为

$$H=-5\times10^{-5}R+2.55\ (\mathrm{m})$$

而最优挡风墙距离与线路弯道半径、横风风速和车速之间的关系不大。

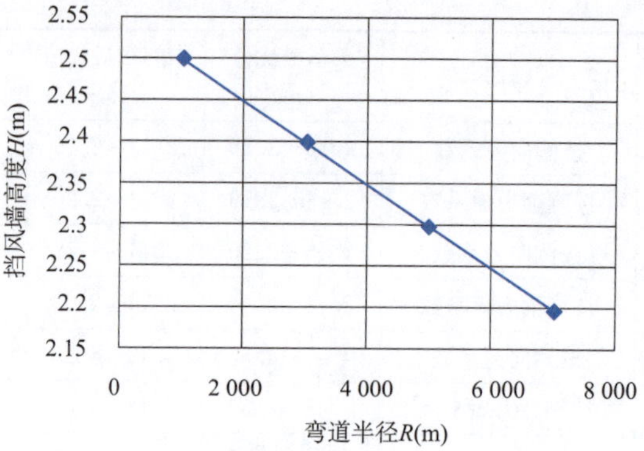

图 7-13 最优挡风墙高度与弯道半径间关系

7.5 结 论

(1)计算分析表明,列车在平直线路上运行时,横风速度在 20～40 m/s 范围内,最佳挡风墙高度约为 1.90 m,最优挡风墙距离为距线路中心约 3.90 m。

(2)列车在曲线上运行时,在相同横风速度范围内最佳挡风墙高度与线路弯道半径间基本上呈线性关系,随着弯道半径的减小,最优挡风墙高度增加。最优挡风墙距离与线路弯道半径、横风速度和车速似乎关系不大,计算工况条件下约为 4.50 m。

(3)最佳挡风墙高度与最优挡风墙距离似乎与列车运行速度关系不大,而与横向风速度有直接关系。从计算结果曲线图(图 7-7～图 7-11)可得出,随着横向风速的增大,最佳挡风墙高度略有减小,最优挡风墙距离也有所减小。

(4)若挡风墙高度过低或挡风墙距离过近,在许多工况下有可能出现头车所受横风引起的侧向力和侧翻力矩为负值,而尾车所受侧向力与侧翻力矩为正值(图 7-7～图 7-11),这造成头车作用的侧向力和侧翻力矩与尾车作用的相应气动载荷方向相反,从而在列车上作用附加的偏转力矩。

参考文献

[1] 尹永顺,王厚雄.兰新复线防风安全工程研究报告[R].乌鲁木齐:乌鲁木齐铁路局,1993.
[2] 田红旗.中国恶劣风环境下铁路安全行车研究进展[J].中南大学学报(自然科学版),2010,41(6):2435-2443.
[3] 钱征宇.西北地区铁路大风灾害及其防治对策[J].中国铁路,2009(3):1-14.
[4] 周丹,田红旗,鲁寨军.大风对路堤上运行的客运列车气动性能的影响[J].交通运输工程学报,2007,7(4):6-9.
[5] 刘凤华.不同类型挡风墙对列车运行安全防护效果的影响[J].中南大学学报:自然科学版,2006,37(1):176-182.
[6] 周丹,袁先旭,杨明智等.高速铁路挡风墙防风沙效果研究[J].试验流体力学,2012,26(4):63-67.
[7] 杨鑫炎,郑史雄.铁路路基挡风墙抗风性能分析及方案比较[J].四川建筑,2004,24(3):57-59.
[8] 曾广勇.兰新线大风地区挡风墙的勘测与设计[J].路基工程,1998(6):24-29.

[9] 庞巧东,程建军,蒋富强等. 戈壁铁路挡风墙背风侧流场特征与挡风功效研究[J]. 铁道标准设计,2011(2):1-4.
[10] 陈锐林,曾庆元. 横风对列车通过曲线限制速度影响的数值研究[J]. 铁道学报,2009,31(1):40-45.
[11] 李田,张继业,张卫华. 横风下高速列车通过挡风墙动力学性能[J]. 铁道学报,2012,34(7):30-35.
[12] 韩佳栋,张勇,刘晓红,曹树森. 强风区挡风墙高度和位置对接触网区域风速的影响[J]. 铁道标准设计,2012,(10):81-83.
[13] 王学楷. 兰新铁路提速改造工程挡风墙的设计与施工[J]. 路基工程,2005(6):62-64.
[14] 姜翠香,梁习锋. 挡风墙高度和设置位置对车辆气动性能的影响 [J]. 中国铁道科学,2006,27(2):66-70.
[15] 刘凤华. 加筋土式挡风墙优化研究[J]. 铁道工程学报,2006(1):96-99.
[16] 高广军,段丽丽. 单线路堤上挡风墙高度研究[J]. 中南大学学报:自然科学版,2011,42(1):254-259.
[17] 杨斌,刘堂红,杨明智. 大风区铁路挡风墙合理设置[J]. 铁道科学与工程学报,2011,8(3):67-72.
[18] 黄尊地,常宁. 兰新高速铁路挡风墙合理高度研究[J]. 五邑大学学报(自然科学版),2012,26(2):63-68.
[19] 于梦阁,张继业,张卫华. 随机风速下高速列车的运行安全可靠性[J]. 铁道学报,2013,45(4):483-492.
[20] 毕海权,雷波,张卫华. MLX01 磁悬浮列车横风气动力特性数值分析[J]. 机车电传动,2004(5):23-26.
[21] 刘加利,张继业,张卫华. 基于大涡模拟的横风下高速列车非定常气动载荷特性[J]. 铁道学报,2013,35(6):13-21
[22] 杨吉忠,毕海权,翟婉明. 基于 ALE 方法的列车绕流动力学分析[J]. 铁道学报,2009,31(2):120-124.
[23] 于梦阁,张继业,张卫华. 平地上高速列车的风致安全特性,西南交通大学学报[J]. 2011,46(6):989-995.
[24] 毛军,郗艳红,杨国伟. 侧风风场特征对高速列车气动性能作用的研究[J]. 铁道学报,2011,33(2):22-33.
[25] 项超群,郭文华,张佳文. 双线高速铁路桥最优风障高度及作用机理的数值研究[J]. 中南大学学报(自然科学版),2014,45(8):2891-2898.
[26] 向活跃,李永乐,胡喆,等. 铁路风屏障对轨道上方风压分布影响的风洞试验研究[J]. 试验流体力学,2012,26(6):19-23.
[27] 罗建斌,胡爱军. 高架桥声屏障高度对列车气动特性影响的数值模拟[J]. 计算物理,2012,29(1):65-72.

8 高速列车对挡风墙或声屏障的气动作用

8.1 问题的提出

高速列车在大风区运行时为保证行车安全，通常采用在线路一侧或两侧安装挡风墙，以减小横向风作用在车体上的侧向力和侧翻力矩。挡风墙除了要能够承受横向大风引起的风载荷之外，还会受到列车通过时产生的气流脉动作用力。这一脉动的气动力在短时间内会产生换向，使挡风墙的支撑结构内部产生交变应力，长时间的使用有可能出现疲劳破坏问题。高速列车通过人口稠密区时为减小列车通过噪声的影响，往往也会在线路一侧或两侧加装声屏障。声屏障在列车通过时同样会受到气流脉动作用力，其支撑结构内部同样会产生交变应力，也有可能出现疲劳破坏问题。而且声屏障一般比挡风墙高度更高，所受到的气流脉动作用力更大，其疲劳破坏问题可能更加突出。我国京沪高铁运行不过三年，就发生一些区段声屏障翻倒现象，影响了列车的正常运行。德国科隆至法兰克福的高速铁路线上声屏障也曾出现大面积损伤，大部分路段不得不将声屏障拆除。

列车通过时作用在挡风墙或声屏障上一点的气体压力变化比较容易测量或计算得到，但是气体压力在挡风墙或声屏障表面如何分布？挡风墙或声屏障在列车通过时所受到的气动作用力如何变化？对于可看成无限长的挡风墙或声屏障，气动作用力只作用于其中一小段，在这一段中气动作用力的最大值是多少？对挡风墙或声屏障的支撑立柱和中间插板有什么样的影响？立柱受力最大处应力如何变化？最大变形将会是多少？疲劳强度是否足够？这些问题是设计挡风墙或声屏障结构时必须面对的问题。典型高速铁路金属插板式声屏障结构如图 8-1 所示。

图 8-1　典型高速铁路金属插板式声屏障结构

8.2 研究方法

将小型压力传感器安装于声屏障面板上可以比较容易地测量列车通过时在某点的气体压力值。但是要得到声屏障两侧的压力分布，仅通过实车线路测量一般来讲是不现实的。因为需布置相当密集的压力传感器，以得到足够精确的压力分布。且压力传感器的体积必须足够小，否则将会使声屏障附近的流场发生变化。如果不能通过实际测量获得列车通过时声屏障上气体压力分布，则声屏障所受气动作用力也将无法得到。所以，采用线路实测的方法获得声屏障上的气动作用力及其变化是相当困难的。通常可采用流体力学方程求解的方法，通过数值计算获得列车通过时作用在声屏障两侧面上的气体压力分布，再通过不同位置压力与面积乘积的积分即可获得声屏障上的气体作用力，采用动态计算可获得气动作用力的变化情况。

如前所述，动态的气动作用力作用在声屏障上会使其支撑结构内部产生交变应力，因而有可能造成疲劳破坏。通过在支撑结构适当位置安装动态应变片可测量其表面应力变化情况，从而获得列车通过时在支撑结构上引起的应力变化幅值和平均应力，进而推算声屏障支撑结构的疲劳寿命。然而声屏障支撑结构在动态载荷的作用下可能会呈现三向应力状态，比较难于获得准确的实测应力值。其最大应力也不一定出现在支撑结构表面，因此测量无法获得最大应力值。而且还可能会因为测点有限不容易获得整体应力分布及其变化情况。采用固体力学计算分析的方法也可以获得声屏障支撑结构的应力分布状况，但是由于外载荷是非均匀分布的动态气体压力载荷，因而或许需要采用流固耦合的计算分析方法，来计算声屏障支撑结构的动态强度和估算其疲劳寿命。

8.3 列车通过时声屏障所受气动载荷

根据 2009 年发布的路基插板式金属声屏障设计标准[18]，车速 250～350 km/h 线路上金属插板式声屏障板面中心距轨道中心距离为：有砟轨道线路 4 750 mm，无砟轨道线路 4 650 mm；声屏障高度分为两种：一种为混凝土基座上方金属立柱及插板 2 950 mm 高，另一种为混凝土基座上方金属立柱及插板 3 950 mm 高，且比前者高出的 1 000 mm 要采用透明材料插板。此外，线路上轨面至声屏障最高处的垂直距离不大于 2 050 mm。如图 8-2 所示。

按照图 8-2 所示路基、轨道和声屏障之间位置关系可建立列车、路基和声屏障的三维计算模型来计算分析列车以一定速度经过声屏障时，声屏障上作用的气动载荷。其中列车及其附近流场要采用动网格模型以模拟列车与路基和声屏障之间的相对运动。

8.3.1 计算模型及基本假设

流场计算模型的局部形式如图 8-3 所示。整个流场计算区域长、宽、高各为 300 m、45 m、40 m。列车长度缩减为三节编组，包括流线型头车，中间车和流线型尾车，列车模型总长约 76.3m。声屏障为直立薄板型，计算中按照标准取两种高度，2.95 m 和 3.95 m。为研究不同声屏障距离条件下列车气动力的影响，声屏障距线路中心距离分别设计为 3.34 m、3.90 m 和 4.65 m。

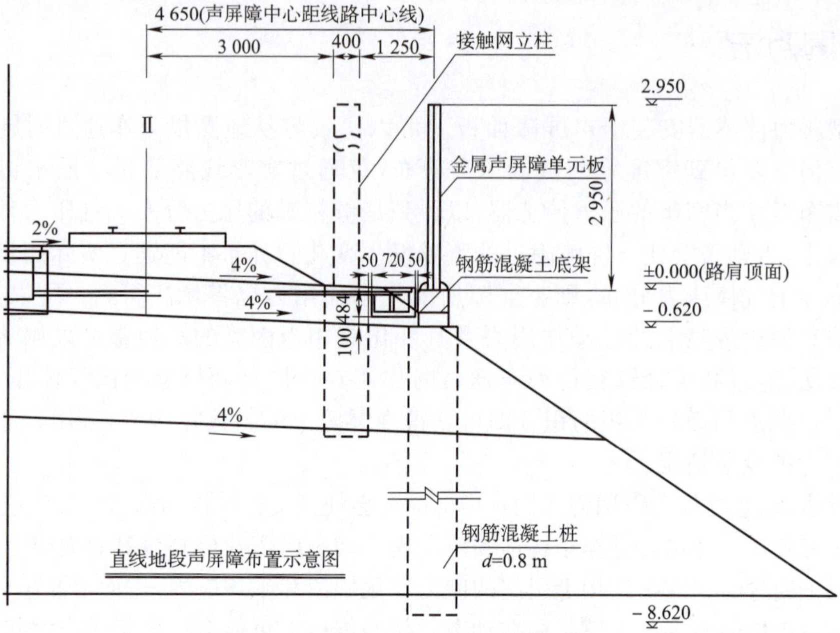

图 8-2　金属插板式声屏障安装位置图

计算基本假设：

(1)由于要研究比较极端速度条件下列车风对声屏障作用力，车速 400 km/h 甚至更高情况下列车外部气流流动状态处于紊流状态，计算中采用雷诺时均方程法求解流场方程组，用 k-ε 两方程紊流模型模拟空气的紊态流动。

(2)列车外形与国产 CRH2 型高速列车外形尺寸基本相同，考虑了车厢连接部位结构，但车体下方做了一定简化，只考虑了车轮，忽略转向架细部结构以及车体外表面细部结构，如雨刮器、车头灯、门把手等结构。

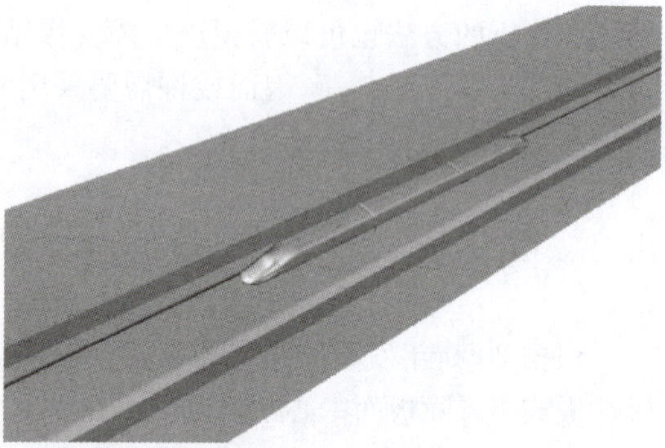

图 8-3　列车通过声屏障计算模型

(3)线路为平直线路，车下路基为 1 m 高梯形截面路基。

(4)声屏障为不透风平板结构，做流固耦合强度计算的一段结构与铁道行业标准中声屏障结构相同(图 8-15～图 8-17)，其余部分简化为相同厚度的平板。

(5)计算采用移动网格技术模拟列车的运动，即列车及其周围附近流场(网格)以规定的速度移动，其余部分流场网格固定不动。

8.3.2　声屏障上气体压力分布

列车以 350 km/h 速度运行时，高度为 2 950 mm 声屏障上某一时刻气体压力分布计算结果如图 8-4 所示。而声屏障上任意一点处在列车通过时的气体压力变化与两列车交会通过时在观测列车上产生的气体压力变化情况基本相同，都是在车头通过时先产生一个正值压力波峰，紧接着压力急剧降低至负值压力波谷；车尾通过时先产生一个负值压力波谷，然后压力急剧升高至正值压力波峰，之后压力下降至接近于零，如图 8-5 所示。因此，列车通过时声屏障受到两次压力波的冲击，而且每一次都存在压力的换向，有可能使声屏障在横向产生摆动，在纵向产生波浪式的运动。仔细分析声屏障正反面、不同高度处的气体压力，可得出在声屏障朝向列车的一面（正面），高度越低气体压力越大，在声屏障顶端，气体压力为最小（图 8-5）；而声屏障背向列车的一面（反面），高度越低气体压力越小，在声屏障顶端，气体压力为最大（图 8-6）。这样的气体压差分布有可能使声屏障在垂向（面内）产生弯曲。

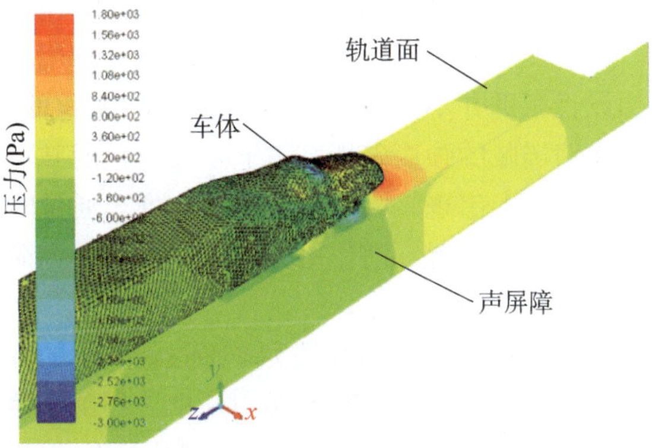

图 8-4 某时刻声屏障上气体压力分布

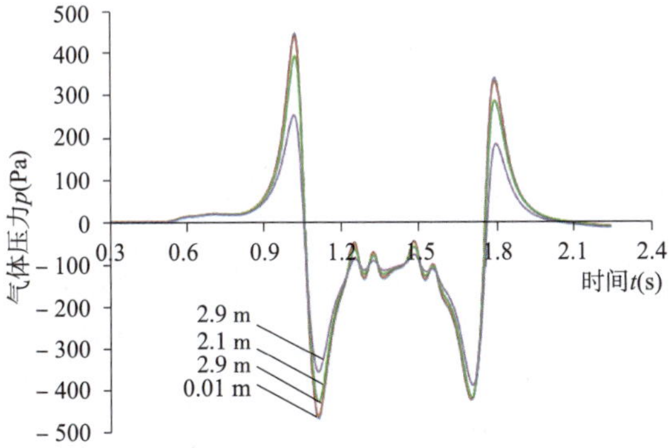

图 8-5 声屏障朝向列车面不同高度气体压力变化

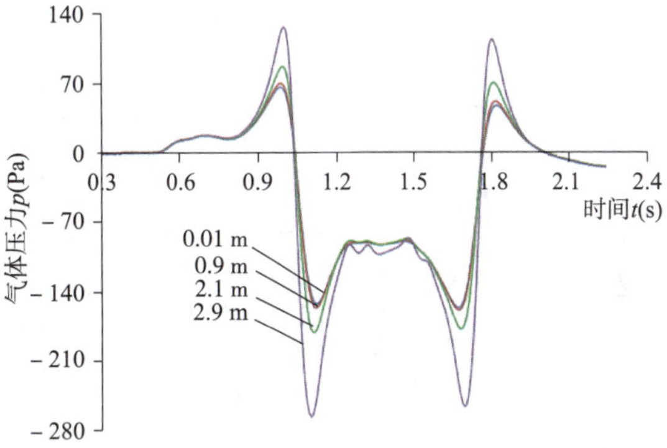

图 8-6 声屏障背向列车面不同高度气体压力变化

8.3.3 声屏障上气动作用力

由声屏障表面不同大小的气体压力产生的气动作用力才是声屏障所受到的气动载荷。要求出列车通过时声屏障所受气动载荷需将声屏障表面各点处的气体压力与当地面积的乘积进行积分，而每一时刻声屏障上气体压力的分布都是变化的，因此声屏障所受气动载荷也是一个变化的量。宏观上看，相对于列车为“无限长”的声屏障在列车通过时只在列车位置附近的一段受到气动作用力（图 8-7），而且声屏障上的气动作用力可以通过其上气体压力分布的积分计算出。列车以 350 km/h 速度通过时，在 180 m 长声屏障上（模型车长约 76 m）作用的气体分布压力与局部网格面积乘积的积分结果如图 8-8 所示，最

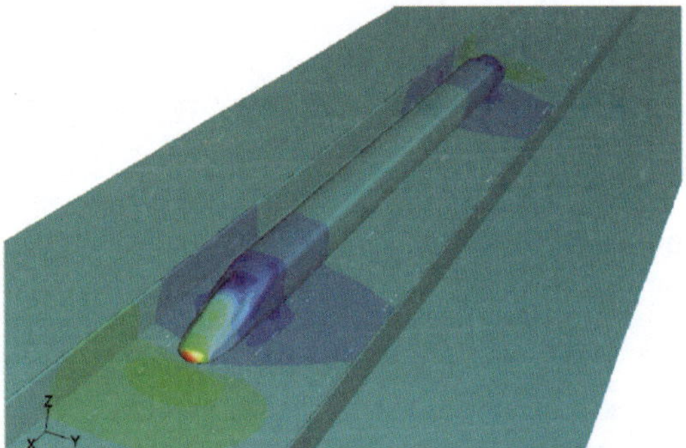
图 8-7 声屏障上整体气体压力分布区间

大气动作用力约±9 000 *N*。作用区间：车头前方约 20 m，车尾后方约 40 m。

事实上了解声屏障上气动力的整体作用区间和气动力在作用区间上合力的值对声屏障结构设计帮助并不大，原因是数十到数百米长的声屏障上作用几千牛的气动力并不算大，更重要的是声屏障的强度破坏基本上是疲劳强度破坏，列车通过时产生的气动载荷引起的静强度破坏通常不会出现。为分析声屏障在列车通过时产生的气动载荷引起的疲劳强度，应求出声屏障某一断面位置气动作用力的变化情况。为简单计，我们计算分析单位长度（例如 1 m 长）声屏障上气体力的变化。

取不同长度声屏障，将列车通过时产生的分布气体压力与局部面积乘积进行积分，得到所取长度上气动作用力总和，再除以所取声屏障长度即可得到单位长度声屏障上的气动作用力。列车以 200 km/h 速度通过时气动力变化如图 8-9 所示。从图 8-9 中可见，随着所取声屏障长度的减小，单位长度声屏障的计算气动作用力逐渐增大，最终接近一稳定值。这一稳定值即可近似作为声屏障某一断面位置气动作用力最大值。单位长度声屏障上气动作用力的变化情况如图 8-10 所示。气动力正、负最大值随车速变化情况如图 8-11 所示，图中 3.95 m 表示另一种高度的声屏障。

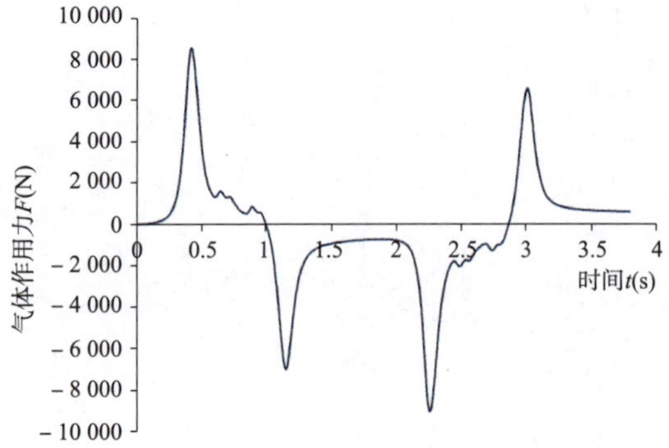

图 8-8　声屏障上整体气动作用力变化

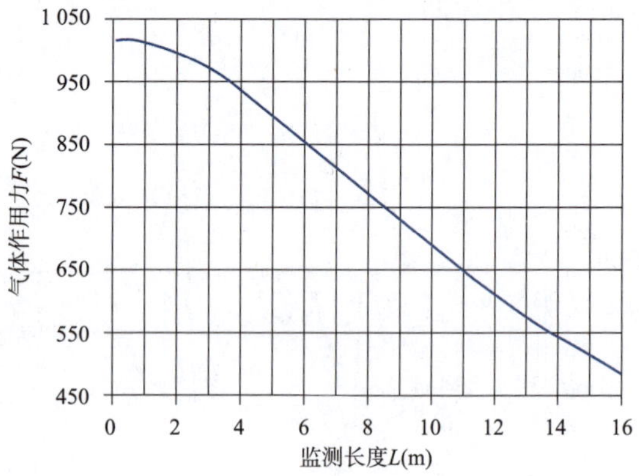

图 8-9　气动作用力随监测长度变化

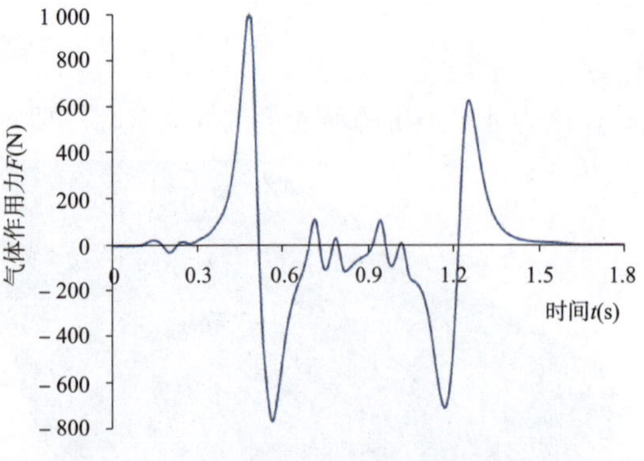

图 8-10　单位长度声屏障上气动力变化

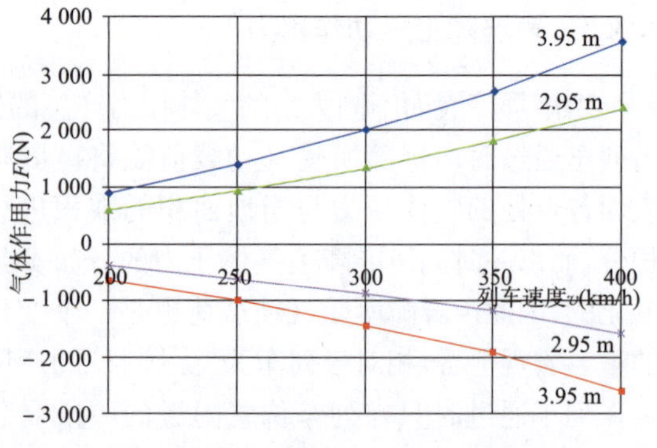

图 8-11　单位长度声屏障气动力最大值随车速变化

从图 8-10 可以看出，车头通过时产生的正压引起的气动作用力最大，车头负压引起的气动作用力次之。图 8-11 中负的气体力就表示车头负压引起的作用力。为进一步研究声屏障上最大气动力随车速和声屏障距线路距离变化情况，分别计算了声屏障距线路中心 3.34 m、

3. 90 m 和 4. 65 m 三种距离，列车以 200 km/h、250 km/h、300 km/h、350 km/h、400 km/h 速度通过 3. 95 m 高声屏障时，单位长度声屏障上作用的最大气动力。计算结果如图 8-12 所示，更直观一点的柱状图如图 8-13 所示。

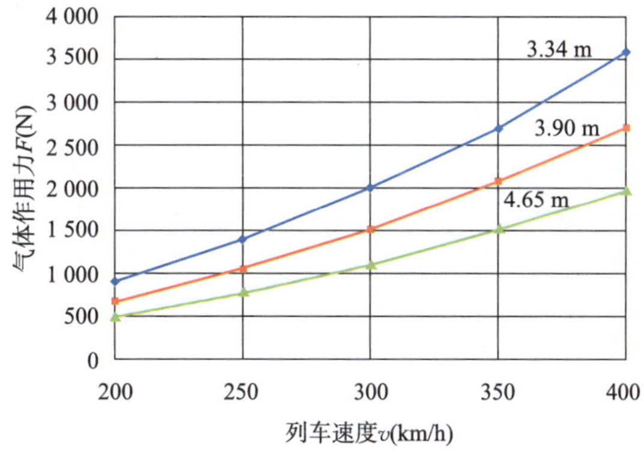

图 8-12　单位长度声屏障上最大气动力随车速和距离变化

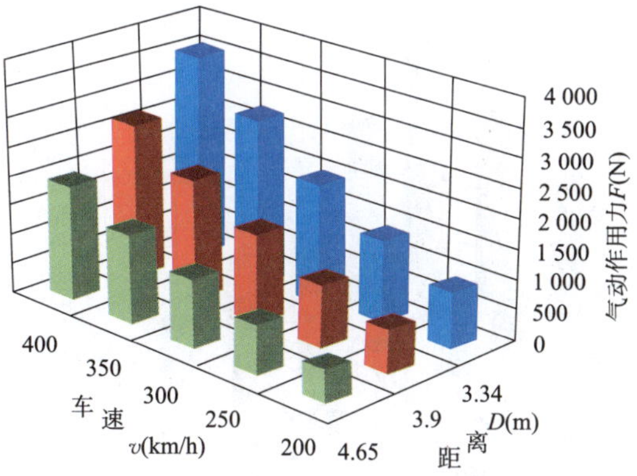

图 8-13　最大气动力随车速和距离变化柱状图

将三种距离和五种车速条件下，单位长度声屏障上最大气动作用力计算结果用函数拟合，可得最大气动力 F 与车速 v 和声屏障距离 D 间关系为：

$$F=\frac{2.707\times v^{1.983}}{D^{1.795}} \tag{8-1}$$

数值计算结果和式(8-1)计算结果一起列于表 8-1 中。从表 8-1 中数据及其误差可以看出函数拟合精度比较高。因此式(8-1)或可用于估算列车通过时单位长度(1 m)声屏障上最大气动作用力，适用范围为图 8-13 所示距离和车速区间。

表 8-1　列车通过时最大气动力(N)数值计算与函数计算结果比较

车速	200 km/h			250 km/h			300 km/h			350 km/h			400 km/h		
距离(m)	数值计算	函数计算	误差(%)	数值计算	函数计算	误差(%)	数值计算	函数计算	误差(%)	数值计算	函数计算	误差(%)	数值计算	函数计算	误差(%)
3. 34	901. 11	895. 70	−0. 60	1 397. 37	1 294. 20	−0. 23	2 003. 46	2 001. 44	−0. 10	2 687. 33	2 727. 07	1. 09	3 590. 57	3 540. 79	−1. 41
3. 90	674. 83	678. 15	0. 49	1 054. 95	1 055. 56	−0. 06	1 514. 24	1 515. 33	0. 07	2 079. 18	2 057. 14	−1. 07	2 709. 06	2 680. 80	−1. 05
4. 65	498. 89	494. 55	−0. 21	774. 33	769. 79	−0. 59	1 094. 17	1 105. 07	0. 99	1 492. 01	1 500. 19	0. 55	1 975. 05	1 955. 00	−1. 03

对于双线线路，有可能在装有声屏障区间出现两列车交会通过的情况。而会车通过时声屏障上作用的气动作用力有可能大于单车通过时的气动作用力。原因是会车过程车体周围产生的气体扰动量要大于单车通过情况。为此计算分析了上述三种声屏障距离和五种列车运行速度以等速会车过程中声屏障上作用的最大气动力。计算结果如图 8-14 和图 8-15 所示。

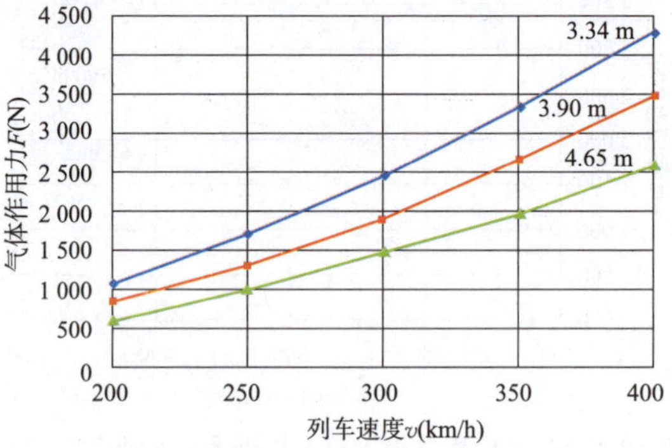

图 8-14　会车单位长度声屏障最大气动力随车速和距离变化

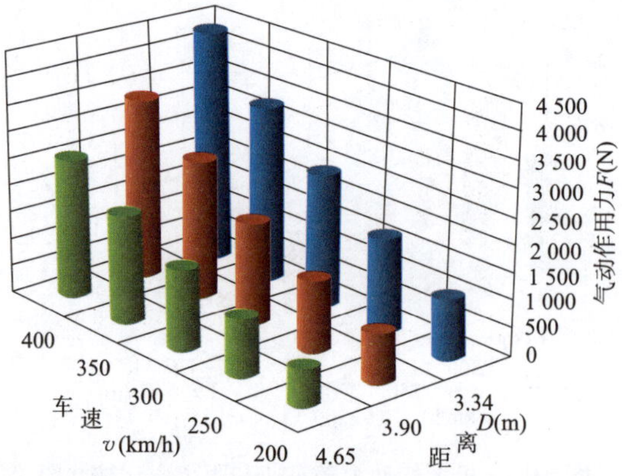

图 8-15　会车最大气动力随车速和距离变化柱状图

将会车条件下声屏障三种距离和五种会车速度工况下，单位长度声屏障上最大气动作用力计算结果用函数拟合，可得最大气动力 F 与车速 v 和声屏障距离 D 间关系为：

$$F=\frac{2.413\times v^{1.988}}{D^{1.552}} \tag{8-2}$$

数值计算结果和式(8-2)计算结果一起列于表 8-2 中。从表 8-2 中数据及其误差可以看出函数拟合的最大误差不超过 3%。因此式(8-2)或可用于估算列车会车通过时单位长度(1 m)声屏障上最大气动作用力，适用范围为图 8-15 所示距离和车速区间。

表 8-2　两列车会车通过时最大气动力(N)数值计算与函数计算结果比较

车速	200 km/h			250 km/h			300 km/h			350 km/h			400 km/h		
距离(m)	数值计算	函数计算	误差(%)	数值计算	函数计算	误差(%)	数值计算	函数计算	误差(%)	数值计算	函数计算	误差(%)	数值计算	函数计算	误差(%)
3.34	1 097.98	1 092.01	0.54	1 716.55	1 701.66	0.87	2 459.19	2 445.05	0.58	3 324.23	3 321.84	0.07	4 279.98	4 331.79	−1.21
3.90	841.05	858.52	−2.07	1 319.21	1 337.81	−1.41	1 892.82	1 922.25	−1.56	2 655.73	2 611.57	1.66	3 476.49	3 405.57	2.04
4.65	655.33	653.42	0.29	1 011.31	1 018.22	−0.68	1 475.65	1 463.04	0.86	1 978.33	1 987.68	−0.47	2 599.35	2 592.00	2.83

比较表 8-1 和表 8-2 中数据可以看出，两列车会车通过时作用在单位长度声屏障上的最大气动作用力要比单车通过时的相同气动作用力大 20%（声屏障距离 3.34 m）至 30%（声屏障距离 4.65 m）以上。

8.4 声屏障支撑结构强度计算

单位长度声屏障上气动作用力最大值及其变化情况可以作为（列车通过时）声屏障所受气动载荷的设计基准。但是声屏障上作用的气动载荷毕竟是变化的分布载荷，列车通过时其支撑结构受到方向发生两次变化的气动载荷，而且相对于固定不动的声屏障立柱插板结构，分布的气动载荷在线路纵向还不断向前移动。立柱插板结构在交变载荷的作用下，其内部会产生交变应力，因此有可能引起材料的疲劳破坏。

金属立柱插板型声屏障结构如图 8-16 所示。列车通过时分布的气动载荷作用在声屏障插板上，插板与 H 形钢立柱间有单管橡胶垫（图 8-18）。声屏障板上的气动载荷通过橡胶垫传递到 H 形钢立柱上，而钢立柱的下端由螺栓连接在混凝土底梁上（图 8-17）。如果螺栓强度足够并且螺栓连接不出现松动，则列车通过时的气动作用载荷最终由 H 形钢立柱承担。为比较真实地计算钢立柱在列车通过时的动态强度，需采用流固耦合的计算方法，将每一时刻作用在钢立柱上的气动载荷所引起的应力分布计算出来，以获得危险点应力随时间变化历程，进而估计钢立柱的疲劳寿命。

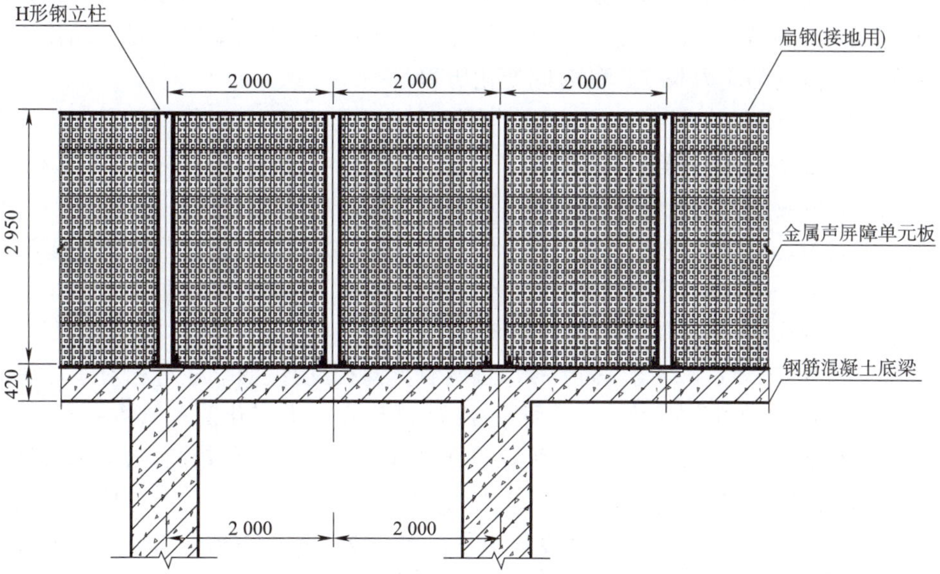

图 8-16 金属插板式声屏障结构图

我们可以建立流场计算和声屏障强度计算一体化计算模型。流场的计算仍采用有限体积法数值计算求解流场控制微分方程，钢结构的强度计算采用有限元法求解弹性力学方程组。钢立柱及其筋板采用三维结构单元，柱脚固结于地面上，单管橡胶垫用与橡胶垫相同刚度的弹簧单元模拟，弹簧单元连接在钢立柱侧翼板与声屏障插板之间传递作用力。为减小计算工作量，可取一段声屏障结构作为结构强度计算模型。例如取三根立柱与两段声屏障插板，或四根立柱与三段声屏障插板。而流场计算还是应取足够长计算区域以正确描述车头、尾通过区间的气体压力变化。

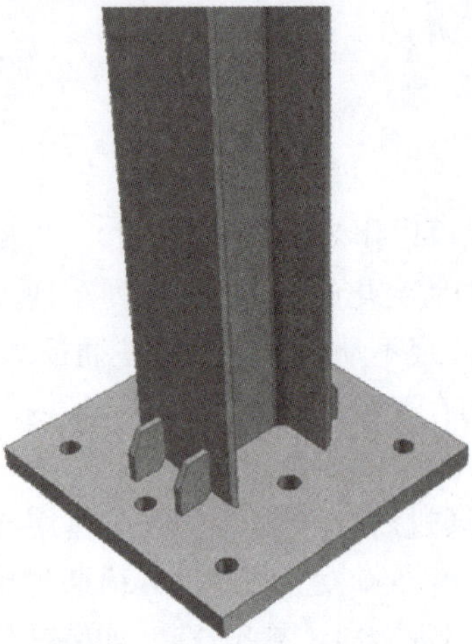

图 8-17　H 型钢立柱柱脚

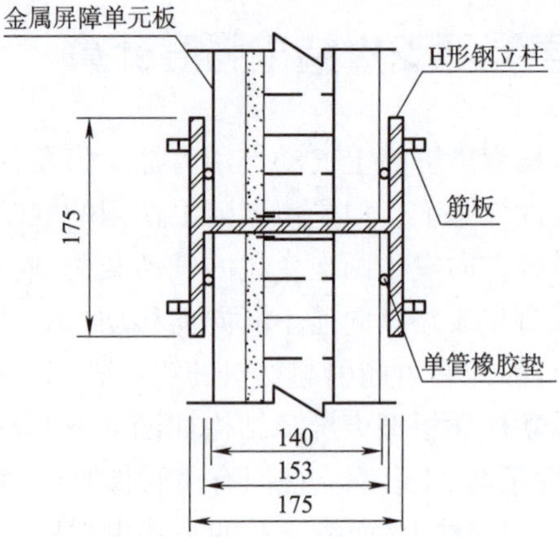

图 8-18　立柱插板结构

计算时按照列车速度和一定的时间步长求出每一时间步列车作用在声屏障上的气体压力分布，将该时间步的气体压力作为外载荷施加于声屏障两侧面，计算声屏障插板及钢立柱的变形和应力分布状况。再将下一时间步的气体压力载荷施加于声屏障，继续进行结构强度计算（即单向流固耦合计算）。经过一定时间过程的计算后，就可得到列车通过时气动作用力引起的钢立柱上任意点处的应力与变形的时间变化历程。

列车以 350 km/h 速度通过 3.95 m 高声屏障时，H 形钢立柱变形和应力变化历程如图 8-20～图 8-22 所示。测点位置表示在图 8-19 中。其中表示变形的 1、2、3、4 点在立柱顶端，表示应力变化历程的测点 A～D 在立柱下部接近柱脚平板的水平截面内。从图 8-20 可以看出，立柱顶端 4 个点的 x 向位移变化历程几乎一致，列车通过时先向远离列车的一侧偏离，达最大值后向接近列车的一侧移动，直至达到负的最大值再反向。说明立柱在垂直于列车运动方向产生来回的弯曲变形，而且车尾通过时立柱弯曲变形历程与车头通过时的变形历程相反。z 向位移是 1、2 点完全一致，3、4 点完全一致，且两者方向相反，说明立柱有相对于 y 轴的扭转变形。y 方向正应力变化历程如图 8-21 所示，A 点和 B 点应力变化历程基本一致，C 点和 D 点应力变化历程基本一致。说明立柱受到与 H 形钢腹板方向一致的弯曲，与变形计算结果相一致。此外，计算结果还显示剪切应力（图 8-22）并不为零，图 8-22 中 A 点与 C 点的剪应力变化历程基本一致，B 点与 D 点的剪应力变化历程基本一致。A、C 点剪应力在车头通过时先负后正变化，B、D 点剪应力先正后负变化，说明立柱在车头通过时先向迎车头方向扭转，然后再向相反方向扭转。而车尾通过时扭转变化方向相反。可见列车通过时产生的气动压力波载荷不仅使声屏障支撑立柱产生交变的弯曲应力，而且产生交变的扭转应力。即列车通过时脉动的气体力使声屏障支撑立柱产生弯扭组合变形。

将 300 km/h、350 km/h、400 km/h 三种车速，3.34 m、3.90 m、3.65 m 三种声屏障距离条件下单车通过时立柱最大变形计算结果总结于图 8-23 中。可看出声屏障距离一定时，立柱最大变形随车速大约以二次方函数增大。例如：

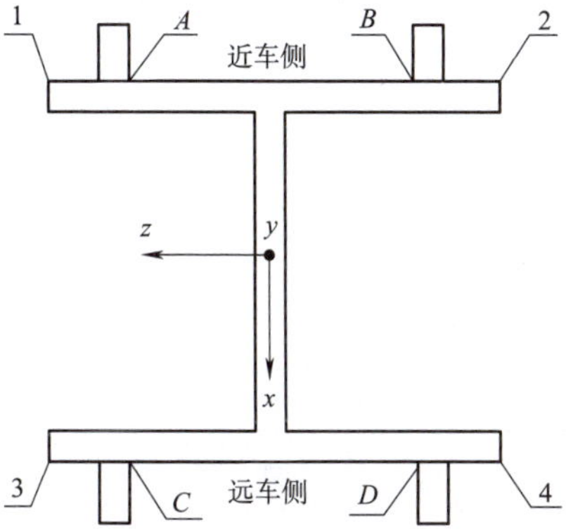

图 8-19 立柱横截面测点位置

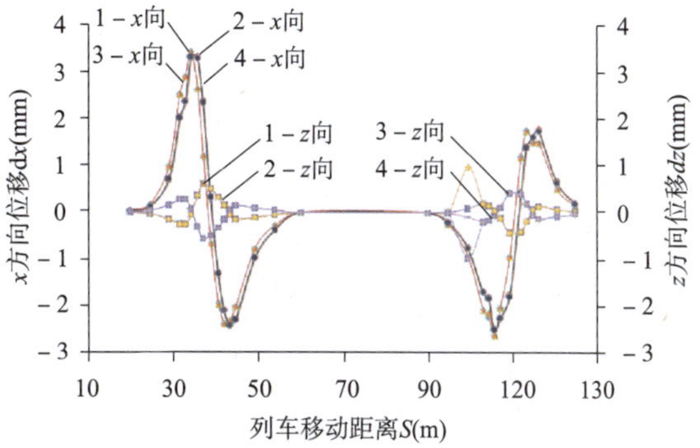

图 8-20 立柱顶端 1、2、3、4 点变形历程

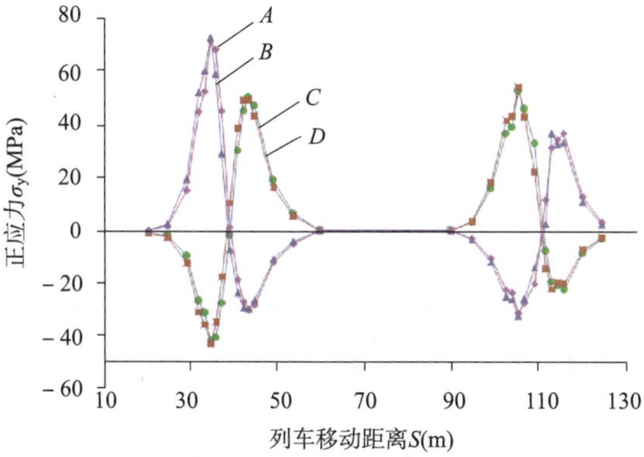

图 8-21 立柱下部 A～D 点正应力变化历程

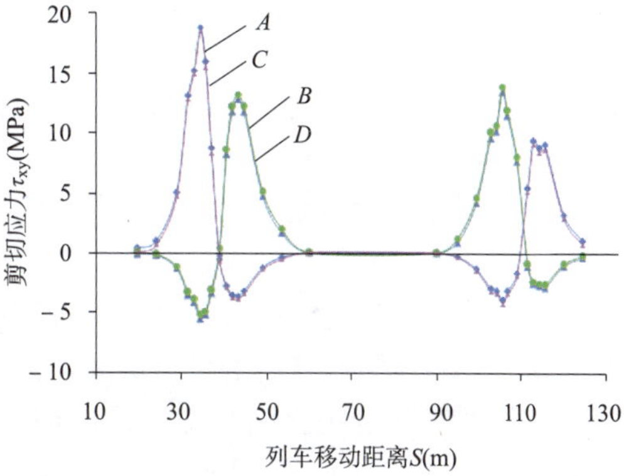

图 8-22 立柱下部 A～D 点剪切应力变化历程

声屏障距离为 3.34 m：$\delta \approx 2.57\times10^{-5}v^2+7.68\times10^{-4}v-6.53\times10^{-4}$(mm)

声屏障距离为 3.90 m：$\delta \approx 2.07\times10^{-5}v^2-1.02\times10^{-4}v-2.43\times10^{-4}$(mm)

声屏障距离为 4.65 m：$\delta \approx 1.72\times10^{-5}v^2-3.84\times10^{-4}v-1.55\times10^{-4}$(mm)

由于立柱材料为碳钢，又由于立柱受到弯扭组合变形，其内部既有弯曲正应力又有扭转剪应力，我们采用第四强度理论计算其等效应力。

即：$\sigma_{xd4}=\sqrt{\frac{1}{2}[(\sigma_1-\sigma_2)^2+(\sigma_2-\sigma_3)^2+(\sigma_3-\sigma_1)^2]}$

式中 σ_1，σ_2，σ_3 分别为第一主应力，第二主应力和第三主应力，可通过各方向正应力和剪应力值求出。

三种列车速度和三种声屏障距离条件下列车通过时立柱内最大等效应力总结于图 8-24 中。从图 8-24 中可以看出声屏障距离一定时，立柱内最大等效应力值也基本上与车速的二次方成正比。例如：

声屏障距离为 3.34 m：$\sigma_{xd4}\approx 8.42\times10^{-4}v^2+0.0083v+0.0101$(MPa)

声屏障距离为 3.90 m：$\sigma_{xd4}\approx 6.67\times10^{-4}v^2-0.0165v-0.0131$(MPa)

声屏障距离为 4.65 m：$\sigma_{xd4}\approx 5.17\times10^{-4}v^2-0.0072v-0.0048$(MPa)

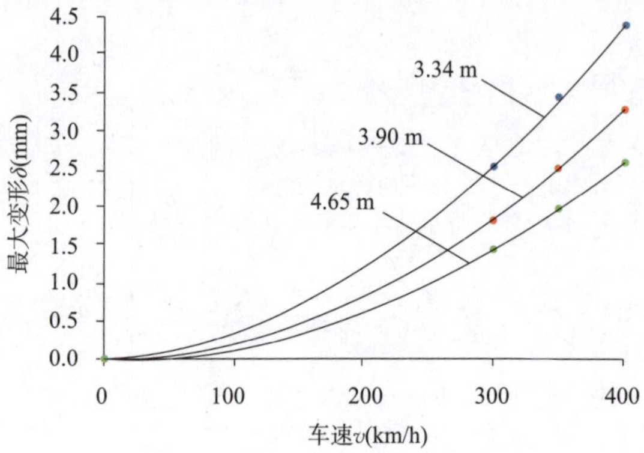

图 8-23 不同车速和距离条件下立柱最大变形

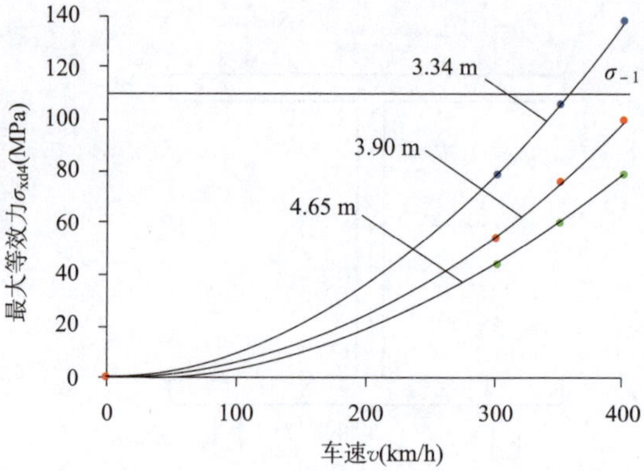

图 8-24 不同车速和距离条件下立柱最大等效应力

如果采用 Q235-B 碳素钢作为立柱材料，其屈服极限为 235 MPa，强度极限为 441 MPa。上述 9 种计算条件下立柱的最大等效应力均小于 Q235-B 的屈服极限，而远小于材料的强度极限。可见声屏障在列车通过时不会出现静强度破坏。

8.5 声屏障支撑结构的疲劳寿命估计

声屏障支撑结构(立柱)在列车通过时受到气动载荷引起的交变的弯扭组合变形，多次长时间作用有可能引起结构的疲劳破坏。为分析其疲劳寿命，先来看看结构在工作时受到的载荷谱。将列车通过一次引起的立柱内部等效应力变化作图。车速 350 km/h，声屏障距离线路中心 3.90 m 条件下，图 8-19 所示 A、B、C、D 四点位置的等效应力时间历程如图 8-25 所示。从图 8-25 可以看出，列车通过时四个点处的等效应力基本相同，立柱上所承受的载荷近似为脉冲循环。利用雨流计数法统计可得各脉冲载荷的应力幅、平均应力和作用频次。表 8-3 表示了声屏障距离为 3.90 m，车速为 300 km/h、350 km/h、400 km/h 三种速度条件下列车通过时各脉冲载荷的应力幅、平均应力和作用频次。

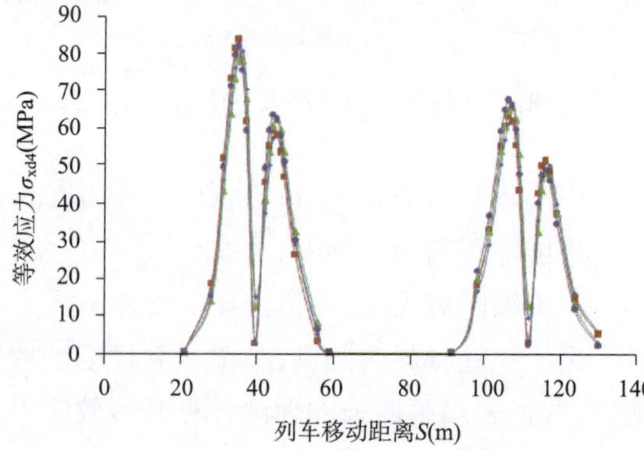

图 8-25 第四强度理论的等效应力时间历程

表 8-3 雨流法计数结果(声屏障距离 3.90 m)

车速 300 km/h			车速 350 km/h			车速 400 km/h		
平均应力(MPa)	应力幅(MPa)	次数	平均应力(MPa)	应力幅(MPa)	次数	平均应力(MPa)	应力幅(MPa)	次数
30.33	30.33	1	41.89	41.89	1	49.38	49.38	1
22.61	19.91	1	30.68	28.41	1	44.65	27.58	1
22.68	22.68	1	31.59	31.59	1	37.98	37.98	1
19.56	18.31	1	26.88	24.37	1	36.55	24.91	1

表 8-3 说明，列车每通过声屏障一次，声屏障立柱受到四个脉冲载荷的作用，每个脉冲载荷作用一次。根据疲劳累计损伤理论，构件在工作时允许出现大于材料疲劳极限的应力，但每一循环都会造成一定量的损伤。损伤累积达到某一临界值时，构件出现疲劳破坏。如果仍采用 Q235-B 作为立柱材料，已知抗拉强度极限 441 MPa，但疲劳强度极限没有可靠数据。常规钢材料疲劳强度约为其抗拉强度极限的 1/4～1/3，这里取保守一点的数据 $\sigma_{-1}\approx 110$ MPa。从图 8-24 所示立柱受列车风载荷时等效应力计算结果看，三种距离和三种列车运行速度条件下声屏障立柱的最大等效应力只有距离 3.34 m、车速 400 km/h 时立柱最大等效应力超过材料疲劳极限。这种工况下列车每通过一次将会给声屏障立柱造成一定的疲劳损伤。按照非稳定变应力下疲劳强度计算理论，每一应力幅 σ_i 作用下的失效循环次数 N_i 为：

$$N_i=\left[\frac{\sigma_{-1}}{\sigma_i}\right]^m N_0$$

式中，N_0 为对应无限寿命的应力循环次数，m 为材料疲劳曲线（S-N 曲线）倾斜率的幂指数。

按照线形累计损伤理论，零部件寿命 j，每一应力幅 σ_i 的循环次数 n_i 与 σ_i 作用下失效循环次数 N_i 间的关系为：

$$j\sum\frac{n_i}{N_i}\approx 1$$

而零部件受到每一应力 σ_i 的损伤率为 $j\dfrac{n_i}{N_i}$。已知列车通过时每一应力作用次数为 1，如果取 $N_0=10^7$、$m=6$，则列车每经过一次上述脉冲应力给立柱所造成的损伤率见表 8-4。

表 8-4 各工况下的最大损伤率（次）

车　速	中心距 3.34 m	中心距 3.90 m	中心距 4.65 m
300 km/h	无损伤	无损伤	无损伤
350 km/h	无损伤	无损伤	无损伤
400 km/h	5.24×10^{-7}	无损伤	无损伤

构件的疲劳寿命近似等于设计寿命除以构件累计损伤率。根据铁道作业标准，插板式声屏障立柱的使用寿命为 50 年。而设计规范要求声屏障按照每天通过 210 列车计算。因此，50 年累计应通过列车 3 832 500 列。由此可计算出 9 种计算工况下声屏障立柱的疲劳寿命。

表 8-5 各工况下的疲劳寿命（寿命年限）

车　速	中心距 3.34 m	中心距 3.90 m	中心距 4.65 m
300 km/h	＞50 年	＞50 年	＞50 年
350 km/h	＞50 年	＞50 年	＞50 年
400 km/h	25 年	＞50 年	＞50 年

由计算结果可知，声屏障支撑结构的疲劳寿命与列车通过速度密切相关，与声屏障距线路中心距离也有非常直接的关系。在列车运行速度 350 km/h 条件下，现有声屏障设计标准足以满足支撑结构 50 年的使用寿命，而且应该还有较大的寿命余量。当然，上述计算只是在单车通过条件下的粗略估算，如果考虑一定比例的会车通过，声屏障支撑结构的使用寿命会有所降低。

采用完全相同的方法，将两列车交会过程气动载荷对声屏障的影响施加到声屏障的流固耦合计算模型中，可计算得到不同声屏障距离和不同速度列车交会通过时立柱最大等效应力变化过程。例如声屏障距离为 3. 90 m，车速为 300 km/h、350 km/h、400 km/h 时声屏障立柱最大等效应力变化如图 8-26 所示。

利用非稳定变应力疲劳强度理论和线性累计损伤理论，也可以求出列车交会通过时气动载荷对声屏障立柱造成的损伤。当然，声屏障上同一根立柱不可能在一天通过的 210 列车都是交会通过。如果一天当中对同一立柱所受列车气动载荷有一定的百分比是会车通过气动载荷，仍可能估计声屏障立柱的疲劳寿命。

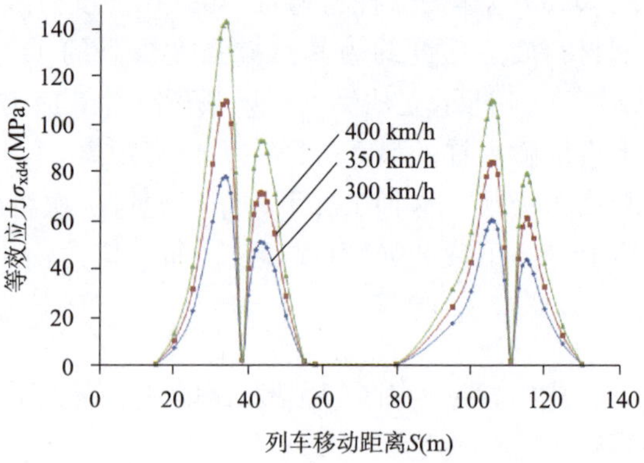

图 8-26 距离 3. 9 m 时列车交会通过立柱最大等效应力历程

设单车通过时气动载荷对某一立柱造成的损伤为 X，会车通过时对同一立柱造成的损伤为 Y。若一天中通过的所有列车中有 a%的比例是会车通过，则一天中列车气动载荷对某一立柱造成的损伤为：$Z=(1-a\%)\times X+a\%Y$。从而该立柱的疲劳寿命为：$j=1/Z$（天）。表 8-6 表示了不同会车比例条件下声屏障立柱的估算疲劳寿命。

表 8-6 不同会车比例条件下声屏障立柱疲劳寿命

会车情况比例	车速 \ 距离	3. 34 m	3. 90 m	4. 65 m
20%	300 km/h	>50 年	>50 年	>50 年
	350 km/h	>50 年	>50 年	>50 年
	400 km/h	15 年	>50 年	>50 年
40%	300 km/h	>50 年	>50 年	>50 年
	350 km/h	37 年	>50 年	>50 年
	400 km/h	11 年	47 年	>50 年
60%	300 km/h	>50 年	>50 年	>50 年
	350 km/h	27 年	>50 年	>50 年
	400 km/h	8. 5 年	35 年	>50 年

可见列车以 300 km/h 速度运行，现有标准规定的声屏障立柱在所分析的三种距离条件下都能够满足 50 年的寿命要求，若列车以 350 km/h 速度运行，当声屏障距离小于 3. 9 m，有可能寿命达不到 50 年。如果声屏障距离为 4. 65 m，则在计算距离和速度范围内都可满足寿命 50 年的要求。当然设计结构还存在较大冗余。可见声屏障强度或疲劳强度的薄弱环节并不在承受列车风载荷最大的立柱结构，而可能是声屏障单元板，或单元板连接结构。

8.6 结 论

(1)列车通过时挡风墙或声屏障受到交变的列车风载荷的作用。车头通过时，先在挡风墙或声屏障上产生一个正的气体压力，紧接着产生一个负的气体压力，车尾通过时则相反，先产生负的气体压力，再产生正的气体压力。

(2)列车通过时，挡风墙或声屏障朝向列车的一面，高度越低气体压力越大；背向列车的一面，高度越低气体压力越小。

(3)挡风墙或声屏障上整体气动作用力变化趋势与气体压力变化趋势大体相同。在车头、尾通过时承受较大的交变气动载荷，中间车通过时气动作用力很小。

(4)列车通过时，单位长度挡风墙或声屏障上气动载荷变化趋势与气体压力变化趋势基本相同。其最大值随车速大体呈二次方函数关系增长，与车速和声屏障距线路中心距离间关系可用式(8-1)表示。

(5)两列车会车通过时，挡风墙或声屏障上承受的列车风气动载荷比单车通过时的气动载荷要大20%～30%以上，且挡风墙或声屏障距离越远差值越大。

(6)在列车风载荷的作用下，声屏障支撑结构(立柱)受到弯扭组合变形。声屏障距离一定时，立柱最大变形量随车速的二次方函数增加，等效应力的最大值也随车速的二次方函数增加。

(7)在350 km/h车速条件下，若只考虑列车风载荷作用，现有声屏障设计标准足以满足支撑结构50年的使用寿命。

参考文献

[1] 朱颖.高速铁路的规划与设计[J].高速铁路技术，2010，2：1-5.

[2] 李晏良，李耀增，辜小安，等.高速铁路声屏障结构气动力测试方法初探[J].铁道劳动安全卫生与环保，2009，1：22-26.

[3] 朱正清，苏卫青，孙凤珍.高速铁路插板式声屏障立柱与桥梁连接技术[J].铁道劳动安全卫生与环保，2009，1：27-30.

[4] 朱正清，成志强.高速铁路声屏障气动力的数值模拟研究与试验验证[J].铁道标准设计，2011(10)：77-80.

[5] 焦长洲，高波，王广地.声屏障结构的列车脉动风致振动分析[J].西南交通大学学报，2007，42(5)：531-536.

[6] 赵丽滨，龙丽平.列车风致脉动力下声屏障的动力学性能[J].北京航空航天大学学报，2009，35(4)：505-508.

[7] 吕坚品，张继文，等.既有铁路桥梁声屏障的高速列车脉动风致相应[J].西南交通大学学报，2009，44(4)：548-551.

[8] 王宏朝，谢金法.复合工况下高速铁路声屏障的流固耦合研究[J].河南科技大学学报(自然科学版)，2013，34(2)：39-42.

[9] 王宏朝，谢金法.高速铁路声屏障在列车风致脉动力与自然风荷载下的数值模拟[J].路基工程，2013(4)：34-38.

[10] 张亮，张继业，张卫华.高速列车通过声屏障的流固耦合振动响应分析[J].动力学与控制学报，2014，12(2)：153-159.

[11] 陈向东，李树德，王召祜.基于ALE的高速列车声屏障脉动力数值模拟研究[J].铁道学报，2011，33(12)：21-26.

[12] 韩珈琪，肖新标，何宾，等.不同形式声屏障动态特性研究[J].机械工程学报，2013，49(10)：20-27.

[13] 邓跃，施洲，勾红叶.380 km/h高速列车脉动风荷载仿真分析[J].铁道建筑，2011(9)：133-136.

[14] 颜坚，王乾锁，韦勇. 高速铁路插板式声屏障抗弯能力有限元分析[J]. 环境工程，2014，30(增刊)：75-78.
[15] 张继文，吕坚品，等. 考虑防撞墙影响的高速铁路桥梁声屏障及翼缘板上脉动力数值分析[J]. 中国铁道科学，2009，30(3)：27-32.
[16]《机械工程材料性能手册》编委会. 机械工程材料性能数据手册[M]. 北京，机械工业出版社，1995.
[17] 李舜酩. 机械疲劳与可靠性设计[M]. 北京，科学出版社，2006.
[18] 铁道部经济规划研究院. 时速 350km 客运专线铁路路基插板式金属声屏障(通环(2009)8225/8325)[S]. 北京，2009，4.
[19] BUNGARTZ, Hans-Joachim, Schäfer, Michael. Fluid-Structure Interaction- modeling, simulation, optimization[M]. Springer, Berlin, 2006.
[20] 国家环境保护总局. 声屏障声学设计和测量规范(HJT 90—2004)[S]. 北京，2004，7.
[21] 中华人民共和国铁道部. 铁路声屏障声学构件技术要求和测量方法(TB/T 3122—2005)[S]. 北京，2005，6.
[22] 葛盛昌，蒋富强. 兰新铁路强风地区风沙成因及挡风墙防风效果分析[J]. 铁道工程学报，2009(5)：1-4.

9 高速空调客车内部流场

9.1 问题的提出

高速旅客列车必然是全封闭的空调列车，因为列车高速运行时，外部环境风与列车诱导气流相对列车有很高的速度，若直接吹到客室内会使乘客很不舒适，因此客室必须封闭；列车高速运动产生的气动噪声也要求客室封闭以隔音。所以客室内部的气流环境完全要靠空调系统来调节。空调系统的作用就是在客室内营造一个干净、舒适的乘坐环境。传统低速客车的空调系统设计一般只关心循环风量是否足够，新风量是否满足规范要求，车内平均温度是否在规定的范围内。随着生活质量的改进和对出行舒适性要求的提高，人们对高速空调客车客室内环境提出了更高的要求。不但要求客室内有良好的气流组织，如各处空气压力、温度、气流速度要均匀，满足人体舒适性的要求；还希望车内空气品质良好，如二氧化碳含量及其浓度分布要满足一定的要求，客室内空气湿度不要变动过大，客室内不能出现卫生间异味或厨房异味，外部环境的粉尘不能通过空调系统进入到客室内。除此之外，当列车外部环境压力突然发生变化时，客室内压力变化不能过大，否则会使人耳出现不舒适感觉，甚至出现极度痛感。之所以对全封闭列车仍可能出现这种情况，是因为所谓全封闭是指车厢的封闭，空调系统的新风入口与废排出口还是与外界环境相通的。外界环境压力突变时，如两列车交会，列车进、出隧道、列车经过大型建筑物等，突变的环境压力会通过空调系统的新风入口或废排风口传到客室内，使客室内压力产生突变。客室内压力的变化量或变化率超过一定值，人的耳膜就会感到不适。因此高速列车空调系统新风口位置应选择在车体表面压力为正压处，以保证列车高速运行时的新风进风量，同时还希望在环境压力突变时新风口处压力变化不要过大；废排风口最好在车体表面负压处，以利于废排风顺利排出，同时也希望外界环境压力突变时废排风口处压力变化不要过大。此外大多数高速列车空调系统的冷凝器也需要车外环境风散热，因此，列车运行过程中冷凝器处的气体压力也是必须关心的问题。

可见，高速旅客列车空调系统及其内部流场主要面临如下几个方面的问题：

(1)新风口位置和废排风口位置问题；

(2)客室内流场参数(压力、温度、流速、湿度、二氧化碳、粉尘)分布均匀性的问题；

(3)客室内流场参数的合理性与客室环境热舒适性的评价问题；

(4)外部环境压力突变时客室内气体压力变化保持平稳的问题。

9.2 研究方法

直接检验客室内流场参数的方法是客车在运行状况下进行参数测量。利用压力传感器，温度传感器和微风速传感器测量客室内不同位置的压力、温度和风速。我国的研究人员在京津城际铁路开通之际和武汉至广州高速铁路开通之际测量过 CRH2 型和 CRH3 型动车组车内流场参数。实车测量所获得的流场参数真实,可靠,但是一般来讲测点数量有限,不容易获得完整的车内流场参数图像。另一方面,实车测量通常需在列车正常运营之前进行,因在车厢内搭设传感器安装架会影响旅客乘坐环境,所以一般需开行专门的试验列车,这将使试验费用大幅上升,而且试验列车的开行会受到线路运营状况的限制。

另外一种测量客室内流场参数的方法是在实验台上做模型车试验测量,即在列车静止情况下封闭车门和端头通过台,通电运行车厢空调系统,一定时间后测量客室内流场参数。模型车试验不用专门开行试验列车,可节约较大试验成本。我国生产的 CRH380A 系列动车组曾经做过模型车流场参数测量试验。图 9-1 为某一等车厢的温度测量结果示意图。然而,试验台测量条件下,空调系统新风入口和废排风口外的气流环境与列车运行状况下的气流环境不同,无法检验列车高速运行条件下空调系统工作效果。另一方面,车外环境压力突变的试验条件在实验台上也不容易模拟,因此变环境参数对空调系统与车内流场的影响试验很难进行。

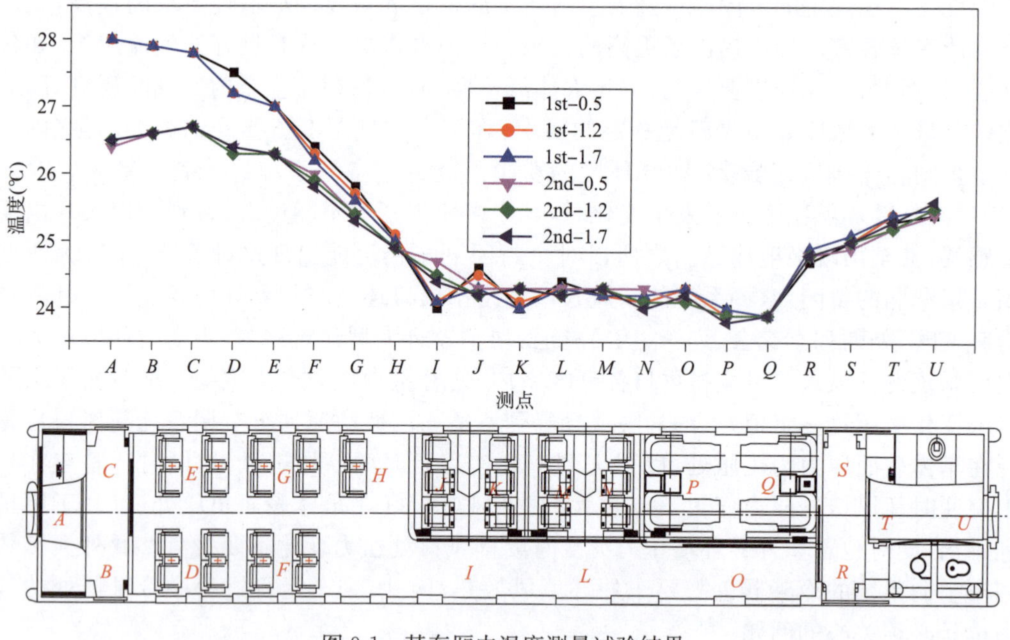

图 9-1　某车厢内温度测量试验结果

线路实车测量和模型车试验台测量都需要空调客车制造完成后才能实测,设计阶段的空调客车是无法进行试验测量的。这时可采用实验室模拟测量方法研究,即在实验室内做一缩小比例的车厢,并安装满足一定缩尺比例的空调系统装置。通过运转模拟的空调系统测量模型客车内的流场参数。这种实验方法只能得到比较粗糙的流量、流速和温度参数,因为毕竟缩尺的模型车内流场与实际空调客车运行状态流场会有较大的差别。

计算流体力学方程数值求解的方法也可用来计算分析客车空调系统与车内流场参数,而且不受线路状况、车内环境、运行工况和气候条件的限制。国内外不少研究者采用计算流体力学分析的方法研究空调客车内部环境[2~6]。但是大多数研究者只分析客室内流场,不考虑空调系统及其管路,将客室内空调风送风口处的风速和风量视为一致或均匀。而实际上客室内各送风口由于距风机位置不同，管路长短不一，导致流动阻力不同。所以各送风口的出风量是不一致的，各送风口处的气流速度也是不一样的。将其全部设为一致必然带来与实际情况的偏差。客室内回风口风量也是如此，若不考虑空调系统及其管路，各回风口风量可能只能设为相同。但实际上各回风口距废排风机的距离不同，流动阻力也不同，回风量不可能一致。此外，不考虑空调管路系统也无法计算和统计新风量与循环风量的比例，而这一比例是设计者所特别关心的参数。

9.3 新风口与废排风口位置问题

利用计算流体力学方程组数值求解的方法，可以计算出列车高速运行时车体表面各部位的气体压力。从而得到所希望布置新风口、废排风口和冷凝器位置处的气体压力分布。比较多的高速列车将空调系统新风入口布置在车顶上方，如我国 CRH1、CRH3 型高速列车，德国 ICE 型高速列车，法国 TGV 型高速列车。也有些高速列车将新风口布置在车体下方。废排风口有些设置在列车侧壁下方，有些设置在车下。某高速列车在不同车速时表面压力的数值计算结果如图9-2、图 9-3 所示。

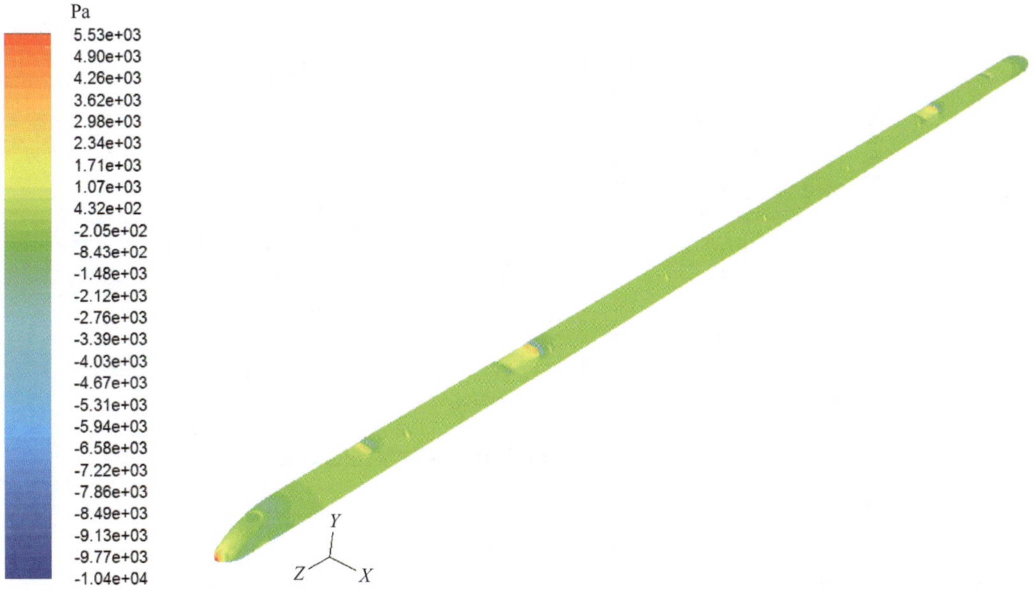

图 9-2 8 节编组列车表面气体压力分布

8 节车新风入口处气体压力随车速的变化关系曲线如图 9-4 所示。从图 9-4 中可以看出，新风口处气体压力基本上均处于负压，随着车速的提高气压进一步降低。特别是头车和尾车新风口处气体压力呈较大的负压值。因此从空气动力学角度看，新风口布置在车顶上方并不一定是最好的选择。因为压力越低，可能的进风量会越小，或者为保证所希望的进风量，新风风机所需要的功率越大。所分析的列车头车和尾车有两个废排风口，中间车设一个废排风口。从前至后共 10 个废排风口处气体压力随车速变化曲线如图 9-5 所示，8 节车冷凝器处气体压力随车速变化曲线计算值如图 9-6 所示。

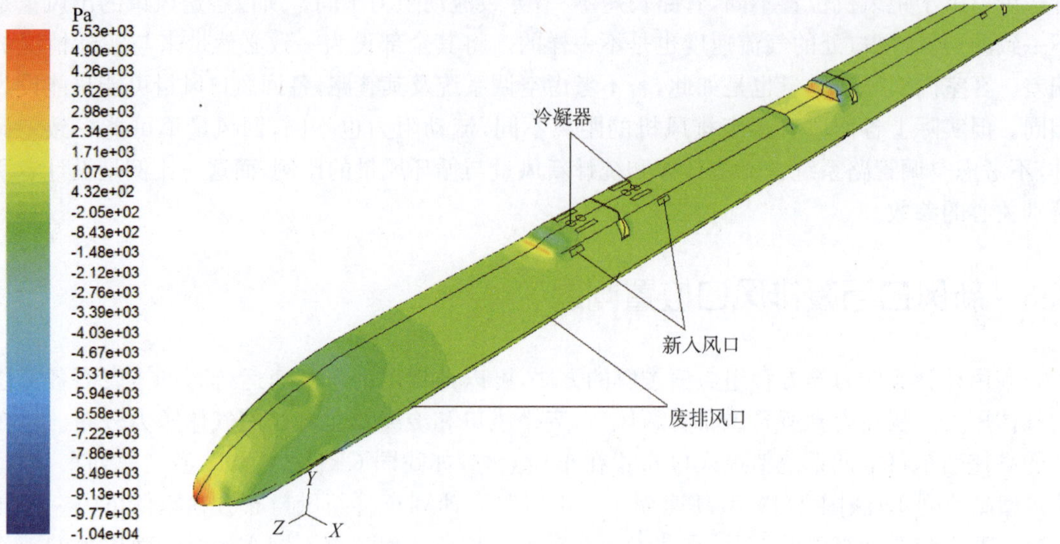

图 9-3 头车新风口、废排风口和冷凝器位置压力分布

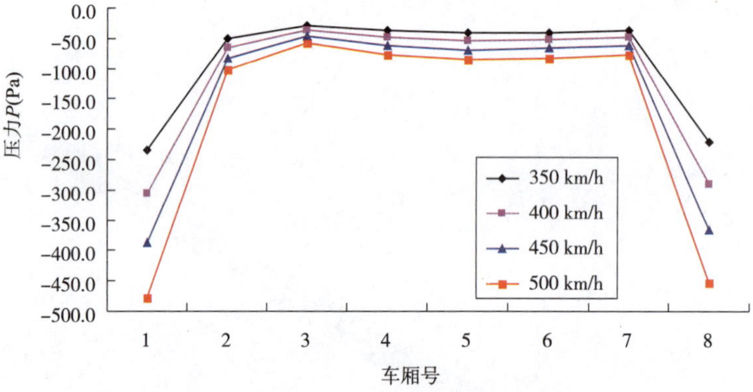

图 9-4 8 节车新风入口处气体压力随车速变化关系

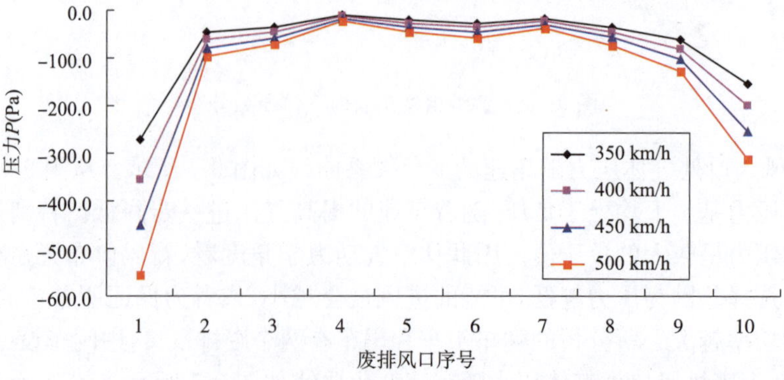

图 9-5 8 节车废排风口处气体压力随车速变化关系

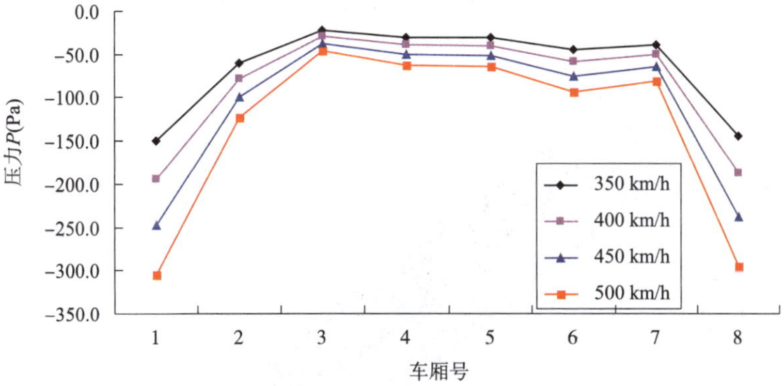

图 9-6 8 节车冷凝器处气体压力随车速变化关系

废排风口处气体压力也基本上处于负压状态，应该是有利于废气的排出。特别是头车的废排风口处压力相当低。所有车厢废排风口压力随车速的升高，压力不断降低，头、尾车更明显。冷凝器处的气体压力变化与新风口处压力变化基本相同，车速越高，通过冷凝器的风量越小，越不利于冷凝器工作。

如果空调系统的新风入口和废排风口都设置在车体下方，如日本新干线 E2-1000 型高速列车，则由于车下流场的复杂性，有可能导致排出车外的废排风与应该进入空调系统的新风串混。这一方面降低了新风质量，另一方面废排风中可能带有的异味气体会通过空调系统进入车内，造成车内空气质量下降。除此之外，如果线路清洁度不够好，列车高速运行时在车下形成的负压有可能将线路上粉尘吸起并通过车下新风入口进入车内。我国 CRH2 型车初期运行时就出现过车内粉尘过大的情况。因此选择满足希望要求的空调系统新风口和废排风口位置并不容易。

9.4 客室内流场参数计算

空调客车客室内除满足新风流量，循环风流量和客室内平均温度外，现代高速空调列车还希望在整个车厢内气流速度分布均匀，温度分布均匀，压力分布满足一定的标准。采用车厢空调系统与客室流场三维仿真计算有可能在设计阶段检验系统设计是否满足上述要求。由于客室内空气存在因温差引起的自然对流，计算模型方程中应采用考虑了自然对流紊态流动的能量守恒方程，而且由于浮升力受流体密度变化的影响，计算中应采用可压缩的连续性方程和动量守恒方程。

如 9.2 节所述，空调系统与客室内流场应放入统一的几何模型中计算分析。某高速客车空调系统如图 9-7 所示，对应的二等座车客室内结构与空调系统统一模型示意如图 9-8 所示。计算模型中空调风机、换气风机和废排风机可用具有一定压头的风扇模拟。整个模型只有新风入口与废排风口与外界环境相通，其余送风口与回风口都是模型内通道。

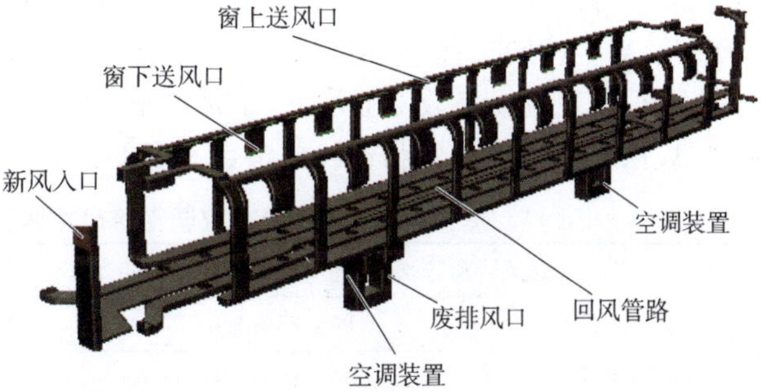

图 9-7 某高速客车空调管路系统

从图 9-7 中可以看出，这种空调系统主送风道，回风道和废排风道以及空调机组均布置在车体下方。

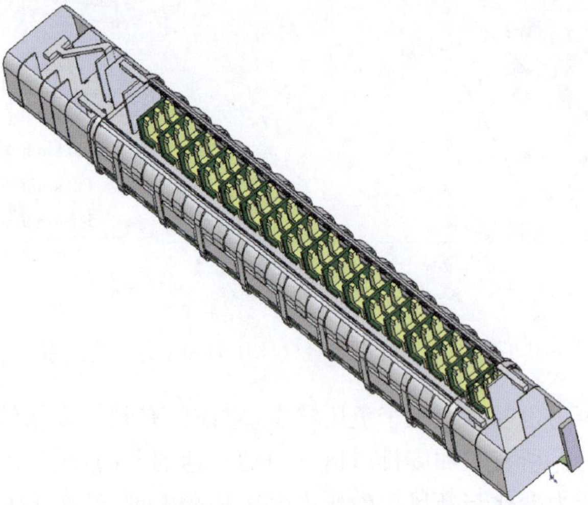

图 9-8 某高速客车空调系统与客室流场计算模型

一般来讲，进行空调系统与客室内定常流场计算的目的有三个：

（1）检验新风流量、循环风流量和总风量是否能满足设计要求。按照国家标准或铁路行业标准，空调系统需向每位乘客提供一定的新风量（TB/T 1932—2009 规定每位乘客约需 20 m^3/h），循环风量与总风量也要满足一定的比例，以保证客室内空气环境舒适。

（2）检验客室内各处气流速度、温度和压力是否均匀。仅保证新风流量、循环风流量和总风量还不能保证空气环境舒适，若车厢内某些地方气流速度过大，某些地方速度过小，会造成客室内温度分布不均匀，较大速度的风直接吹向人体也会带来不适。

（3）检验极端外界环境参数条件下车内环境是否能满足一定的舒适性要求。如夏季极高环境温度条件下，客车空调冷却系统是否能保持车内温度在人体舒适的温度范围内（TB/T 1932—2009 规定 24～28℃）；冬季极低环境温度条件下，客车空调加热系统是否能保持车内温度在人体的舒适范围内（TB/T 1932—2009 规定 18～20℃）。

对于第一个要求，采用空调系统与客室流场统一模型计算是很容易实现的。在新风管道任意截面取气流速度与截面积的积分，可得新风流量。取所有送风口处流量的和即为总风量，所有回风口处流量的和即为循环风量。设计师在设计客车空调系统时通常根据风机的压头、风机流量特性和空调管道的沿程阻力估算新风流量、循环风量和总风量。但是空调管路的不同布置，甚至相同布置但不同尺寸匹配也会影响各流量的大小。例如某高速空调客车流场三维计算时发现流场参数不够均匀，于是调整了送风管尺寸和送风口尺寸。调整前后各风量见表 9-1，在外界环境参数和各风机参数不变的情况下，各流量都产生了一定的变化。

表 9-1 空调管路尺寸调整引起流量变化

送风管和送风口调整前		送风管和送风口调整后	
总送风量	6 088.26 m^3/h	总送风量	5 926.90 m^3/h
循环风量	4 196.80 m^3/h	循环风量	3 879.20 m^3/h
新风量	1 891.45 m^3/h	新风量	2 047.74 m^3/h

因此从精确设计角度看，仅凭经验公式估算空调系统各部分流量会带来一定的偏差，进行车厢空调系统与客室流场三维仿真计算或许是必要的。

高速空调客车在设计阶段若想了解客室内气流速度分布是否均匀，温度、压力分布状况如何，只有采用车内流场三维仿真分析的方法。空调客车内流场三维计算分析除几何模型尽量逼真外，最重要的可能是边界条件的合理给定。对于速度场和压力场的计算，若采用空调系统与车内流场统一模型，其边界条件十分简单。因为与外界相通的边界只有新风入口和废排风口，通常给出压力边界条件即可。但是边界压力值需通过车外流场计算或实测获得，因列车高速运行时新风入口处和废排风口处的压力一般不等于常规大气压力。如果要计算车内温度分布，则边界条件的给定要复杂得多，通常需包括：

(1)车体传热系数 k；

(2)太阳辐射效应；

(3)车内热源散热量。

车体传热系数通常需专门的实车传热试验测定，我国铁道空调客车设计参数标准(TB/T 1951—1987)中给出了列车运行在 140 km/h 以下时车体传热系数 k 值的参考数据，但对于高速列车车体，特别是现在普遍使用的由铝合金制造的高速列车车体 k 值还没有权威的参考数据。因此，k 值得确定在空调客车温度场数值计算中是一个不易准确获得的参数。

太阳辐射效应是更难于确定的边界条件，与季节、阳光辐射方位、车体表面颜色、车体材料、玻璃透射阳光的能力等许多因素相关。我国铁道作业标准 TB/T 1951—1987 推荐了一个计算综合外界温度的计算式，利用该计算式得到的综合外界等效温度，再根据第三类边界条件可做车内流场仿真计算。计算式为：

$$t_c = t_h + t_d = t_h + \frac{\rho J}{\alpha_H}$$

式中 t_c——综合外界温度，℃；

t_h——室外气体温度，取 35℃；

t_d——太阳辐射的当量温度，℃；

ρ——车体外表面的吸收系数，(可查表)；

J——外表面的总辐射强度，W/m²，(可查表)；

α_H——隔热壁外表面的换热系数，W/m² · ℃。

按照国际铁路联盟备忘录 P-538/3 推荐，隔热壁外表面换热系数 α_H 可按式(9-1)计算：

$$\alpha_H = 9 + 3.5v^{0.66} \tag{9-1}$$

式中 v——列车运行速度，km/h。

车内热源的散热量通常包括人体散热量，车内设备散热量和取暖器散热量。若计算夏季运行客车的内部温度场，则取暖器散热量为零。空调客车客室内散热设备一般比较少，主要有开水锅炉(一般为电热锅炉)，带吧台车厢的吧台加热设备(微波炉或咖啡机)会有少量散热。若计算餐车内温度场，则需要考虑炉灶使用时的散热量。而人体散热量通常可根据建筑暖通空调系统设计中采用的人体在静止或缓慢走动时的散热量推荐值，再考虑集群系数可计算出车厢内所有人群的单位时间散热量。但是人体散热量通常包括显热和潜热，做冬季客车温度场计算时一般只考虑人体散热量中的显热，做夏季客车温度场计算时应显热和潜热一并考虑。

如果要计算客室内湿度分布情况和二氧化碳分布情况，还需要给出相应的边界条件。这包括车外的边界条件和车内的边界条件。车外边界条件为新风入口与废排风口处外界环境的湿度和二氧化碳浓度，车内的边界条件为人体呼出气体中二氧化碳的浓度与水蒸汽浓度，因此需在人体模型口鼻处或相应位置设定边界面，然后给定相应的边界条件。如果空调系统具有除湿功能，则空调管路相应部位还应给出除湿后的循环空气湿度。而空调系统的除湿功能在数值计算中是不容易模拟的，所以客室内湿度值分布的计算结果不一定可靠。

图 9-9～图 9-17 为某高速空调客车客室内流场仿真计算的部分结果。

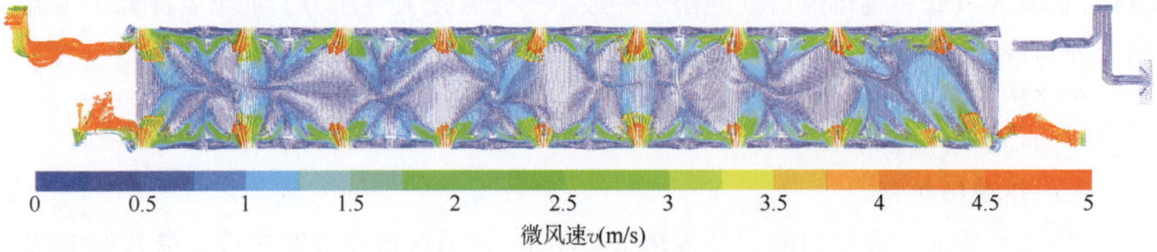

图 9-9 距地板 2.13 m 高处水平截面气流速度分布

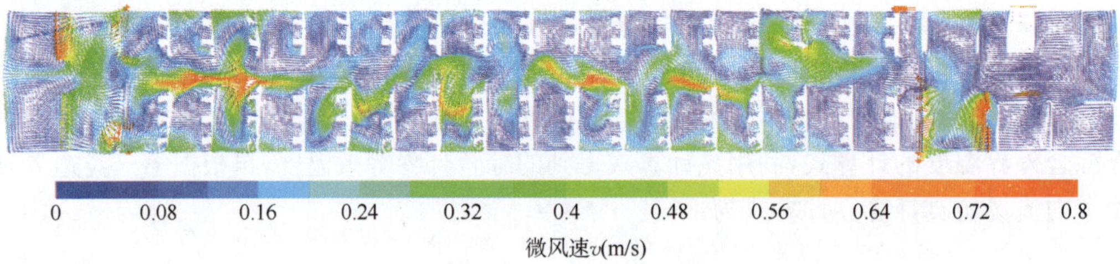

图 9-10 距地板 1.0 m 高处水平截面气流速度分布

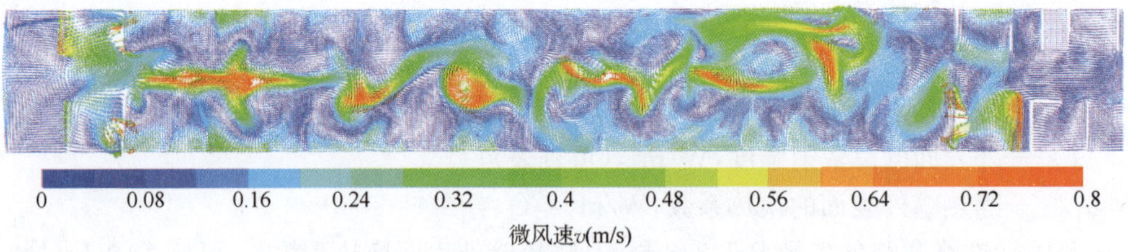

图 9-11 客室纵向中央截面气流速度分布

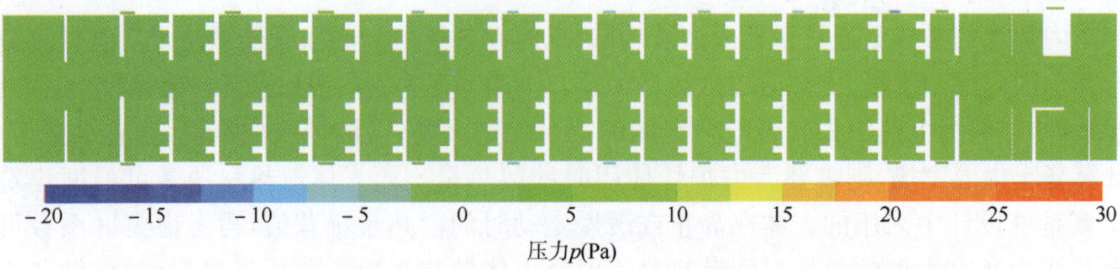

图 9-12 距地板 1.0 m 高处水平截面气体压力分布

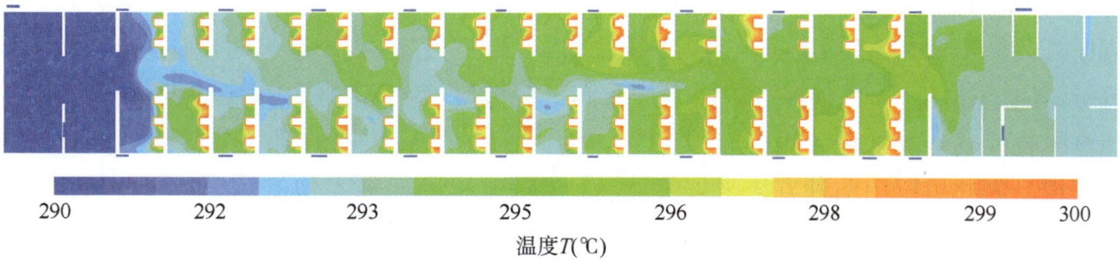

图 9-13 距地板 1.0 m 高处水平截面温度分布(夏季)

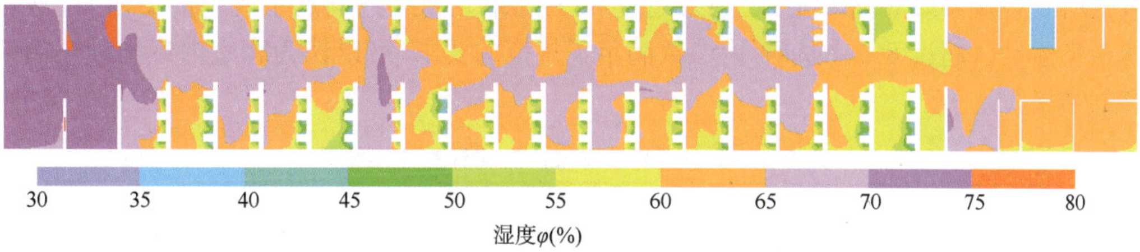

图 9-14 距地板 1.0 m 高处水平截面湿度分布

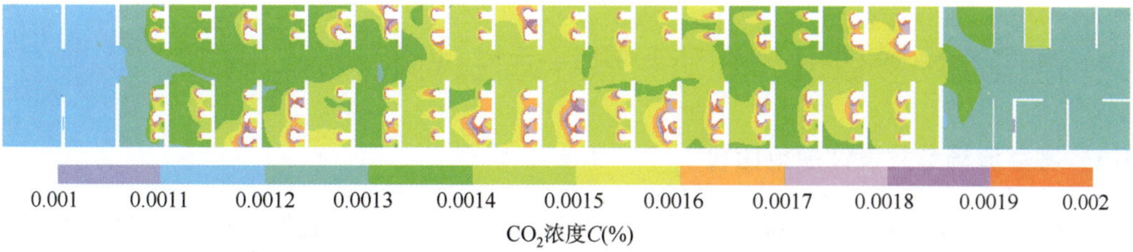

图 9-15 距地板 1.0 m 高处水平截面 CO_2 浓度分布

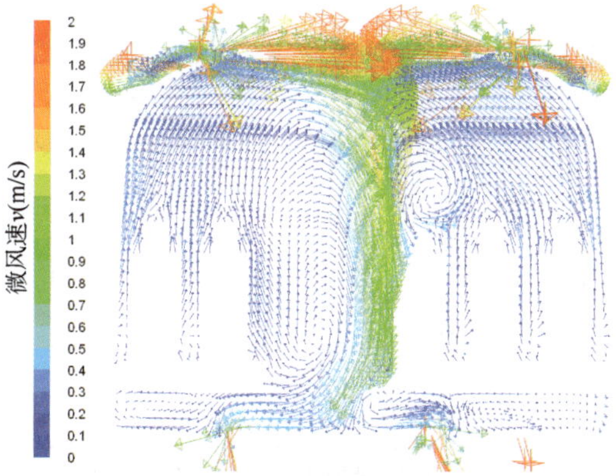

图 9-16 距一侧通过台 5.0 m 横截面气流速度分布

图 9-17 距一侧通过台 5.0 m 横截面气流温度分布(夏季)

计算结果当然可以给出任意纵截面,横截面或水平截面上的流场参数分布,以观察各截面上流场参数的计算结果是否满足一定的均匀性要求。但是如何总体评价计算结果仍然是未解决的问题。从空调系统和车内流场设计角度,通常会按照规范或经验给出各流场参数的限制值，例如客室内微风速通常不希望超过 0.35 m/s（我国铁路标准 TB/T 1932—2009 规定客室内风速≤0.5 m/s），客室内温度按照 TB/T 1932—2009 规定，夏季运行时应该在 24～28℃，冬季运行时应该在 18～20℃，客室内压力按照同一规范应该在 9.8～29.4 Pa（表压）等。由于数值计算时将流场计算区域分隔成有限多个“单元”，每个“单元”中的流场参数都可以在计算结果中获得。因此可以用两种方法来评价流场计算是否获得了所希望的结果，其一，求出所有单元中某流场参数的平均值，来评价某流场参数的平均值是否满足要求；另一种方法是统计有多少单元中的流场参数满足要求，即满足要求的单元数占总单元数的百分比。在总单元中剔除空调管路系统的单元也是可以做得到的。表 9-2 为前述客车计算结果的统计值（总单元数中不包括所有空调系统管路单元）。如果超过 80%的单元内参数满足了规范的要求，特别是客室内人员活动区超过 80%的单元内参数满足了规范的要求，可以认为客室内流场设计达到了满意的结果。

表 9-2　某空调客车客室内流场计算结果统计

参数	风速	压力	温度	湿度	CO_2浓度
限制范围	＜0.35 m/s	9.8～29.4 Pa	18～22 ℃	＜70%	＜0.15%
满足要求单元占比	83.7%	92.3%	95.0%	70.5%	100%

9.5　客室流场参数设计规范与热舒适性评价

9.5.1　客室流场参数设计规范比较

什么样的客室流场设计参数是合理的？高速列车空调系统应使客室内流场参数达到什么样的水平？在我国仍然是一个未完全解决的问题。比较国内外现有规范也许可对客室流场应达到的设计参数有一个初步认识。

(1)外部环境条件标准

我国铁路标准 TB/T 1719—1998 规定冬季北京以南外界温度可采用－14 ℃计算，非限定区域可采用－35 ℃计算。夏季按照武汉地区中午室外温度 35 ℃，相对湿度 60%计算。而国际铁路联盟（UIC）和欧洲铁路联盟（EN）将主要的欧洲地区分为三个气候区，每个气候区包含不同的国家，但 UIC 和 EN 规定的外部环境条件是一样的，见表 9-3、表 9-4。

表 9-3　冬季气候分区及外界环境条件

冬季	环境参数	UIC 553-1:2003	EN 13129-1:2002
	最低室外气温	国　家	国　家
气候区Ⅰ	－10 ℃	希腊，英国，葡萄牙，西班牙	希腊，葡萄牙，爱尔兰，西班牙，英国
气候区Ⅱ	－20 ℃	阿尔巴尼亚，比利时，波斯尼亚—黑塞哥维那，保加利亚，丹麦，德国，法国，意大利，克罗地亚，卢森堡，荷兰，奥地利，波兰，马其顿共和国，罗马尼亚，塞尔维亚—黑山共和国，斯洛伐克，斯洛文尼亚，瑞士，捷克，匈牙利	奥地利，比利时，保加利亚，捷克，克罗地亚，丹麦，法国，德国，荷兰，匈牙利，意大利，卢森堡，罗马尼亚，斯洛文尼亚，斯洛伐克，瑞士，南斯拉夫
气候区Ⅲ	－40 ℃	芬兰，挪威，瑞典	芬兰，挪威，波兰，瑞典

表 9-4 夏季气候分区及外界环境条件

夏季	环境参数			UIC 553-1:2003	EN 13129-1:2002
	最高室外气温	相对湿度	等效太阳辐射功率	国家	国家
气候区Ⅰ	+40 ℃	40%	800W/m²	希腊,英国,葡萄牙,西班牙	希腊,意大利,葡萄牙,西班牙
气候区Ⅱ	+35 ℃	50%	700 W/m²	阿尔巴尼亚,比利时,波斯尼亚—黑塞格维那,保加利亚,丹麦,德国,法国,意大利,克罗地亚,卢森堡,荷兰,奥地利,波兰,马其顿共和国,罗马尼亚,塞尔维亚—黑山共和国,斯洛伐克,斯洛文尼亚,瑞士,捷克	奥地利,比利时,保加利亚,捷克,克罗地亚,丹麦,法国,德国,荷兰,匈牙利,卢森堡,波兰,罗马尼亚,斯洛文尼亚,斯洛伐克,瑞士,南斯拉夫
气候区Ⅲ	+28 ℃	45%	600W/m²	芬兰,挪威,瑞典	芬兰,爱尔兰,挪威,瑞典,英国

(2)车内环境参数要求

国际铁路联盟,欧洲铁路联盟给出的旅客乘坐(舒适)区温度是车外平均温度的函数,如图 9-18 所示。同时又对车厢内不同区域给出相应的限制值,如旅客乘坐区温度不得超过图 9-18 设置温度的±1 ℃,厕所和盥洗区温度在供暖情况下不得低于 20 ℃,在供冷气情况下不得高于旅客乘坐区额定温度 6 ℃等。除此之外还给出了上车区、电话间、母婴专区、餐饮业经营区、侧走廊过道区的温度限制值。而我国铁路标准规定的车厢内分区则没有这样详细。

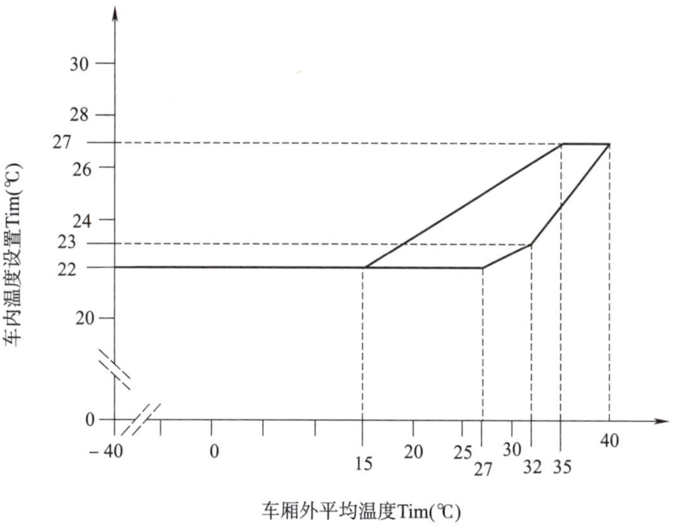

图 9-18 UIC 和 EN 规定的车内温度限制值

车内空气流速的限制在国际铁路联盟和欧洲铁路联盟的标准中给出的是随车内平均温度变化的一个范围,如图 9-19 所示,允许的空气流速在图中曲线 1 和曲线 2 之间的范围内。而我国铁路标准仅规定了夏季和冬季车内空气流速的标准。

对于车内空气湿度国际铁路联盟和欧洲铁路联盟也给出了与车内温度的关系图(图 9-20),图中区域 1 为允许的湿度舒适区。我国铁路标准仅给出冬季和夏季车内空气湿度限制值。

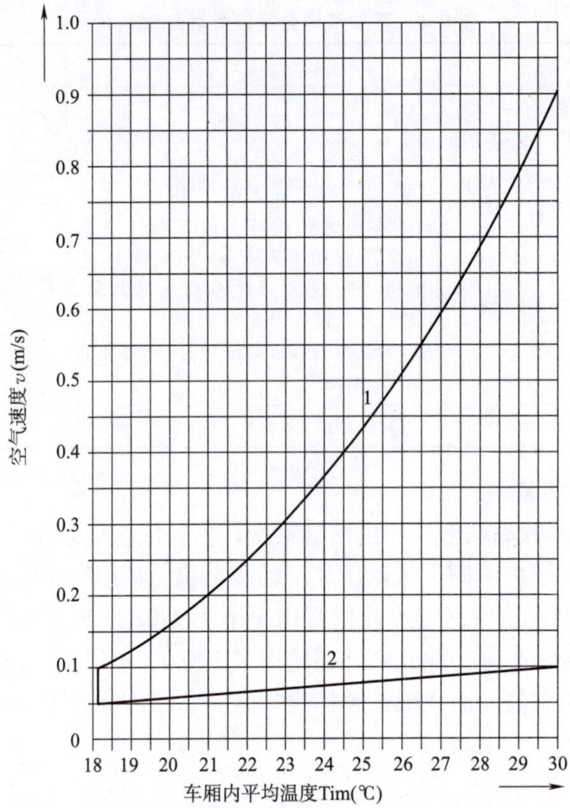

图 9-19 UIC 和 EN 规定的车内空气流速限制值

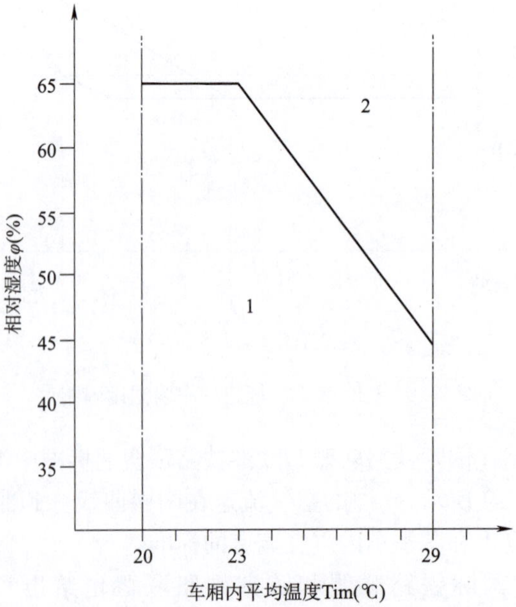

图 9-20 UIC 和 EN 规定的车内空气湿度限制值

为便于比较，表 9-5～表 9-8 列表给出了我国铁路标准和国际铁路联盟标准、欧洲铁路联盟标准以及我国建筑行业室内空气标准的环境参数限制值。其中国际铁路联盟和欧洲铁路联盟的车内环境参数数据是从其标准中的参数限制区域结合各气候区温度和标准规定的限制条件对应查出，不一定非常准确。

表 9-5 车内空气流速比较

标准＼季节		夏 季	冬 季
TB/T 1951—1987	软座车、软卧车和硬卧车	不超过 0.25 m/s	车外气温低于 13 ℃时<0.2 m/s 13～19 ℃时<0.35 m/s
	其他车	不超过 0.35 m/s	
UIC 553-1:2003	气候区Ⅰ	0.09～0.6 m/s	0.07～0.25 m/s
	气候区Ⅱ	0.09～0.6 m/s	
	气候区Ⅲ	0.07～0.25 m/s	
EN 13129-1:2002	气候区Ⅰ	0.09～0.6 m/s	0.07～0.25 m/s
	气候区Ⅱ	0.09～0.6 m/s	
	气候区Ⅲ	0.07～0.25 m/s	
GB/T 18883—2002		不超过 0.3 m/s	不超过 0.2 m/s

表 9-6 车内温度比较

标准＼季节			夏季	冬季
TB/T 1951—1987 TB/T 1719—1998	客室内气温		24～28℃	18～20℃
	洗脸室内气温		—	不低于 18℃
	走廊和厕所内气温		—	可低于客室，但不得低于 14℃
	壁面和地板气温		—	不低于 14℃
UIC 553-1:2003	气候区Ⅰ	旅客区	22～28℃	21～23℃
		一侧过道	不得高于 32℃	不得低于 16℃
		上车区	不得高于 35℃	不得低于 10℃
		电话间	不得高于 33℃	不得低于 16℃
		厕所和盥洗区	不得高于 33℃	不得低于 20℃
		母婴专区	不得高于 31℃	不得低于 22℃
		餐饮业经营区	27～33℃	22～28℃
	气候区Ⅱ	旅客区	26～28℃	21～23℃
		一侧过道	不得高于 32℃	不得低于 16℃
		上车区	不得高于 35℃	不得低于 10℃
		电话间	不得高于 33℃	不得低于 16℃
		厕所和盥洗区	不得高于 33℃	不得低于 20℃
		母婴专区	不得高于 31℃	不得低于 22℃
		餐饮业经营区	27～33℃	22～28℃

续上表

标准 \ 季节			夏季	冬季
UIC 553-1:2003	气候区Ⅲ	旅客区	21～23℃	21～23℃
		一侧过道	不得高于27℃	不得低于16℃
		上车区	不得高于35℃	不得低于10℃
		电话间	不得高于28℃	不得低于16℃
		厕所和盥洗区	不得高于28℃	不得低于20℃
		母婴专区	不得高于26℃	不得低于22℃
		餐饮业经营区	22～28℃	22～28℃
EN 13129-1:2002	气候区Ⅰ	旅客区	26～28℃	21～23℃
		一侧过道	不得高于32℃	不得低于16℃
		上车区	不得高于35℃	10～22℃
		盥洗区、厕所和电话间	不得高于33℃	不得低于16℃
		母婴专区	27～31℃	27～31℃
	气候区Ⅱ	旅客区	26～28℃	21～23℃
		一侧过道	不得高于32℃	不得低于16℃
		上车区	不得高于35℃	10～22℃
		盥洗区、厕所和电话间	不得高于33℃	不得低于16℃
		母婴专区	27～31℃	27～31℃
	气候区Ⅲ	旅客区	21～23℃	21～23℃
		一侧过道	不得高于27℃	不得低于16℃
		上车区	不得高于31℃	10～22℃
		盥洗区、厕所和电话间	不得高于28℃	不得低于16℃
		母婴专区	22～26℃	22～26℃
GB/T 18883—2002			22～28℃	16～21℃

表 9-7 车内空气湿度比较

标准 \ 季节		夏季	冬季
TB/T 1951—1987		40%～65%，最高不超过70%	不低于30%
UIC 553-1:2003	气候区Ⅰ	48%～55%	不低于65%
	气候区Ⅱ	48%～55%	不低于65%
	气候区Ⅲ	不低于65%	不低于65%
EN 13129-1:2002	气候区Ⅰ	48%～55%	不低于65%
	气候区Ⅱ	48%～55%	不低于65%
	气候区Ⅲ	不低于65%	不低于65%
GB/T 18883—2002		40%～80%	30%～60%

表 9-8 车内环境压力与 CO_2 浓度比较

参数 / 标准	客室内环境压力	客室内空气中 CO_2 的容积浓度
TB/T 1951—1987	客室内应保持正压，其范围为 9.8～29.4 Pa	不超过 0.15%
UIC 553-1:2003	尚在考虑之中	—
EN 13129-1:2002	—	—
GB/T 18883—2002	—	不超过 0.1%(日平均值)

从表 9-3～表 9-8 可以看出，我国铁路标准比起国外铁路标准在大多数客室环境参数的规定上不够详细。我国国土面积大于欧洲除俄罗斯之外的所有国家国土面积之和，但外部环境计算分区只分为北京以南地区和其他地区。我国地域从三亚的约北纬 18°到漠河的约北纬 53°，可以说是跨越了较大的气候变化区，因此似乎也应该将气候区分得更细致一些。

9.5.2 客室内参数热舒适性评价

热舒适性一般指人的主观感受，一定要用客观的指标来表述是比较困难的。高速列车还没有比较客观的热舒适性评价指标。如果采用数值计算分析客室内流场参数，除看其是否满足前述客室环境参数设计标准外，也可以参考建筑标准或室内热舒适标准来评价车厢内的热舒适情况。目前可采用的热舒适性指标有以下几种：

(1)PMV-PPD 指标

PMV 与 PPD 分别表示预测平均投票值和预测不满意度。PMV(Predicted Mean Vote)是在丹麦学者 Fanger 提出的热舒适性方程基础上导出的用公式表示的评价参数，Fanger 将人体热感觉分为 7 级，PMV 的值由－3，－2，－1，0，＋1，＋2，＋3，分别对应：冷、凉、稍凉、舒适、稍暖、暖、热，并通过大量人体舒适实验求得人们的预测平均反应值 PMV 与平均预测不满意率 PPD(Predicted Percentage of Dissatisfied)。PMV 和 PPD 的计算公式为：

$$\begin{aligned}\text{PMV}=&[0.303\exp(-0.36M)+0.028]\{M-W-3.05\times10^{-3}[5773-6.99(M-W)-p_a]-\\&0.42[(M-W)-58.15]-1.7\times10^{-5}M(5867-p_a)-0.0014M(34-t_a)-3.96\times\\&10^{-8}f_{cl}\times[(t_{cl}+273)^4-(t_r+273)^4]-f_{cl}h_c(t_{cl}-t_a)\}\end{aligned}$$

$$\text{PPD}=100-95\exp[-(0.03353\text{PMV}^4+0.2197\text{PMV}^2)]$$

式中 M——人体能量代谢率，(W/m^2)；

W——人体所做机械功，(W)；

p_a——环境空气中水蒸气分压力，(Pa)；

t_a——人体周围空气温度，(℃)；

f_{cl}——穿衣人体与裸体表面积之比；

t_r——室内平均辐射温度，(℃)；

t_{cl}——衣服外表面平均温度，(℃)；

h_c——对流热交换系数，[$W/(m^2\cdot℃)$]；

PMV-PPD 指标也为国际标准化组织(ISO)于 1984 年公布的 ISO 7730 标准所采用。对某一热环境，当参数满足$-0.5<PMV<+0.5$，$PPD<10\%$时，认为是舒适的。

(2)PD 指标

Fanger 在 1989 年又提出 PD 指标，主要考虑由于空气流动引起的不满意百分数：

$$PD=(34-t_a)(u-0.05)^{0.62}\times(3.14+0.37uT_\varepsilon)$$

式中 u——车厢内空气流速，(m/s)(如果 $u<0.05$ m/s，计算时取 $u=0.05$ m/s)；

t_a——空气温度，(℃)；

T_ε——紊流强度，$T_\varepsilon=100(2k)^{0.5}/u$，(%)；

k——紊流动能，(J/kg)。

比较舒适的 PD 值通常小于 15%。

(3)ΔET 和 ADPI 指标

对较大空间的空调舒适性来说，相对湿度在较大范围内(30%～70%)对人体热舒适影响不明显。因此当只考虑工作区内各点的空气温度和气流速度变化时，它们之间只要满足一定的关系，就可以得到相同的舒适条件。有效温度差可以说明这种关系，即：

$$\Delta ET=(t_i-t_n)-7.66(u_i-0.15)$$

式中 ΔET——有效温度差，℃；

t_i，t_n——人员活动区某点的空气温度(假定壁面温度等于空气温度)和给定的室内温度，℃；

u_i——人员活动区某点的空气流速，m/s。

统计资料表明，当 $\Delta ET=-1.7\sim+1.1$ 之间时，多数人感到舒适。因此，评价车厢内气流组织的热舒适性时，也可以用指定空间范围内满足一定 ΔET 值的节点数与总节点数百分比来表示——称为空气分布特性指标(ADPI—Air Diffusion Performance Index)。它将空气温度、气流速度和人的舒适感三者联系起来。当室内人员分布基本均匀时，它即指人员对热环境的满意率。

$$ADPI=\frac{-1.7<\Delta ET<+1.1\text{ 的测点数}}{\text{总测点数}}\times100\%$$

当 $ADPI=100\%$时，表示全体室内人员都感到舒适。$ADPI$ 达 80%可以认为是相当满意的气流组织。

采用有效温度差来评价客室内流场气流组织，由数值计算的结果是非常方便的，图 9-21～图 9-24 表示了某高速列车一车厢内的 ΔET 值的分布情况。满足 $\Delta ET=-1.7\sim+1.1$ 的区域为浅绿色。

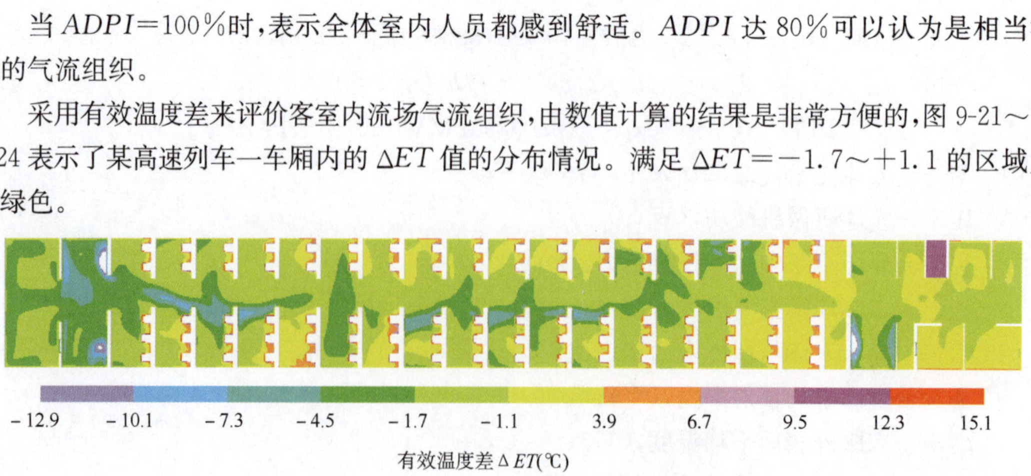

图 9-21 距地板 1.0 m 水平截面 ΔET 分布

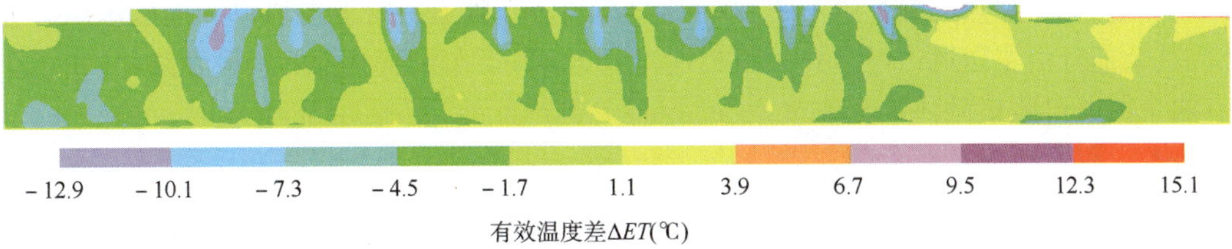

图 9-22 客室纵向中央截面 ΔET 分布

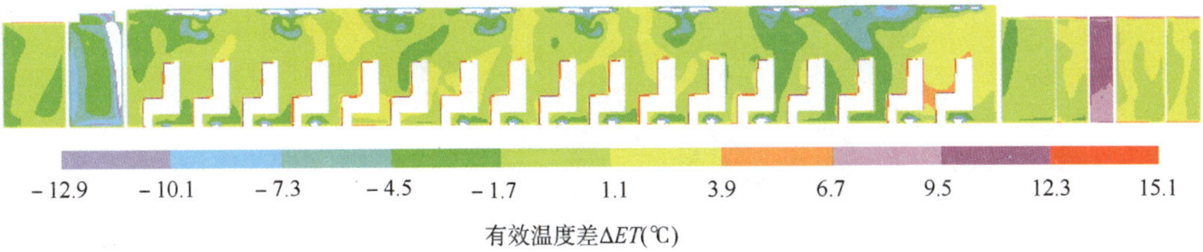

图 9-23 客室纵向截面(距中央截面 0.8 m)ΔET 分布

图 9-24 客室横向截面(距车厢一端 4 m)ΔET 分布

9.6 两种空调管路系统比较

图 9-7 所示客车空调管路布置系统中主送风道和空调风机布置在客车车体下方(我们不妨称为 A 型空调车),对应的一等座车空调管路系统如图 9-25 所示。另外还有一种客车空调管路系统,主送风道和空调风机布置在客车车体上方(姑且称为 B 型空调车),对应的一等座车空调管路系统如图 9-26 所示。这两种客车空调系统的送、回风方式有很大不同。A 型车的车下换气空调系统风机混合新风和循环风后使之进入车下主送风道,然后通过侧壁直立送风管送到车顶送风道,再通过车厢两侧行李架下方若干送风口和窗上送风口送入客室。回风则是通过客室内座位下方数十个回风口进入车下回风道。B 型车在制冷和制热情况下送、回风的方式不同。制冷模式时车顶空调风机系统混合新风与循环风后一部分混合风(约 75%)进入车顶主送风道,通过主送风道若干出口在客室车顶上方空间经过多孔板(客室天花板)垂向进入客室,称为弥散式送风,其余部分通过车顶暖气管道由窗下送风口和地板送风口进入客

室。制热模式下，加热的混合风中约80%通过车顶暖气管道由窗下送风口和地板送风口进入客室，其余部分由主送风道经多孔天花板进入客室。B型车没有专门的回风管路，只在车厢一端有两个回风口收集循环风。

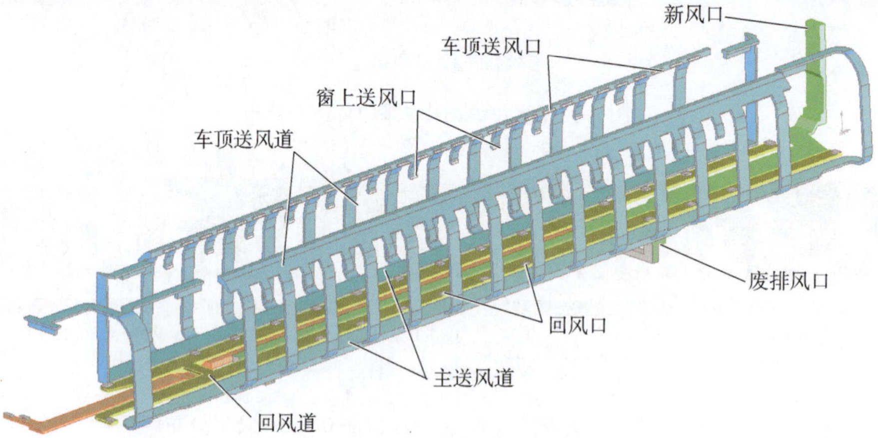

图 9-25 A型一等车空调管路系统

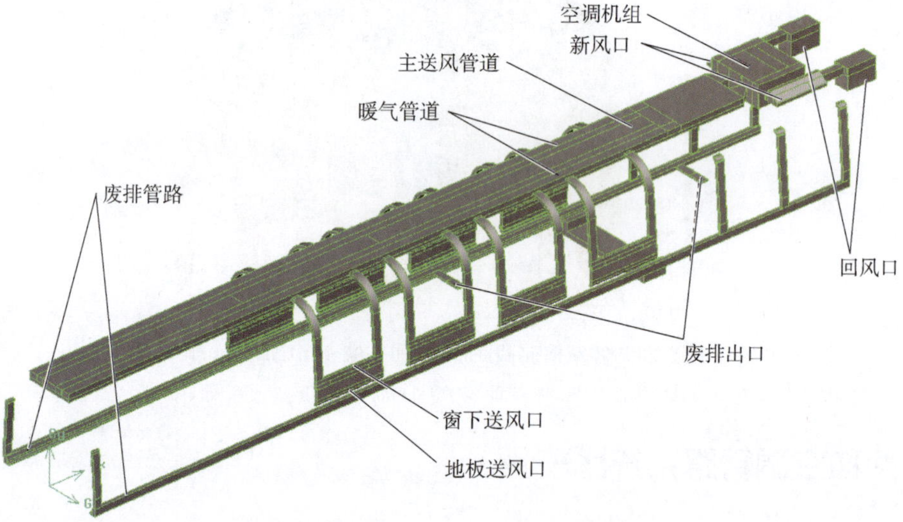

图 9-26 B型一等车空调管路系统

下面从计算分析结果比较两种空调系统的车内气流速度、温度和CO_2浓度分布。

为节省篇幅，下面只做夏季极端环境条件下空调客车车内流场比较。从图9-27可以看出，无论是水平截面还是铅垂截面内，B型车内的气流速度分布在旅客乘坐区都比A型车内气流速度分布均匀，这应该是弥散式送风的优越性。但是在中间过道区域，B型车内风速明显高于A型车相同区域风速，有些地方甚至达到或超过0.7 m/s。这显然是B型车空调系统没有回风道产生的弊端，绝大多数循环风量都要流向位于车厢一端的回风口，导致中间过道区域风速过大。而A型车座位下方地板上分布有众多回风口，不会出现回风风速过大的现象。

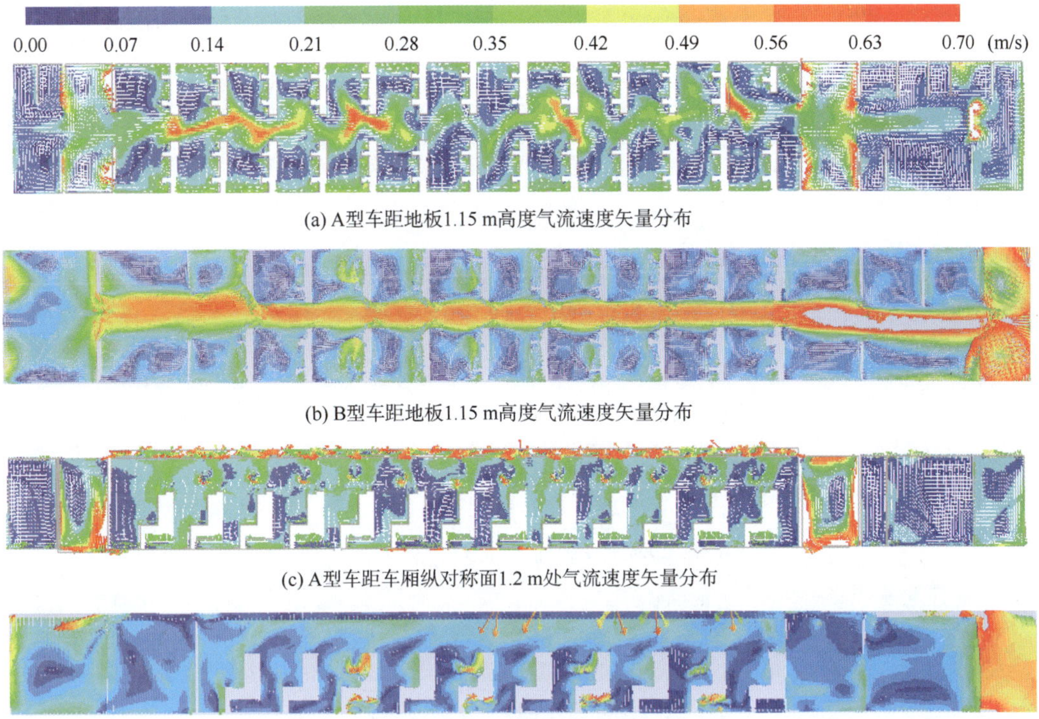

(a) A型车距地板1.15 m高度气流速度矢量分布

(b) B型车距地板1.15 m高度气流速度矢量分布

(c) A型车距车厢纵对称面1.2 m处气流速度矢量分布

(d) B型车距车厢纵对称面1.2 m处气流速度矢量分布

图 9-27 车内气流速度分布比较

从图 9-28 的车厢内温度分布看，两种空调系统都能够将车外高温空气降低到满足现行标准的温度(23～27℃)。但是 A 型车旅客身体附近温度较高，说明人体热量不容易散出；B 型车似乎乘客附近热量散失较快，旅客乘坐区温度更加均匀。这应该是由于 B 型车的立体送风方式，不但有车顶弥散式送风，而且还有窗下送风和地板送风。A 型车虽在侧窗附近也有送风，但送风口位于侧窗上部，并且绝大部分送风来自于位于更高处的侧壁接近车顶位置的送风口，这样就使得 A 型车的送风口全部位于乘客的头顶上方区域，不利于身体附近热量散发。

图 9-29 的二氧化碳浓度分布对于两种空调车有较明显的差别。总体上看，A 型车车内二氧化碳浓度很低，B 型车车内的二氧化碳浓度要比 A 型车高很多。B 型车旅客乘坐区二氧化碳浓度为 0.109%，而 A 型车的为 0.072%。当然这个浓度都还是满足我国现行铁路空调客车标准的，但如果按照我国建筑行业室内空气标准二氧化碳浓度限制值(0.1%)，则 B 型车车内二氧化碳浓度略微超过标准。造成这个差别的原因是 A 型车的设计循环风量比 B 型车的设计循环风量大 45%以上，新风量要大 35%左右。A 型车之所以设计相当大的循环风量，主要是因为需通过换气风机的大压头来抑制车外环境压力变化(见下节)，而 B 型车则没有这个需求。

正是由于 A 型车需要在空调系统中采用大压头和大流量风机，两种空调系统的能耗也是有较大差别的。A 型车具有两台空调机组，夏季制冷时最大制冷功率为 37.2×2 kW，冬季取暖时最大制热功率为 24×2 kW；而 B 型车只有一台空调机组，最大制冷功率为 44 kW，制热功率为 46 kW。大压头风机，空调机组高的制冷(热)功率，使得 A 型车空调系统的能耗在某些极端情况下比 B 型车空调机组能耗要大 40%以上。从另一个角度看，B 型车的低能耗空调

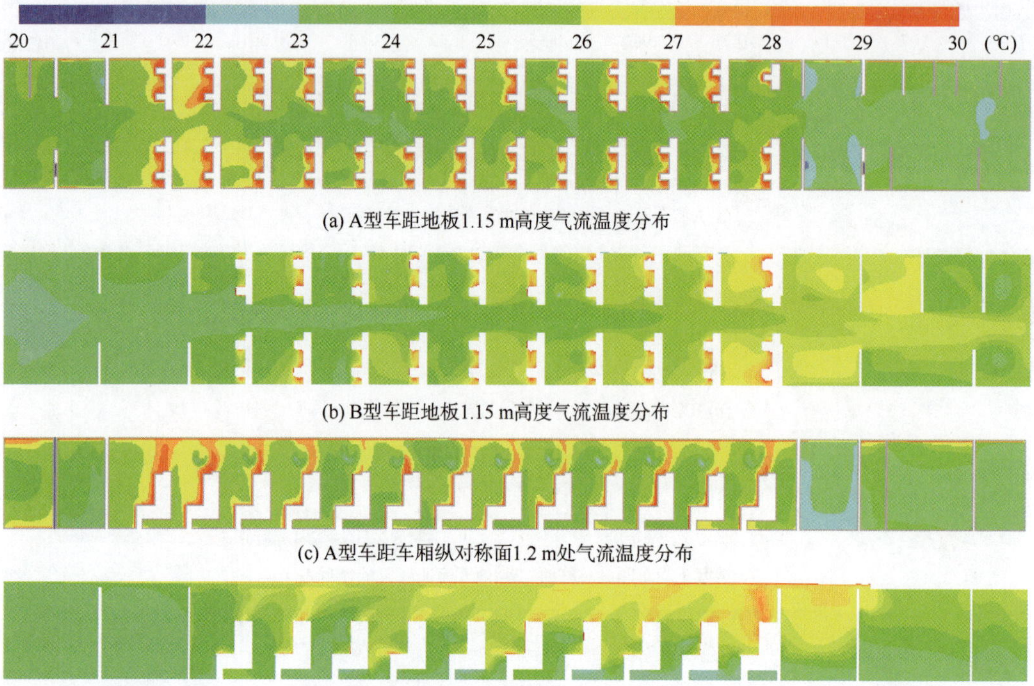

(a) A型车距地板1.15 m高度气流温度分布

(b) B型车距地板1.15 m高度气流温度分布

(c) A型车距车厢纵对称面1.2 m处气流温度分布

(d) B型车距车厢纵对称面1.2 m处气流温度分布

图 9-28 车内气流温度分布比较

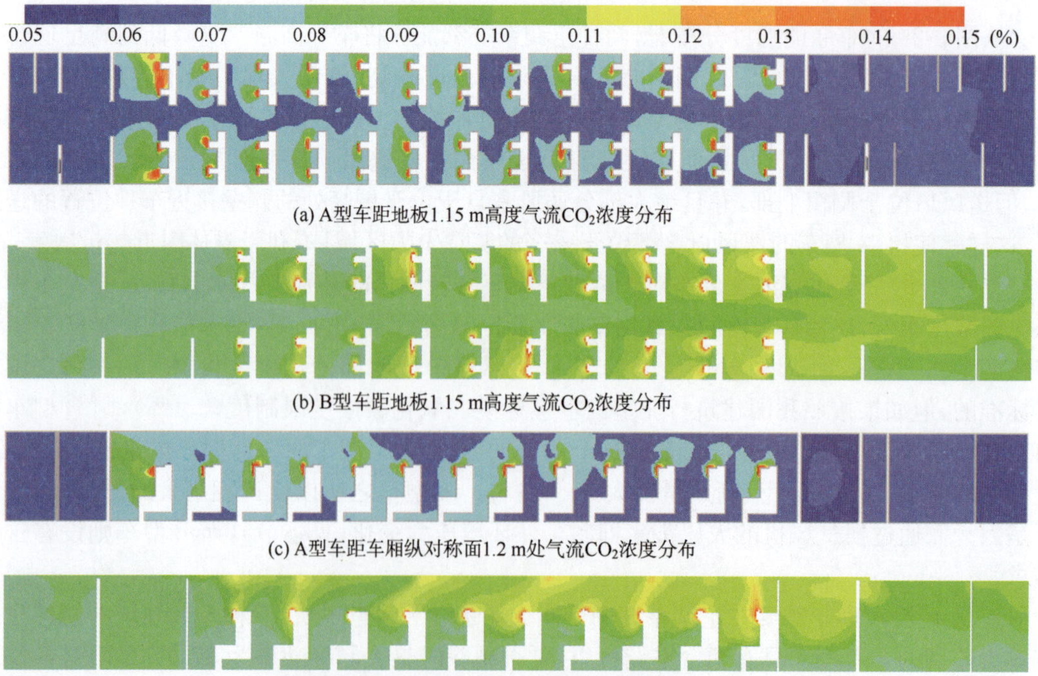

(a) A型车距地板1.15 m高度气流CO_2浓度分布

(b) B型车距地板1.15 m高度气流CO_2浓度分布

(c) A型车距车厢纵对称面1.2 m处气流CO_2浓度分布

(d) B型车距车厢纵对称面1.2 m处气流CO_2浓度分布

图 9-29 车内气流 CO_2浓度分布比较

系统能否满足车内热舒适性要求呢？图 9-30 比较了两种车在夏季极端外界环境条件下车内有效温差的分布。

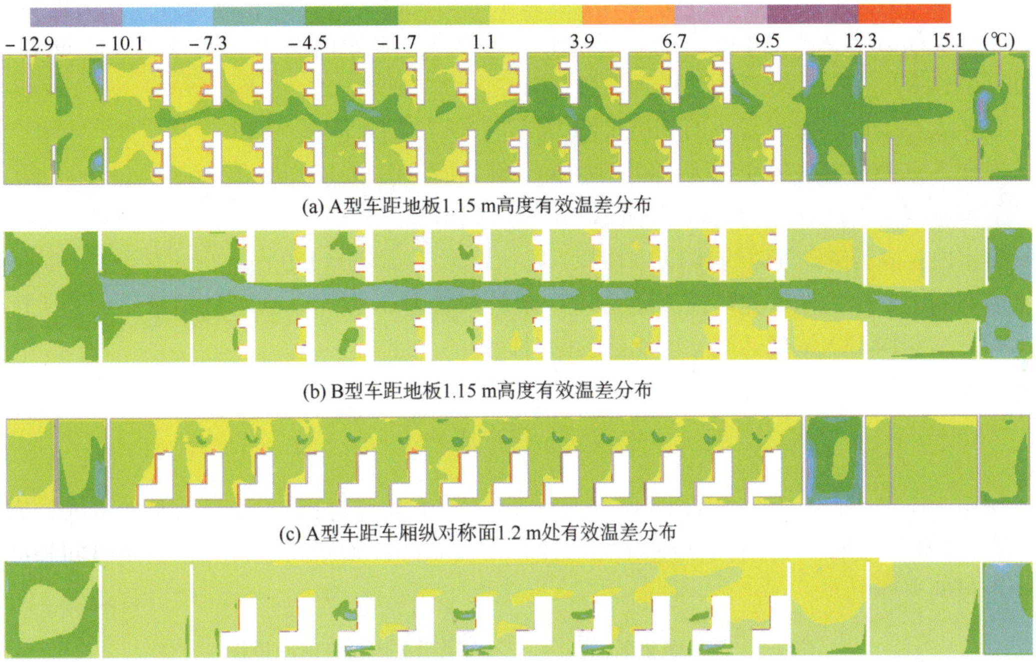

(a) A型车距地板1.15 m高度有效温差分布

(b) B型车距地板1.15 m高度有效温差分布

(c) A型车距车厢纵对称面1.2 m处有效温差分布

(d) B型车距车厢纵对称面1.2 m处有效温差分布

图 9-30 车内气流有效温差分布比较

图 9-30 中浅绿色区域为舒适区。两种车的人员乘坐区都能够满足环境热舒适性的要求，但 B 型车的中间过道区域超出了满足热舒适性的有效温差范围。若以 *ADPI* 值来评价，在夏季极端外界环境条件下，A 型车的 *ADPI*=67.6%；B 型车的 *ADPI*=55.1%。

总体来看，在客室内流场参数均匀性和能量消耗率方面，B 型车空调系统的效果优于 A 型车空调系统，但也存在局部区域（中间过道区）不满足热舒适性要求的现象。从新风量供给和二氧化碳浓度指标看，A 型车略优于 B 型车。

9.7 车外环境压力突变时对车内环境的影响

两列车在明线上高速交会时，通过列车产生的空气压力波动会作用在观测列车上，列车高速进入或驶出隧道，在隧道内会车也会在车体表面产生相当大的压力波动。明线上列车以 300 km/h 速度会车时其侧壁上可作用超过 1 200 Pa 的压力波幅，在隧道内以相同速度会车时，更可能作用约 5 000 Pa 的气体压力波幅。如此大的压力变化如果不加限制的传到车内，必然会对旅客乘坐舒适性产生严重影响。这就要求车厢保证一定的密封性能。然而仅保证车厢的密封性仍不能解决全部问题。

如前所述，尽管高速旅客列车是封闭的空调车厢，但为了保证客室的正常换气，空调系统的新风入口和废排风口是与外界环境相通的。为抵抗外界过大的压力变化对客室内环境的影响，高速列车通常采用两种空调系统设计。一种是通过装于头车的压力传感器，时时检测外界压力变化情况，一旦外界压力变化过大就关闭新风入口和废排风口，直接隔离外界压力波(可称为开闭式)；另一种是采用换气装置中大压头风机，利用风机压头抵抗外界压力波对客室内流场的影响(可称为全开式)。开闭式列车空调系统的优点是可以完全隔离外界压力波，但若较长时间关闭新风入口，客室内的新风量得不到补充，车厢内二氧化碳浓度会不断升高。例如：

成年人在安静状态时 CO_2 的呼出量约为：$M=13$(L/h)，即 $V_0=3.61\times10^{-6}$ (m^3/s)；

车厢客室内部空气体积约为 120～140 m^3，例如满员时取 120 m^3：$V_1=120$ (m^3)；

新鲜空气中 CO_2 含量约为(体积分数)：$Q=0.038\%$；

客室内充满新鲜空气时约有 CO_2(体积)：$V_2=V_1\times0.038\%=120\times0.000\ 38=0.045\ 6$ (m^3)。

若车厢中 CO_2 的浓度允许值为 q，客室中乘员人数为 n，则由下式可近似求出完全关闭新风入口后车厢内 CO_2 浓度达到 q 所能持续的时间。

$$V_1\times q=V_2+V_0\times n\times t$$

即：

$$t=\frac{V_1\times q-V_2}{V_0\times n}$$

按照 TB/T 1951—1987，室内 CO_2 浓度不能大于 0.15%；按照 GB/T 18883—2002，室内 CO_2 浓度不能大于 0.1%。若某高速车二等座车乘员 85 人，则新风入口允许关闭时间和列车行驶里程见表 9-9。

表 9-9 某二等座车(乘员 85 人)新风口关闭允许时间里程

允许浓度	0.1% CO_2 (GB/T 18883—2002)			0.15% CO_2 (TB/T 1951—1987)		
参数	时间	行驶里程(车速 200 km/h)	行驶里程(车速 300 km/h)	时间	行驶里程(车速 200 km/h)	行驶里程(车速 300 km/h)
值	4.04 min	13.47 km	20.20 km	7.30 min	24.3 km	36.5 km

表 9-9 数据表明，若按照 GB/T 18883—2002 的规定，新风口关闭后 4 min 车内 CO_2 浓度就会超标。若隧道长度超过 13.5 km，列车以 200 km/h 速度运行时，如果新风口在隧道内一直关闭，则车内空气 CO_2 浓度会超过允许值。而长度超过 13.5 km 的铁路隧道即使在我国也不在少数，如西康线秦岭隧道(18.02 km)，兰新线乌梢岭隧道(20.1 km)，石太线太行山隧道(27.8 km)等。开闭式列车空调系统的另一个问题是如果列车经过隧道群，新风口阀门和废排风口阀门将会频繁的开闭，对阀门动作的可靠性将会有更高的要求。因此开闭式列车空调系统的新风口阀门与废排风口阀门的结构与控制策略是需要仔细设计的。

全开式列车空调系统的优点是可保证客室内的新风供给，但外界压力波不可能被完全屏蔽掉。因此有必要研究在一定外界压力波幅和一定换气风机压头的情况下，客室内气体压力如何变化，是否能满足旅客乘坐舒适性的要求，外界压力变化引起的新鲜空气量的减少是否会使车内二氧化碳浓度上升。

了解车厢内环境是否受外界压力变化的影响，最好的办法是实车测量。因为这涉及车体密封性的问题，不同密封条件的车厢，即使在相同外界环境压力变化幅值情况下，车内也会有不同的压力变化。而车体密封性与车门、车窗结构，车厢壁面材料、工艺，甚至与气候条件有关，是不容易表征的指标。另一方面相同的压力变化幅值对不同的人也会有不同的感受。英国铁路公司早在 1976 年就通过大量实测确定车内环境压力变化限制值(3 kPa/3 s)，国际铁路联盟 C149 委员会也成立了一个包括医生在内的小组，对英国铁路的舒适感标准，进行了实测检验。我国的一种开闭式空调系统的高速列车在京津城际铁路和武广高速铁路上曾经做过会车条件和列车进入隧道情况下的车内压力变化测试实验，获得了一些有意义的结果。但是对于人能够忍受多大的压力变化幅值，世界各国并没有公认的标准。表 9-10 是一些国家铁路部门规定的车内压力变化参数。

表 9-10 美、英、德、日对车内允许压力变化的规定

国家	阈值	说明
日本	$p<1$ kPa	适用于密闭车辆
	$[p]<200$ Pa/s	某些情况下可以放宽到 300 Pa/s
美国	$[p]<410$ Pa/s	适用于地下铁道
英国	$[p]<4$ kPa/4 s	1986 年英国铁路公司修订(原标准为$[p]<3$ kPa/3 s)
	$[p]<2.5$ kPa/4 s	海峡联络线单线隧道
	$[p]<3.0$ kPa/4 s	海峡联络线双线隧道(非密闭车辆、运行速度为 225 km/h)
	$p<450$ Pa	某些情况下可放宽到 $p=700$ Pa
德国	$p<1$ kPa	
	$[p]<300\sim400$ kPa/s	原定 200 Pa/s，后来放宽标准

表 9-10 中 p 为允许绝对压力幅值，通常作为人耳可耐受的舒适性指标；$[p]$为某一时间段允许压力变化幅值，即 $\Delta p/\Delta t$，通常作为检验车体密封性的指标。

对于设计中的车辆，也可以采用三维仿真分析的方法，通过给定外界环境压力的时间历程曲线，计算车内环境参数的变化情况。例如某高速列车在明线上以 350 km/h 速度会车时的压力变化时间历程曲线如图 9-31 所示，在隧道内以相同速度会车时的压力变化时间历程如图 9-32 所示。计算时将外界压力变化时间历程以拟合函数或列表形式作为新风入口处的压力边界条件。计算模型中风机的性能也要考虑，一种方法是将风机的压力—流量性能曲线与车外环境压力-时间变化曲线联系起来，车外压力变化对应风机流量变化；另一种方法是做一个假设，认为风机的体积流量在车外环境压力变化时基本保持不变，只是由于压力降低导致空气密度下降，从而经过风机的质量流量减少。这样在前述空调系统与车内流场统一模型的基础上，就可以计算求得车外气体压力变化情况下车内环境压力的变化时间历程。图 9-33 和图 9-34 即为某高速空调车在不同会车状况下的计算结果。

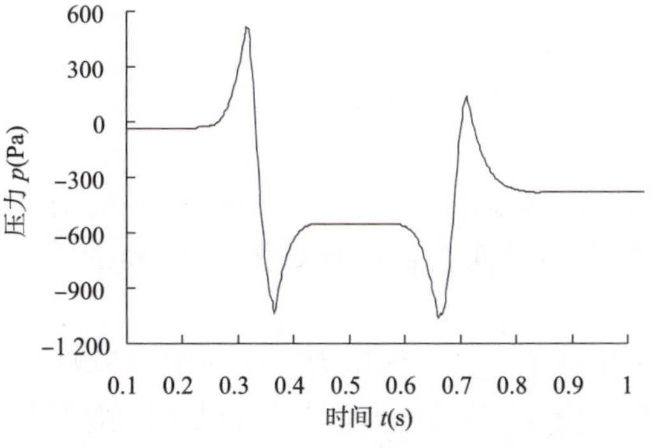

图 9-31 明线 350 km/h 速度会车压力波

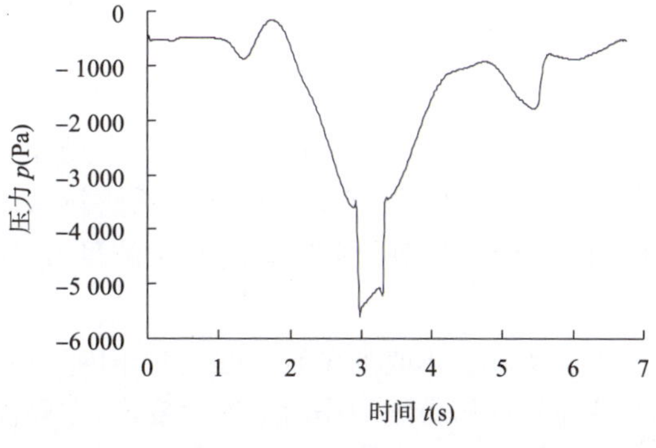

图 9-32 隧道内 350 km/h 速度会车压力波

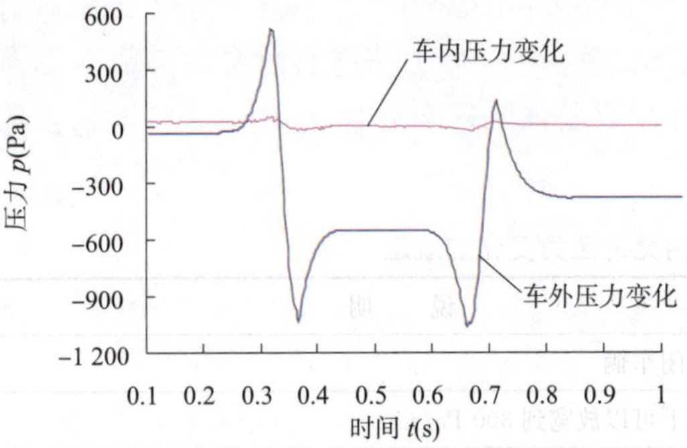

图 9-33 明线会车时车内外压力波动

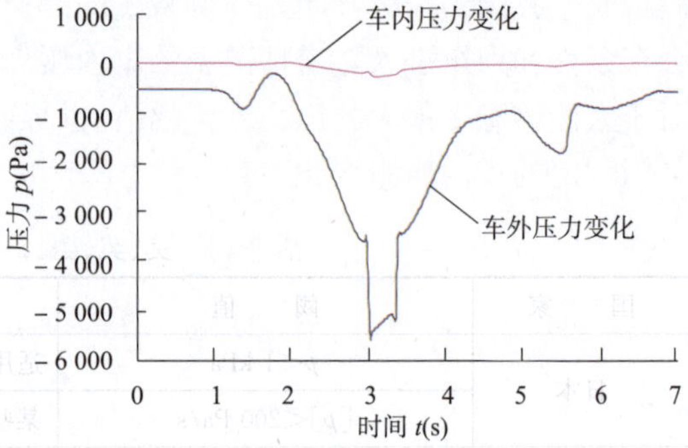

图 9-34 隧道内会车时车内外压力波动

列车以 350 km/h 速度在明线上会车时，侧壁上压力波动幅值超过 1 500 Pa，由于空调系统的换气装置风机约 4 500 Pa 的压头，使得车内压力变化幅值不超过 90 Pa。列车以同样速度在隧道内会车时，车外压力变化幅值可达到接近 6 000 Pa，计算结果表明车内压力变化幅值约为 300 Pa。将两种会车情况下的车内压力变化历程单独画出如图 9-35 和图 9-36 所示。从图 9-35、图 9-36 中可以看出，车内压力变化历程与车外压力变化历程基本一致，说明计算结果反映了外界环境压力的变化情况。

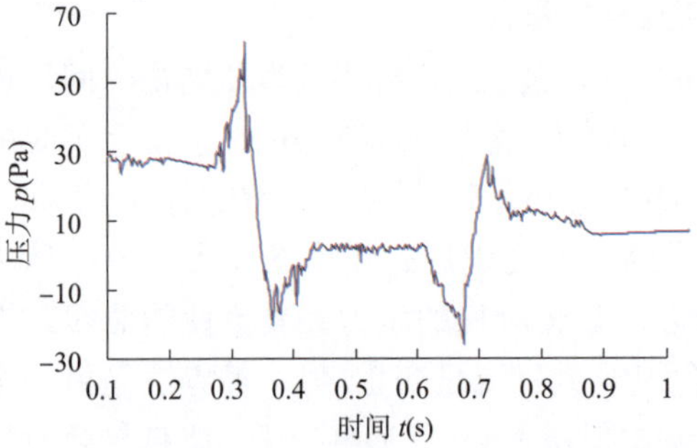

图 9-35 明线会车时车内压力波动

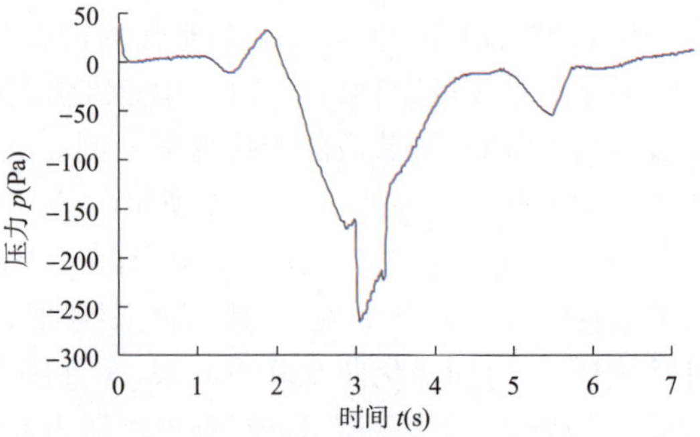

图 9-36 隧道内会车时车内压力波动

车速越高，车外新风口处负压极值的绝对值越大，相应的压力波动幅值也越大。300 km/h、350 km/h、400 km/h 车速隧道内等速会车时车内流场气体压力变化情况的计算结果如图 9-37 所示。为观察大压头换气风机对外界气体压力变化的抑制作用，可以取出空调管路系统沿程压力值看其变化(图 9-38)。图 9-38 中 inlet 处为新风入口压力变化幅值，indoor 处为车厢内送风口压力变化幅值。换气风机在 *b*3 点和 *a*1 点之间。

由于会车过程产生的车外负压使新风进气量减少，客室内 CO_2 浓度也会有所改变，通过仿真计算也可以得到客室内 CO_2 浓度在会车过程中的时间变化历程如图 9-39 和图 9-40 所示。

事实上会车或列车通过隧道时车内气体压力变化除了外界气体压力突然变化的影响外，车体在外部压力波的作用下产生变形，车厢内部体积突然减小或增大也会引起车内气体发生压力变化。有学者曾在做会车实验时测得某列车车厢侧壁在会车过程中产生向内的 3 cm 的变形量。下面来分析一下车厢变形引起的内部压力变化量。设车厢侧壁在沿其高度中央有向内或向外的 3 cm 变形，从车厢横截面看应产生如图 9-41 所示虚线变形。近似认为变形曲线是一圆弧，横截面的变形面积近似认为是一个弓形。取弓形的高为 3 cm，弓形的弦长为车厢内部高度，近似取 2.5 m。则弓形的面积为：

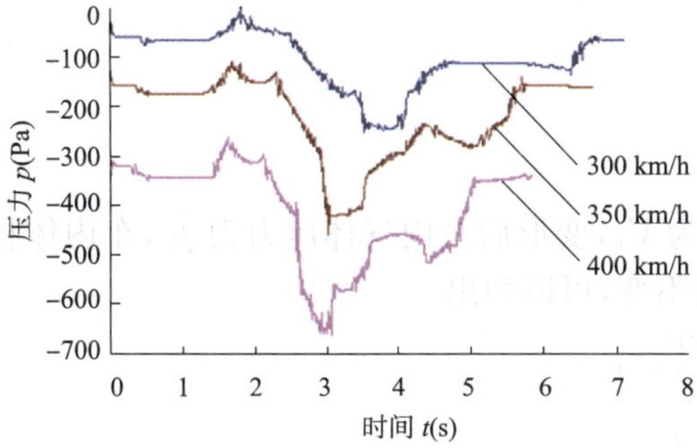

图 9-37 隧道内会车时车内压力波动随车速变化关系

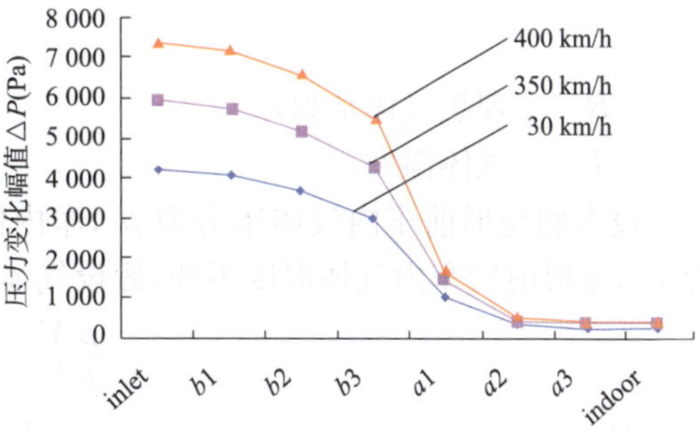

图 9-38 隧道内会车时空调系统流道内压力幅值变化

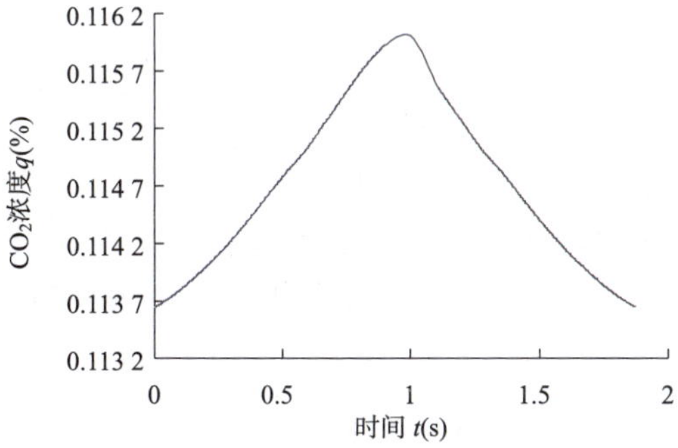

图 9-39 明线会车时车内 CO_2 浓度变化

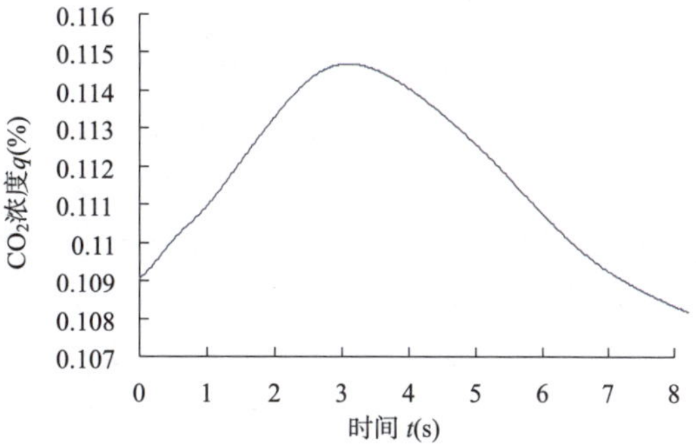

图 9-40 隧道内会车时车内 CO_2 浓度变化

$$S=\frac{1}{2}[R^2\theta-b(R-h)]$$

式中 R——虚线所代表的圆的半径，$R=\dfrac{b^2+4h^2}{8h}$；

b——弓形的弦长；

h——弓形的高；

θ——弓形圆弧的圆心角，$\theta=4\arctan\dfrac{2h}{b}$。

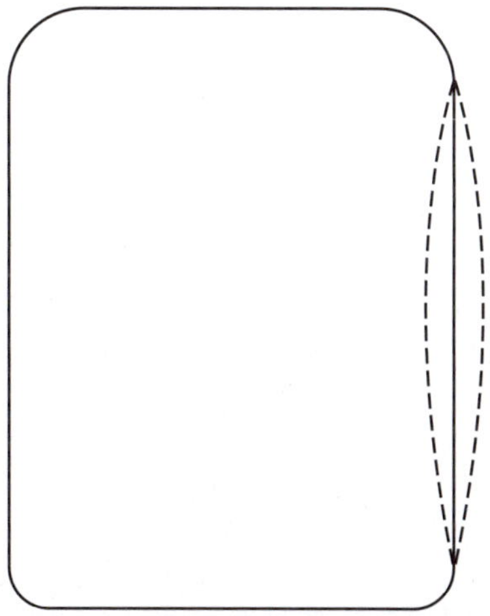

图 9-41 列车侧壁变形示意图

将已知数据带入可计算出弓形面积近似为 0.05 m^2。车厢长度约 25 m，去除连接部分剩下约 22 m，如果整个车厢侧壁都凹陷或突起，则车厢面积减小或增大 1.1 m^3。但会车过程时通过列车的压力波动扫过观测列车侧壁，压力波的作用长度与通过列车的车头变截面长度相关，一般情况下车头变截面长度为 6～8 m，因此我们不妨假设车厢侧壁的 1/4 长度产生向内凹陷或向外突出的变形，则车厢内容积减小或增大约 0.275 m^3。

根据理想气体状态方程：

$$pV=mRT$$

式中 p——气体压力；

V——气体体积；

m——气体质量；

R——理想气体常数；

T——气体温度。

设车厢变形前车内气体压力为 p_1，车内体积为 V_1，变形后车内气体压力为 p_2，车内体积为 V_2，变形前后车内气体温度不变，假设气体质量不变，可以列出

$$\frac{p_1V_1}{p_2V_2}=\frac{mRT}{mRT}=1$$

即：

$$p_1V_1=p_2V_2$$

有：

$$p_2=\frac{p_1V_1}{V_2}$$

取二等座车，去掉座椅、小桌、设备间、盥洗室和乘客所占空间，不考虑乘员所占体积，车厢变形前客室内体积约为 140 m^3；设车厢变形前内部气体压力为一个大气压，即 101 300 Pa，若车厢侧壁向内变形，可以计算出 p_2=101 105 Pa。即由于车厢变形引起的车内压力变化为：

$$\Delta p=p_1-p_2=101\ 300-101\ 105=194.81(\text{Pa})$$

车厢侧壁横向变形 3 cm 可能是比较极端的情况，若只变形 1 cm，则 Δp=64.9 Pa。但是，若在隧道内会车时，也有可能由于列车进入隧道引起的非会车压力波动使列车侧壁全长度凹陷或突起变形，即使只有 1 cm 的横向变形，也会使 Δp=259.7 Pa。不同横向变形量和侧壁不同变形长度引起的车内压力变化近似值列于表 9-11。

表 9-11　车厢侧壁不同变形量引起车厢内压力变化 Δp 估计值(Pa)

纵向变形长度 / 横向变形量	1/4 车长	1/3 车长	1/2 车长	全车长
1 cm	64.9	86.6	129.9	259.7
2 cm	129.9	173.2	259.8	519.5
3 cm	194.8	259.8	389.7	779.3

可见由于车厢变形引起的车内气体压力变化与外界压力波经换气系统抑制后引起的车内压力变化具有基本相同的数量级，两者在条件适当的情况下若产生叠加，就有可能使车内压力变化超过 1 000 Pa(日本、德国的限制标准)。我国学者在京沪高速铁路上测量列车通过隧道和列车在隧道内会车时的车内压力变化，都测到车内压力变化量超过 1 000 Pa 甚至超过 1 500 Pa 的现象。

9.8 结　论

(1)高速列车空调系统的新风入口、废排风口和冷凝器布置位置是需要认真考虑的问题。在车速很高时，新风入口、废排风口、冷凝器风扇位置处的气体压力会有一定程度的降低，在低

速时能够满足要求的新风量、废排风量和冷凝风量在高速时不一定能够保证。

(2)客车空调风机、管路系统与车内流场的统一(三维)计算分析系统,在现代高速空调客车流场参数的详细设计中是十分必要的。

(3)相对于欧洲高速列车空调系统设计规范,我国的现行设计规范不但过于粗糙,而且在不少方面存在空白。外部气候条件的分区,内部流场参数适用区域的细化,热舒适性指标的统一都是应该着手研究的问题。

(4)列车空调系统的不同送风口和回风口布置方式会导致车内气流速度、温度和二氧化碳浓度分布有一定变化。一般情况下,可能车厢内弥散式送风,立体送风方式较好。

(5)在车厢密封性良好的前提下,仍然不能隔离外部压力突变对车内环境压力变化的影响。采用大压头换气风机抵抗外界环境压力突变的方法尽管有效,但是风机压头、流量和通流特性与外界压力变化幅值间关系仍需认真研究以避免设计的盲目性。

(6)外界压力突变引起的车体变形也会造成车内压力发生变化,而且车体变形引起的车内气体压力变化与外界由于会车或进、出隧道产生的车内压力波动可能会达到同样的数量级。因此车体变形引起的车内气体压力变化量不应忽视。

参考文献

[1] 中国铁道学会,中国铁道科学研究院. 中国铁路大提速[M]. 北京:中国铁道出版社,2008.

[2] 杨培志,陈焕新. 热舒适性评价指标 PVM-PPD 在空调列车上的应用[J]. 制冷空调与电力机械,2002,23(2):22-24.

[3] 张俊,廖胜明,陈焕新. 空调列车车厢内夏季舒适性的研究[J]. 长沙铁道学院学报,2000,18(3):55-60.

[4] 陈焕新,刘瑞,杨培志. 空调列车中气流组织与人体热舒适性[J]. 制冷空调与电力机械,2002,23(1):18-20.

[5] 张登春,陈焕新,舒信伟,等. 空调车内三维紊流流动与传热的模拟研究[J]. 铁道学报. 2002,24(6):39-43.

[6] 赵恒. 空调列车室内微环境研究现状综述[J]. 铁道机车车辆,2005,25(1):44-48.

[7] 连之伟,冯海燕. 空调房间热环境模糊综合评判[J]. 暖通空调,2001,31(5):15-18.

[8] 连之伟,张桂荣,叶晓江. 铁路空调客车气流组织评价[J]. 上海交通大学学报,2004,38(6):961-966.

[9] 刘蔚巍. 人体热舒适客观评价指标研究[D]. 上海:上海交通大学学位论文,2007.

[10] 石小容,伍川辉. 热舒适性 PMV-PPD 指标在高速列车上的应用[J]. 制冷与空调,2013,27(3):249-252.

[11] 欧阳立芝,郭宝东,李明,等. 高速列车空调系统与车内压力控制技术研究[J]. 铁道车辆,2014,52(9):8-10.

[12] 曹艳华,李瑞淳. 高速动车组空调系统压力保护装置[J]. 国外铁道车辆,2010,47(6):16-21.

[13] 国云鹏,宋桂秋. 基于烦恼率模型的高速列车动态舒适性评价方法[J]. 东北大学学报(自然科学版),2013,34(11):1620-1624.

[14] 姚俊豪,马龙,徐君瑜,等. 列车提速对空调机组性能的影响[J]. 上海理工大学学报,2012,34(6):571-579.

[15] 陶文铨. 数值传热学[M]. 西安:西安交通大学出版社,2005.

[16] 俞展猷. 高速列车舒适度的评价[J]. 铁道机车车辆,1999(2):1-5.

[17] 建筑工程常用数据系列手册编写组. 暖通常用数据手册[M]. 北京:中国建筑工业出版社,1997.

[18] 国际铁路联盟. UIC553,客车车厢的通风、供暖和空调[S]. Paris,1986.

[19] British Standard. Railway applications-Air conditioning for main line rolling stock—Part one: Comfort

parameters[S],BS EN 13129-1:2002.
[20] 王海涌,王晓明,党建武. 基于模糊约简的高速列车舒适性综合评价[J]. 铁道学报,2010,32(5):98-102.
[21] 王海涌,张玮玥,王晓明,等. 基于 ANP 和 VPRS 的高速列车舒适性综合评价指标权重分析[J]. 铁道学报,2014,36(6):15-20.
[22] 王海涌,王晓明,党建武,等. 基于多维粗糙集的高速列车舒适度评价方法研究[J]. 兰州交通大学学报,2013. 32(3):40-43.
[23] 林森,林建辉,刘璐. 一种客观判定高速列车综合舒适度的方法[J]. 铁道机车车辆,2013,33(6):5-9.
[24] 中华人民共和国铁道部. 客车空调设计参数(TB/T 1951—1987)[S]. 北京:1987.
[25] 国家铁路局. 旅客列车卫生及监测技术规定(TB/T 1932—2014)[S]. 北京:2014.
[26] 国家质量监督检验检疫总局,卫生部,国家环境保护总局. 室内空气质量标准(GB/T 18883—2002)[S]. 北京:2002.
[27] 李树典,周新喜. CRH2 型 200 km/h 动车组车内压力波动控制研究[J]. 机车电传动. 2009(2):6-7.
[28] 张登春,翁培奋. 旅客列车硬座车厢内气流模拟与浓度场分析[J]. 中国工程科学. 2007,9(11):80-86.
[29] 张登春,翁培奋,邹声华. 旅客列车空调硬座车厢内热舒适研究[J]. 铁道学报. 2006,28(5):35-40.
[30] 张登春,邹声华,翁培奋. 铁路空调硬卧车内气流分布的数值模拟[J]. 应用力学学报. 2006,23(1):132-136.
[31] 庄达民,林国华,袁修干. 高速列车舱内气流分布的数值模拟. 铁道学报[J]. 2000,22(2):26-30.
[32] 亢文祥,陈春棉,熊小慧. CRH2 动车组新风换气装置对车内压力波动影响试验研究[J]. 铁道科学与工程学报,2011,8(5):84-89.
[33] 熊文伟,陈春俊,方超. 高速列车车内压力波动模糊控制研究[J]. 计算机测量与控制,2014,22(9):2781-2783.
[34] 任广强. 高速动车组新型压力控制装置[J]. 机车电传动,2012(6):12-14.

10　高速列车外部气动噪声

10.1　问题的提出

电力驱动的高速列车运行时的噪声可分为轮轨间产生的冲击噪声（轮轨噪声），传动机构或结构件间相对运动产生的摩擦或冲击噪声（机械噪声），电器设备产生的电流声和磁场噪声（电磁噪声），以及由于列车外部空气运动及其与车体相互作用产生的气动噪声。一般来讲，随着列车运行速度的提高，所有各项噪声的声强均有所增加，但是前三项噪声的声强随车速的提高增加幅度不太大，近似认为声强与车速不会超过二次方函数关系。而气动噪声随着车速的提高，声功率随车速的 4～8 次方函数关系增长。因此有文献认为当列车速度超过 300 km/h，气动噪声的声强将超过轮轨噪声、机械噪声和电磁噪声，成为最主要的噪声源。所以研究高速列车气动噪声的发生、发展和传播是高速铁路建设和高速列车设计所必须面对的问题。

气动噪声是由于列车外部空气受到列车运动的扰动所产生，即所谓流致发声问题。车厢外部的气动噪声传到车内人员的耳中通常通过两个途径，一为外部气动噪声源发出的声音通过车厢外蒙皮、厢体结构件、保温材料层、阻尼材料层、内饰板或玻璃等结构传入车内，称为渗透噪声；另一为外部气动噪声源发出的声音通过车厢的结构缝隙（如门窗缝隙、车厢连接部位缝隙、空调新风或废排管路系统等）进入车厢内，称为泄漏噪声。当车体结构和空气质量一定时，外部气动噪声源的强度和分布状况就成为影响车内气动噪声水平的唯一因素。因此，为提高车内声学舒适性必须了解列车外部气动噪声源的强度和分布。另一方面，铁路沿线周围的远场噪声强度也是高速铁路设计必须控制的指标，我国铁路标准规定，列车通过时距轨道中心线 30 m 远处（小时平均）噪声强度不得大于 70 dB；日本铁路标准规定距线路中心 25 m 远处列车通过最大 A 声级噪声（在商业、住宅和工业混合区）应不超过 75 dB；国际铁路联盟（UIC）也规定列车以 300 km/h 通过时，距轨道中心线 25m 远，在轨面以上 3.5m 高度测量噪声等效声强不得大于 91 dB。所以，了解列车周围流场的气动噪声源的强度、分布状况和噪声传播规律对铁路沿线的噪声水平的控制是至关重要的。

10.2　研究方法

在列车运行的情况下，利用单个拾音器或拾音器阵列可以测量车内或车外某一点或某一区域的噪声强度。如果是测量车厢内的噪声强度，通过对测量结果进行计算分析和数据处理，还有可能了解车内噪声的影响因素，在特定位置上是渗透噪声还是泄漏噪声为引起噪声的主要原因。如果是测量车厢外远场的噪声强度，只要拾音器数量足够多，拾音器阵列布置位置恰当，有可能测量出噪声在远场某一区域的分布特性甚至得到部分的传播特性（图 10-1）。

图 10-1 拾音器阵列测量远场噪声[3,19]

但是实车测量存在如下一些问题：

(1)测量得到的噪声数据包含了环境背景噪声、轮轨噪声、机械噪声和电磁噪声，要想从所测得的噪声信号中提取出气动噪声引起的声强信号，如果不是完全不可能，那也是极困难的事情。

(2)无法测量车体附近气动噪声源的强度和分布状况，原因是无法在车体表面布置大量的拾音器，而且即使可以布置，拾音器的存在也会破坏车体表面流场，进而使测得的车体表面噪声源强度失真。

(3)实车测量可能会影响列车的正常运行，测量结果会受到环境、气候、线路运行条件等因素的限制，在某些线路条件下有可能使测量无法进行。

(4)测点数目有限，很难获得列车气动噪声源分布的完整图像。

因此也有些研究者采用风洞试验测量的方法来研究高速列车的气动噪声问题(图 10-2)。风洞试验是将缩小的列车模型放入风洞中进行吹风，用拾音器测量模型列车周围流场某些位置的气动噪声声强信号，从而获得列车周围气动噪声源的分布状况。风洞模拟试验可以不受环境条件、列车运行条件的限制，流场参数还可以人为调整以模拟列车的不同运行状况。但是风洞运行时的本底噪声(风扇气动噪声)对列车运行产生的气动噪声测量结果有非常直接的影响。尽管可以预先测量出风洞运行的本底噪声，然后在实测声场数据中减去本底噪声的影响。但数据处理过程中有可能丢失真实气动噪声参数。因此比较理想的风洞模拟气动噪声测量应该在低噪声风洞中进行，但是目前我国似乎还不具备适合高速列车外部声场测量的低噪声风洞。除此之外，风洞的壁面声反射效应，风洞空间的阻塞效应，模型的缩尺比效应等因素都会影响模拟测量结果与实际列车运行时气动噪声的相似性。

利用流体流动理论和声学理论计算分析也是研究高速列车外部气动噪声的方法之一。

张量形式的流体流动连续性方程和动量守恒方程为：

图 10-2 风洞模型气动噪声试验测量[26]

$$\frac{\partial \rho}{\partial t}+\frac{\partial(\rho u_i)}{\partial x_i}=0 \tag{10-1}$$

$$\frac{\partial(\rho u_i)}{\partial t}+\frac{\partial(\rho u_i u_j)}{\partial x_j}=-\frac{\partial p}{\partial x_i}+\mu\frac{\partial}{\partial x_j}\left[\frac{\partial u_i}{\partial x_j}+\frac{\partial u_j}{\partial x_i}-\frac{2}{3}\left(\frac{\partial u_k}{\partial x_k}\right)\delta_{ij}\right]+f_i \tag{10-2}$$

式中，ρ 为流体密度，u 为流体运动速度，p 为流体压力，f_i 为体积力，δ_{ij} 为克罗内克函数，$\delta_{ij}=\begin{cases}1 & i=j\\ 0 & i\neq j\end{cases}$。

令
$$\sigma_{ij}=\mu\left[\frac{\partial u_i}{\partial x_j}+\frac{\partial u_j}{\partial x_i}-\frac{2}{3}\left(\frac{\partial u_k}{\partial x_k}\right)\delta_{ij}\right] \tag{10-3}$$

σ_{ij} 为黏性应力张量。忽略体积力并将粘性应力张量代入式(10-2)，成为

$$\frac{\partial(\rho u_i)}{\partial t}+\frac{\partial(\rho u_i u_j)}{\partial x_j}=-\frac{\partial p}{\partial x_i}+\frac{\partial \sigma_{ij}}{\partial x_j} \tag{10-4}$$

利用连续性方程，将动量方程改写为：

$$\frac{\partial(\rho u_i)}{\partial t}=-\frac{\partial}{\partial x_i}(p\delta_{ij}+\rho u_i u_j-\sigma_{ij}) \tag{10-5}$$

对方程式(10-5)取散度，得：

$$\frac{\partial^2(\rho u_i)}{\partial x_i\,\partial t}=-\frac{\partial^2}{\partial x_i\,\partial x_j}(p\delta_{ij}+\rho u_i u_j-\sigma_{ij}) \tag{10-6}$$

同时将连续性方程对时间 t 求导，有：

$$\frac{\partial^2 \rho}{\partial t^2}+\frac{\partial^2(\rho u_i)}{\partial x_i\,\partial t}=0 \tag{10-7}$$

将式(10-6)与式(10-7)相减，可得：

$$\frac{\partial^2 p}{\partial t^2}=\frac{\partial^2}{\partial x_i\,\partial x_j}(p\delta_{ij}+\rho u_i u_j-\sigma_{ij}) \tag{10-8}$$

上式两边同时减去 $c_0^2\nabla^2\rho$，可得

$$\left(\frac{1}{c_0^2}\frac{\partial^2}{\partial t^2}-\nabla^2\right)(c_0^2\rho)=\frac{\partial^2}{\partial x_i\,\partial x_j}[\rho u_i u_j+(p-c_0^2\rho)\delta_{ij}-\sigma_{ij}] \tag{10-9}$$

其中 c_0 为声音在均匀介质中的传播速度(声速);

$\nabla^2=\frac{\partial^2}{\partial x^2}+\frac{\partial^2}{\partial y^2}+\frac{\partial^2}{\partial z^2}$为拉格朗日算子。

引入流体变量分解量：
$$\rho'=\rho-\rho_0,p'=p-p_0 \tag{10-10}$$

式中：ρ_0 和 p_0 为流体未受扰动时的密度和压力，ρ'和 p'分别为流体密度的波动值和流场压力的波动值。将 $\rho'=\rho-\rho_0$ 和 $p'=p-p_0$ 作为变量代入方程式(10-9)，可得声波动方程

$$\left(\frac{1}{c_0^2}\frac{\partial^2}{\partial t^2}-\nabla^2\right)[c_0^2(\rho-\rho_0)]=\frac{\partial^2 T_{ij}}{\partial x_i\,\partial x_j} \tag{10-11}$$

其中：
$$T_{ij}=\rho u_i u_j+[(p-p_0)-c_0^2(\rho-\rho_0)]\delta_{ij}-\sigma_{ij} \tag{10-12}$$

式(10-11)就是英国学者 Lighthill[12]（1952 年）推导的将流体流动与声波动相联系的 Lighthill 方程，式(10-12)称为 Lighthill 张量。

利用流体流动的连续性方程和动量方程，未做任何简化与假设，Lighthill 导出了方程式(10-11)，而且如果把方程式(10-11)的右端看成是源项，则 Lighthill 方程就是一个典型的声学波动方程，而且方程右端只与流场参数相关。因此方程既说明了流场参数与声波的关系，又实现了流场与声场的解耦。Lighthill 还给出了均匀流体介质不受固体壁面约束条件下的解。

$$\rho-\rho_0=\frac{1}{4\pi c_0^2}\int_V\frac{\partial^2 T_{ij}}{\partial y_i\,\partial y_j}\frac{\mathrm{d}Y}{|X-Y|} \tag{10-13}$$

式中：$|X-Y|=r$，为坐标原点到流场中某点的矢量。Lighthill 解释了这一解函数的物理意义，即均匀流体介质(由于湍流运动)发声相当于不同强度的四极子声源分布在流体介质空间，每单位体积的声源强度为 T_{ij}。

由于工程流场中一般均存在有固体壁面，对于这种情况，针对式(10-11)、式(10-12)表示的非齐次波动方程，Curle(1955 年)给出了更一般形式的解。

$$\rho-\rho_0=\frac{1}{4\pi c_0^2}\frac{\partial^2}{\partial x_i\,\partial x_j}\int_V\frac{T_{ij}\left(Y,t-\frac{r}{c_0}\right)}{r}\mathrm{d}Y+\frac{1}{4\pi c_0^2}\frac{\partial}{\partial x_i}\int_S\frac{P_i\left(Y,t-\frac{r}{c_0}\right)}{r}\mathrm{d}S(Y)+\frac{1}{4\pi c_0^2}\frac{\partial}{\partial x_j}\int_S\frac{\rho u_j\left(Y,t-\frac{r}{c_0}\right)}{r}\mathrm{d}S(Y) \tag{10-14}$$

式中：$P_i=-l_j p_{ij}$，l_j 为固体壁面某点外法线的方向余弦，即$(l_1,l_2,l_3)=n$，从流体一侧指向壁面不接触流体一侧。

式(10-14)右端的第一项表示流体空间的声强分布，相当于不同强度的四极子声源分布于空间介质中；第二项表示在固壁表面且“平行”于固壁表面流体振动引起的发声，相当于在固壁表面有不同强度的偶极子声源的发声；第三项表示固体壁面垂直方向振动流体引起的发声，由于其方向只垂直于固壁表面一个方向运动，相当于单极子声源的发声。(事实上 Curle 的文章[13]只给出了等式右端前两项，第三项为后人所加)

Curle 的解给出了具有固体壁面流场诱发声音的清晰图像，说明具有固体壁面的流场中流体诱发的声音由三部分组成，其一可认为是(或相当于)空间不同强度的四极子声源发声；其二可认为是不同强度的在固壁表面上的偶极子声源发声；其三可认为是固壁表面垂直方向振动的不同强度的单极子声源发声。

但是 Curle 的解是在静止固体壁面条件下得到的，工程中许多情况下固体壁面在流场中是运动的（图 10-3），例如高速列车在空气中运动。

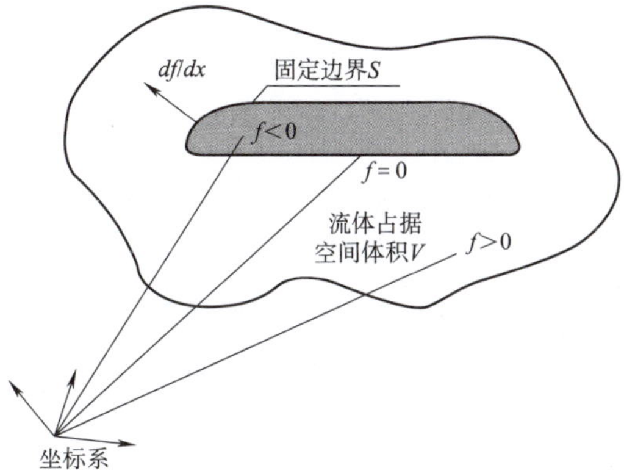

图 10-3　具有固体壁面的流场空间示意图

如果将速度为 v 的运动物体表面由指示函数 $f(x,t)$ 定义，物体内表面 $f(x,t)<0$，物体外表面 $f(x,t)>0$，物体表面 $f(x,t)=0$。利用 Heaviside 函数：

$$H(x)=\begin{cases}0 & x<0\\ 1 & x\geqslant 0\end{cases} \tag{10-15}$$

令：$H\equiv H[f(x,t)]$，将连续性方程和动量方程扩展到包含固体和流体的整个区域，有

$$\frac{\partial(H\rho)}{\partial t}+\frac{\partial(H\rho u_i)}{\partial x_i}=[\rho(u_i-u_j)+\rho_0 u_j]\frac{\partial H}{\partial x_i} \tag{10-16}$$

$$\frac{\partial(H\rho u_i)}{\partial t}+\frac{\partial(Hc_0^2(\rho-\rho_0))}{\partial x_j}=-\frac{\partial}{\partial x_i}(HT_{ij})+[\rho(u_i-u_j)+p_{ij}]\frac{\partial H}{\partial x_j} \tag{10-17}$$

其中：$p_{ij}=(p-p_0)\delta_{ij}-\sigma_{ij}$

仿照 Lighthill 方程的推导方法，1969 年 Ffowcs Williams 和 Hawkins 推导出了考虑流场中具有运动物体的声波动方程[14]（FW-H 方程）：

$$\left(\frac{1}{c_0^2}\frac{\partial^2}{\partial t^2}-\nabla^2\right)[Hc_0^2(\rho-\rho_0)]=\frac{\partial^2(HT_{ij})}{\partial x_i\,\partial x_j}-\frac{\partial}{\partial x_i}\left\{\rho u_i[(u_i-u_j)+p_{ij}]\frac{\partial H}{\partial x_i}\right\}+\frac{\partial}{\partial t}\left\{[\rho(u_i-u_j)+\rho_0 u_j]\frac{\partial H}{\partial x_j}\right\} \tag{10-18}$$

FW-H 方程(10-18)与 Lighthill 方程(10-11)类似，等式的左端为声波动描述项，等式的右端由三项构成，如果也看成引起声波动的源项，则第一项为四极子声源项（也称 Lighthill 声源项）；第二项为偶极子声源项；第三项为单极子声源项。与 Curle 解所描述的具有固体壁面流场中流体诱发声音的图像完全对应。因此，如果能够得到 FW-H 方程的解，就有可能计算分析一定边界条件下的高速列车气动噪声问题。但是，FW-H 方程的求解并不容易，目前仍不能得到满足工程要求的解析解。利用数值方法求解 FW-H 也是十分困难的事情，原因是相对于流场参数，声场参数的变化量级非常小，要同时求解出满足精度要求的流场参数和声场参数，对计算机计算能力的要求很高，目前求解诸如高速列车类似的气动噪声工程问题还难以实现。常用的方法是利用方程的解耦特征，分别计算流场和声场的变化情况。与 Lighthill 方程一样，FW-H 方程右端是完全由流场参数组成的声源项构成，这样我们有可能先求解高速列

车的外部流场，获得构成 FW-H 方程的气动声源项，然后再求解声波动方程得到声音传播和声强分布的规律，而这需要对声源项有比较深入的了解。

所谓单极子声源可以看作一球状点源，振动状态为放射性振动。可以想象球不断在扩大和缩小产生的振动，因此，单极子声源产生的声波面是同相位的球面，其辐射声功率为：

$$W_m \propto \frac{\rho^2 u^4 D^2}{\rho_0 c} \tag{10-19}$$

式中，ρ 为流体密度，u 为流体运动速度，D 为流动区域内在流动方向上的截面积，ρ_0 为声波传播介质的密度，c 为声波传播介质中的声速。

偶极子声源可以看作无限接近的两个单极子声源在连接方向上的振动声源。声波面可以认为是不断拉长和缩短的 8 字形，其辐射声功率为：

$$W_d \propto \frac{\rho^2 u^6 D^2}{\rho_0 c^3} \tag{10-20}$$

四极子声源可以看作两个无限接近但处于不同振动方向的偶极子声源组成的振动声源，声波面可以认为是两个“8”字形组成的四瓣变化声波面。又由于四极子声源是空间声源，四瓣的方向并不局限在某一平面上。四极子声源的辐射声功率为：

$$W_q \propto \frac{\rho^2 u^8 D^2}{\rho_0 c^5} \tag{10-21}$$

由于单极子声源强度与壁面法向气流脉动速度相关，对于高速列车气动噪声问题，如果将车体表面看作刚体，即不会产生垂直于壁面方向的气流振动，则单极子声源强度可近似认为零。另一方面，由于四极子声源强度与偶极子声源强度之比正比于马赫数的平方，即$\frac{W_q}{W_d} \propto M_a^2$。表明在低马赫数条件下，忽略四极子声源的贡献不会带来过大的误差。例如速度为 300 km/h 列车的气动噪声计算，忽略四极子声源的影响带来约 6%的误差；速度为 400 km/h 列车的气动噪声计算，忽略四极子声源的影响带来约 7.7%的误差。因此，为简单计，可以只考虑由列车表面偶极子声源引起的气动噪声。如此，*FW-H* 方程简化为：

$$\left(\frac{1}{c_0^2}\frac{\partial^2}{\partial t^2} - \nabla^2\right)\left[Hc_0^2(\rho-\rho_0)\right] = -\frac{\partial}{\partial x_i}\left\{\rho u_i\left[(u_i-u_j)+p_{ij}\right]\frac{\partial H}{\partial x_i}\right\} \tag{10-22}$$

尽管作了上述简化处理，FW-H 方程的求解仍然是困难的。如前所述，利用方程的解耦特征，方程右端声源项完全由流场参数构成，可通过流场计算获得。但方程左端没有变化，方程仍然是一个波动方程，与时间和空间相关。由于我们所关心的是高速列车外部声场的声强分布状态，而对声波随时间的传递过程一般并不关注。因此可通过分离变量法，将方程(10-22)表示的波动方程转换为一个只与空间坐标相关的偏微分方程和一个与时间相关的二阶常微分方程。

例如，令：

$$A(x_i,t) = \left[Hc_0^2(\rho-\rho_0)\right]$$

$$B(x_i) = -\frac{\partial}{\partial x_i}\left\{\rho u_i\left[(u_i-u_j)+p_{ij}\right]\frac{\partial H}{\partial x_i}\right\}$$

则方程式(10-22)成为：

$$\left(\frac{1}{c_0^2}\frac{\partial^2}{\partial t^2} - \nabla^2\right)A(x_i,t) = B(x_i) \tag{10-23}$$

对式(10-23)分离变量,即令:

$$A(x_i,t)=p(x_i)\cdot T(t)$$

可得到两个微分方程:

$$\nabla^2 p(x_i)+k^2 p(x_i)=\varphi(x_i) \tag{10-24}$$

$$\frac{\mathrm{d}^2 T(t)}{\mathrm{d}t^2}+k^2 c_0^2 T(t)=\phi(t) \tag{10-25}$$

式中,$k=\omega/c_0=2\pi f/c_0$ 为波数;$\omega=2\pi f$ 为角频率;f 为频率(Hz),对应的波长为 $\lambda=2\pi/k=2\pi c_0/\omega=c_0/f$。

方程式(10-24)为只包含空间变量的 Helmholtz 方程,方程式(10-25)是一个二阶时间常微分方程。一般来讲,任意随时间变化的振动波都可以看作多个简谐振动的叠加,声波的振动也不例外。因此方程式(10-25)的解是正弦函数与余弦函数的叠加,而我们要求解的是与时间无关的 Helmholtz 方程,以得到在一定分布声源强度作用下,外部声场强度的分布情况。

Helmholtz 方程在数学上是一个非齐次的偏微分方程边值问题,利用格林函数可以将微分方程的边值问题转化为积分方程问题。即:

$$p(x_i)=\iint_S \left[p(x_j)\times\frac{\partial G(x_i,x_j)}{\partial n}-G(x_i,x_j)\times\frac{\partial p(x_j)}{\partial n}\right]\times \mathrm{d}\varphi(x_j) \tag{10-26}$$

式中,$G(x_i,x_j)$为格林函数,$p(x_i)$和 $p(x_j)$分别为 x_i 和 x_j 点的声压,n 为辐射源表面 S 面上 x_j 点外法线向量。

从式(10-26)可知,只要知道了辐射声源表面声压 $p(x_j)$及其在法向的变化率,给出格林函数和壁面上声源强度,就可以利用式(10-26)求出远场任意点 x_i 处的声压 $p(x_i)$。

10.3 列车外声场的数值计算分析

高速列车气动噪声计算分析的第一步是求出列车运行状态下列车附近气体压力脉动情况,为此需建立较为精细的列车表面模型。因为列车表面状况会极大地影响气体流过时的压力脉动,所以尽可能接近实际外形的列车模型是计算准确性的基础。但另一方面,列车的长大外形和比较复杂的外表面细节会使得计算规模过大给计算资源造成负担,因此缩小计算规模和必要的简化也还是必不可少的。此外,按照流致发声的理论,流体流动中的涡旋是产生气动噪声的根源。而气体处于紊流状态流动才会产生各种尺度的涡旋。因此列车外流场计算时紊态流动的仿真精度是后续声场计算精度的基础。常规工程计算中求解流体控制微分方程组的雷诺时均方程加紊流模型的计算模式恐不能满足计算精度的要求。对 N-S 方程的直接模拟或大涡模拟来计算列车外部紊态流场或许成为必需。

以 CRH3 型高速列车外形为基础,建立一个三节车的计算模型。限于计算规模,利用对称性取纵向一半车体建模。模型考虑转向架和车轮,车体连接部位,受电弓安装座,但忽略了受电弓(受电工结构复杂可单独研究)、门把手、雨刮器等复杂细部结构。车辆几何模型如图10-4所示。

图 10-4 CRH3 型高速列车外流场计算几何模型

考虑到车体表面气体压力脉动和密度变化是产生噪声的根源，流场计算介质应该按照可压缩气体处理。若非如此，Lighthill 张量表达式(10-12)方括号中第二项将不复存在，波动方程(Lighthill 方程或 Helmholtz 方程)左端密度变化项也将为零。此外，为获得足够精确的车体表面压力随时间变化的脉动值，动态流场数值计算中时间步长 Δt 的间隔不能过大。因为求解列车外部瞬态流场的目的不仅仅是为了获得车体表面气体压力脉动值，而是要通过脉动压力计算出车体表面不同强度偶极子声源(辐射声压)的分布状况。而将气体压力脉动值转换为辐射声压需通过傅立叶变换将流场计算得到的时域压力脉动信号变换为频域声压级信号。根据奈奎斯特(Nyquist)采样定理，对时间序列进行傅立叶变换可获得的最高不失真信号频率为 $f_{max}=1/(2\times\Delta t)$ Hz。所以，希望了解的声源频率越高，动态计算时间步长必须越小。

10.3.1 车体表面(偶极子)声源分布

采用大涡模拟数值计算方法计算分析了图 10-4 所示列车模型以 300 km/h 速度运行时车体附近瞬态流场，车体表面脉动压力分布如图 10-5 和图 10-6 所示。两图中的压力标尺的量纲为 Pa。Powell 在文献[15]中就论证了流体从壁面分离和涡的脱落会产生噪声的原理。在车体表面出现气流分离和再附着且气流速度比较大的区域会产生较大的脉动压力值，从而也有可能形成声压级较大的气动噪声源。

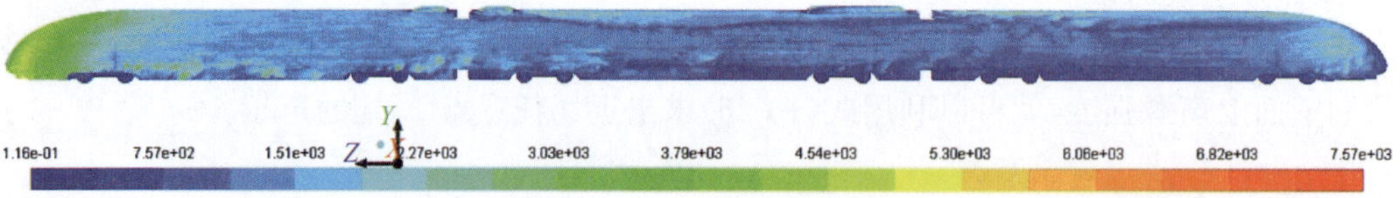

图 10-5 车体表面动压分布图

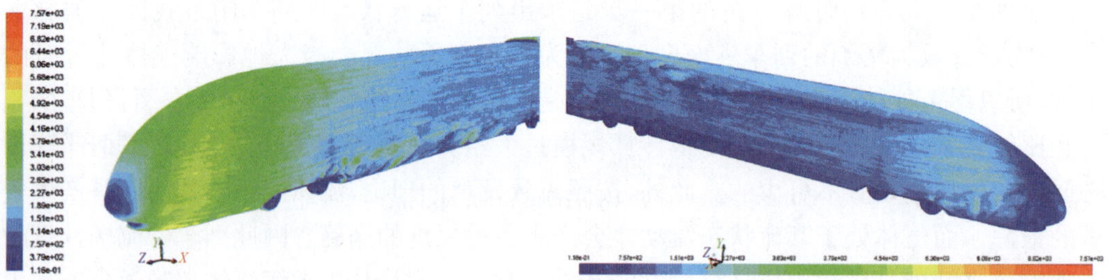

图 10-6 从车头(左)和车尾(右)方向看表面动压分布图

获得充分发展的紊态流动同时又保持稳定的动态外流场之后，将流场时域压力脉动值经傅立叶变换转换为不同频率的声强信号。这些声强信号就可以看做是列车表面分布的不同频率、不同强度的偶极子声源。脉动压力与声压级的转换公式为：

$$SPL=20\lg\frac{p_i}{p_{ref}}(\text{dB}) \tag{10-27}$$

式中 SPL——声压级；

p_i——脉动压力值(声压)；

p_{ref}——参考压力，一般取 2×10^{-5} Pa。

300 km/h 车速列车运行时 20～10 000 Hz 的几个频率下列车表面(偶极子)声压级分布的计算结果如图 10-7 所示(图左侧为列车前进方向)。

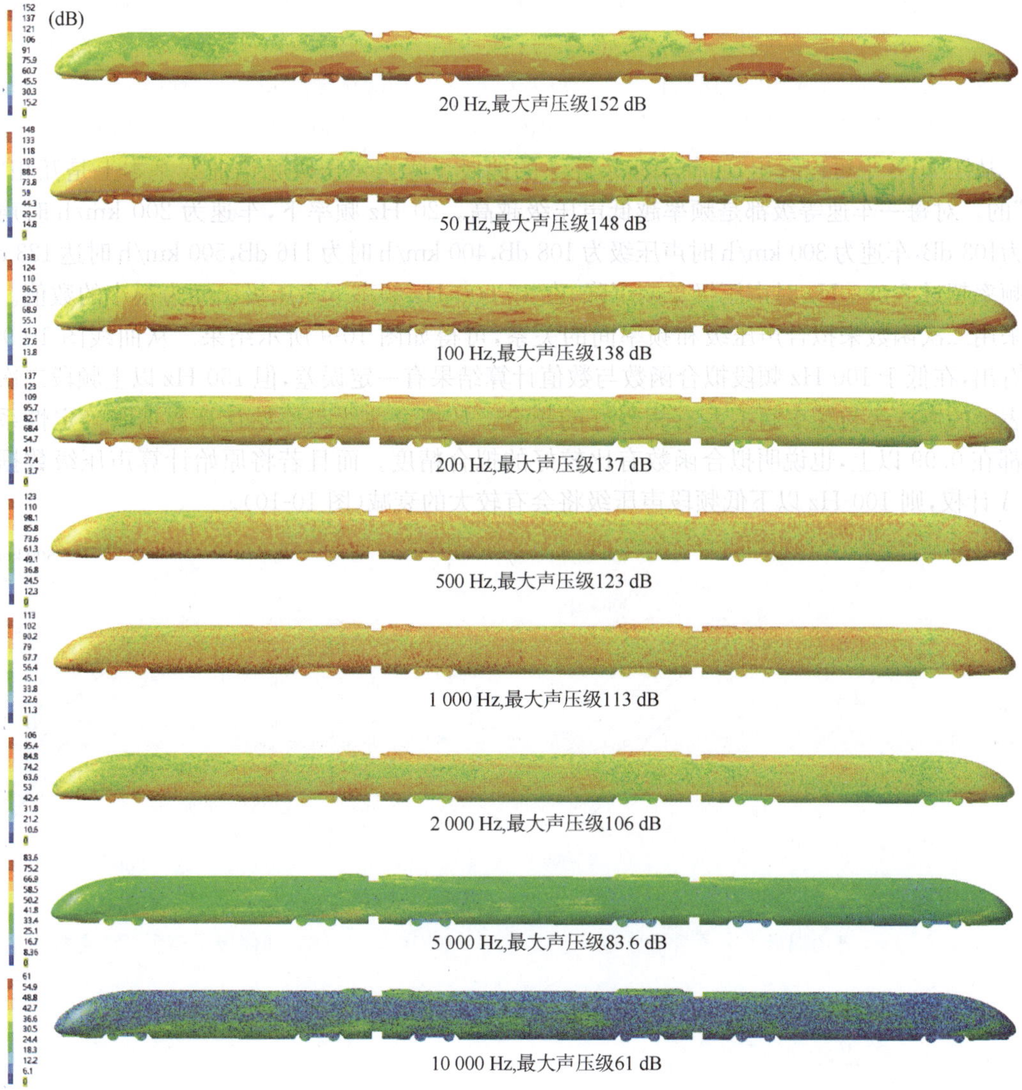

图 10-7 CRH3 型高速列车 20～10 000 Hz 频率下车身表面(偶极子)声压级分布

从图 10-7 中可以看出：

(1)在低频段，车身表面偶极子声源的声压级分布很不均匀，频率越低，最大声压级的分布越接近转向架、车厢连接处和车头尾导流板下方；随着频率的升高，车身偶极子声压级分布产生较大变化，频率越高，声压级分布越均匀。

(2)在高频度段，最大声压级只集中在头车导流板下方和第一转向架附近极小的区域，大部分区域声压级极小。

(3)偶极子声源声压级的最大值随着频率的升高而降低，10 000 Hz 频率下的最大声压级只有 61 dB，约为 20 Hz 频率下最大声压级的 40%。

10.3.2 车体表面偶极子声源频谱分析

限于数值计算精度，取计算结果中某个点的频谱可能带有一定的舍入精度误差和随机误差。我们在车体表面各部位取 160 个点的声压级频谱，然后做算术平均，得到统计平均意义上车体表面偶极子声源的频谱关系曲线。200 km/h、300 km/h、400 km/h、500 km/h 四种车速情况下车体表面偶极子声源的(统计平均)频谱分布(20～10 000 Hz)如图 10-8 所示。

从图 10-8 中可以看出，四种车速条件下的偶极子噪声声压级频谱曲线基本上是互相“平行”的。对每一车速等级都是频率越低声压级越高。20 Hz 频率下，车速为 200 km/h 时声压级为103 dB，车速为 300 km/h 时声压级为 108 dB，400 km/h 时为 116 dB，500 km/h 时达 123 dB。但频率超过 2 000 Hz 时声压级急剧下降，在 10 000 Hz 频率下声压级已经为很小的数值。如果采用二次函数来拟合声压级和频率间的关系，可得如图 10-9 所示结果。从曲线图 10-9 中可看出，在低于 100 Hz 频段拟合函数与数值计算结果有一定误差，但 150 Hz 以上频段二次函数表示的声压级与频率间关系有相当好的吻合。从拟合曲线与原始计算数据间确定性系数 R^2 都在 0.99 以上，也说明拟合函数有比较好的拟合精度。而且若将原始计算声压级数据进行 A 计权，则 100 Hz 以下低频段声压级将会有较大的衰减(图 10-10)。

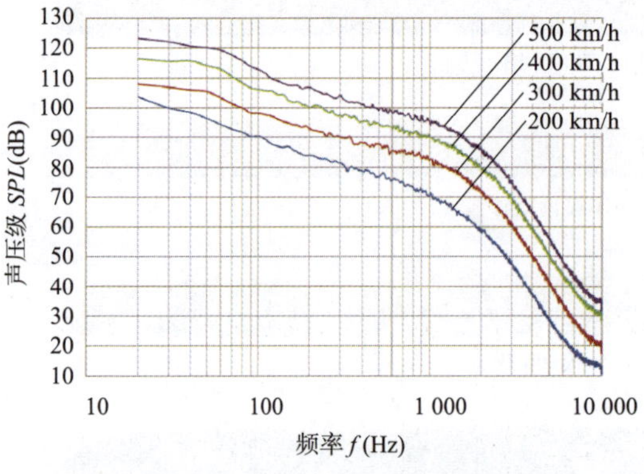

图 10-8 车体表面偶极子声源频谱分布

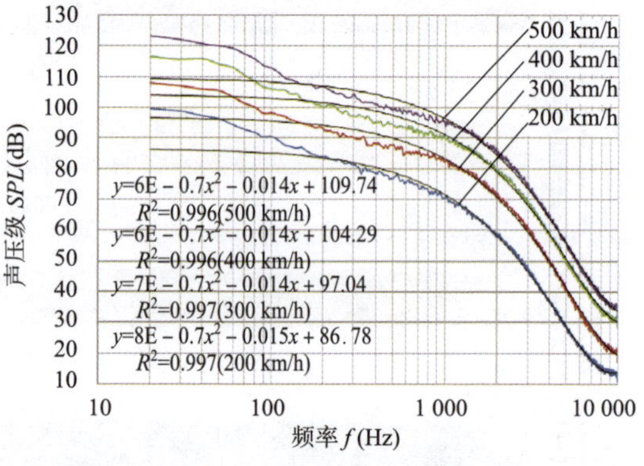

图 10-9 车体表面偶极子声源频谱函数关系

我们知道，偶极子声源的声功率与流体流动速度的 6 次方成正比(式 10-20)，而声压与声功率的平方成正比，因此可以认为：

$$p_i^2 \propto W_d \propto u^6 \tag{10-28}$$

式中，p_i 为声压，W_d 为偶极子声源声功率，u 为流体速度。

可以设 $p_i = ku^3$，k 为比例系数。

从而

$$\text{SPL} = 20\log\left(\frac{p_i}{p_0}\right) = 20\log\left(\frac{ku_i}{ku_0}\right)^3 = 60\log\left(\frac{u_i}{u_0}\right) \tag{10-29}$$

用列车运行速度 v 代替流体速度(列车表面附近气流速度约等于车速)，有

$$\text{SPL}(v) = 60\log\left(\frac{v}{u_0}\right) \tag{10-30}$$

整体上两种运行速度下列车表面偶极子噪声声压级的差为：

$$\Delta\text{SPL} = \text{SPL}(v_2) - \text{SPL}(v_1) = 60\log\left(\frac{v_2}{u_0}\right) - 60\log\left(\frac{v_1}{u_0}\right) = 60\log\left(\frac{v_2}{v_1}\right) \tag{10-31}$$

由此可计算得到：

200 km/h 和 300 km/h 车速列车表面偶极子声压级差为 10.56 dB；

300 km/h 和 400 km/h 车速列车表面偶极子声压级差为 7.43 dB；

400 km/h 和 500 km/h 车速列车表面偶极子声压级差为 5.81 dB。

从图 10-8 中四条“平行”曲线在纵坐标方向的数值差来看，基本上与上述计算结果相符。再从图 10-9 中声压级与频率的拟合函数看，四条曲线的拟合函数中，频率的二次项系数基本相同，一次项系数也基本一致，差别就体现在常数项。而这一常数项的数值差就表示了不同车速下偶极子声源声压级的差。200 km/h 与 300 km/h 频谱曲线拟合函数常数项的差为 97.04－86.78＝10.26，300 km/h 与 400 km/h 频谱曲线拟合函数常数项的差为 104.2－97.04＝7.16，400 km/h 与 500 km/h 频谱曲线拟合函数常数项的差为 109.7－104.2＝5.5。与理论计算结果 10.56、7.43 和 5.81 极为接近。因此，有理由认为，可以采用这一拟合函数来近似表征 CRH3 型车车体表面偶极子声源的声压级频谱特性及其与车速之间的关系。例如以 300 km/h 车速时的声压级频率拟合函数为基础，在 200～500 km/h 速度间任意车速条件下，车体表面偶极子声源的声压级频谱特性（在统计平均意义下）可近似表示为

$$\text{SPL}(v)=7\times10^{-7}f^2-0.014f+97.04+60\log\left(\frac{v}{300}\right)\quad(\text{dB})\qquad(10\text{-}32)$$

式中，f 为频率，量纲为 Hz。v 为车速，量纲为 km/h。

与人耳的听声感觉比较接近的噪声声压强数据是 A 计权的声压级数据。如果我们将图 10-8所示四种车速条件下统计平均意义上的车体表面偶极子声压强进行 A 计权，可以得到如图10-10 所示声压强频率及其随车速变化的关系曲线。从图中可以看出，不同车速条件下 A 计权的偶极子声压强频谱图形曲线仍然是一组基本“平行”的曲线。每一速度下频谱特性曲线都是在大约 50～1 050 Hz 频段存在一个较高的声压级“平台”，说明车体表面偶极子气动噪声确实是一种宽频噪声，但并非在所有人耳听觉范围内都存在较高声强的噪声，而是在一个较低的频段（相对于 20～20 000 Hz 人耳听域）存在宽频噪声。这种认识对于我们降低或阻隔由于列车高速运动引起的气动噪声，特别是偶极子声源引起的气动噪声应该是有帮助的。例如高速铁路声屏障的吸声材料应该选用对这一频段吸声敏感的材料，以有利于提高声屏障的降噪能力。

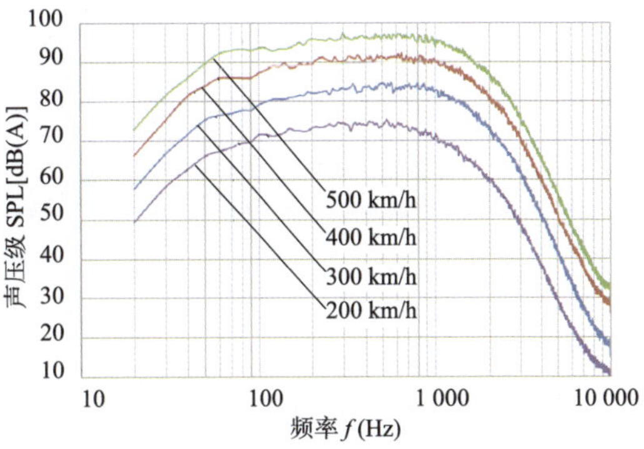

图 10-10 车体表面偶极子声源 A 计权频谱函数关系

此外，A 计权的计算结果还表明，整车统计平均的偶极子声源声压级（频域的）最大值在车速为 200 km/h 时约为 74 dB，车速为 300 km/h 时约为 84 dB，车速为 400 km/h 时约为 91 dB，车速为 500 km/h 时约为 97 dB。均发生在 500～900 Hz 频段范围。

再来看看 CRH2 型车的表面偶极子声源。三节车计算模型如图 10-11 所示，包括简化的转向架、车轮、车厢连接部位，但忽略了受电弓及其安装座、门把手、雨刮器、车头灯等局部突起结构。

采用与前述 CRH3 型车相同的瞬态流场计算方法，得到的车速为 300 km/h 条件下 20～10 000 Hz 的几个频率下列车表面（偶极子）声压级分布的计算结果如图 10-12 所示（左侧为列车前进方向）。

图 10-11 CRH2 型高速列车外流场计算简化模型

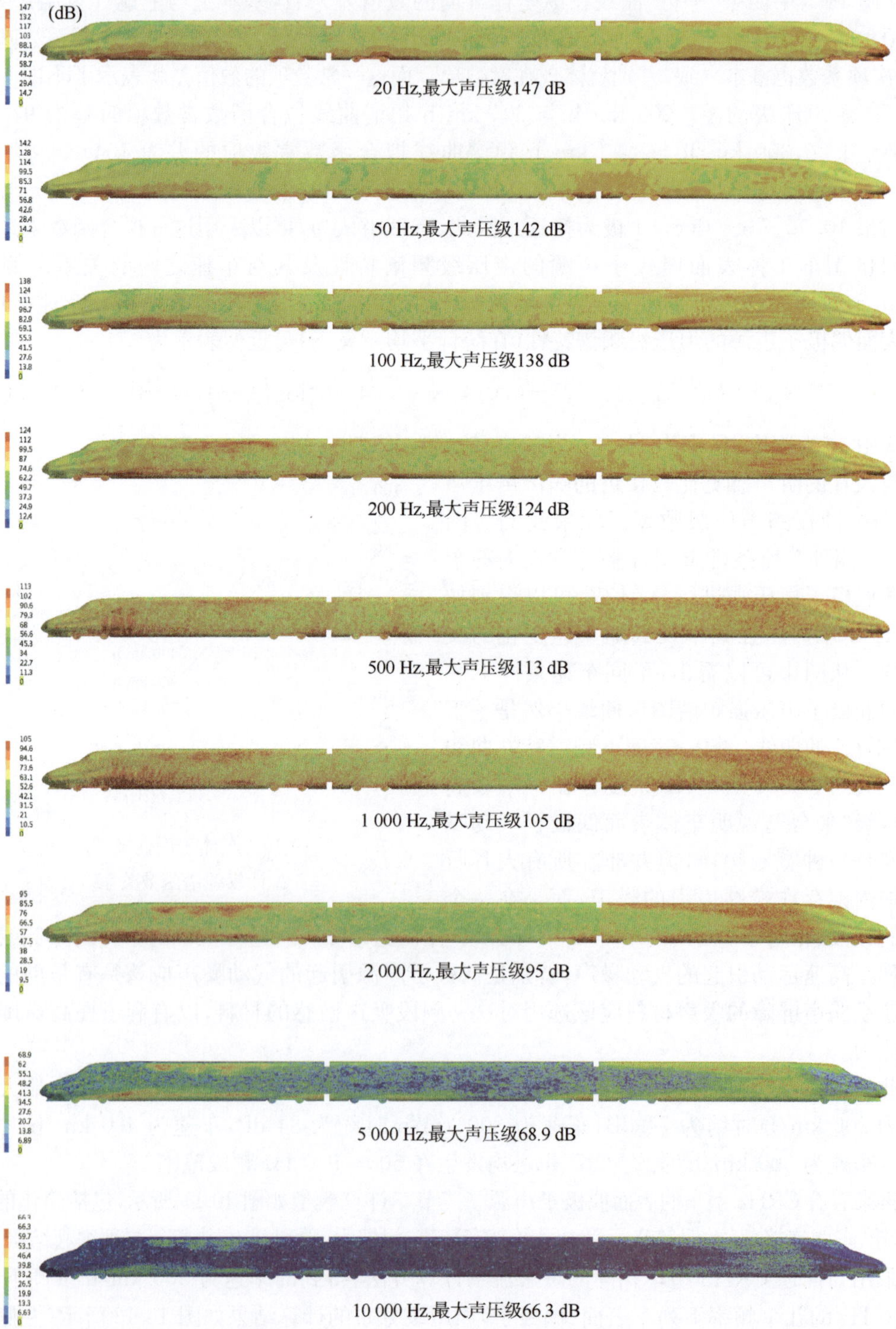

图 10-12 CRH2 型高速列车 20～10 000 Hz 频率下车身表面(偶极子)声压级分布

对比 CRH3 型高速列车计算结果图 10-7 可以看出，相同频率下 CRH2 型高速列车表面偶极子最大声压级要比 CRH3 型高速列车的表面偶极子最大声压级低 5～13dB(图 10-13)。而且在中高频段两者声压级的差更大一些。这似乎表明在相同运行速度下，CRH2 型高速列车的外形激起的气流噪声要小于 CRH3 型高速列车外形激起的气流噪声。

再来看看不同速度条件下，CRH2 型车与 CRH3 型车车体表面统计平均意义下的偶极子声源声压级大小和频谱特征的对比(图 10-14，图10-15)。

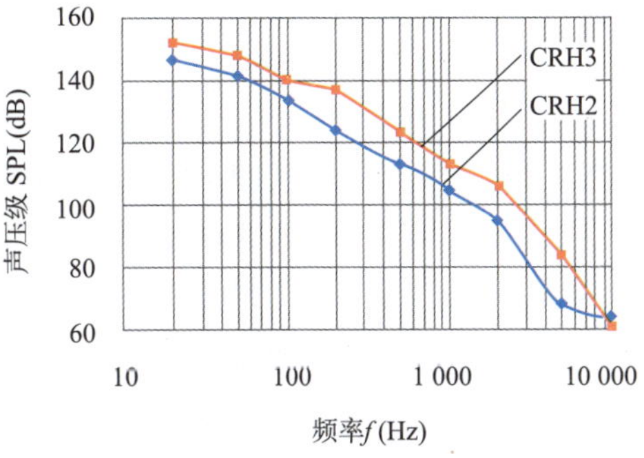

图 10-13　两车表面声压级最大值对比

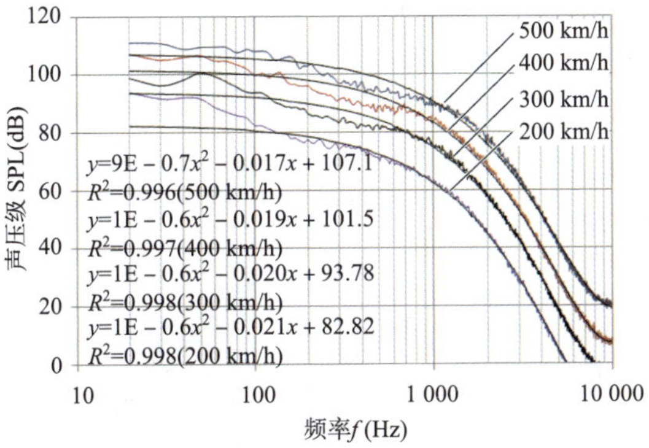

图 10-14　CRH2 型车表面偶极子声源频谱

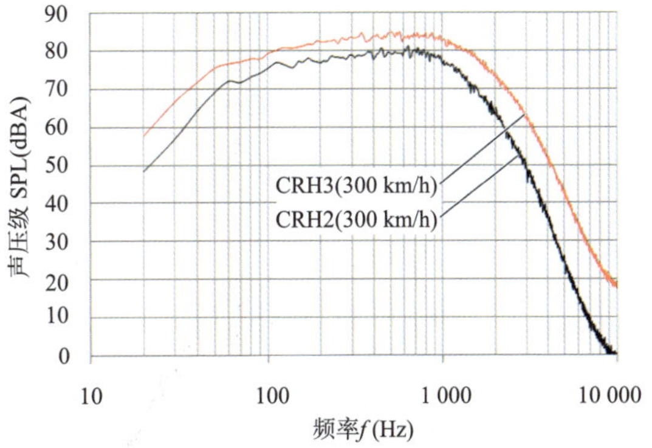

图 10-15　两种车 300 km/h 车速时表面偶极子声源频谱

对比 10-14 和图 10-9，采用与前述推导 CRH3 型车速度与车身表面偶极子声源统计平均声压级关系(式 10-32)的方法，可得出 CRH2 型车以 300 km/h 为基准的车速与声压级频谱间关系式：

$$\mathrm{SPL}(v)=1\times10^{-6}f^2-0.020f+93.78+60\log\left(\frac{v}{300}\right)(\mathrm{dB}) \tag{10-33}$$

此外，从图 10-15 中可看出两种外形的高速列车，其表面统计平均气动偶极子声源 A 计权声压级和频谱有一定的差别。从最大声压级看，相同运行速度条件下 CRH2 型高速列车最大声压级比之 CRH3 高速列车最大声压级要小约 5～6 dB(A)，CRH2 型高速列车的气动声学性能似乎更优于 CRH3 型高速列车气动声学性能。从列车表面偶极子声源频谱分布特征看，CRH2 型高速列车高声压级频率“平台”的宽度也要略小于 CRH3 型高速列车对应频率“平台”的宽度。CRH2 型高速列车在约 100～1 000 Hz 频率范围出现高声压级“平台”；而 CRH3 型高速列车在约 50～1 050 Hz 频率范围出现高声压级“平台”。即 CRH3 型高速列车的表面偶极子气动噪声源的高声压级频谱更宽一些。

10.3.3　车体表面最大声压级

上一节得到的是车体表面统计平均意义条件下的声压级频谱，而车体表面某些部位的声压级会大于统计平均条件的声压级，如头车转向架部位，车厢连接部位，车头、尾鼻尖部位，车头前方导流板部位等等。下面来看一看这些部位的声压级水平。图 10-16 表示了 CRH3 型高速列车以 300 km/h 速度运行时车头、车尾鼻尖部位 A 计权声压级频谱。从图中可以看出车尾鼻尖声压级在计算的整个频谱范围均大于车头鼻尖部位声压级，且最大值约为 97 dB(A)，远大于车体表面统计平均 A 计权声压级最大值(84 dB)。车头鼻尖处声压级最大值也略大于 84 dB。图 10-17 为前三个转向架部位 A 计权声压级频谱，前两个转向架位于头车，第三个转向架在第二节车厢。从图 10-17 中可以看出，前两个转向架处产生的最大声压级超过 100 dB，特别是第二个转向架最大声压级接近 110 dB。第三个转向架处最大声压级也超过 90 dB，可见最前面几个转向架位置是较大的偶极子气动噪声源产生位置。图 10-18 为车厢连接处 A 计权声压级的频谱，1-2 节车厢连接处最大声压级约为 97 dB，2-3 节车厢连接处的最大声压级超过100 dB。可见车厢连接处也是气动偶极子声源声压级较大的部位。之所以靠后的车厢连接处声压级大于靠前的车厢连接处声压级，可能是因为前车顶设备凸起装置几何尺寸不同(后车为受电弓座)。图 10-19 为车头、车尾鼻尖下方导流板处声压级的 A 计权频谱。其中车头导流板处产生超过 100 dB(A)的声压级，而且在相当宽的频带都保持 100 dB 以上。车尾鼻尖下方导流板产生的声压级在整个计算频带均低于车头鼻尖下方导流板处声压级，但也可能超过统计平均声压级值。头、尾车司机室车顶上方产生的声压级相差无几(图 10-21)，在低频段尾车司机室上方声压级略大于头车司机室上方声压级，且略大于统计平均声压级值。

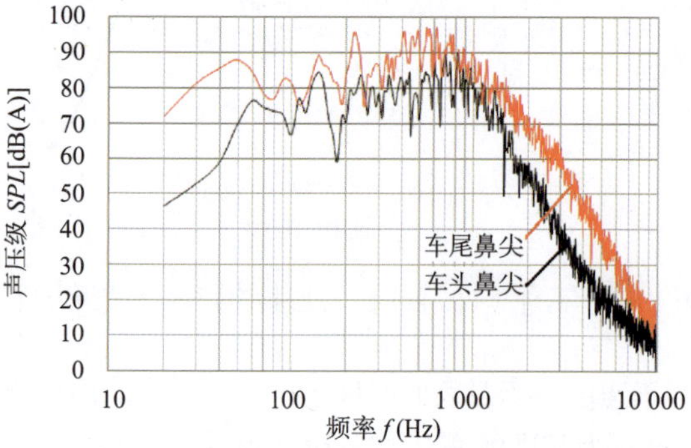

图 10-16　车头、车尾鼻尖处声压级频谱比较(CRH3 型)

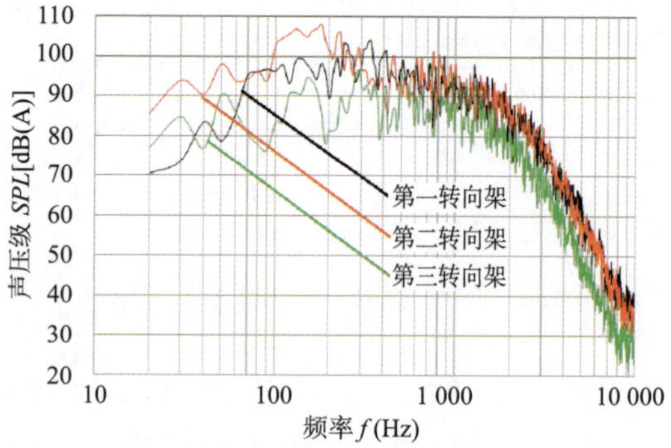

图 10-17　前三个转向架处声压级频谱比较(CRH3 型)

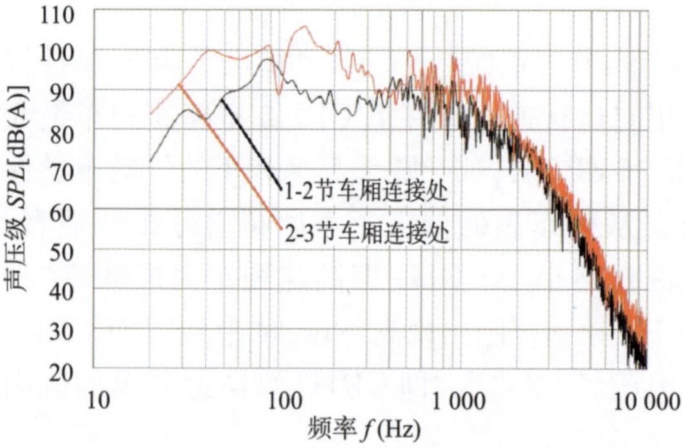

图 10-18　车厢连接处声压级频谱比较(CRH3 型)

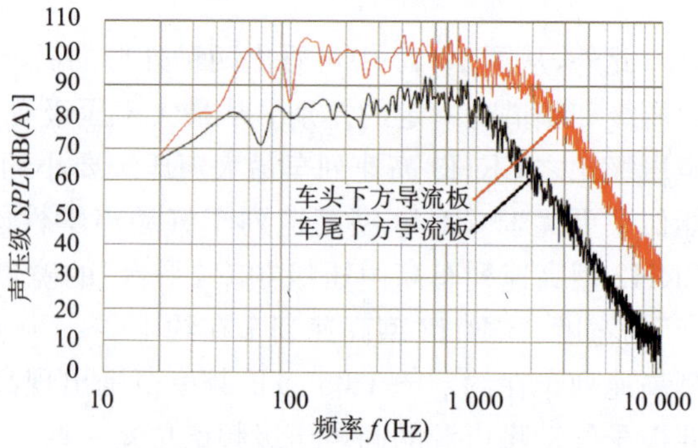

图 10-19　车头、车尾下方导流板处声压级频谱(CRH3 型)

计算结果表明，CRH3 型高速列车在不考虑受电弓情况下车体表面偶极子声源的声压级最大值发生在第一或第二个转向架处、车厢连接处和车头鼻尖下方导流板处。300 km/h 车速下偶极子声源最大声压级达 105 dB(A)左右，500 km/h 车速时有可能超过 110 dB(A)。

同样，CRH2 型高速列车也在上述位置出现车体表面偶极子声源声压级极大值。但是与

CRH3 型高速列车相比较，在大声强位置产生的声压级远小于 CRH3 型高速列车对应位置的值。图 10-22～图 10-27 表示了两种车在车尾鼻尖处、第一转向架处、车厢连接处、车头导流板位置、前窗玻璃和尾车司机室顶上方位置 A 计权声压级的频谱比较。每一位置处 CRH2 型车的声压级均小于 CRH3 型车对应声压级。

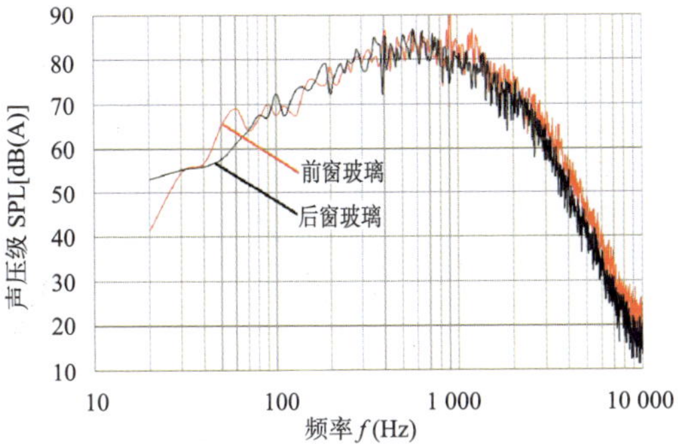

图 10-20　头、尾车司机室窗玻璃处声压级频谱(CRH3 型)

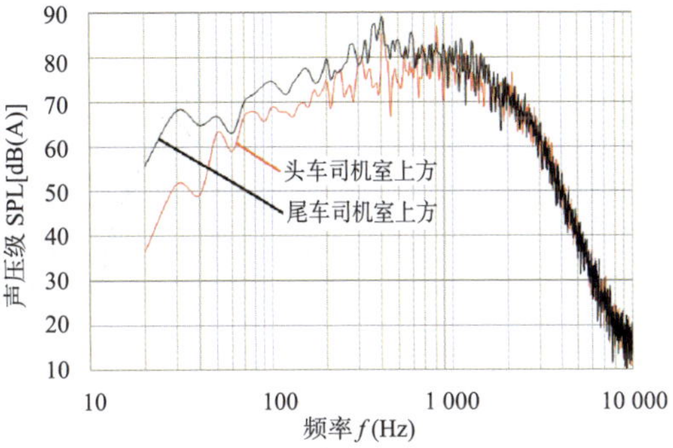

图 10-21　头、尾车司机室上方车顶处声压级频谱(CRH3 型)

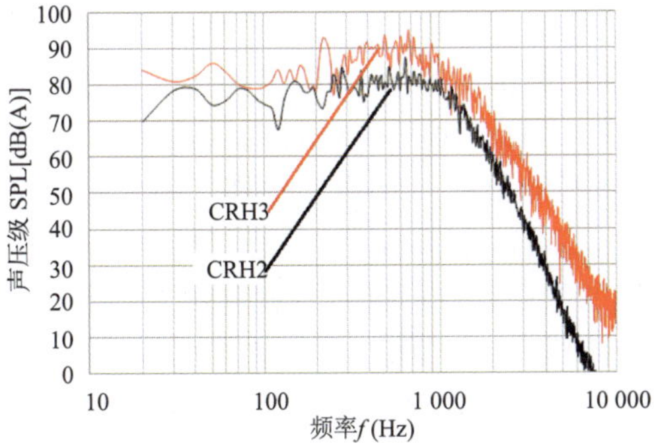

图 10-22　两种车车尾鼻尖处声压级频谱比较

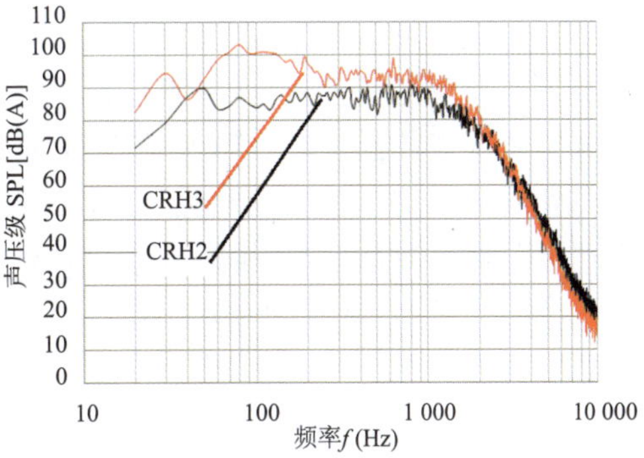

图 10-23　两种车第一转向架处声压级频谱比较

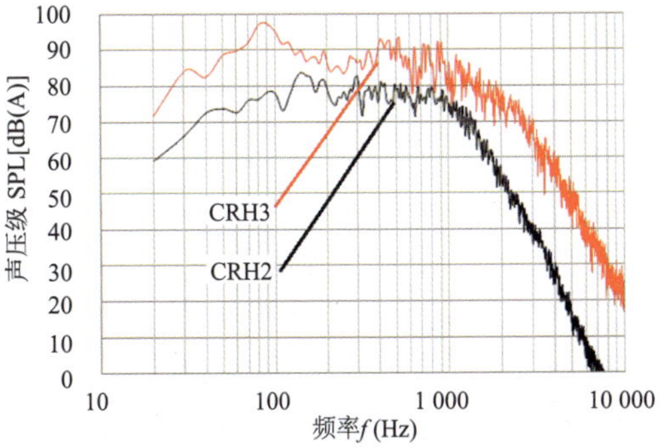

图 10-24　两种车车厢连接处声压级频谱比较

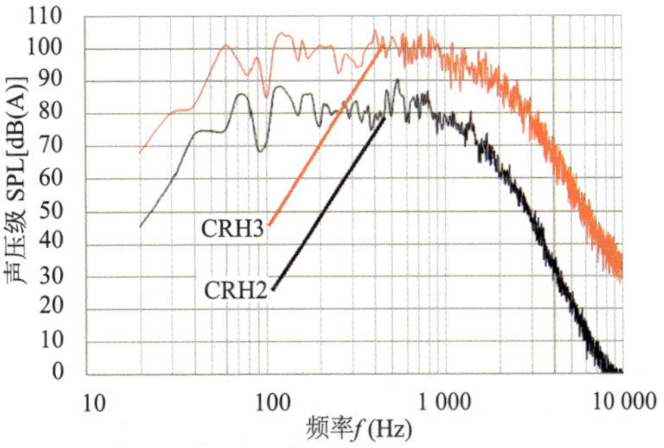

图 10-25　两种车车头下方导流板处声压级频谱比较

图 10-22～图 10-27 表示的几个特殊部位处两种外形列车声压级的频谱特征有较大差别，声压级的大小也有很大不同。总体上看 CRH3 型车在这几个位置的声压级均大于 CRH2 型车在这几个位置的声压级，但不同位置处声压级差别大小并不一致，声压级的频谱特征也不尽相同。

导流板处和车厢连接处两者的最大声压级相差接近 20 dB，车尾鼻尖处和第一转向架处两者的最大声压级相差接近 10 dB。前窗玻璃处和尾车司机室上方两者声压级在大于1 000 Hz 频段有较大差别；第一转向架处两者声压级在小于 1 000 Hz 频段有较大差别，而在车厢连接处、车尾鼻尖处和车头下方导流板处，两种外形列车的声压级在整个计算频段都有较大差别。

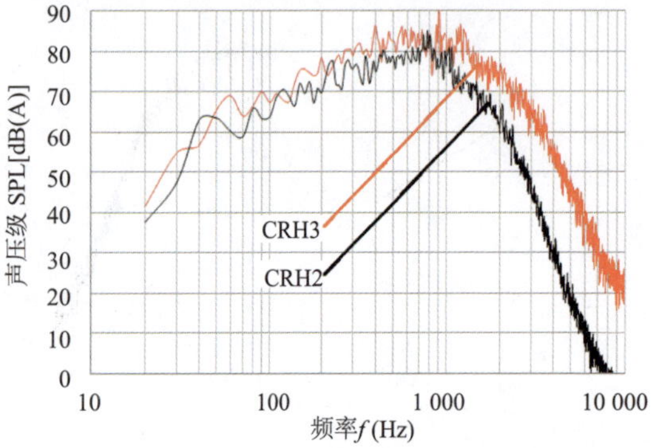

图 10-26 两种车前窗玻璃处声压级频谱比较

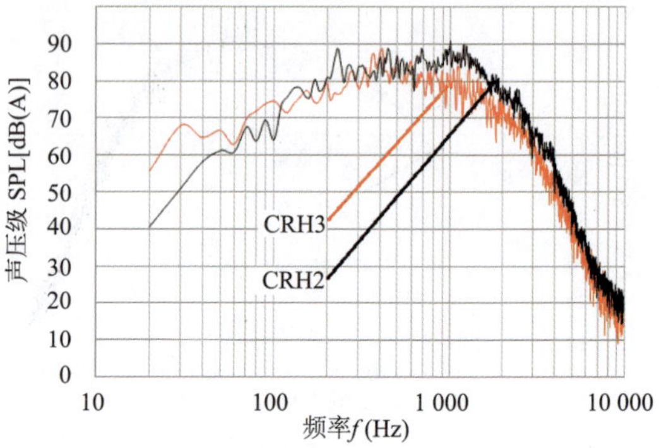

图 10-27 两种车车尾司机室上方声压级频谱比较

从上面计算结果和分析可以看出，无论是车体表面最大偶极子声源的声压级，还是统计平均意义下的声压级频谱分布，抑或是关键位置的声压级频谱比较，CRH2 型高速列车表面偶极子声源的声压级都低于 CRH3 型高速列车的相应值。因此，似乎可以得出结论，CRH2 型高速列车外形的气动声学性能要优于 CRH3 型高速列车外形的气动声学性能。事实上 CRH2 型高速列车外形源自日本川崎公司生产的高速列车，CRH3 型高速列车外形源自德国西门子公司生产的高速列车。日本和德国的高速铁路沿线的噪声允许标准本身就有较大差异。日本标准规定距线路中心 25 m 远处列车通过最大 A 声级噪声（在商业、住宅和工业混合区）不得超过 75dB(A)，而欧洲标准（UIC 660）规定列车以 300 km/h 速度通过时，距线路中心 25 m 远处等效连续 A 声级噪声应不超过 91dB(A)。等效连续 A 声级为一段时间内声压级积分的平均值。相同列车运行条件下，比之列车通过最大 A 声级噪声还要小。因此日本的铁路沿线噪声标准比欧洲的铁路沿线噪声标准要严格得多。标准的不同也许是造成两种车体气动噪声差别的原因之一，另一方面也说明列车外形的不同，特别是车头外形的不同，对运行速度 300 km/h 以上的高速列车的气动噪声有相当大的影响。

10.3.4 远场声强分布

按照 Lighthill 声类比理论和 10.2 节的分析，高速列车通过时的远场气动噪声声强主要由两部分组成，一为车身表面偶极子声源的辐射效应，二为空间流场等效四极子声源的作用。依据前面的分析，低马赫数流动情况下流体产生的空间四极子声源的影响远小于固体表面偶极子声源的影响。而且若考虑空间四极子声源的影响来计算列车远场气动噪声声强分布，对计算机的计算能力要求过高（一般认为数值计算网格尺度应小于所分析声波波长的 1/6），做全尺寸外声场计算时我们现有计算机还难以完成高频声压级的计算。因此，这里仅考虑车体表面偶极子声源对列车外声场的辐射效应影响。

利用三节车的列车模型计算远场声强分布会使计算时间长得无法忍受。为减小计算工作量，这里采用两节车的列车模型计算远场声强，同时采用边界元法数值求解式(10-26)表示的

Helmholtz 方程，从而可以只在车体表面划分计算网格，空间外声场区域体积的大小对计算工作量不产生影响。尽管如此，要计算较高频率的远场声强分布仍然是困难的。例如计算 1 000 Hz 频率声场，对应的声波波长约为 0.34m，最大网格尺度不得大于 56 mm；计算 1 500 Hz 频率声场，最大网格尺度不得大于 38 mm。这对于全尺寸列车外声场计算仍然是比较大的负担。好在根据前面偶极子声源频谱声压级计算结果，大声压级声源对应的频谱范围不超过1 050 Hz，所以计算分析1 200 Hz 以下的远场声强分布应该涵盖了高速列车气动噪声能量最大的频率部分。

为了解 CRH2 型车远场气动噪声的声压级分布特征，在远场计算结果中取了 11 个平面上的不同频率声压级数据。垂直于车体横截面取了 7 个面，1 个车体纵对称面，1 个与车头鼻尖高度一致的水平面，1 个距轨道中心 25 m 和 1 个距轨道中心 30 m 的纵向铅垂面（图 10-28）。其中横截面边长为 50 m×50 m，纵对称面边长为 200 m×50 m，水平面和列车侧铅垂立面边长与纵对称面一致，均为 200 m×50 m。

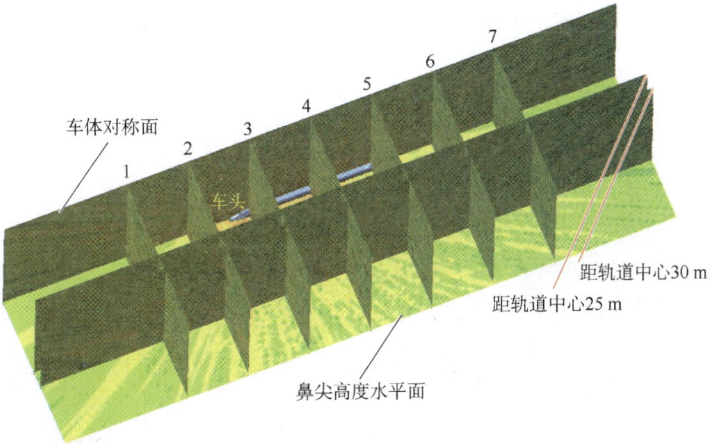

图 10-28 远场声压级读取位置面

CRH2 型以 300 km/h 车速运行时，车头位置横截面上 20 Hz、100 Hz、500 Hz、1 000 Hz 四种频率的声压级分布及其对应频率的指向性计算结果如图 10-29～图 10-32 所示。这里的指向性是指距轨道中心 30m 半径处声压级在各个方向的强度示意，大致表示不同方向上声辐射能量的大小变化。

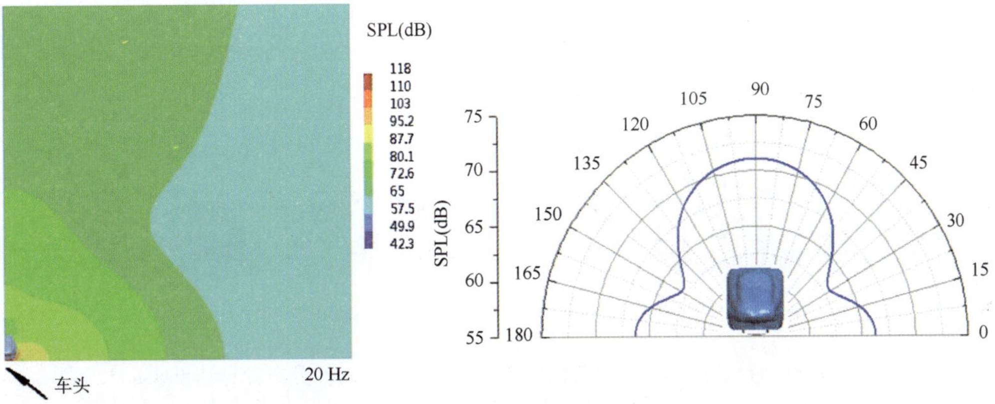

图 10-29 20 Hz 频率下车头位置横截面上声压级与指向性分布计算结果(CRH2 型)

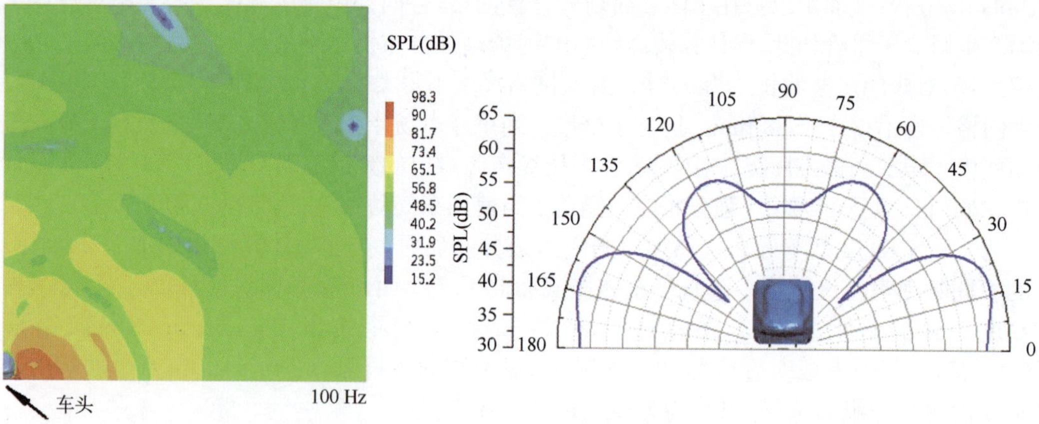

图 10-30　100 Hz 频率下车头位置横截面上声压级与指向性分布计算结果(CRH2 型)

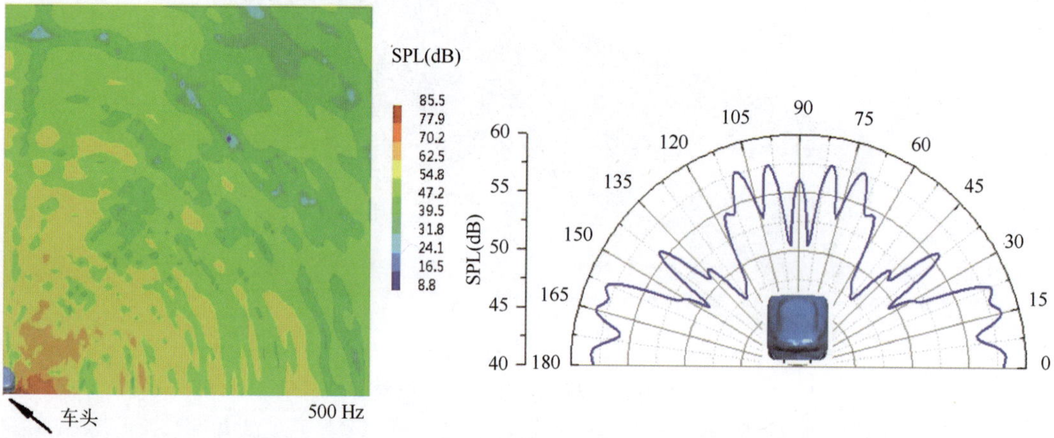

图 10-31　500 Hz 频率下车头位置横截面上声压级与指向性分布计算结果(CRH2 型)

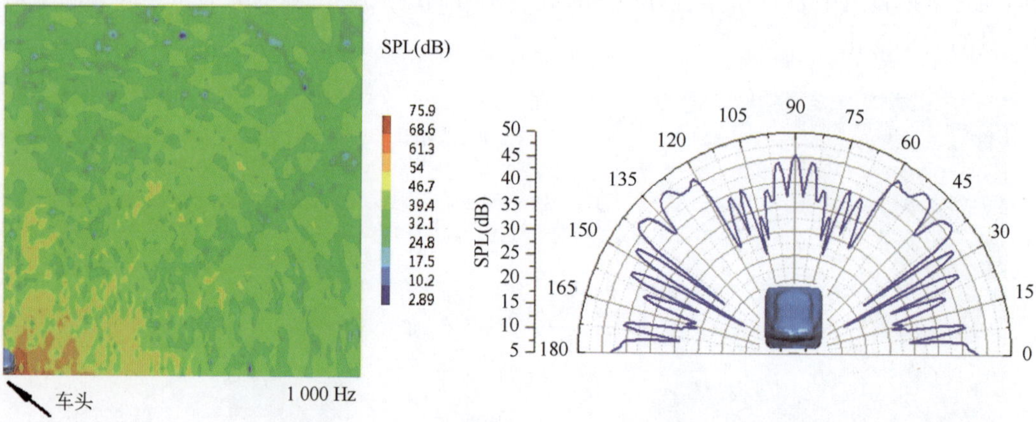

图 10-32　1 000 Hz 频率下车头位置横截面上声压级与指向性分布计算结果(CRH2 型)

从不同频率下的远场声压级分布图可以看出，频率越低，相同尺度区域内声压级跨度越大；频率越高，声压级分布越趋于均匀。定性地，从指向性图中可以看出，频率越低，指向性越不明显；频率越高，指向性似乎愈加显著。从图 10-29～图 10-32 还可以看出，在垂直于列车运行方向上声波的传播类似于点声源球面波的传播或线声源横截面上的传播。图 10-28 中横截面 2～7 上 1 000 Hz 频率的声压级分布如图 10-33 所示。车头位置横截面(第 3 面)上最大声压级最高，且大声压级区域位置贴近车体。相对于列车头部的横截面越靠后，最大声压级越低，在车尾后方的横截面(第 6、7 面)上，取样范围内声压级分布渐趋均匀。

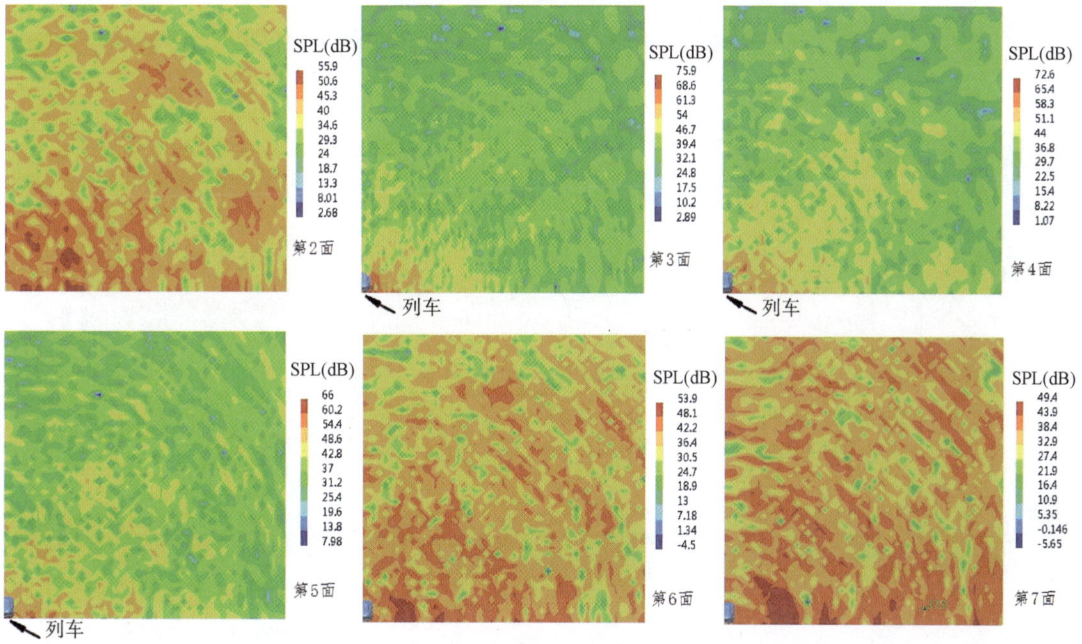

图 10-33　不同位置横截面上 1 000 Hz 声压级分布(CRH2 型)

类似的，远场其他位置不同频率下的声压级分布和对应的指向性也可得相同结论。车身纵对称面的平面上几种频率的声压级计算结果如图 10-34～图 10-37 所示。过车头尾鼻尖水平面上不同频率声压级的计算结果如图 10-38～图 10-41 所示。

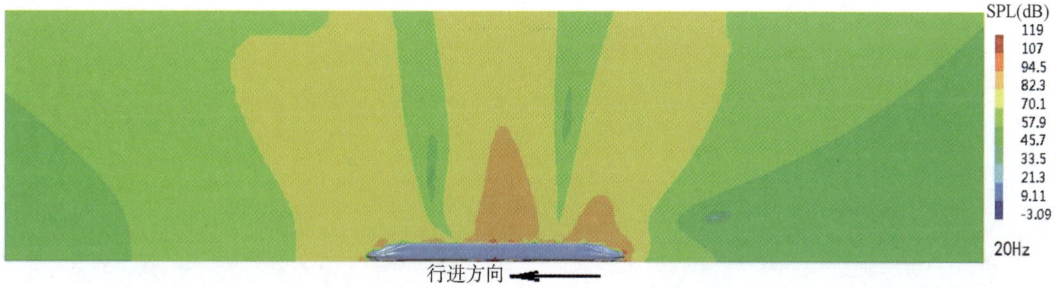

图 10-34　车身纵对称面上 20 Hz 频率声压级分布(CRH2 型)

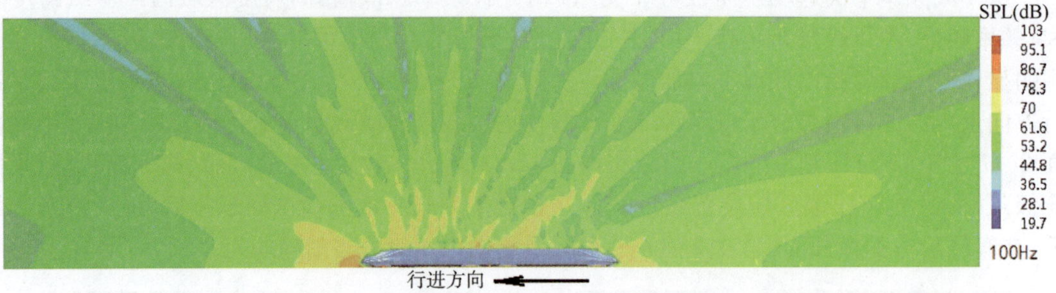

图 10-35　车身纵对称面上 100 Hz 频率声压级分布(CRH2 型)

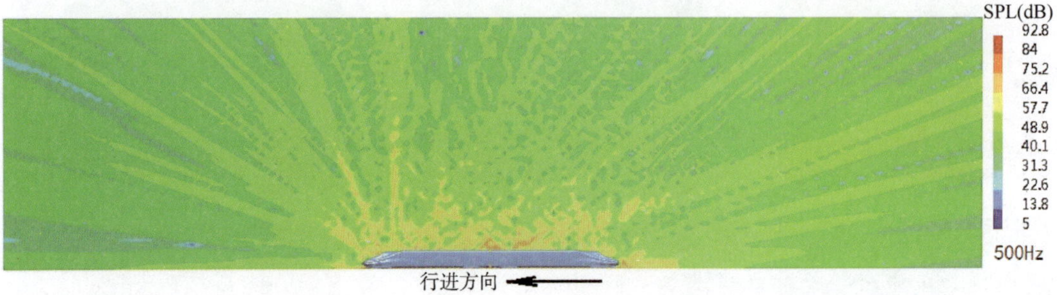

图 10-36　车身纵对称面上 500 Hz 频率声压级分布(CRH2 型)

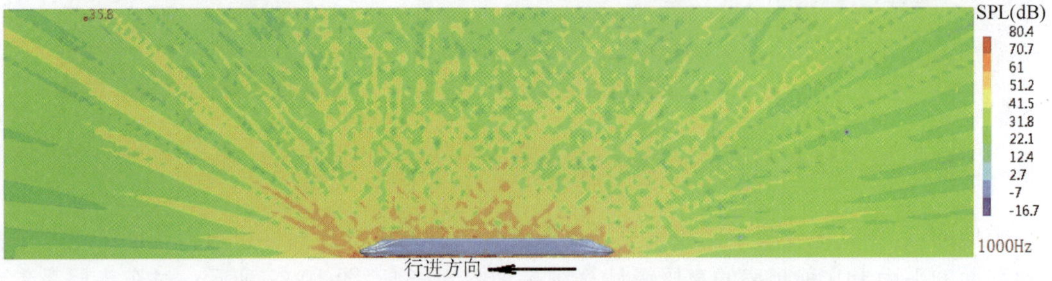

图 10-37　车身纵对称面上 1000 Hz 频率声压级分布(CRH2 型)

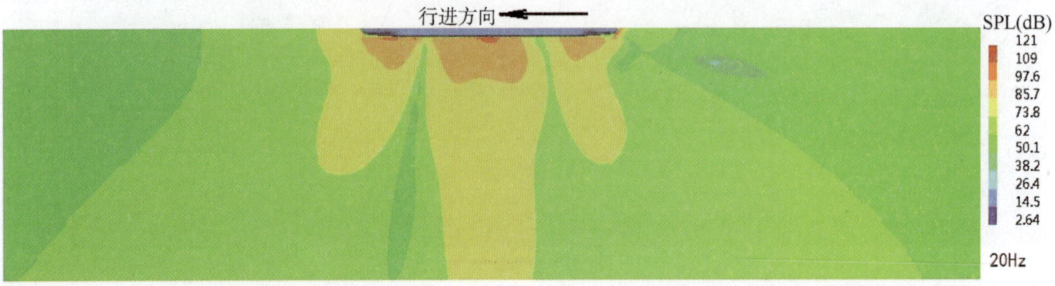

图 10-38　车头、尾鼻尖高度水平面上 20 Hz 频率声压级分布(CRH2 型)

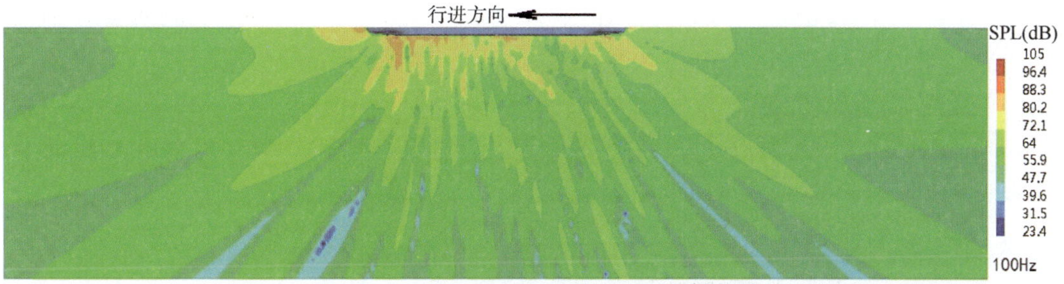

图 10-39 车头、尾鼻尖高度水平面上 100 Hz 频率声压级分布(CRH2 型)

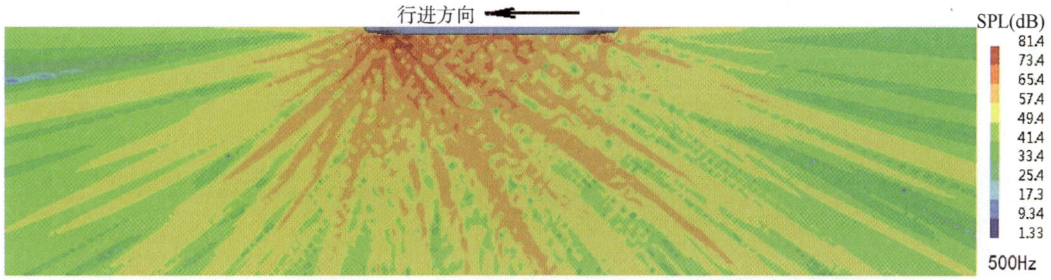

图 10-40 车头、尾鼻尖高度水平面上 500 Hz 频率声压级分布(CRH2 型)

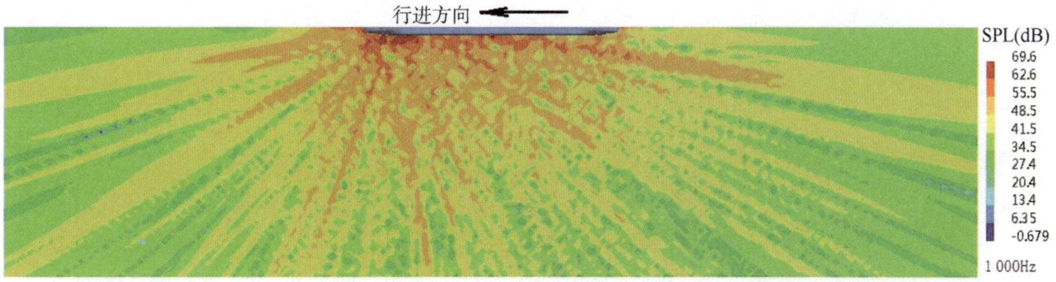

图 10-41 车头、尾鼻尖高度水平面上 1 000 Hz 频率声压级分布(CRH2 型)

从图 10-34～图 10-41 可以看出，频率越低似乎车体在长度方向产生的气动噪声影响区越小；频率越高，最大声压级数值越低，相同区域内声压级跨度越小。此外，在列车垂向和水平方向气动噪声波的传播似乎呈放射状分布，而没有表现出类似横截面上由近及远的横向面波。在列车运行方向，车头、尾前后方向上的气动噪声传播距离比较短，而在列车横向水平和横向铅垂方向上气动噪声的传播距离比较长。因此列车通过时车身横向为偶极子噪声源的主要传播方向。

20 Hz、100 Hz、500 Hz、1 000 Hz 频率下距线路中心 25 m 远的侧铅垂面上气动噪声声压级分布如图 10-42～图 10-45 所示。之所以取 25 m 远处铅垂面，是因为日本和欧盟的列车通过噪声标准都是在这一位置测量(中国铁道行业标准是在 30 m 远处测量，但铁道行业标准的限值是通过噪声的小时平均等效值)。

图 10-42 25 m 远侧铅垂面上 20 Hz 气动噪声声压级分布(CRH2 型)

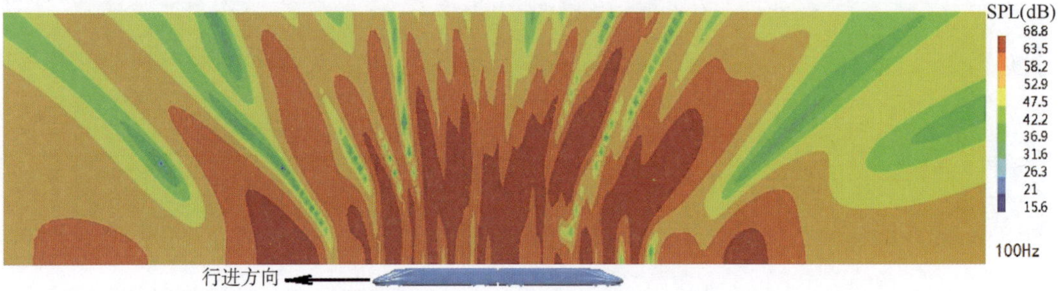

图 10-43 25 m 远侧铅垂面上 100 Hz 气动噪声声压级分布(CRH2 型)

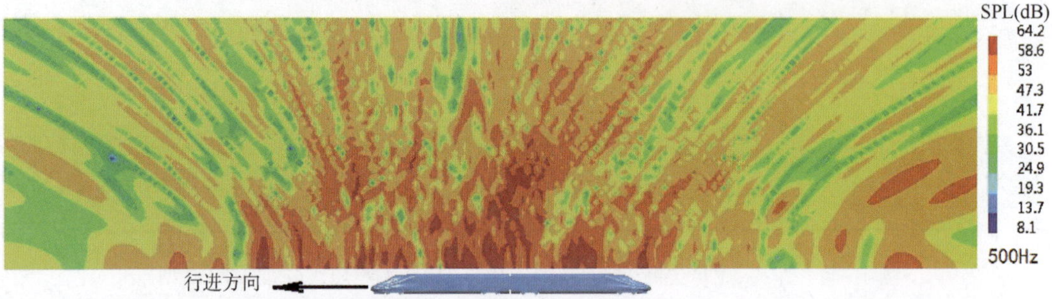

图 10-44 25 m 远侧铅垂面上 500 Hz 气动噪声声压级分布(CRH2 型)

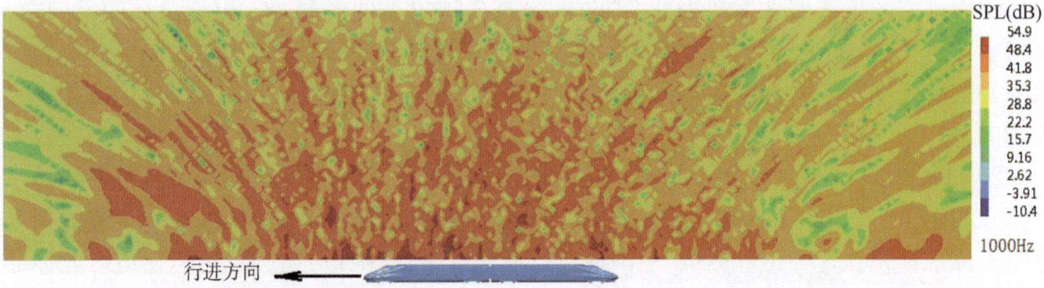

图 10-45 25 m 远侧铅垂面上 1 000 Hz 气动噪声声压级分布(CRH2 型)

与通过车体纵对称面的平面上声压级分布相比，同样是纵向铅垂立面，25m 远侧立面上声压级有较大幅度的衰减。从图 10-42～图 10-45 右侧标尺看，最大声压级在 20～1 000 Hz 频段有约 25～35 dB 的衰减。声压级的分布则与对称面上的分布大体相同。

对于 CRH3 型车，如果计算用三节编组列车模型做远场计算，仍然对计算机性能要求极高。如果做远场计算，依声场数值计算精度要求，车体表面边界元网格尺度需小于所分析最大频率对应波长的六分之一。假设只计算到 1 000 Hz 声音频率，如前所述网格最大边长应小于 56 mm。若采用三角形单元，56 mm 边长的等边三角形面积约为 $1.36\times10^{-3}\,m^2$。而三节编组的列车模型表面积约为 940 m^2。则边界元计算网格数目将达到近 70 万个。即使利用对称性取纵对称一半车体，网格数目也将有 35 万左右。而边界元计算方程系数矩阵是满阵，意味着矩阵中有约 1.2×10^{11} 个非零元素，这对于常规计算机来说或不堪重负，使计算时间长得无法忍受。如果做更高频率的计算，其工作量将呈几何级数增长。因此采用缩尺模型计算或许是一个不错的选择。但是目前没有可靠的声学缩尺率来表达缩尺模型与全尺寸模型计算结果中气动声压级和频谱的对应关系。为解决这一难题，我们利用不同缩尺比例下列车模型表面声压级的数值计算结果来获得近似的声学缩尺率，以便能够计算 CRH3 型高速列车的远场声强分布。

利用图 10-4 所示 CRH3 型列车模型，分别计算了列车尺寸为原车尺寸，1/5、1/10、1/15、1/20 和1/25 缩小尺寸模型的表面偶极子声源，并将统计平均意义下六种尺寸模型的声压级频谱特性曲线画于图 10-46 中，然后对每条曲线采用二次方多项式拟合得到表 10-1 中的结果。

表 10-1　不同尺寸模型表面偶极子声源频谱曲线拟合公式

序号	尺寸比例	拟合公式	R^2值
1	1∶1	$y=6\times10^{-7}\times f^2-0.013\times f+92.49$	0.996
2	1∶5	$y=5\times10^{-7}\times f^2-0.01\times f+98.92$	0.988
3	1∶10	$y=5\times10^{-7}\times f^2-0.009\times f+94.90$	0.988
4	1∶15	$y=5\times10^{-7}\times f^2-0.009\times f+100.90$	0.987
5	1∶20	$y=5\times10^{-7}\times f^2-0.009\times f+102.10$	0.989
6	1∶25	$y=5\times10^{-7}\times f^2-0.009\times f+101.60$	0.992

注：公式中 f 代表频率，y 代表声压级。

如果令缩尺模型声压级计算结果与全尺寸模型声压级计算结果在某种相对应的频率关系条件下相等，则可以推得两种模型计算结果间频率关系如式(10-33)所示。

$$f_D=10\,833.33-\sqrt{\frac{0.000\,000\,5\times(f_0-9\,000)^2+39.33\times D^{0.138}-22.073}{0.000\,000\,6}} \tag{10-33}$$

式中，f_D 为缩尺模型计算结果换算频率，f_0 为计算结果原始频率，D 为缩尺比，例如 1∶10 模型 $D=10$，1∶20 模型 $D=20$，余类推。利用式(10-33)将缩尺模型计算结果转换(去掉转换过程产生的负值频率段)，并将转换结果的声压级进行 A 计权，得到的六种尺寸模型的计算结果示于图 10-47 中。从图 10-47 中可以看出，在 200～2 000 Hz 频段，缩尺率转换有较好的计算精度。下面的 CRH3 型车远场气动噪声(为减小计算工作量)计算就采用缩尺模型，并采用上面推导的缩尺率进行换算。

仍利用图 10-4 所示列车模型，以 1∶10 的缩尺比计算了 CRH3 型车的远场声强。在远场计算结果中取了 8 个平面上的不同频率声压级数据：垂直于车体横截面取了 5 个面(第 1 面在车头前方 20 m，第 2 面在车头变截面长度终了处，第 3 面在中间车的中央，第 4 面在车尾变截面长度起始处，第 5 面在车尾后方 20 m)，1 个车体纵对称面，1 个与车头鼻尖高度一致的水平面，1 个距轨道中心 25m 的纵向铅垂面(如图 10-46 所示)。其中(对应全尺寸)横截面边长为 50 m×50 m，纵对称面边长为 250 m×50 m，水平面和列车侧铅垂立面边长与纵对称面一致，均为 250 m×50 m。

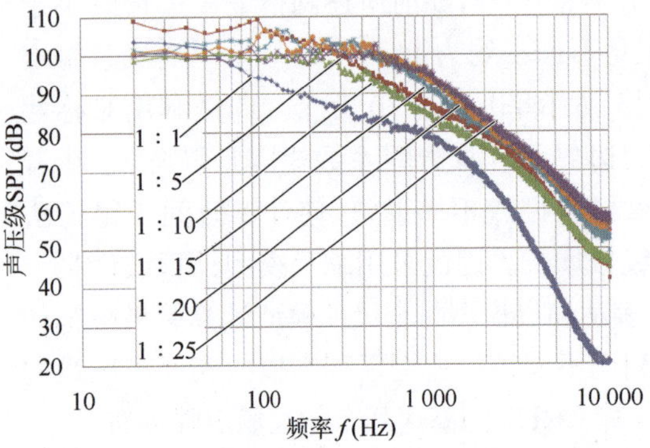

图 10-46 不同尺寸模型声压级频谱特性曲线

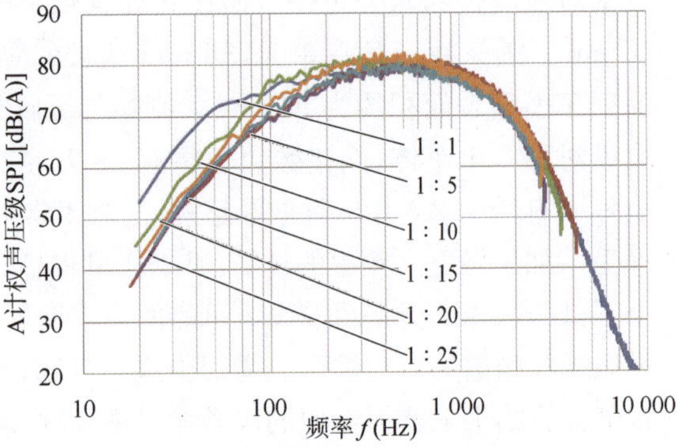

图 10-47 转换后 A 计权声压级频谱曲线

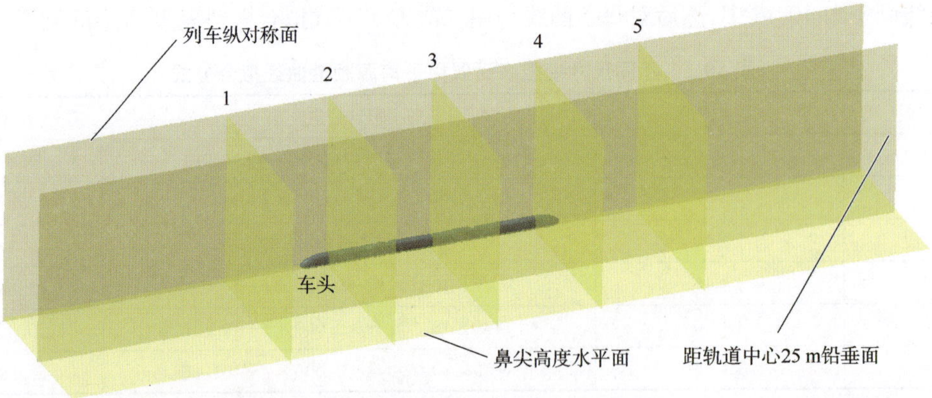

图 10-48 CRH3 型车远场声压级读取位置面

车速为 300 km/h 条件下，车头位置横截面上(第 2 面)20 Hz、100 Hz、500 Hz、1 000 Hz、1 500 Hz 和 2 000 Hz 频率下气动噪声声压级分布如图 10-49 和图 10-50 所示。

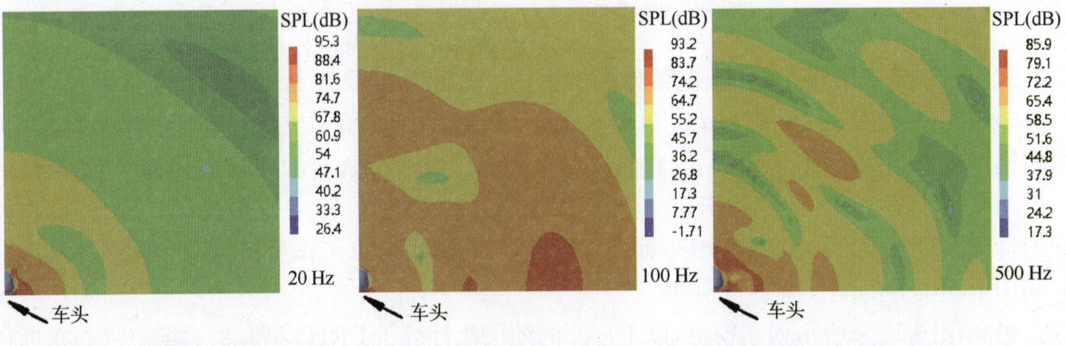

图 10-49 车头位置横截面上 20 Hz，100 Hz，500 Hz 频率声压级分布(CRH3 型)

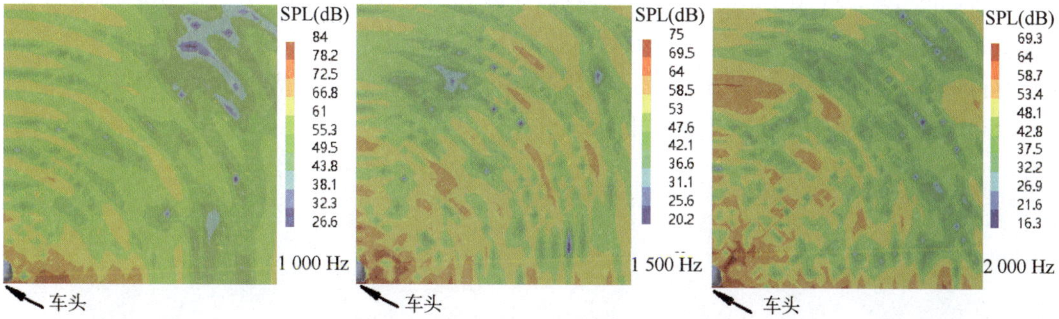

图 10-50　车头位置横截面上 1 000 Hz、1 500 Hz、2 000 Hz 频率声压级分布(CRH3 型)

从图 10-49 和图 10-50 中可以得出与全尺寸 CRH2 型车远场计算结果相似的结论：频率越低，相同尺度区域内声压级跨度越大；频率越高，声压级分布越趋于均匀；在垂直于列车运行方向上声波的传播类似于点声源球面波的传播或线声源横截面上的传播。图 10-48 中横截面 1～5 上1 000 Hz 频率的声压级分布如图 10-51 所示。车头位置横截面(第 2 面)上最大声压级最高，且大声压级区域位置贴近车体，但偏向地面。中间截面(第 3 面)大声压级区域偏向车体上方。横截面位置相对于列车头部越靠后，最大声压级越低，在车尾后方的横截面(第 5 面)上，取样范围内声压级分布渐趋均匀。此外，车头前方 20 m 横截面(第 1 面)和车尾后方 20 m 横截面(第 5 面)上声压级分布大体相同，似乎列车前后远场气动噪声大小相差较小，声强的传播与列车运行方向和气流流动的相关性不大。

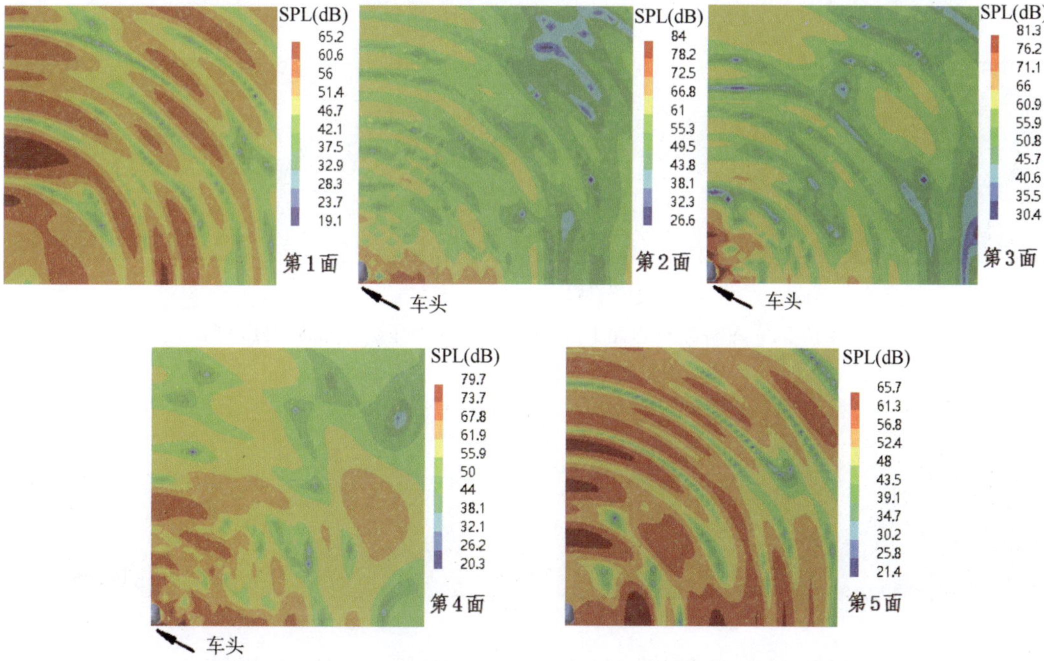

图 10-51　不同位置横截面上 1 000 Hz 声压级分布(CRH3 型)

300 km/h 车速，100 Hz、500 Hz、1 000 Hz、2 000 Hz 频率下车身纵对称面上气动噪声声

压级分布如图 10-52～图 10-55 所示。定性地，所有频率均表现车头上方气动噪声声压级大于车尾上方声压级，头车车顶上方大声压级区域大于车头前方大声压级区域。不同频率条件下，频率越低，最大声压级越大，似乎影响区域越小，在纵对称面上声压级的分布越不均匀。声压级的分布大致以列车为中心呈放射状传播。

图 10-52　车身纵对称面上 100 Hz 频率声压级分布(CRH3 型)

图 10-53　车身纵对称面上 500 Hz 频率声压级分布(CRH3 型)

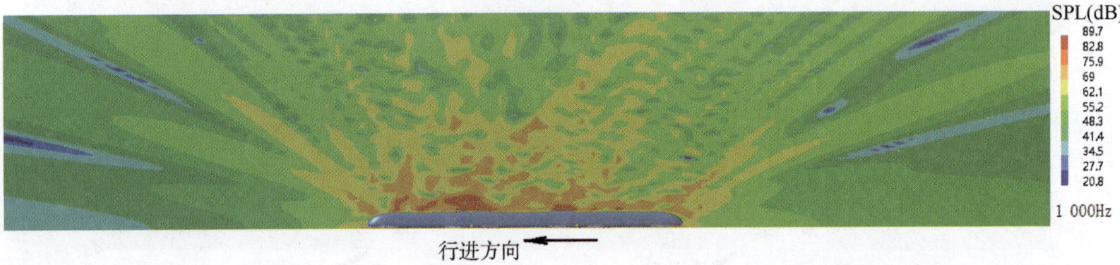

图 10-54　车身纵对称面上 1 000 Hz 频率声压级分布(CRH3 型)

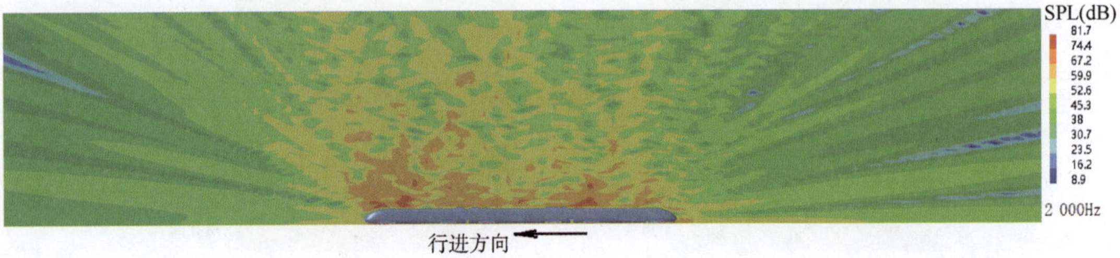

图 10-55　车身纵对称面上 2 000 Hz 频率声压级分布(CRH3 型)

300 km/h 车速，100 Hz、500 Hz、1 000 Hz、2 000 Hz 频率下与车头鼻尖高度一致的水平面上气动噪声声压级分布状况如图 10-56～图 10-59 所示。水平面上声压级分布定性地结论与纵对称面声压级分布基本一致，而且列车侧方向的影响区似乎大于车头、尾前后的影响区。水平面上声压级的分布也基本上是以列车为中心的放射状传播。

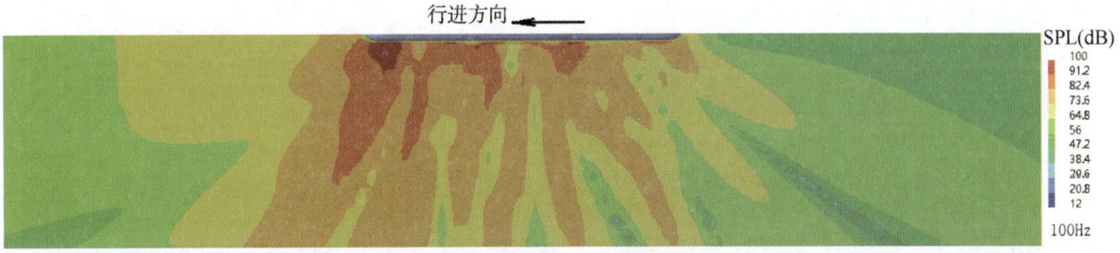

图 10-56　车头、尾鼻尖高度水平面上 100 Hz 频率声压级分布(CRH3 型)

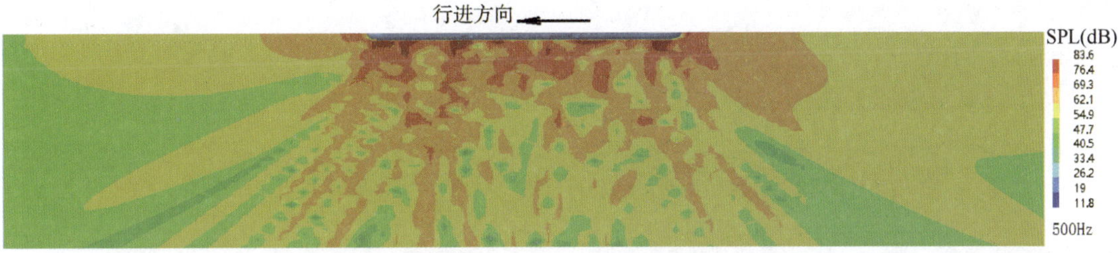

图 10-57　车头、尾鼻尖高度水平面上 500 Hz 频率声压级分布(CRH3 型)

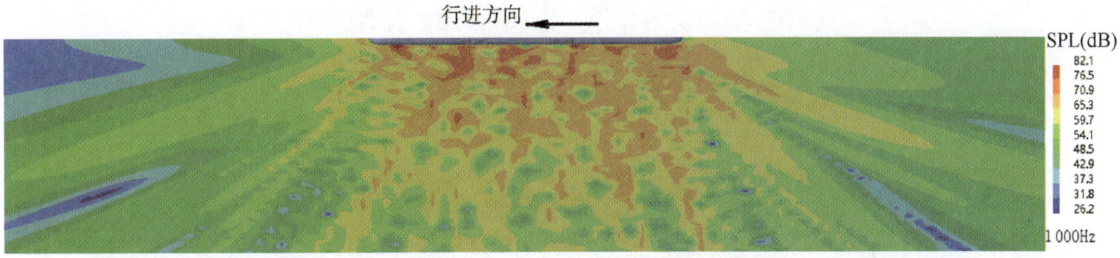

图 10-58　车头、尾鼻尖高度水平面上 1 000 Hz 频率声压级分布(CRH3 型)

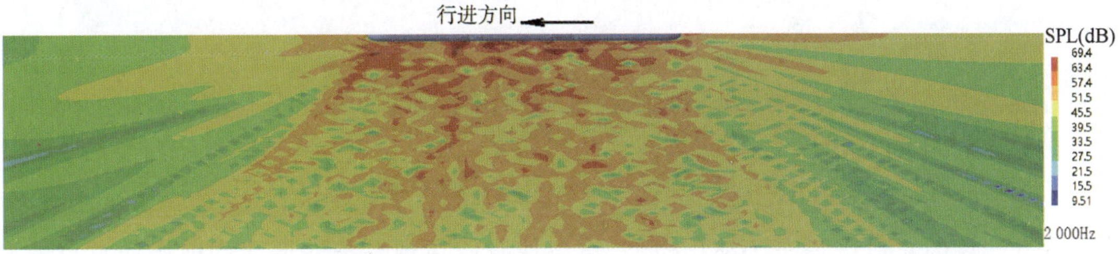

图 10-59　车头、尾鼻尖高度水平面上 2 000 Hz 频率声压级分布(CRH3 型)

300 km/h 车速，100 Hz、500 Hz、1 000 Hz、2 000 Hz 频率下距轨道中心 25 m 远处侧铅垂面上气动噪声声压级分布如图 10-60～图 10-63 所示。从计算角度，如果一个人站在距轨道中心 25 m 远处，列车通过时所感受到的最大声压级应该是在 500 Hz 以下频段的声强。但人耳的感受是所有噪声的混响，因此还是应了解距列车一定距离处气动噪声的频谱特征。

图 10-60　25 m 远处侧铅垂面上 100 Hz 气动噪声声压级分布(CRH3 型)

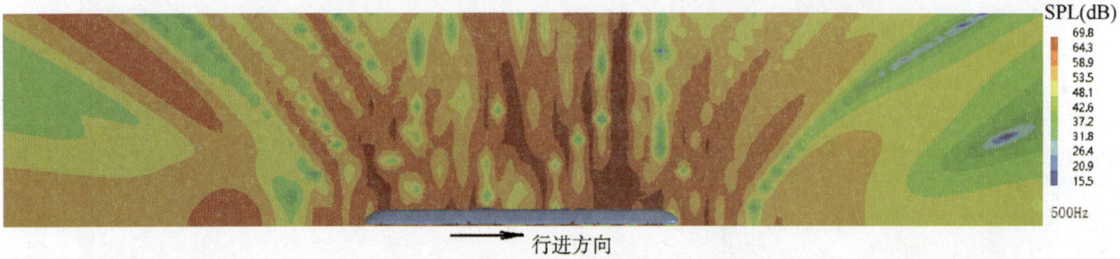

图 10-61　25 m 远处侧铅垂面上 500 Hz 气动噪声声压级分布(CRH3 型)

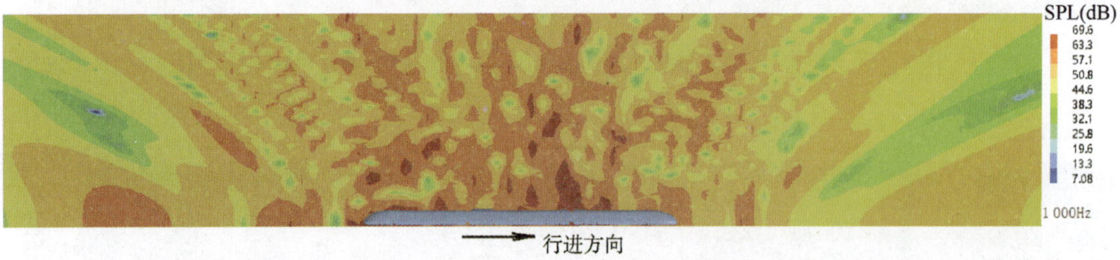

图 10-62　25 m 远处侧铅垂面上 1 000 Hz 气动噪声声压级分布(CRH3 型)

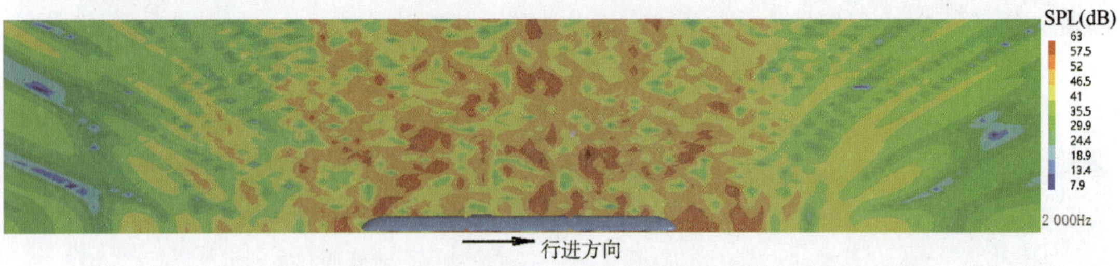

图 10-63　25 m 远处侧铅垂面上 2 000 Hz 气动噪声声压级分布(CRH3 型)

由于计算的 CRH3 型车为缩尺模型，可以使我们在现有条件下计算远场任意点的声压级的频谱。在距轨道中心 25 m 远侧立面上距地面高度 3m 处取若干测点的平均值，得 300 km/h、400 km/h、500 km/h 车速条件下气动噪声声压级的频谱如图 10-64 所示。三个速度的声压级频谱也表现出一组近乎“平行”的曲线，最高声压级出现在约 50～90 Hz 范围。如果对频谱曲线进行 A 计权，则如图 10-65 所示，100～900 Hz 频率范围呈现宽频的高声压级“平台”。

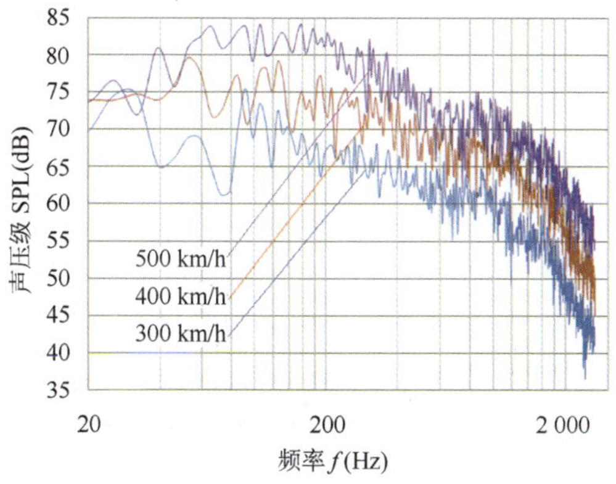

图 10-64 不同车速远场声压级频谱

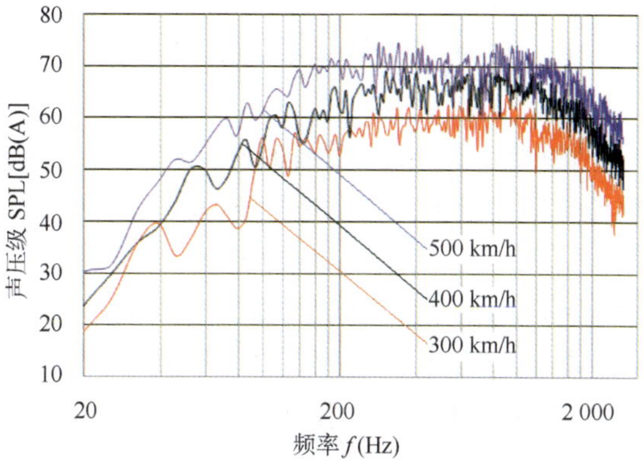

图 10-65 不同车速远场声压级 A 计权频谱

按照声学理论，线声源发出的声波在空气中传播应满足对数衰减规律。高速列车为细长贴地运行的物体，粗略表述，宏观上列车表面噪声源的综合作用可近似看作一个线声源。为分析噪声源强度一定时列车气动噪声的衰减规律，取 300 km/h 速度运行的 CRH3 型车车头通过时的远场计算结果中，距轨道不同距离处(5～30 m)的声压级频谱值，近似拟合成二次方曲线，如图 10-66 所示。将拟合曲线上同一频率、不同距离处的声压级取出，其声压级随距列车距离衰减的规律近似满足对数衰减律(图 10-67)。图中距离为 0 m 的声压级取自图 10-8 相同速度下对应频率的车体表面声压级数值。尽管计算结果的精度还不能尽如人意，但其变化趋势还是满足对数衰减率的。车尾位置通过和列车长度中间位置通过时，不同距离声压级衰减计算数据也可得相似结论。

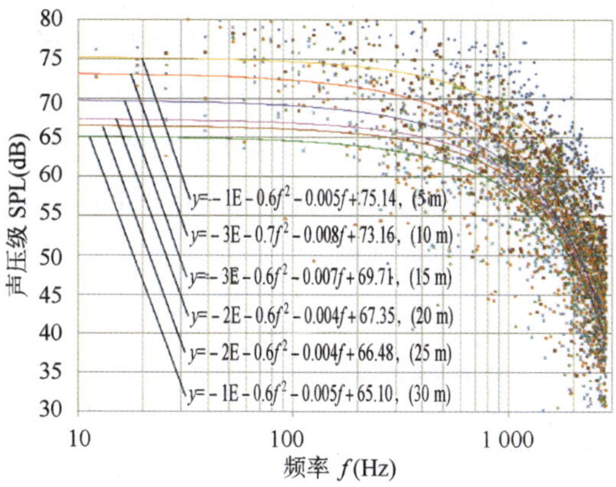

图 10-66 不同距离声压级频谱及其拟合曲线

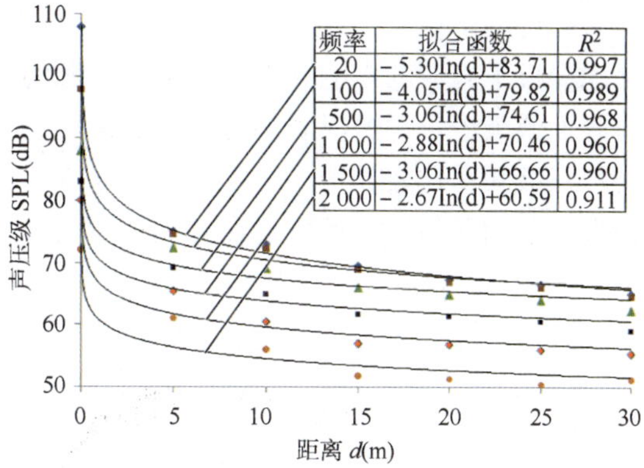

图 10-67 几种频率下声压级随距离衰减曲线

文献[36]给出了 CRH3 型车通过时在距线路 25 m 远处的噪声实测值，车速 300 km/h 时三次测量的最大通过噪声平均值为 100.5 dB(应该是时域下测得)。如果将我们计算得到的 CRH3 型车远场频域计算结果通过傅立叶逆变换转换成时域值，300 km/h 车速下，距线路中心 25 m 远处的最大气动噪声为 100.98 dB。实测值是混合了不同噪声的混响结果，但或可作为参照进行对比。

10.4 考虑四极子声源的远场气动噪声

按照 Lighthill 声类比理论，式(10-12)表示的 Lighthill 张量即为空间四极子声源项，表示单位空间体积中流体发声的声强。张量式

$$T_{ij}=\rho u_i u_j+[(p-p_0)-c_0^2(\rho-\rho_0)]\delta_{ij}-\sigma_{ij}=\rho u_i u_j+p'\delta_{ij}-c_0^2\rho'\delta_{ij}-\sigma_{ij}$$

中第一项为雷诺应力张量，第二项为静压变化项，第三项为流体密度变化引起的压力项，第四项为黏性应力张量(式 10-3)。Lighthill 进一步指出，当雷诺数足够大时，黏性应力项可以被忽略；当流场中气体温度变化很小时，第三项与第四项的差为高阶小量。因此，Lighthill 张量可近似表示为：

$$T_{ij}\approx\rho u_i u_j$$

雷诺应力张量由流体速度脉动量构成，由瞬态流场计算可获得空间分布的速度脉动量 $u_i(x,t)$，从而可得到时域内的 Lighthill 张量 $T_{ij}(x,t)\approx\rho u_i u_j$，再通过傅立叶变换转换为频域内张量

$$\widetilde{T}_{ij}(x,\omega)=\widetilde{F}[T_{ij}(x,t)]$$

可以认为这就是流场空间中四极子声源的表达式。而流场范围 Ω 中四极子声源的响应可通过对 Lighthil 张量在区域 Ω 内积分得到：

$$\widetilde{p}(x_i,\omega)=\int_\Omega \widetilde{T}(y,\omega)\frac{\partial^2 G(x,y)}{\partial y_i\,\partial y_j}\mathrm{d}^3 y$$

因此，从数值计算方法的角度考虑四极子声源的影响并不十分困难。对于高速列车外部声场计算比较难于实现的是，若要考虑四极子声源的影响需要在列车外部空间划分满足声场计算精度的网格，这对于计算机资源要求极高。我们采用缩尺列车模型计算了 CRH3 型车既考虑偶极子声源的影响又考虑四极子声源的影响的外部声场。车速为 300 km/h 时仅考虑车体表面偶极子声源情况和同时考虑表面偶极子和空间四极子声源情况下，距轨道中心25 m 远处声压级频谱比较如图 10-68 所示；300 km/h、400 km/h、500 km/h 三种车速条件下同时考虑偶极子和四极子声源影响在相同地点的声压级频谱如图 10-69 所示。

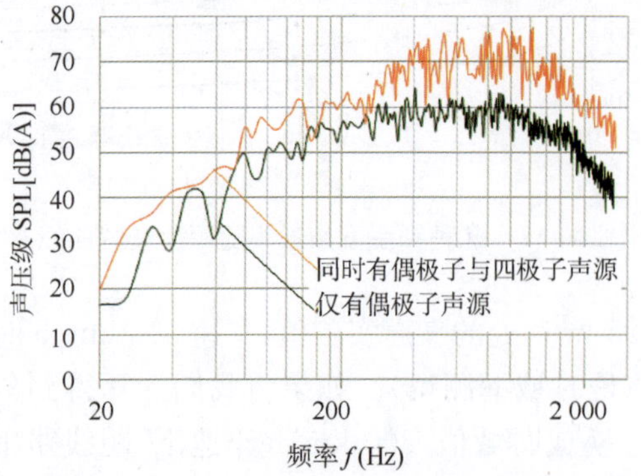

图 10-68 25 m 远处两种声源影响比较(300 km/h)

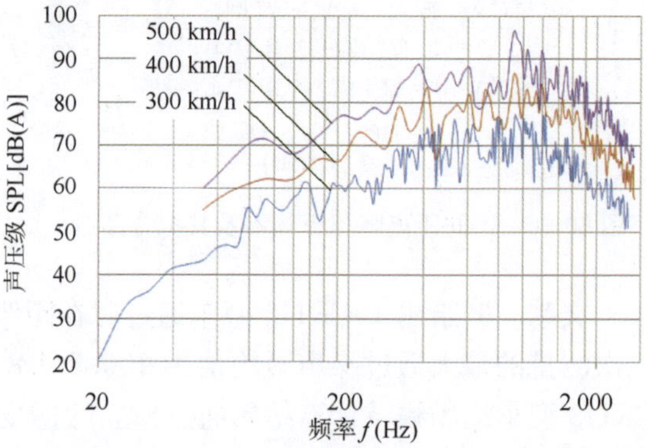

图 10-69 三种车速，25 m 远处综合声源影响比较

从图 10-68 可以看出，四极子声源的加入，使得声压级在整个计算频率范围均有不同程度的提高，在计算频率范围的高频段提高更多，在 300～900 Hz 频段频谱曲线呈现一个比较明显的凸起。400 和 500 km/h 车速的频谱也有相同特征。这似乎说明相比于偶极子声源，四极子声源的发声频率更高。这与 Lighthill 对四极子声源发声频率的论述相符。但是考虑四极子声源后声压级最大值提高的幅度远大于前面的影响分析。车速为 300 km/h 时，同时考虑偶极子和四极子声源条件下的远场（距轨道中心 25 m 远）声压级最大值在频域比仅考虑偶极子声源条件要大 10～15 dB(A)。车速为 400 和 500 km/h 的计算结果也表现类似现象。依据前面分析，车速为 300 km/h 时四极子声源的声功率约为偶极子声源声功率的 6%，十几分贝的声压级差别显然超过了理论估计值。由于没有可资对照的实验测量数据，计算结果的正确性还无法判别。但从另一个角度看这个问题，声源的声功率差别理论是建立在点声源或紧致声源的基础上的，即流场中声源或固体障碍物的尺度相比于声波的波长是小量。而在高速列车气动声场中，无论是偶极子声源还是四极子声源都是分布声源，高速列车本身尺度相比于计算频率对应的波长也不能算作小量。因此理论判断不一定适应于高速列车气动噪声传播情况。当然从数值计算角度也可能存在问题，如前述适用于 CRH3 型车的声学缩尺率是在仅考虑偶极子声源条件下推导得出，这里考虑四极子声源影响的计算采用的也是缩尺模型，应用的声学缩尺转换公式仍然是公式(10-33)。不同声源影响的缩尺转换率不一定相同，所以远场频谱特性及转换的计算也可能不准确。

10.5 结　　论

上述计算分析尽管从基本理论，数值计算方法和计算模型看应该说是正确的，计算结果中气动噪声的频谱呈现出一定的宽频特征，偶极子声源影响的声功率与气流速度（车速）间满足理论表述的 6 次方关系，声压级随距离的衰减也基本满足对数衰减率，但是仍不能够确定地说数值计算的结果一定正确。车顶受电弓产生的气动噪声没有考虑是一个缺陷，一般认为受电弓会引起频率在 2 000 Hz 以上频段的高声压级气动噪声；远场声压级计算时忽略四极子声源项或采用缩尺模型计算，也可能使远声场频谱特征和最大声压级数值有一定偏差。但是，定性地还是可以得到如下一些结论：

（1）按照 Lighthill 声类比理论和气动噪声源分类，高速列车的气动噪声应该是以车体表面与气流相互作用产生的“偶极子”声源为主要声源。从声源辐射能量考虑，“四极子”声源的辐射能量可能只占气动噪声总辐射能量的较小部分。

（2）高速列车车体表面的声源强度的分布很不均匀，在不考虑受电弓产生的气动噪声的情况下，车头下方导流板、第一、二转向架、车厢连接处和车尾鼻尖部是较强的声源区。

（3）高速列车的表面气动噪声为宽频噪声，在 50～1 050 Hz 频段内均有较强的声辐射能量。其声压级大小随速度的增加而增加，偶极子声源影响满足声功率正比于速度六次方的关系。

（4）列车头、尾部外形的不同，对列车表面气动噪声源的频谱特征和统计平均意义下的最大声压级，以及列车表面最大气动噪声声压级有一定的影响。从所分析的两种外型列车表面气动噪声源计算结果看，CRH3 型车具有更宽频带的高声压级辐射噪声；统计平均意义下的最大声压级（在相同车速条件下）比之 CRH2 型车最大声压级要高 5 dB 左右；大声压级位置处

(如转向架、导流板、车体连接处和前后窗等位置)噪声源的频谱特征和声压级数值也有较大差别。

(5)在气流与车体表面产生分离的区域会引起较高的气动噪声声压级。300 km/h 车速条件下,车体表面气动噪声源的最大声压级会超过 100 dB(A)。

(6)在垂直于列车运行方向上声波的传播类似于点声源球面波的传播或线声源横截面上的传播。垂直于轨道方向的远场横截面上,同一频率条件车头通过时产生最大的声压级,列车后面车厢通过时声压级逐渐减弱。不同频率条件下,频率越低相同尺度区域内声压级跨度越大。

(7)在列车纵对称面方向和水平方向气动噪声波的传播近似呈放射状分布,在列车运行方向,车头、尾前后方向上的气动噪声传播距离比较短,而在列车横向水平和横向铅垂方向上气动噪声的传播距离比较长。因此列车通过时车身横向为偶极子噪声源的主要传播方向。

(8)轨道侧面 25m 远处气动噪声频谱与列车表面气动噪声源频谱特征类似,随车速的提高(偶极子声源影响的)各频率声功率基本上按照速度六次方规律增加。高速列车气动噪声的距离衰减率大致满足对数衰减规律。

(9)考虑空间分布的四极子声源的影响会使远场声压级在计算频谱范围整体升高,在声压级频谱特征曲线的大声压级频率段的高频段(300~900 Hz)的声压级升高幅度更大一些。

参考文献

[1] 沈志云. 高速列车动态环境及其技术的根本特点[J]. 铁道学报,2010,28(4):1-5.

[2] MELLET C, LETOURNEAUX F, POISSON F. TALOTTE C. High speed train noise emission: Latest investigation of the aerodynamic/rolling noise contribution[J]. Journal of Sound and Vibration, 2006, 293 (3):535-546.

[3] TALOTTE C. Aerodynamic Noise: A Critical Survey[J]. Journal of Sound and Vibration, 2000, 231(3): 549-562.

[4] LAUTERBACH A, EHRENFRIED K, LOOSE S, WAGNER C. Scaling Laws for the Aeroacoustics of High Speed Trains[J]. New Results in Numerical and Experimental Fluid Mechanics, 2013, 121: 731-738.

[5] YAMAZAK N, TAKAISHI T, TOYOOKA M, NAKAGURA K, SAGAWA A, YANO H. Wind tunnel tests on the control of aeroacoustic noise from high speed Train[M]. Noise and Vibration Mitigation for Rail Transport Systems, Berlin, Springer-Verlag Press, c2008: 33-39.

[6] ZHU J, HU ZW. Thompson DJ. Analysis of Aerodynamic and Aero acoustic Behaviors of a Simplified High Speed Train Bogie[C]. 11th International workshop on railway noise, SE, 09-13 Sep 2013.

[7] ZHENG ZY, LI RX. The application of numerical simulation technology in the external aerodynamic noise field of high-speed train[J]. Applied Mechanics and materials, 2012, Vol. 101-102: 197-201.

[8] 刘加利,张继业,张卫华. 考虑地面效应的高速列车远场气动噪声计算方法研究[J]. 计算力学学报,2013,30(1):94-100.

[9] SASSA T, SATO T, YASUI S. Numerical Analysis of Aerodynamic Noise Radiation from a High Speed Train Surface[J]. Journal of Sound and Vibration, 2001, 247(3): 407-416.

[10] 孙振旭,宋婧婧,安亦然. CRH3 型高速列车气动噪声数值模拟研究[J]. 北京大学学报(自然科学版),2012,48(5):701-711.

[11] MASSON E, PARADOT N, ALLAIN E. The numerical prediction of the aerodynamic noise of the TGV POS high-speed train power car[M]. Noise and vibration mitigation for rail transport systems, Berlin,

Springer-Verlag Press,c 2010:437-444.

[12] LIGHTHILL MJ. On sound generated aero-dynamically: Part I: General theory[C]//Proceedings of the Royal Society of London,1952,Series A,1952,211:564-587.

[13] CURLE N. The Influence of solid boundaries upon aerodynamically sound[C]//Proceedings of the Royal Society of London,1955,Series A,1955,231:506-514.

[14] FFOWES W JE,HAWKINGS DL. Sound generation by turbulence and surface in arbitrary motion[C]// Proceedings of the Royal Society of London,1969,Series A,1969,264:321-342.

[15] POWELL A. Theory of vortex sound[J]. Journal of the acoustical society of America,1964,36(1): 177-195.

[16] PHILLPS OM. On the Aerodynamic Surface Sound from a Plane Turbulent Boundary Layer[C]// Proceedings of the Royal Society of London,1956,Series A,1956,234:327-335.

[17] 马大猷. 现代声学理论基础[M]. 北京:科学出版社,2004.

[18] TAKASHI T,YAMAZAKI N,SUEKI T,UDA T. Recent Studies on Aerodynamic Noise Reduction at RTRI. Noise and Vibration Mitigation for Rail Transport Systems[M]. Noise and vibration mitigation for rail transport systems,Berlin,Springer-Verlag Press,c2010:411-418.

[19] YANG Y,YANG GW. A Numerical Study on Aerodynamic Noise Sources of High-Speed Train[M]. Proceedings of the 1st workshop on high-speed intercity railways,Berlin Springer-Verlag Press,c2012 (2):107-116.

[20] 陈启生,李炜. 高速列车气动噪声数值仿真方法及频谱分析,中国力学大会 2011 暨钱学森诞辰 100 周年纪念大会论文集[C]//北京,2011:1-6.

[21] 孙召进,郭建强,葛剑敏. 高速列车"通过噪声"的测试分析[J]. 声学技术,2014 年,33(2):159-162.

[22] 高阳,王毅刚,王金田,等. 声学风洞中的高速列车模型气动噪声试验研究[J]. 声学技术,2013,32(6): 506-510.

[23] TALOTTE C. Aerodynamic noise: A critical survey[J]. Journal of Sound and vibration,2000,231(3): 549-562.

[24] 孙振旭,王一伟,安亦然. 高速列车气动噪声的计算研究[J]. 水动力学研究与进展,2010,25(5):661-668.

[25] 刘加利,张继业,张卫华. 高速列车车头的气动噪声数值分析[J]. 铁道学报,2011,33(9):19-26.

[26] 孙艳军,夏娟,梅元贵. 高速列车气动噪声及减噪措施介绍[J]. 铁道机车车辆,2009,29(3):25-28.

[27] 肖友刚,康志成. 高速列车车头曲面气动噪声的数值预测[J]. 中南大学学报(自然科学版),2008,39(6): 1267-1272.

[28] 黄欣,董孝卿. 高速铁路车辆噪声标准的研究[J]. 铁道机车车辆,2008,28(4):38-40.

[29] 卢力,辜小安. 国外铁路环境噪声标准简介[J]. 铁道劳动安全卫生与环保,2010,37(5):262-265.

[30] 辜小安. 我国铁路环境噪声预测及控制[J]. 铁道劳动安全卫生与环保,2001,28(1):14-16.

[31] 孙艳军,夏娟,梅元贵. 高速列车气动噪声及减噪措施介绍[J]. 铁道机车车辆,2009,29(3):25-28.

[32] 朱剑月,景建辉. 高速列车气动噪声的研究与控制[J]. 国外铁道车辆,2011,48(5):1-8.

[33] 杨晓宇,高阳,程亚军,等. 高速列车气动噪声 Lighthill 声类比的有限元分析[J]. 噪声与振动控制,2011 (4):80-84.

[34] 刘加利,张继业,张卫华. 高速列车车身表面气动噪声源研究[J]. 铁道车辆,2010,48(5):1-5.

[35] HE B,XIAO XB,ZHOU Q,LI ZH,JIN XS. Investigation into external noise of a high-speed train at different speeds[J],Journal of Zhejiang University-SCIENCE A(Applied Physics & Engineering),2014, 15(12):1019-1033.

[36] 张军,孙帮成,郭涛,等. 高速列车整车气动噪声级分布规律研究[J]. 铁道学报,2015,37(2):10-16.

附录 A　表格索引

附录 B 插图索引

附录C 作者近年发表的相关论文

[1] 李人宪,袁磊. 高速列车通过隧道时的压力波动问题[J]. 机械工程学报,2014,50(24):115-121.

[2] LIU JZ,LI RX,CUI PX. Numerical Analysis of the Surface Aerodynamic Noise of the CRH3 High Speed Train,[J]. Advanced Materials Research Vols. 1044-1045(2014):643-649.

[3] 崔鹏翔,李人宪. 高速列车表面气动噪声源的频谱分析[J]. 中国科技论文在线精品论文,2014,7(12):1173-1178.

[4] 叶坤,李人宪. 高速铁路挡风墙高度和距离优化分析[J]. 西南交通大学学报,2014,49(2):240-245.

[5] 丁浩,李人宪,刘杰. 换气风机对高速列车内部压力波动的影响分析[J]. 机械工程与自动化. 2013(4):1-3.

[6] YE K,LI RX. The analysis of aerodynamic characteristics of the High- Speed train in different railway conditions under crosswinds,[J]. Advanced Materials Research,Vols. 774-776(2013):58-63.

[7] 郑拯宇,李人宪. 汽车气动噪声外辐射声场的数值仿真[J]. 汽车工程,2013,35(1):88-92.

[8] YE K,LI RX. Aerodynamic Characteristics Analysis of High-Speed Train on Cutting under Crosswinds [J]. Advanced Materials Research,Vols. 300-301(2013):62-67.

[9] 袁磊,李人宪. 高速列车气动噪声及影响[J]. 机械工程与自动化,2013(5):31-33.

[10] 李人宪,关永久. 高速列车隧道会车压力波动问题[J]. 机械工程学报,2012,48(20):127-134.

[11] 肖睿,李人宪. 高速空调客车车内粉尘分布特性的数值模拟[J]. 机械工程与自动化,2012(6):10-12.

[12] 李人宪,关永久,赵晶,等. 高速铁路隧道缓冲结构的气动作用分析[J]. 西南交通大学学报,2012,47(2):1-6.

[13] 郑拯宇,李人宪. 基于计算气动声学的高速列车表面偶极子声源外辐射指向性研究[J]. 现代制造工程,2012(6):42-46.

[14] ZHENG ZY,LI RX. The application of numerical simulation technology in the external aerodynamic noise field of high-speed train,[J]. Applied Mechanics and materials Vols. 101-102(2012):197-201.

[15] 刘杰,李人宪,陈琳,等. 高速列车空调系统及车内流场分析[J]. 西南交通大学学报,2012,47(1):127-132.

[16] 戚振宕,李人宪. 高速铁路声屏障气动特性仿真分析[J]. 路基工程,2011(4):9-12.

[17] 关永久,李人宪. 短隧道内列车等速会车时气体压力变化的仿真分析[J]. 路基工程,2011(2):50-52.

[18] 李人宪,刘杰,戚振宕,等. 明线会车压力波幅变化规律研究[J]. 机械工程学报,2011,47(4):125-130.

[19] LIU J,LI RX,QI ZD. The influence factors and developing regularity of air pressure pulse as trains pass by each other[C]//ICTE 2011 - Proceedings of the 3rd International Conference on Transportation Engineering,2011,July 23-25,Chengdu,China:2707-2713.

[20] 陈琳,李人宪,刘杰. 会车压力波对高速空调客车客室内流场的影响[J]. 铁道车辆,2011,49(8):7-10.

[21] 郑拯宇,李人宪. 高速列车表面气动噪声偶极子声源分布数值分析[J]. 西南交通大学学报,2011,46(6):996-1002.

[22] ZHENG ZY,LI RX. Prediction of the Aerodynamic Acoustic Power Contribution on Automobile's Surface Based on Curle's Integral in Broadband Noise Source Models[J]. Advanced Materials Research Vols. 317-319(2011):2284-2288 .

[23] ZHAO J,LI RX. A Study of Aerodynamic Effects of High-Speed Trains through Tunnels[J]. Applied

Mechanics and materials Vols. 94-96(2011):1663-1667.

[24] ZHENG ZY, LI RX. Application of numerical simulation technology to prediction of aerodynamic dipole acoustics source on automobile surface[C]//Proceedings of the 2011 2nd International Conference on Digital Manufacturing and Automation, ICDMA 2011, Zhangjiajie, Hunan, China, August 5-7, 2011.

[25] ZHENG ZY, LI RX. Analysis of the automobile's external aerodynamic noise field characteristics based on CAA[J]. Applied Mechanics and Materials. 2011, Vols. 130-134:58-62.

[26] 赵晶,李人宪,刘杰. 高速列车隧道内等速会车时气动作用力的数值模拟[J]. 铁道学报,2010,32(4):27-32.

[27] 李人宪,赵晶,刘杰,等. 高速列车会车压力波对侧窗的影响[J]. 机械工程学报,2010,46(4):87-92.

[28] 赵晶,李人宪. 高速列车进入隧道的气动作用数值模拟[J]. 西南交通大学学报,2009 年,44(1):96-100 .

[29] 赵晶,李人宪,李建亮. 高速列车通过隧道流场的三维数值模拟[J]. 路基工程,2009(1):54-56.

[30] 刘杰,李人宪,赵晶. 高速列车等速会车时气动作用力仿真分析[J]. 铁道车辆,2009(3):5-9.

[31] 郑拯宇,李人宪,高速流线型车辆稳态下速度风噪声源数值分析[J]. 重庆工学院学报,2009(6):1-4.

[32] LI RX, ZHAO J, ZHANG S. A Study of the Influence of Aerodynamic force on a Human Body near a High-Speed Train[C]//Proceedings of the Aerodynamic of heavy vehicle Ⅱ: trucks, Buses and Trains. Berlin Springer-Verlag Press, 2009:243-258.

[33] 李人宪,赵晶,张曙,等. 高速列车风对附近人体的气动影响研究[J]. 中国铁道科学,2007,28(5):98-104.

[34] LI RX, LIU YQ, ZHAI WM. Simulation study of aerodynamic force for high-speed magnetically-levitated train[J]. Chinese Journal of Mechanical Engineering, 2006, 19(2):226-232.

[35] 张曙,李人宪. 铁路空调卧铺车厢内流场数值分析[J]. 西南交通大学学报(增刊),2005(11):99-102.

[36] 李人宪,刘应清,翟婉明. 高速磁悬浮列车纵向及垂向气动力数值分析[J]. 中国铁道科学,2004,25(1):8-12.

[37] 李人宪. 高速列车紊态外流场的数值模拟研究[J]. 应用力学学报,2001,18(1):6-13.

[38] 李人宪,翟碗明. 磁悬浮列车横风稳定性数值模拟研究[J]. 交通运输工程学报,2001,1(1):99-101.

[39] LI RX. Pressure Distribution Characters of Flow Field around High-Speed Train[J]. Journal of Southwest Jiaotong University, 2000, 8(2):114-122.